高等学校经济管理类专业系列教材

财务管理
——原理、案例与实践

主　编　侯宝珍　雷　鸣
副主编　朱连周　杨玉娥　谢文刚
参　编　聂建平　李　萌　张爱辉

西安电子科技大学出版社

内 容 简 介

　　财务管理是应用型院校财经类专业的一门专业核心课程。本书根据高等院校的人才培养目标、该课程教学大纲及教学的实际情况编写而成。全书共设计有十个学习情景，其中：学习情景一、学习情景二介绍财务管理的基本理论和基础知识，学习情景三介绍预算管理的内容，学习情景四至学习情景九对财务管理的筹资管理、投资管理、证券投资决策、营运资金管理和利润分配管理这五项活动进行系统论述，学习情景十介绍企业进行财务分析的基本原理和方法。每个学习情景都通过案例导入的方式提出学习任务，让读者带着问题进入财务管理基本原理的学习，再通过一些案例说明如何运用基本原理来解决企业财务管理实践中存在的问题，最后通过大量的实践演练来提高读者的专业知识和实践技能。

　　本书可以作为大学本科财经类相关专业的教材，也可以作为高职高专财务管理专业和会计学专业的教材，还可以作为中级会计师参考用书或企业管理人员在职学习财务管理指导用书。

图书在版编目(CIP)数据

财务管理：原理、案例与实践 / 侯宝珍，雷鸣主编. —西安：西安电子科技大学出版社，2022.7(2024.12 重印)
ISBN 978 - 7 - 5606 - 6480 - 4

Ⅰ. ①财⋯　Ⅱ. ①侯⋯ ②雷⋯　Ⅲ. ①财务管理　Ⅳ. ① F275

中国版本图书馆 CIP 数据核字(2022)第 079410 号

策　　划　秦志峰
责任编辑　秦志峰
出版发行　西安电子科技大学出版社(西安市太白南路 2 号)
电　　话　(029)88202421　88201467　　　邮　编　710071
网　　址　www.xduph.com　　　　　　电子邮箱　xdupfxb001@163.com
经　　销　新华书店
印刷单位　咸阳华盛印务有限责任公司
版　　次　2022 年 7 月第 1 版　2024 年 12 月第 2 次印刷
开　　本　787 毫米×1092 毫米　1/16　印张　18.5
字　　数　441 千字
定　　价　49.00 元
ISBN 978 - 7 - 5606 - 6480 - 4
XDUP 6782001 - 2

＊＊＊如有印装问题可调换＊＊＊

前　　言

　　财务管理是应用型院校财经类专业的一门专业核心课程。本书是根据高等院校的人才培养目标、该课程教学大纲及教学的实际情况，在参考大量的有关著作和文献的基础上，按照企业财务管理活动的一般规律和理论与实践紧密结合的原则编写而成的。本书吸收了最新的财务管理理论和研究动态，以企业价值最大化为目标，以企业价值增长为途径，以收益和风险管理为主线，系统地介绍了财务管理的理论、方法和技术。

　　本书共设计有十个学习情景，其中：学习情景一、学习情景二介绍了财务管理的基本理论和基础知识，学习情景三介绍了预算管理的内容，学习情景四至学习情景九分别讲解了财务管理的筹资管理、投资管理、证券投资决策、营运资金管理和利润分配管理这五方面的内容，学习情景十系统地讲解了企业进行财务分析的基本原理和方法。每个学习情景都以案例导入，提出学习任务，指出学习目标，以理论阐释配套例题展开分析，并以章末实践演练进行收尾，做到引导、学习、演练的全面一体化，形成层次递进式体系。

　　本书的特点如下：

　　(1) 充分融合财务理论、管理实务与财务政策。通过理论介绍使学生巩固财务管理的基本原理和核心理论主张，结合精选的案例夯实学生的专业基础，提高其专业技能和专业判断水准。

　　(2) 在案例的选取和内容安排上尽可能反映财务管理课程的基本问题和知识点，既要考虑全面，又要突出重点，还要把握难点；既要符合本科应用型人才培养的需要，又要考虑到学生以后职业能力的需要。

　　(3) 形式多种多样，方便教材使用者。每章都设有"案例导入"，用于激发学生兴趣，明确学习目标，增加学生学习的方向性；理论知识尽可能与图表结合，增强学生的直观印象，便于学生理解；每个学习情景都配有"知识小结"，方便学生总结所学理论知识。

　　(4) 以题促学。通过每个学习情景最后的实践演练，让学生大量做题，巩固所学知识点；通过模拟企业案例，使学生将理论与实践相结合。

　　本书的应用对象为高等学校经济管理类专业的学生及教师，以及从事经济管理类专业工作的人员。

本书由侯宝珍、雷鸣任主编，朱连周、杨玉娥、谢文刚任副主编，聂建平、李萌、张爱辉参与了编写。具体编写分工为：雷鸣编写学习情景一和学习情景二，侯宝珍编写学习情景四和学习情景五，杨玉娥编写学习情景三和学习情景九，朱连周编写学习情景六和学习情景七，聂建平编写学习情景八，李萌、谢文刚、张爱辉编写学习情景十。全书由侯宝珍、雷鸣总撰定稿，负责教材体系架构和内容的布局设计。

　　本书历经一年多时间落笔成书，编者倾注了诸多心血。在编写本书的过程中，我们参考、借鉴了许多专家、学者的相关著作，这里谨向各位专家、学者表示感谢。

　　由于作者水平有限，书中难免有疏漏和不妥之处，敬请专家和读者批评指正，以使教材日臻完善。

编　者

2022 年 2 月

目　　录

学习情景一　财务管理认知 ………………………………………………… 1

任务 1　财务管理基本概念 …………………………………………… 1

任务 2　财务管理目标 ………………………………………………… 5

任务 3　财务管理工作环节 …………………………………………… 10

任务 4　财务管理环境 ………………………………………………… 11

知识小结 ………………………………………………………………… 15

实践演练 ………………………………………………………………… 15

学习情景二　财务管理的基础知识 …………………………………… 18

任务 1　资金的时间价值 ……………………………………………… 18

任务 2　风险与收益 …………………………………………………… 31

知识小结 ………………………………………………………………… 42

实践演练 ………………………………………………………………… 42

学习情景三　预算管理 ………………………………………………… 48

任务 1　预算管理的主要内容 ………………………………………… 48

任务 2　预算的编制方法与程序 ……………………………………… 51

任务 3　预算编制 ……………………………………………………… 57

任务 4　预算的执行与考核 …………………………………………… 69

知识小结 ………………………………………………………………… 71

实践演练 ………………………………………………………………… 71

学习情景四　筹资管理（上） ………………………………………… 76

任务 1　筹资概述 ……………………………………………………… 76

任务 2　股权筹资 ……………………………………………………… 84

任务 3　债务筹资 ……………………………………………………… 94

任务 4　衍生工具筹资 ………………………………………………… 104

知识小结 ………………………………………………………………… 109

实践演练 ………………………………………………………………… 109

学习情景五　筹资管理（下） ………………………………………… 114

任务 1　资金需要量预测 ……………………………………………… 115

任务 2　资本成本及计算 ……………………………………………… 121

任务 3　杠杆原理 ……………………………………………………… 128

任务 4　资本结构及其优化 …………………………………………… 134

　　　知识小结 ………………………………………………………… 142
　　　实践演练 ………………………………………………………… 142

学习情景六　投资管理 ………………………………………………… 150
　　任务1　投资项目决策的相关概念 …………………………………… 150
　　任务2　项目投资决策评价指标与应用 ……………………………… 156
　　　知识小结 ………………………………………………………… 168
　　　实践演练 ………………………………………………………… 168

学习情景七　证券投资决策 …………………………………………… 172
　　任务1　证券投资概述 ………………………………………………… 172
　　任务2　证券投资的收益评价 ………………………………………… 176
　　任务3　证券投资的风险与组合 ……………………………………… 182
　　　知识小结 ………………………………………………………… 188
　　　实践演练 ………………………………………………………… 189

学习情景八　营运资金管理 …………………………………………… 191
　　任务1　营运资金管理的主要内容 …………………………………… 191
　　任务2　现金管理 ……………………………………………………… 196
　　任务3　应收账款管理 ………………………………………………… 204
　　任务4　存货管理 ……………………………………………………… 215
　　任务5　流动负债管理 ………………………………………………… 222
　　　知识小结 ………………………………………………………… 227
　　　实践演练 ………………………………………………………… 227

学习情景九　利润分配管理 …………………………………………… 231
　　任务1　利润分配概述 ………………………………………………… 231
　　任务2　股利政策 ……………………………………………………… 234
　　　知识小结 ………………………………………………………… 247
　　　实践演练 ………………………………………………………… 247

学习情景十　财务分析 ………………………………………………… 251
　　任务1　财务分析概述 ………………………………………………… 251
　　任务2　财务分析的方法 ……………………………………………… 253
　　任务3　财务指标分析 ………………………………………………… 256
　　任务4　财务综合分析 ………………………………………………… 269
　　　知识小结 ………………………………………………………… 271
　　　实践演练 ………………………………………………………… 272

附录Ⅰ　实践演练参考答案 …………………………………………… 277
附录Ⅱ　财务系数表 …………………………………………………… 278

参考文献 ………………………………………………………………… 290

学习情景一　财务管理认知

案例导入

安馨是一名即将毕业的大学生，她决定自主创业。根据在大学里学到的知识，以及利用假期参与各类实习所积累的工作经验，在反复进行可行性论证后，她准备在高新区开设一家咖啡馆。万事开头难，她需要面对很多问题，如咖啡馆选址与场地租借、场地设计与装修、工商税务登记与银行开户、员工招聘与培训等。安馨梳理相关的财务管理问题，总结出最需要解决的管理事项如下：咖啡馆开业需要花多少钱？开咖啡馆必须得有本金投入，这部分钱从何而来？如何筹措？咖啡馆该如何经营？她需要做出周全的商业计划书，从而对咖啡馆的经营策略、收入来源及成本控制等进行全面的经营规划。同时，她还要考虑咖啡馆未来发展规划与预期收益分配问题。

学习任务：安馨的自主创业项目在财务管理方面主要涉及哪些问题？

学习目标：理解财务管理基本概念，熟悉财务活动、财务关系及财务管理的基本内容，掌握财务管理的目标，了解财务管理工作环节和财务管理环境。

任务 1　财务管理基本概念

任何企业的生产经营活动，都是运用人力、资金、物资与信息等各项生产经营要素来进行的，其中包含了生产经营的业务活动和财务活动两个方面。与之对应的，在企业中必然存在两种基本管理活动，即生产经营管理和财务管理。企业财务活动是指企业生产经营过程中的资金运动及其所体现的财务关系。财务管理是企业组织财务活动、处理财务关系的一项经济管理工作。理解企业财务管理的基本概念，还必须了解资金运动、财务活动及财务关系等相关概念。

一、资金运动及形式

资金运动是指企业再生产过程中的价值运动。企业再生产过程表现为两个方面：一方面是实物商品运动，另一方面是价值运动或资金运动。企业再生产过程一般可以分为供应阶段、生产阶段和销售阶段。企业在供应阶段投入资金购买机器设备、原材料和劳动力等生产资料，资金形态由货币资金转化为机器设备等占用的固定资金和原材料等占用的流动资金。在生产阶段，企业通过加工生产改变原材料的实物形态，而资金形态在此阶段主要表现为在产品资金；生产过程结束，企业生产出成品，资金形态由在产品资金转化为成品资金。进入销售阶段，企业将产品出售，收回货款，资金形态由成品资金转化为货币资金，从而完成资金的一次循环，如图 1-1 所示。

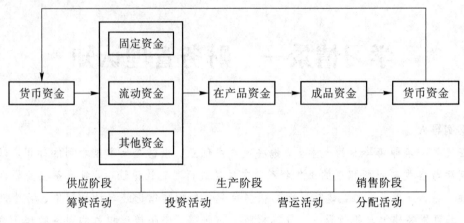

图 1-1 资金循环

二、财务活动与财务关系

1. 财务活动

如前所述，企业资金运动过程是资金形态的不断转化及其增值的过程，这一过程通过一系列的财务活动实现。所谓财务活动，是指资金的筹集、投放、使用、收回及分配等经济活动的总称。财务活动伴随着企业资金运动而存在和发生，离开企业资金运动过程，财务活动将不复存在。

在企业再生产过程中，实物商品运动不断进行，实物商品的形态也不断发生改变。与此同时，实物商品的价值形态也在不断发生变化，由一种形态转化为另一种形态，周而复始，循环往复，形成了企业资金运动。可见，资金运动伴随着企业再生产过程而不断进行，且表现为一种循环周转过程。在资金运动过程中，企业资金的筹集、投放、使用、收回和分配等经济活动不断发生，形成了企业财务活动。可见，财务活动包括筹资活动、投资活动、营运活动和分配活动等经济活动。其中筹资活动是资金运动的前提，投资活动是资金运动的关键，分配活动是作为投资成果进行的，体现了企业投资与筹资的目标要求。

1) 筹资活动

筹资活动是指企业筹措生产经营所需资金的活动。在市场经济条件下，取得一定的经济资源是进行生产经营活动的前提条件。经济资源首先表现为与生产经营规模和技术结构相适应的一定量资本。因此，在企业创办之初，投资者应当按照有关法律的规定投入一定量的资本。企业投入运营后，还将根据生产经营需要进一步筹集必要的资金。企业由于筹集资金而产生资金收支，便是由企业筹资而引起的财务活动，即筹资活动。

2) 投资活动

投资活动是指企业将资金投入生产经营使用的活动。企业筹集资金的目的是把资金用于生产经营活动以便盈利，不断增加企业价值。企业把筹集到的资金投资于企业内部用于购置固定资产、无形资产等，便形成企业的对内投资；企业把筹集到的资金投资于购买其他企业的股票、债券或与其他企业联营进行投资，便形成企业的对外投资。无论是企业购买内部所需各种资产，还是购买各种证券，都需要支出资金。而当企业变卖其对内投资的各种资产或收回其对外投资时，就会产生资金的收入。企业由于投放资金而产生资金收支，便是由企业投资而引起的财务活动，即投资活动。

3）营运活动

营运活动是指企业日常经营的资金收付活动。企业日常经营所需的资金称为营运资金，它主要是为满足企业日常经营活动所发生的一系列资金收付。企业营运活动中的资金收付主要表现为企业从事生产或销售活动而采购材料或商品，以及支付工资和其他营业费用等所发生的资金支出；企业销售产品或商品取得收入而发生的资金回收；企业为满足营运资金需要而采取短期借款方式筹集的资金等。企业由于日常营运而产生资金收支，便是由企业营运而引起的财务活动，即营运活动。

4）分配活动

分配活动是指企业生产经营成果的分割活动。投资活动和营运活动，必然会取得一定的投资成果，分配活动就是对投资成果分配的过程。投资成果表现为各种收入以及扣除各种成本费用后的利润，因此分配活动主要表现为企业利润的分配。企业由于分配而产生资金收支，便是由企业分配而引起的财务活动，即分配活动与筹资活动、投资活动、营运活动相互联系、相互依存，共同构成了企业财务活动的完整过程，也是财务管理的基本内容。

2. 财务关系

企业的财务活动是以企业为主体来进行的。企业作为法人，在组织财务活动过程中必然与企业内外部有关各方发生广泛的经济利益关系，这就是企业的财务关系。企业的财务关系可概括为以下几个方面。

1）企业与国家行政管理者之间的财务关系

国家行政管理者——政府，担负着维护社会正常秩序、保卫国家安全、组织和管理社会活动等任务。政府为完成这一任务，必然无偿参与企业利润的分配。企业则必然按照国家税法规定缴纳各种税款，包括增值税、所得税、印花税等。这种关系体现为一种强制和无偿的分配关系。

2）企业与投资者之间的财务关系

这种关系主要是指企业的所有者向企业投入资本形成的所有权关系。企业的所有者主要有国家、个人和法人单位，它具体表现为独资、控股和参股关系。企业作为独立的经营实体，独立经营，自负盈亏，实现所有者资本的保值与增值。所有者以出资人的身份参与企业税后利润的分配，体现为所有权性质的投资与受资的关系。

3）企业与债权人之间的财务关系

这种关系主要是指债权人向企业放贷资金，企业按借款合同的规定按时支付利息和归还本金所形成的经济关系。企业的债权人主要有金融机构、企业和个人。企业除利用权益资金进行经营活动外，还要借入一定数量的资金，以便扩大企业经营规模，降低资金成本。企业同债权人的财务关系在性质上属于债务与债权关系。在这种关系中，债权人不像资本投资者那样有权直接参与企业经营管理，且对企业的重大活动不享有表决权，也不参与剩余收益的分配，但在企业破产清算时享有优先求偿权。因此债权人投资的风险相对较小，收益也较低。

4）企业与受资方之间的财务关系

这种关系主要是指企业以购买股票或直接投资的形式向其他企业投资所形成的经济关系。随着市场经济的不断深入发展，企业经营规模和经营范围的不断扩大，这种关系将会越来越广泛地存在。企业与受资方的财务关系体现为所有权性质的投资与受资的关系。企业向其他单位投资，依其出资额，可形成独资、控股和参股情况，并根据其出资份额参与受资方的重大决策和利润分配。企业投资的最终目的是取得收益，但预期收益能否实现，也存在一定的投资风险。

5）企业与债务人之间的财务关系

这种关系主要是指企业将资金以购买债券、提供借款或商业信用等形式出借给其他单位所形成的经济关系。企业将资金借出后，有权要求其债务人按约定的条件支付利息和归还本金。企业同其他债务人的关系体现为债权与债务关系。企业在提供信用的过程中，一方面会产生直接的信用收入，另一方面也会发生相应的机会成本和坏账损失的风险，企业必须考虑两者之间的对称性。

6）企业内部各单位之间的财务关系

这种关系主要是指企业内部各单位之间在生产经营各环节中相互提供产品或劳务所形成的经济关系。在企业内部实行责任预算和责任考核与评价的情况下，企业内部各责任中心之间相互提供产品与劳务，应以内部转移价格进行核算。这种在企业内部形成的资金结算关系，体现了企业内部各单位之间的利益均衡关系。

7）企业与职工之间的财务关系

这种关系主要是指企业向职工支付劳动报酬过程中所形成的经济关系。职工是企业的劳动者，他们以自身提供的劳动作为参加企业分配的依据。企业根据劳动者的劳动情况，用其收入向职工支付工资、津贴和奖金，并按规定提取公积金等，体现了职工个人和集体在劳动成果上的分配关系。

三、企业财务管理的内容

企业的基本活动可以分为筹资、投资、营运和分配活动四个方面，对于生产企业而言，还需进行有关生产成本的管理与控制。从财务管理角度看，投资可以分为长期投资和短期投资，筹资也可以分为长期筹资和短期筹资。由于短期投资、短期筹资和营业现金流管理有着密切关系，通常合并在一起讨论，称为营运资金管理。因此，本书把财务管理的内容分为筹资管理、投资管理、营运资金管理、收入与分配管理这四个部分。

1. 筹资管理

企业要根据其生产经营、发展战略、投资和资本结构等的需要，通过筹资渠道和资本市场，运用筹资方式，依法、经济有效地筹集企业所需资金，进行筹资管理。无论是建立新企业，还是经营现有企业，都需要筹措一定数量的资金。在进行筹资活动时，企业一方面要科学预测筹资的总规模，以保证所需资金；另一方面要通过筹资渠道和筹资方式的选择，确定合理的筹资结构，降低资本成本，增加企业的利益，控制相关的风险。筹资管理是企业财务管理的一项重要内容。

2. 投资管理

投资是企业生存、发展及进一步获取利润的基本前提。企业取得资金后，必须将其投入使用，以谋求取得良好的经济效益。在进行投资管理活动时，企业必须考虑投资规模，同时还必须通过投资方向和投资方式的选择来确定合适的投资结构，提高投资效益，降低投资风险。不同的投资项目，对企业价值和财务风险的影响程度不同。企业的投资有对内投资和对外投资之分。对内投资是指企业把筹集到的资金用于本企业的资产上，如购置固定资产、无形资产等。企业把筹集到的资金用于购买股票、债券、出资新组建公司或与其他企业联营等，便形成对外投资。如果投资决策不科学、投资结构不合理，那么投资项目往往不能达到预期效益，影响企业盈利水平和偿债能力，从而产生财务风险。因此对待投资管理要慎重。

3. 营运资金管理

企业在日常的生产经营活动中，会发生一系列流动资产和流动负债资金的收付。企业的营运资金在全部资金中占有较大的比重，是企业财务管理工作的一项重要内容，主要涉及现金持有计划的确定，应收账款的信用标准、信用条件和收款政策的确定，存货周期、存货数量、订货计划的确定，短期借款计划、商业信用筹资计划的确定等。如何节约资金成本，提高资金使用效率，进行流动资产的投融资，以及如何管理流动负债，都需要企业提前做好规划。

4. 收入与分配管理

收入与分配管理是对企业收入与分配活动及其形成的财务关系的组织与调节，是企业进行销售预测和定价管理，并将一定时期内所创造的经营成果合理地在企业内、外部各利益相关者之间进行有效分配的过程。收入反映的是企业经济利益的来源，而分配反映的是企业经济利益的去向，两者共同构成企业经济利益流动的完整链条。收入的初次分配是对成本费用的弥补，这一过程随着再生产的进行而自然完成，而利润分配则是对收入初次分配的结果进行再分配。根据投资者的意愿和企业生产经营的需要，企业实现的净利润可以作为投资收益分配给投资者，也可以暂时留存企业形成未分配利润，或者作为投资者的追加投资。企业的财务人员要合理确定分配的规模和结构，确保企业取得最大的长期利益。

企业财务管理的上述四部分内容是相互联系、相互制约的。筹资是基础，离开企业生产经营所需的资金筹措，企业就不能生存与发展；而且企业筹资数量还制约着企业投资的规模。企业所筹措的资金只有有效地投放出去，才能实现筹资的目的，并不断增值与发展；而且投资反过来又决定了企业需要筹资的规模和时间。筹资和投资的成果都需要依赖资金的营运才能实现，筹资和投资在一定程度上决定了企业日常经营活动的特点和方式；但企业日常活动还需要对营运资金进行合理的管理与控制，努力提高营运资金的使用效率与效果。收入与分配影响着筹资、投资、营运资金管理的各个方面，收入与分配的来源是企业上述各方面共同作用的结果，同时又会对上述各方面产生反作用。因此，筹资管理、投资管理、营运资金管理和收入与分配管理都是企业价值创造的必要环节，是保障企业健康发展、实现可持续增长的重要内容。

任务 2　财务管理目标

一、企业财务管理目标的选择

任何管理都是有目的的行为，财务管理也不例外。财务管理目标是企业财务管理工作尤其是财务决策所依据的最高准则，是企业财务活动所要达到的最终目标。

目前，对财务管理目标的认识尚未统一，主要有五种观点：利润最大化、资本利润率（每股收益）最大化、股东财富最大化、企业价值最大化和相关者利益最大化。

1. 利润最大化

这种观点认为，利润代表了企业新创造的财富，利润越多则说明企业的财富增加得越多，越接近企业的目标。利润最大化的优点是利润指标计算简单，易于理解。

这种观点的缺陷是：

（1）利润最大化是一个绝对指标，没有考虑企业的投入与产出之间的关系，难以在不同资本规模的企业或同一企业的不同期间进行比较。

（2）没有区分不同时期的收益，没有考虑资金的时间价值。投资项目收益现值的大小，不仅取决于其收益将来值总额的大小，还要受取得收益时间的制约。因为早取得收益，就能早进行再投资，进而早获得新收益，利润最大化目标则忽视了这一点。

（3）没有考虑风险问题。一般而言，收益越高，风险越大。追求最大利润，有时会增加企业风险，但利润最大化的目标不考虑企业风险的大小。

（4）利润最大化可能会使企业财务决策带有短期行为，即片面追求利润的增加，不考虑企业长远的发展。

2. 资本利润率（每股收益）最大化

这种观点认为，应该把企业利润与投入的资本相联系，用资本利润率（每股收益）概括企业财务管理目标。该观点本身概念明确，将企业实现的利润与投入的资本或股本进行对比，可以在不同资本规模的企业或同一企业不同期间进行对比，揭示其盈利水平的差异。但是这种观点仍然存在两个问题：一是没有考虑资金的时间价值，二是没有考虑风险问题。

3. 股东财富最大化

股东财富最大化是指企业财务管理以实现股东财富最大化为目标。股东财富最大化的目标强调股东创办企业的目的是增加财富，企业要为股东创造价值。如果企业不能为股东创造价值，股东就不会为企业提供权益资本。没有了权益资本，企业也就不存在了。因此，企业要为股东创造价值。

对于上市公司，股东财富是由其所拥有的股票数量和股票市场价格两方面决定的。在股票数量一定时，股票价格达到最高，股东财富也就达到最大。

与利润最大化相比，股东财富最大化具有以下优点：

（1）考虑了风险因素，因为风险的高低，会对股票价格产生重要影响。

（2）在一定程度上能够克服企业在追求利润上的短期行为，因为不仅目前的利润会影响股票价格，预期未来的利润对股票价格也会产生重要影响。

（3）反映了资本与报酬之间的关系。因为股票价格是对每股股份的一个标价，反映的是单位投入资本的市场价格。

但应该看到，以股东财富最大化为目标也存在以下缺陷：

（1）只适用于上市公司，对非上市公司则很难适用。上市公司可以通过股价来衡量股东财富，而非上市公司的股东财富无法用股票价格来反映，使用净资产指标也有一定的局限性。

（2）只强调股东的利益，而对企业其他关系人的利益重视不够，容易激化与其他利益相关者的矛盾。企业有众多的利益相关者，股东只是利益集团的一方，过分强调股东财富会激化矛盾，影响企业长期稳定的发展。

（3）股票价格受多种因素的影响，特别是企业外部因素的影响，有些因素还有可能是非正常因素。股价不能完全准确地反映企业财务管理状况，如有的企业处于破产的边缘，但由于可能存在某些机会，其股票价格可能还是走高。

4. 企业价值最大化

投资者建立企业的重要目的在于创造尽可能多的财富。这种财富首先表现为企业的价值。企业价值的大小取决于企业全部财产的市场价值和企业潜在或预期获利能力。这种观点认为：企业价值最大化可以通过企业的合理经营，采用最优的财务决策，充分考虑资金的时间价值和风险与报酬的关系，在保证企业长期稳定发展的基础上，使企业总价值达到最大。这是现代财务管理理论普遍公认的财务目标，该理论认为企业价值最大化是衡量企业财务行为和财务决策的合理标准。

对于股份制企业，企业价值最大化可以表述为股东财富最大化。对于上市的股份公司，股东财富最大化可用股票市价最大化来代替。股票市价是企业经营状况及业绩水平的动态描述，代表了投资大众对企业价值的客观评价。股票价格是由企业未来的收益和风险决定的，其股价的高低不但反映了资本和获利之间的关系，而且体现了预期每股收益的大小、取得的时间、所冒的风险以及企业股利政策等诸多因素的影响。企业追求其市场价值最大化，有利于避免企业在追求利润上的短期行为，因为不仅目前的利润会影响企业的价值，预期未来的利润对企业价值的影响所起的作用更大。

企业是通过一系列合同或契约关系将各种利益主体联系在一起的组织形式。企业应将长期稳定发展摆在首位，强调在企业价值增长中满足与企业相关各利益主体的利益，企业只有通过维护与相关者的利益，承担起应有的社会责任（如保护消费者利益、保护环境、支持社会公众活动等），才能更好地实现企业价值最大化这一财务管理目标。

由于企业价值最大化是一个抽象的目标，在运用时也存在以下一些缺陷：

（1）非上市企业的价值确定难度较大。虽然通过专门评价（如资产评估）可以确定其价值，但评估过程受评估标准和评估方式的影响，使估价不易客观和标准，从而影响企业价值的准确性与客观性。

（2）股票价格的变动除受企业经营因素影响之外，还要受到企业无法控制的因素影响。

5. 相关者利益最大化

现代企业是多边契约关系的总和，要确立科学的财务管理目标，首先就要考虑哪些利益关系会对企业发展产生影响。在市场经济中，企业的利益主体更加细化和多元化。股东作为企业所有者，在企业中承担着最大的权力、义务、风险和报酬，但是债权人、职工、企业经营者、客户、供应商和政府也为企业承担着风险。比如：

（1）随着举债经营的企业越来越多，举债比例和规模也不断扩大，使得债权人的风险大大增加。

（2）在社会分工细化的今天，简单劳动越来越少，复杂劳动越来越多，使得职工的再就业风险不断增加。

（3）在现代企业制度下，企业经理人受所有者委托，作为代理人管理和经营企业，在激烈的市场竞争和复杂多变的形势下，代理人所承担的责任越来越大，风险也随之加大。

（4）随着市场竞争和经济全球化的影响，企业与客户以及企业与供应商之间不再是简单的买卖关系，更多的情况下是长期的伙伴关系，处于一条供应链上，共同参与同其他供应链的竞争，因而也与企业共同承担一部分风险。

（5）政府不管是作为出资人，还是作为监管机构，都与企业各方的利益密切相关。

综上所述，企业的利益相关者不仅包括股东，还包括债权人、企业经营者、客户、供应商、职工、政府等。因此，在确定企业财务管理目标时，不能忽视相关利益群体的利益。

相关者利益最大化目标的具体内容包括以下几个方面：

（1）强调风险与报酬的均衡，将风险限制在企业可以承受的范围内。

（2）强调股东的首要地位，并强调企业与股东之间的协调关系。

（3）强调对代理人即企业经营者的监督和控制，要建立有效的激励机制以便企业战略目标顺利实施。

（4）关心本企业职工的利益，创造和谐的工作环境，提供合理恰当的福利待遇，保证职工长期为企业努力工作。

（5）不断加强与债权人的关系，培养可靠的资金供应者。

（6）关心客户的长期利益，以便保持销售收入的长期稳定增长。

（7）加强与供应商的协作，共同面对市场竞争，并注重企业形象的宣传，遵守承诺，讲究信誉。

（8）保持与政府部门的良好关系。

以相关者利益最大化作为财务管理目标，具有以下优点：

（1）有利于企业长期稳定发展。这一目标注重企业在发展过程中较好地兼顾各利益相关者的利益。在追求长期稳定发展的过程中，站在企业的角度上进行投资研究，可以避免站在股东的角度进行投资可能导致的一系列问题。

（2）体现了合作共赢的价值理念，有利于实现企业经济效益和社会效益的统一。由于兼顾了企业、股东、政府、客户等的利益，企业就不仅仅是一个单纯牟利的组织，还承担了一定的社会责任。企业在寻求其自身的发展和利益最大化的过程中，由于考虑客户和其他利益相关者的利益，就会依法经营，依法管理，正确处理各种财务关系，自觉维护和切实保障国家、集体和社会公众的合法权益。

（3）这一目标本身是一个多元化、多层次的目标体系，较好地兼顾了各利益主体的利益。这一目标可使企业各利益主体相互作用、相互协调，并在使企业利益、股东利益达到最大化的同时，也使其他利益相关者利益达到最大化，也就是说将企业财富这块"蛋糕"做到最大化的同时，保证每个利益主体所得的"蛋糕"更多。

（4）体现了前瞻性和现实性的统一。比如，企业作为利益相关者之一，有自己的一套评价指标，如未来企业报酬贴现值；股东的评价指标可以使用股票市价；债权人可以寻求风险最小、利息最大；职工可以确保工资福利；政府可以考虑社会效益等。不同的利益相关者有各自的指标，只要合理合法、互利互惠、相互协调，就可以实现所有相关者利益最大化。因此，相关者利益最大化是企业财务管理最理想的目标。但是鉴于该目标过于理想化且无法操作，本书后述内容仍采用企业价值最大化作为财务管理的目标。

6. 各种财务管理目标之间的关系

上述各种财务管理目标中，企业价值最大化是最合理的标准，对于股份制企业而言，企业的创立和发展都以股东的投入为基础，因为企业是市场经济的主要参与者，离开了股东的投入，企业就不复存在；并且，在企业的日常经营过程中，作为所有者的股东在企业中承担着最大的义务和风险，相应也需享有最高的报酬，即股东财富最大化，否则就难以为市场经济的持续发展提供动力。

当然，以企业价值最大化为核心和基础，还应该考虑利益相关者的利益。各国公司法都规定，股东权益是剩余权益，只有满足了其他方面的利益之后才会有股东的利益。企业必须缴税，给职工发工资，给顾客提供他们满意的产品和服务，然后才能获得税后收益。可见，其他利益相关者的要求先于股东被满足，因此这种满足必须是有限度的。如果对其他利益相关者的要求不加限制，股东就不会有"剩余"了。除非股东确信投资会带来满意的回报，否则股东不会出资。没有股东财富最大化的目标，利润最大化、企业价值最大化以及相关者利益最大化的目标也就无法实现。因此，在强调企业承担应尽的社会责任的前提下，应当允许企业以股东财富最大化为目标。

二、利益冲突的协调

将企业价值最大化作为财务管理目标，其首要任务就是要协调相关者的利益关系，化解他们之间的利益冲突。协调相关者的利益冲突，要把握的原则是：尽可能使企业相关者的利益分配在数量上和时间上达到动态的协调平衡。而在所有的利益冲突协调中，所有者与经营者、所有者与债权人的利益冲突协调又至关重要。

1. 所有者与经营者利益冲突的协调

在现代企业中，经营者一般不拥有占支配地位的股权，他们只是所有者的代理人。所有者期望经营者代表他们的利益工作，实现股东财富最大化，而经营者则有其自身的利益考虑，二者的目标会经常不一致。通常而言，所有者支付给经营者报酬的多少，取决于经营者能够为所有者创造多少财富。经营者和所有者的主要利益冲突，就是经营者希望在创造财富的同时，能够获取更多的报酬；而所有者则希望以较小的代价（支付较少的报酬）实现更多的财富。

为了协调这一利益冲突，通常可采取以下方式解决。

1）解聘

解聘是一种通过所有者约束经营者的办法。所有者对经营者予以监督，如果经营者绩效不佳，就解聘经营者；经营者为了不被解聘就需要努力工作，为实现财务管理目标服务。

2）接收

接收是一种通过市场约束经营者的办法。如果经营者决策失误，经营不善，绩效不佳，该企业就可能被其他企业强行接收或吞并。经营者为了避免这种接收，就必须努力实现财务管理目标。

3）激励

激励是将经营者的报酬与其绩效直接挂钩，以使经营者自觉采取能提高所有者财富的措施。激励通常有以下两种方式：

（1）股票期权。它是指允许经营者以约定的价格购买一定数量的本企业股票，股票的市场价格高于约定价格的部分就是经营者所得的报酬。经营者为了获得更大的股票涨价收益，就必然主动采取能够提高股价的行动，从而增加所有者财富。

（2）绩效股。它是指企业运用每股收益、资产收益率等指标来评价经营者绩效，并视其绩效大小给予经营者数量不等的股票作为报酬。如果经营者绩效未能达到规定目标，经营者将丧失原先持有的部分绩效股。这种方式使经营者不仅为了多得绩效股而不断采取措施提高经营绩效，而且为了使每股市价最大化，也会采取多种措施使股票市价稳定上升，从而增加所有者财富。即使由于客观原因股价并未提高，经营者也会因为获取绩效股而获利。

2. 所有者与债权人利益冲突的协调

所有者的目标可能与债权人期望实现的目标发生矛盾。首先，所有者可能要经营者改变举债资金的原定用途，将其用于风险更高的项目，这会增大偿债风险，债权人的负债价值也必然会降低，造成债权人风险与收益的不对等。因为高风险的项目一旦成功，额外的利润就会被所有者独享；但若失败，债权人却要与所有者共同负担由此而造成的损失。其次，所有者可能在未征得现有债权人同意的情况下，要求经营者举借新债，因为偿债风险相应增大，从而使原有债权的价值降低。

所有者与债权人的上述利益冲突，可以通过以下方式解决。

1）限制性借款

债权人通过事先规定借款用途、借款担保条款和借款信用条件，使所有者不能通过以上两种方式削弱债权人的债权价值。

2）收回借款或停止借款

当债权人发现企业有侵蚀其债权价值的意图时，采取收回债权或不再给予新借款的措施，从而保护自身权益。

任务3　财务管理工作环节

财务管理工作环节是指财务管理的工作步骤和一般程序。企业财务管理一般包括以下几个环节。

1. 财务预测

财务预测是指企业根据财务活动的历史资料（如财务分析），考虑现实条件与要求，运用特定方法对企业未来的财务活动和财务成果作出科学的预计或测算。财务预测是进行财务决策的基础，是编制财务预算的前提。

财务预测所采用的方法主要有两种：一是定性预测，是指企业缺乏完整的历史资料或有关变量之间不存在较为明显的数量关系时，由专业人员进行的主观判断与推测；二是定量预测，是指企业根据比较完备的资料，运用数学方法，建立数学模型，对事物的未来进行的预测。实际工作中，通常将两者结合起来进行财务预测。

2. 财务决策

财务决策是企业财务人员按照企业财务管理目标，利用专门方法对各种被选方案进行比较分析，并从中选出最优方案的过程。它不是拍板决定的瞬间行为，而是提出问题、分析问题和解决问题的全过程。正确的决策可使企业起死回生，错误的决策可导致企业毁于一旦，所以财务决策是企业财务管理的核心，其成功与否直接关系到企业的兴衰成败。

3. 财务预算

财务预算是指企业运用科学的技术手段和数量方法，对未来财务活动的内容及指标进行综合平衡与协调的具体规划。财务预算是以财务决策确立的方案和财务预测提供的信息为基础编制的，是财务预测和财务决策的具体化，是财务控制和财务分析的依据，贯穿企业财务活动的全过程。

4. 财务控制

财务控制是在财务管理过程中，利用有关信息和特定手段，对企业财务活动所施加的影响和进行的调节。实行财务控制是落实财务预算、保证预算实现的有效措施，也是责任绩效考评与奖惩的重要依据。

5. 财务分析

财务分析是根据企业核算资料，运用特定方法，对企业财务活动过程及其结果进行分析和评价的一项工作。财务分析既是本期财务活动的总结，也是下期财务预测的前提，具有承上启下的作用。通过财务分析，可以掌握企业财务预算的完成情况，评价财务状况，研究和掌握企业财务活动的规律，改善财务预测、财务决策、财务预算和财务控制，提高企业财务管理水平。

任务 4 财务管理环境

财务管理环境是指对企业财务活动和财务管理产生影响作用的内外部各种条件或要素。通过环境分析，可提高企业财务行为对环境的适应能力、应变能力和利用能力，以便更好地实现企业财务管理目标。

企业财务管理环境按其存在的空间，可分为内部财务环境和外部财务环境。内部财务环境主要内容包括企业资本实力、生产技术条件、经营管理水平和决策者的素质等四个方面。由于内部财务环境存在于企业内部，所以它是企业可以从总体上采取一定的措施进行控制和改变的因素。而外部财务环境，由于存在于企业外部，它们对企业财务行为的影响无论是有形的硬环境，还是无形的软环境，企业都难以控制和改变，更多的是适应和因势利导。在此主要介绍外部财务环境。影响企业外部财务环境的因素有多种，其中最主要的有法律环境、经济环境和金融市场环境等。

一、法律环境

1. 法律环境的范畴

财务管理的法律环境是指企业和外部发生经济关系时所应遵守的各种法律、法规和规章。市场经济是一种法治经济，企业的一切经济活动总是在一定法律规范范围内进行的。一方面，法律提出了企业从事一切经济业务所必须遵守的规范，从而对企业的经济行为进行约束；另一方面，法律也为企业合法从事各项经济活动提供了保护。

国家相关法律法规按照对财务管理内容的影响情况可以分为如下三类：

（1）影响企业筹资的相关法规主要有公司法、证券法、金融法、证券交易法、合同法等。这些法规从不同方面规范或制约企业的筹资活动。

（2）影响企业投资的相关法规主要有证券交易法、公司法、企业财务通则等。这些法规从不同角度规范或制约企业的投资活动。

（3）影响企业收益分配的相关法规主要有税法、公司法、企业财务通则等。这些法规从不同方面对企业收益分配进行了规范或制约。

2. 法律环境对企业财务管理的影响

法律环境对企业的影响是多方面的，影响范围包括企业组织形式、企业治理结构、投融资活动、日常经营、收益分配等。《公司法》规定，企业可以采用独资、合伙、公司制等组织形式。企业组织形式不同，业主（股东）权利责任、企业投融资、收益分配、纳税、信息披露等不同，企业治理结构也不同。上述不同种类的法律，分别从不同方面规范或约束企业的经济行为，对企业财务管理产生影响。

二、经济环境

财务管理作为一种微观管理活动，与其所处的经济体制、经济结构、经济发展状况、宏观经济调控政策等经济环境密切相关。

1. 经济管理体制

在市场经济体制下，企业是"自主经营、自负盈亏"的经济实体，有独立的经营权，同时也有独立的理财权。企业可以从其自身需要出发，合理确定资本需要量，然后到市场上筹集资本，再把筹集到的资本投放到高效益的项目上获取更大的收益，最后将收益根据需要和可能进行分配，保证企业财务活动自始至终根据自身条件和外部环境作出各种财务管理决策并组织实施。

2. 经济周期

市场经济条件下，经济发展与运行具有一定的周期性。大体上要经历复苏、繁荣、衰退和萧条几个阶段的循环，这种循环叫作经济周期。

在不同的经济周期，企业应采用不同的财务管理战略。西方学者探讨了经济周期中的财务管理战略，现择其要点归纳在表1-1中。

表 1-1　经济周期中的财务管理战略

复　苏	繁　荣	衰　退	萧　条
1. 增加厂房设备	1. 扩充厂房设备	1. 停止扩张	1. 建立投资标准
2. 实行长期租赁	2. 继续建立存货	2. 出售多余设备	2. 保持市场份额
3. 建立存货	3. 提供产品价格	3. 停产不利产品	3. 压缩管理费用
4. 开发新产品	4. 开展营销规划	4. 停止长期采购	4. 放弃次要利益
5. 增加劳动力	5. 增加劳动力	5. 削减存货	5. 削减存货
		6. 停止扩招雇员	6. 裁减雇员

3. 经济发展水平

财务管理的发展水平与经济发展水平密切相关，经济发展水平越高，财务管理水平也越好。财务管理水平的提高，将推动企业降低成本、改进效率、提高效益，从而促进经济发展水平的提高；而经济发展水平的提高，将改变企业的财务战略、财务理念、财务管理模式和财务管理的方法手段，从而促进企业财务管理水平的提高。财务管理应当以经济发展水平为基础，以宏观经济发展目标为导向，从业务工作角度保证企业经营目标和经营战略的实现。

4. 宏观经济政策

我国经济体制改革的目标是建立社会主义市场经济体制，以进一步解放和发展生产力。在这个目标的指导下，我国正在进行财税体制、金融体制、外汇体制、外贸体制、计划体制、价格体制、投资体制、社会保障制度等各项改革。所有这些改革措施，深刻地影响着我国的经济生活，也深刻地影响着我国企业的发展和财务活动的运行。如金融政策中的货币发行量、信贷规模会影响企业投资的资金来源和投资的预期收益；财税政策会影响企业的资金结构和投资项目的选择等；价格政策会影响资金的投向和投资的回收期及预期收益等；会计制度的改革会影响会计要素的确认和计量，进而对企业财务活动的事前预测、决策及事后的评价产生影响等。

5. 通货膨胀水平

通货膨胀对企业财务活动的影响是多方面的，主要表现在以下几个方面：
(1) 引起资金占用的大量增加，从而增加企业的资金需求。
(2) 引起企业利润虚增，造成企业资金由于利润分配而流失。
(3) 引起利润上升，加大企业的权益资金成本。
(4) 引起有价证券价格下降，增加企业的筹资难度。
(5) 引起资金供应紧张，增加企业的筹资困难。

为了减轻通货膨胀对企业造成的不利影响，企业应当采取措施予以防范。在通货膨胀初期，货币面临贬值风险，这时企业进行投资可以避免风险，实现资本保值；与客户签订长期购货合同，以减少物价上涨造成的损失；取得长期负债，保持资本成本的稳定。在通货膨胀持续期，企业可以采用比较严格的信用条件，减少企业债权；调整财务政策，防止和减少企业资本流失等。

三、金融市场环境

金融市场是指资金融通的场所。广义的金融市场，是指一切资本流动(包括实物资本和货币资本)的场所，其交易对象为货币借贷、票据承兑和贴现、有价证券的买卖、黄金和外汇买卖、办理国内外保险、生产资料的产权交换等。狭义的金融市场一般是指有价证券市场，即股票和债券的发行和买卖市场。

1. 金融市场的分类

(1) 按交易的期限，可将金融市场分为短期资金市场和长期资金市场。短期资金市场是指期限不超过一年的资金交易市场，因为短期有价证券易于变成货币或作为货币使用，所以也叫货币市场。长期资金市场，是指期限在一年以上的股票和债券交易市场，因为发行股票和债券主要用于固定资产等资本货物的购置，所以也叫资本市场。

（2）按交易的性质，可将金融市场分为发行市场和流通市场。发行市场是指从事新证券和票据等金融工具买卖的转让市场，也叫初级市场或一级市场。流通市场是指从事已上市的旧证券或票据等金融工具买卖的转让市场，也叫次级市场或二级市场。

（3）按交易的直接对象，可将金融市场分为同业拆借市场、国债市场、企业债券市场、股票市场和金融期货市场等。

（4）按交割的时间，可将金融市场分为现货市场和期货市场。现货市场是指买卖双方成交后，当场或几天之内买方付款、卖方交出证券的交易市场。期货市场是指买卖双方成交后，在双方约定的未来某一特定的时日才交割的交易市场。

2. 金融市场与企业财务活动

企业从事投资活动所需要的资金，除了所有者投入以外，主要从金融市场取得。金融政策的变化必然影响企业的筹资与投资。所以，金融市场环境是企业最为主要的环境因素，它对企业财务活动的影响主要有：

（1）金融市场为企业提供了良好的筹资和投资的场所。当企业需要资金时，可以在金融市场上选择合适的方式筹资，而当企业有闲置的资金时，又可以在市场上选择合适的投资方式，为其资金寻找出路。

（2）金融市场为企业的长短期资金相互转化提供方便。企业可通过金融市场将长期资金，如股票、债券等，变现为短期资金，也可以通过金融市场购进股票、债券等，将短期资金转化为长期资金。

（3）金融市场为企业财务管理提供有意义的信息。金融市场的利率变动反映资金的供求状况，有价证券市场的行情反映投资人对企业经营状况和盈利水平的评价，这些都是企业生产经营和财务管理的重要依据。

3. 我国主要的金融机构

（1）中国人民银行。中国人民银行是我国的中央银行，它代表政府管理全国的金融机构和金融活动，经营国库。

（2）政策银行。政策银行是指由政府设立，以贯彻国家产业政策、区域发展政策为目的，不以营利为目的的金融机构。我国目前有三家政策银行：国家开发银行、中国进出口银行、中国农业发展银行。

（3）商业银行。商业银行是以经营存款、放款、办理转账结算为主要业务，以盈利为主要经营目标的金融企业。我国的商业银行有国有独资商业银行和股份制商业银行。

（4）非银行金融机构。我国主要的非银行金融机构有保险公司、信托投资公司、证券机构、财务公司、金融租赁公司。

4. 金融市场利率

在金融市场上，利率是资金使用权的价格，其计算公式为

$$利率＝纯利率＋通货膨胀补偿率＋风险报酬率$$

纯利率是指在没有通货膨胀、无风险情况下资金市场的平均利率。通常用短期国库券的利率表示无风险报酬率（纯利率＋通货膨胀补偿率），在没有通货膨胀时，短期国库券的利率可以视为纯利率。

　　由于通货膨胀会降低货币的实际购买力，为弥补其购买力损失，在纯利率的基础上加上了通货膨胀补偿率。

　　风险报酬率是由于存在违约风险、流动性风险和期限风险而要求在纯利率和通货膨胀补偿率之外附加的利率。其中，违约风险附加率是指为了弥补因债务人无法按时还本付息而带来的风险，由债权人要求附加的利率；流动性风险附加率是指为了弥补因债务人资产流动不足而带来的风险，由债权人要求附加的利率；期限风险附加率是指为了弥补因偿债期长而带来的风险，由债权人要求附加的利率。

知 识 小 结

　　财务管理是企业组织财务活动，处理财务关系的一项经济管理工作。本章对财务活动和财务关系等财务管理基本概念、财务管理目标、财务管理工作环节及财务管理环境等方面进行了概述。财务活动是指资金的筹集、投放、使用、收回及分配等一系列行为。其中资金的投放、使用、收回又称为投资，所以筹资活动、投资活动、营运活动和分配活动构成了财务活动的基本内容。财务关系是指企业组织财务活动所发生的企业与各方面的经济利益关系。财务管理目标是企业财务管理工作（尤其是财务决策）所依据的最高准则，是企业财务活动所要达到的最终目标。财务管理目标主要有五种观点，即利润最大化、资本利润率（每股收益）最大化、股东财富最大化、企业价值最大化和相关者利益最大化。财务管理工作环节是指财务管理的工作步骤和一般程序，其内容包括财务预测、财务决策、财务预算、财务控制和财务分析等。财务管理环境是指对企业财务活动和财务管理产生影响作用的企业内外部的各种条件或要素。

实 践 演 练

一、单项选择题

1. 根据财务管理理论，企业在生产经营活动过程中客观存在的资金运动及其所体现的经济利益关系被称为（　　）。

A. 企业财务管理　　B. 企业财务活动　　C. 企业财务关系　　D. 企业财务

2. 下列经济活动中，能够体现企业与政府之间的财务关系的是（　　）。

A. 企业向职工支付医药费　　　　　　B. 企业向其他企业支付往来款

C. 企业向国家税务机关缴纳税款　　　D. 国有企业向国有资产投资公司支付股利

3. 假定甲公司向乙公司赊销产品，并持有丙公司债券和丁公司的股票，且向戊公司支付公司债券利息。假定不考虑其他条件，从甲公司的角度看，下列各项中属于甲公司与债权人之间财务关系的是（　　）。

A. 甲公司与乙公司之间的关系　　　　B. 甲公司与丙公司之间的关系

C. 甲公司与丁公司之间的关系　　　　D. 甲公司与戊公司之间的关系

4. 资本利润率最大化与利润最大化相比较的优点是（　　）。

A. 反映企业创造剩余产品的多少　　　B. 反映企业创造利润和投入资本的多少

C. 考虑了资金的时间价值　　　　　　D. 避免了企业的短期行为

5. 企业筹措和集中资金的财务活动是指( )。

A. 筹资活动   B. 投资活动   C. 决策活动   D. 分配活动

6. 以下关于财务管理目标的表述,不正确的是( )。

A. 企业财务管理目标是评价企业财务活动是否合理有效的基本标准

B. 财务管理目标的设置必须体现企业发展战略的意图

C. 财务管理目标一经确定,不得改变

D. 财务管理目标具有层次性

7. 财务管理的核心工作环节为( )。

A. 财务预测   B. 财务决策   C. 财务预算   D. 财务控制

8. 在下列各种观点中,既能够考虑资金的时间价值和投资风险,又有利于克服管理上的片面性和短期行为的财务管理目标是( )。

A. 利润最大化   B. 企业价值最大化   C. 每股收益最大化   D. 资本利润率最大化

9. 相对于每股收益最大化目标而言,企业价值最大化目标的不足之处是( )。

A. 没有考虑资金的时间价值   B. 没有考虑投资的风险价值

C. 不能反映企业潜在的获利能力   D. 某些情况下确定比较困难

10. 企业财务关系中最为重要的关系是( )。

A. 股东与经营者之间的关系

B. 股东与债权人之间的关系

C. 股东、经营者、债权人之间的关系

D. 企业与政府有关部门、社会公众之间的关系

11. 财务关系是指企业在财务活动中所体现的与各方面的( )。

A. 经济利益关系   B. 债权债务关系   C. 货币关系   D. 货币结算关系

12. 企业价值最大化强调的是企业的( )。

A. 实际利润额   B. 预期获利能力   C. 实际利润率   D. 生产能力

13. 对于股份制企业,尤其是上市的股份公司,企业价值最大化的目标往往演变为( )。

A. 每股利润最大化   B. 利润最大化

C. 股票账面价格最大化   D. 股票市场价格最大化

二、多项选择题

1. 企业财务活动主要包括( )。

A. 筹资活动   B. 投资活动   C. 营运活动   D. 分配活动

2. 利润最大化目标和每股收益最大化目标存在的共同缺陷是( )。

A. 不能反映资本的获利水平   B. 不能用于不同资本规模的企业间比较

C. 可能会导致企业的短期行为   D. 没有考虑风险因素和时间价值

3. 以企业价值最大化作为财务管理目标的优点有( )。

A. 有利于社会资源的合理配置   B. 有助于精确估算非上市公司价值

C. 反映了对企业资产保值增值的要求   D. 有利于克服管理上的片面性和短期行为

4. 企业财务管理包括( )这几个环节。

A. 财务预测、决策   B. 财务预算   C. 财务控制   D. 财务分析

5. 企业财务管理外部环境主要包括(　　)。

A. 经济环境　　　B. 法律环境　　　C. 生态环境　　　D. 金融环境

6. 下列各项中，能协调所有者与债权人之间矛盾的方式是(　　)。

A. 市场对公司强行接收或吞并　　　B. 债权人通过合同实施限制性借款

C. 债权人停止借款　　　D. 债权人收回借款

7. 下列各项中，能够用于协调企业所有者与企业经营者矛盾的方法是(　　)。

A. 解聘　　　B. 接收　　　C. 激励　　　D. 停止借款

三、判断题

1. 企业与政府之间的财务关系体现为投资与受资的关系。　　　(　　)

2. 以每股收益最大化作为财务管理目标，考虑了资金的时间价值但没有考虑投资的风险价值。　　　(　　)

3. 企业财务活动的内容，也是企业财务管理的基本内容。　　　(　　)

4. 企业组织财务活动中与有关各方所发生的经济利益关系称为财务关系，但不包括企业与职工之间的关系。　　　(　　)

5. 企业财务管理基于企业再生产过程中客观存在的资金运动而产生，是企业组织资金运动的一项经济管理工作。　　　(　　)

6. 投资者在对企业进行评价时，更看重企业已经获得的利润而不是企业潜在的获利能力。　　　(　　)

7. 解聘是一种通过市场约束经营者的办法。　　　(　　)

8. 股票市价是一个能够较好地反映企业价值最大化目标实现程度的指标。　　　(　　)

9. 在确定企业财务管理目标时，只需要考虑所有者或股东的利益，企业价值最大化实际上意味着所有者或股东利益最大化。　　　(　　)

10. 市场上短期国库券利率为 5%，通货膨胀补偿率为 2%，实际市场利率为 10%，则风险报酬率为 3%。　　　(　　)

四、案例分析题

案例情景： 每一家优秀的企业都有着自己独特的文化价值观，京东作为国内领先的新型实体企业，也有着自己独特的文化基因。自创立之初，刘强东便认为京东是一家可以为社会创造巨大价值的企业。京东在积极履行社会责任、促进就业、提升社会效率、引领实体经济发展等方面作出了卓越的贡献。刚刚出任京东 CEO 的徐雷说："京东在抗疫救援方面，从来不惜力，从来不算账，也愿意用自己最擅长的供应链能力高效支援任何需要的城市"。我们坚信，作为一个为社会做好事的企业，从长远来看，我们会得到更好的回馈——即使我们放弃一些短期收益。穷则独善其身，达则兼济天下，这也是民族企业的社会责任和家国情怀。即便这种坚守是笨拙的、是不被理解的，但这样的坚守一定是有意义的，这就是京东的文化，这就是京东的企业价值观。

实践要求： 结合京东的企业宗旨、经营方式，讨论说明企业财务管理的目标，并分析如何实现企业的财务管理目标？

学习情景二 财务管理的基础知识

案例导入

李想毕业后应聘到一家出版社，现已工作 3 年，一直和同学合租住。最近所在城市房价暴涨，父母催促李想抓紧买房，他看过多家楼盘后，产生许多疑惑，同时也担心出版社的发展前景在未来能否支撑他按期缴纳房贷。他的疑惑有：如何选择适合自己的贷款额度、贷款时间以及还款方式？各种不同还款方式的区别是什么？在买房过程中到底是哪种还款方式更省钱？在数媒冲击的影响下，所在传统纸媒出版社有何风险？如果不买房，将这 3 年的积蓄购买股票，又该怎样选择？预期收益率是多少？风险如何衡量？风险与收益的关系如何？

学习任务：如何选择购房贷款的还款方式？怎样衡量风险？

学习目标：掌握资金的时间价值的概念，单利、复利以及普通年金的计算，熟悉年金、普通年金、预付年金、递延年金、永续年金的特点。了解风险的概念、种类、特点及投资风险与报酬的关系。掌握风险衡量的方法，理解风险衡量的两个指标：标准离差、标准离差率及其计算方法。

任务 1 资金的时间价值

一、现金流量和现金流量图

在财务管理工作中，投资者和决策者必须预测并了解财务活动在未来各期的现金收支情况，并以此为基础，分析、计算投资项目的经济效果，判断是否可行，并选择最优方案。在投资项目的经济评价中，我们可以把每一个投资项目看做一个经济系统，它投入的资金、消耗的成本，以及大多数项目的收益，都表现为货币形式的资金流入或资金流出。

现金流量(Cash flow)即投资项目在各个时间点上向项目实体流入和从项目实体流出的现金的总称。流入项目实体的现金称为现金流入，流出项目实体的现金称为现金流出。每个投资项目的实施都要延续一段时间，作为一个经济系统，我们通常采用现金流量图的形式，比较直观地表示出投资项目在各时间点的净现金流量。现金流量图是把项目寿命期内各时间点的净现金流量，用时间坐标表示出来的示意图。

关于现金流量图的一般规定是：

（1）时间轴向右表示时间的延续，间隔期一般以年为单位。

（2）每个时间点表示该年的年末（或下一年的年初）。

（3）箭头线表示系统的净现金流量。向上为现金流入，向下为现金流出。箭头线的长短可根据净现金流量的大小近似成比例绘出，并标出数值。

（4）经常性的收益或成本的现金流量应发生在年末。

注意：在以下示例中若没有相关现金流入或流出信息，为更清楚地演示相关概念和计算，通常忽略现金的实际流向，把不同资金流向示意为反向。

【**例2-1**】某建设项目计算期为8年，第1年初投入建设资金120万元，第2年初投入流动资金20万元，从第2年至第7年每年净现金流入量为40万元，期末净现金流入量为70万元。请用现金流量图表示该建设项目。

解：该建设项目现金流量图如图2-1所示。

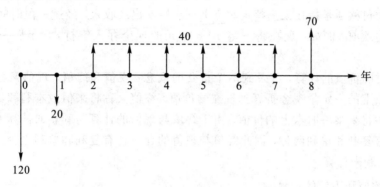

图2-1　某建设项目现金流量图

二、资金的时间价值的概念

1. 资金的时间价值的含义

资金的时间价值是指一定量资金在不同时点上价值量的差额，也称为货币的时间价值。资金在周转过程中会随着时间的推移而发生增值，使资金在投入、收回的不同时点上价值不同，形成价值差额。

日常生活中，经常会遇到这种现象，一定量的资金在不同时点上具有不同价值，现在的一元钱比将来的一元钱更值钱。如现有1 000元，存入银行，银行的年利率为5％，1年后可得到1 050元，于是现在1 000元与1年后的1 050元相等。因为这1 000元经过1年的时间增值了50元，这增值的50元就是资金经过1年时间的价值。同样企业的资金投到生产经营中，经过生产过程的不断运行，资金的不断运动，随着时间的推移，会创造新的价值，使资金得以增值。因此，一定量的资金投入生产经营或存入银行，会取得一定利润和利息，从而产生资金的时间价值。

2. 资金的时间价值产生的条件

资金的时间价值产生的前提条件，是由于商品经济的高度发展和借贷关系的普遍存在，出现了资金使用权与所有权的分离，资金的所有者把资金使用权转让给使用者，使用者必须把资金增值的一部分支付给资金的所有者作为报酬，资金占用的金额越大，使用的时间越长，所有者所要求的报酬就越高。资金在周转过程中的价值增值是资金的时间价值产生的根本源泉。

3. 资金的时间价值的表示

资金的时间价值可用绝对数（利息）和相对数（利息率）两种形式表示，通常用相对数表示。资金的时间价值，它的实际内容是没有风险和没有通货膨胀条件下的社会平均资金利润率，是企业资金利润率的最低限度，也是使用资金的最低成本率。

由于资金在不同时点上具有不同的价值，不同时点上的资金就不能直接比较，必须换算到相同的时点上才能进行比较。因此掌握资金的时间价值的计算就很重要。资金的时间价值的计算包括一次性收付款项和非一次性收付款项（年金）的终值、现值。

三、一次性收付款项的终值和现值

一次性收付款项是指在某一特定时点上一次性支出或收入，经过一段时间后再一次性收回或支出的款项。例如，现在将一笔 10 000 元的现金存入银行，5 年后一次性取出本利和。

资金的时间价值的计算，涉及到两个重要的概念：现值和终值。现值又称本金，是指未来某一时点上的一定量现金折算到现在的价值。终值又称将来值或本利和，是指现在一定量的现金在将来某一时点上的价值。由于终值与现值的计算与利息的计算方法有关，而利息的计算有复利和单利两种，因此终值与现值的计算也有复利和单利之分。在财务管理中，一般按复利来计算。

1. 单利终值和现值的计算

单利是指只对本金计算利息，利息部分不再计息，通常用 P 表示现值，F 表示终值，i 表示利率（贴现率、折现率），n 表示计算利息的期数，I 表示利息。

（1）单利的利息为

$$I = P \times i \times n \tag{2-1}$$

（2）单利的终值为

$$F = P \times (1 + i \times n) \tag{2-2}$$

（3）单利的现值为

$$P = \frac{F}{1 + i \times n} \tag{2-3}$$

【例 2-2】 杨光将一笔 1 000 元的现金存入银行，银行一年期定期利率为 5%。计算第一年和第二年的终值、利息。

解：
$$I_1 = P \times i \times n = 1\ 000 \times 5\% \times 1 = 50(元)$$
$$I_2 = P \times i \times n = 1\ 000 \times 5\% \times 2 = 100(元)$$
$$F_1 = P \times (1 + i \times n) = 1\ 000 \times (1 + 5\% \times 1) = 1\ 050(元)$$
$$F_2 = P \times (1 + i \times n) = 1\ 000 \times (1 + 5\% \times 2) = 1\ 100(元)$$

从上面计算可以看出，第一年的利息在第二年不再计息，只有本金在第二年计息。需要强调的是，无特殊说明外，给出的利率均为年利率。

【例 2-3】 朱晓飞希望 5 年后获得 10 000 元本利和，银行利率为 5%。计算朱晓飞现在须存入银行多少资金。

解：
$$P = \frac{F}{1 + i \times n} = \frac{10\ 000}{1 + 5\% \times 5} = 8\ 000(元)$$

上面求现值的计算，也可称贴现值的计算，贴现使用的利率称贴现率。

2. 复利终值和现值的计算

复利是指不仅对本金要计息，而且对本金所产生的利息也要计息，即"利滚利"。

1）复利终值的计算

复利的终值是指一定量的本金按复利计算的若干年后的本利和。

复利终值的计算公式为

$$F = P \times (1+i)^n \tag{2-4}$$

式中，$(1+i)^n$ 称为"复利终值系数"或"1 元复利终值系数"，用符号 $(F/P, i, n)$ 表示，其数值可直接查阅复利终值系数表（见本书附录 2 附表 2-1）得到。

【例 2-4】 何河现将 5 000 元存入银行，银行利率为 5%。计算第一年和第二年的本利和。

解：第一年的 F 为

$$F = P \times (1+i)^1 = 5\,000 \times (F/P, 5\%, 1) = 5\,000 \times 1.05 = 5\,250（元）$$

第二年的 F 为

$$F = P \times (1+i)^2 = 5\,000 \times (F/P, 5\%, 2) = 5\,000 \times 1.102\,5 = 5\,512.5（元）$$

式中，$(F/P, 5\%, 2)$ 表示利率为 5%，期限为 2 年的复利终值系数，在复利终值表上，可以从横行中找到利息 5%，纵列中找到期数 2 年，纵横相交处，可查到 $(F/P, 5\%, 2) = 1.102\,5$。该系数表明，在年利率为 5% 的条件下，现在的 1 元与 2 年后的 1.102 5 元相等。

将单利终值与复利终值比较，发现在第一年，单利终值和复利终值相等，在第二年，单利终值和复利终值不相等，两者相差 5 512.5－5 500＝12.5（元），这是因为第一年本金所产生的利息在第二年也要计算利息，即 250×5%＝12.5（元）。因此，从第二年开始，单利终值和复利终值是不相等的。

2）复利现值的计算

复利现值是指在将来某一特定时间取得或支出一定数额的资金，按复利折算到现在的价值。

复利现值的计算公式为

$$P = \frac{F}{(1+i)^n} = F \times (1+i)^{-n} \tag{2-5}$$

式中，$(1+i)^{-n}$ 称为"复利现值系数"或"1 元复利现值系数"，用符号 $(P/F, i, n)$ 表示，其数值可直接查阅"复利现值系数表"（见本书附录 2 附表 2-2）得到。

【例 2-5】 张华希望 5 年后从银行取出 10 000 元，在银行利率为 5% 时，计算张华现在应存入银行多少钱。

解：本例题的现金流量图如图 2-2 所示。计算如下：

$$P = F \times (1+i)^{-n} = F \times (P/F, 5\%, 5) = 10\,000 \times 0.783\,5 = 7\,835（元）$$

式中，$(P/F, 5\%, 5)$ 表示利率为 5%，期限为 5 年的复利现值系数。同样，我们在复利现值表

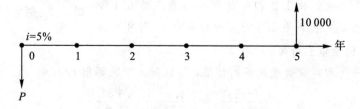

图 2-2　例 2-5 的现金流量图

上，从横行中找到利率 5%，纵列中找到期限 5 年，两者相交处，可查到 $(P/F, 5\%, 5)=0.7835$。该系数表明，在年利率为 5% 的条件下，5 年后的 1 元与现在的 0.7835 元相等。

3）复利利息的计算

$$I=F-P \tag{2-6}$$

根据例 2-5 资料，要求：计算 5 年的利息。

解：
$$I=F-P=10\,000-7\,835=2\,165（元）$$

4）名义利率和实际利率

在前面的复利计算中，所涉及到的利率均假设为年利率，并且每年复利一次。但在实际业务中，复利的计算期不一定是 1 年，可以是半年、一季、一月或一天。当利息在一年内要复利几次时，给出的年利率称名义利率，用 r 表示，根据名义利率计算出的每年复利一次的年利率称实际利率，用 i 表示。实际利率和名义利率之间的关系如下：

$$i=(1+r/m)^m-1 \tag{2-7}$$

式中，m 表示每年复利的次数。

【例 2-6】钱进近欲拿出 10 000 元投资一项目，在年利率为 8%，每季度复利一次的情况下，计算 2 年后能得到的本利和是多少？

解：方法一。根据名义利率与实际利率的关系，将名义利率折算成实际利率。

$$i=(1+r/m)^m-1=(1+8\%/4)^4-1=8.24\%$$

按实际利率计算资金的时间价值：

$$F=P\times(1+i)^n=10\,000\times(1+8.24\%)^2=11\,716（元）$$

方法二。将已知的年利率 r 折算成期利率 r/m，期数变为 $m\times n$。

$$F=P\times(1+r/m)^{m\times n}=10\,000\times(1+8\%/4)^{2\times4}=10\,000\times(1+2\%)^8$$
$$=10\,000\times(F/P, 2\%, 8)=11\,717（元）$$

5）内插法的应用

内插法可以用于计算利率和期限，其应用前提是：将系数与利率或期限之间的变动看成是线性变动。内插法的原理是根据比例关系建立方程，然后，解方程得出所求数据。

【例 2-7】李玲在 2×14 年初投入 50 000 元购买了一款理财产品，于 2×18 年末到期一次性得到 60 000 元，计算此投资的实际年收益率。

解：$50\,000\times(F/P, i, 5)=60\,000$

$(F/P, i, 5)=1.3$

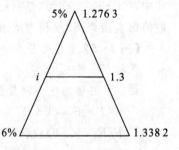

图 2-3　例 2-7 的相似三角形

利率 i 和复利终值系数两者的关系为线性关系，即直线关系。从复利终值系数表中不能直接查到 $n=5$ 时对应的系数 1.3，但是可以查到和 1.3 相邻的两个系数 1.2763 和 1.3382，假设复利终值系数 1.3 对应的利率为 i，则可画出如图 2-3 所示的相似三角形。

根据相似三角形对应边成比例的性质，可以列出方程解出 i：

$$\frac{i-5\%}{6\%-5\%}=\frac{1.3-1.2763}{1.3382-1.2763}$$

解出 $i=5.38\%$。

四、年金的终值和现值(非一次性收付款项的终值和现值)

年金是指一定时期内,每隔相同的时间,收入或支出相同金额的系列款项。例如折旧费、租金、等额分期付款、养老金、保险费、零存整取等都属于年金问题。年金具有连续性和等额性特点。连续性要求在一定时间内,间隔相等时间就要发生一次收支业务,中间不得中断,必须形成系列;等额性要求每期收、付款项的金额必须相等。

年金根据每次收付发生的时点不同,可分为普通年金、预付年金、递延年金和永续年金四种。需要注意的是,在财务管理中所讲到的年金,一般是指普通年金。

1. 普通年金

普通年金是指在每期的期末,间隔相等时间,收入或支出相等金额的系列款项。每一间隔期,有期初和期末两个时点。由于普通年金是在期末这个时点上发生收付,故又称后付年金。

1)普通年金的终值

普通年金的终值是指每期期末收入或支出的相等款项,按复利计算,就是在最后一期所得的本利和。普通年金终值的现金流量图如 2-4 所示。

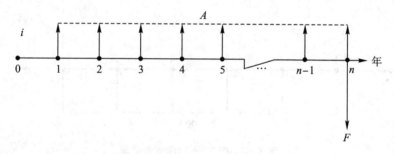

图 2-4 普通年金终值的现金流量图

每期期末收入或支出的款项用 A 表示,利率用 i 表示,期数用 n 表示,那么每期期末收入或支出的款项,折算到第 n 年的终值如图 2-5 所示。

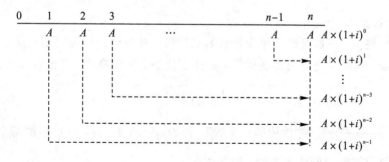

图 2-5 普通年金终值的折算

第 n 年支付或收入的款项 A 折算到最后一期(第 n 年),其终值为 $A \times (1+i)^0$;

第 $n-1$ 年支付或收入的款项 A 折算到最后一期(第 n 年),其终值为 $A \times (1+i)^1$;

⋮

第 3 年支付或收入的款项 A 折算到最后一期(第 n 年),其终值为 $A \times (1+i)^{n-3}$;

第 2 年支付或收入的款项 A 折算到最后一期（第 n 年），其终值为 $A \times (1+i)^{n-2}$；

第 1 年支付或收入的款项 A 折算到最后一期（第 n 年），其终值为 $A \times (1+i)^{n-1}$。

那么 n 年的年金终值和 F 为

$$F = A \times (1+i)^0 + A \times (1+i)^1 + \cdots + A \times (1+i)^{n-3} + A \times (1+i)^{n-2} + A \times (1+i)^{n-1}$$

经整理得

$$F = A \times \frac{(1+i)^n - 1}{i} = A(F/A, i, n) \qquad (2-8)$$

式中，$\dfrac{(1+i)^n - 1}{i}$ 称为"年金终值系数"或"1 元普通年金终值系数"，记为 $(F/A, i, n)$，表示年金为 1 元，利率为 i，经过 n 期的年金终值，可直接查阅"年金终值系数表"（见本书附录 2 的附表 2-3）得到。$(F/A, i, n)$ 中的 n 指的是等额收付的次数（即 A 的个数）。

【例 2-8】张华连续 6 年每年年末存入银行 1 000 元，利率为 4%。计算第 6 年年末的本利和。

解：先画出现金流量图（见图 2-6），再计算。

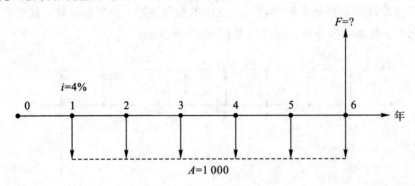

图 2-6　例 2-6 的现金流量图

$$F = A \times (F/A, 4\%, 6) = 10\ 00 \times 6.633\ 0 = 6\ 633（元）$$

上面的计算表明，每年年末存 1 000 元，连续存 6 年，利率为 4% 时，到第 6 年年末可得 6 633 元。

2）偿债基金

计算年金终值，一般是已知年金，然后求终值。有时已知年金终值，反过来求每年支付的年金数额，这是年金终值的逆运算，称作偿债基金的计算，计算公式如下：

$$A = F \times \frac{i}{(1+i)^n - 1} \qquad (2-9)$$

式中，$\dfrac{i}{(1+i)^n - 1}$ 称作"偿债基金系数"，记为 $(A/F, i, n)$，可查偿债基金系数表，也可根据年金终值系数的倒数来得到，即

$$(A/F, i, n) = \frac{1}{(F/A, i, n)}$$

利用偿债基金系数可把年金终值折算为每年需要支付的年金数额。

【例 2-9】杨洋在 8 年后要偿还一笔 100 000 元的债务，银行利率为 6%，为归还这笔债务，计算每年年末他应存入银行多少元。

解：$A=F\times(A/F, i, n)=100\ 000\times(A/F, 6\%, 8)=100\ 000\times[1/(F/A, 6\%, 8)]$

　　　$=100\ 000\times1/9.897\ 5=10\ 103.56(元)$

在银行利率为 6% 时，每年年末应存入银行 10 103.56 元，8 年后才能还清 100 000 元。

3）普通年金的现值

普通年金的现值是指一定时期内每期期末等额收支款项的复利现值之和。实际上就是为了在每期期末取得或支出相等金额的款项，现在需要一次投入或借入多少金额。普通年金现值的现金流量图如 2-7 所示。

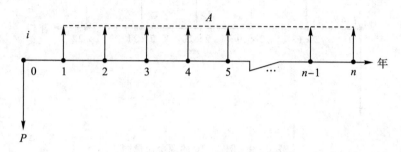

图 2-7　普通年金现值的示意图

每期期末收入或支出的款项用 A 表示，利率用 i 表示，期数用 n 表示，那么每期期末收入或支出的款项，折算到时点 0 的现值计算如图 2-8 所示。

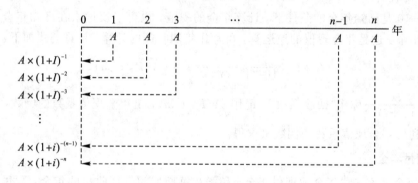

图 2-8　普通年金现值的折算

要将每期期末的收支款项全部折算到时点 0，则

第 1 年年末的年金 A 折算到时点 0 的现值为 $A\times(1+i)^{-1}$；

第 2 年年末的年金 A 折算到时点 0 的现值为 $A\times(1+i)^{-2}$；

第 3 年年末的年金 A 折算到时点 0 的现值为 $A\times(1+i)^{-3}$

　　　⋮

第 $n-1$ 年年末的年金 A 折算到时点 0 的现值为 $A\times(1+i)^{-(n-1)}$

第 n 年年末的年金 A 折算到时点 0 的现值为 $A\times(1+i)^{-n}$

那么，如图 2-8 所示，将每年的年金现值加总，即可得出这 n 笔年金的现值之和：

$$P=A\times(1+i)^{-1}+A\times(1+i)^{-2}+A\times(1+i)^{-3}+\cdots+A\times(1+i)^{-(n-1)}+A\times(1+i)^{-n}$$

$$=A\times\frac{1-(1+i)^{-n}}{i}\qquad\qquad\qquad(2-10)$$

式中，$\dfrac{1-(1+i)^{-n}}{i}$ 称为"年金现值系数"或"1 元年金现值系数"，记作 $(P/A, i, n)$，表示年

金1元，利率为i，经过n期的年金现值是多少，可直接查阅"年金现值系数表"(见附录2的附表2-4)得到。$(P/A, i, n)$中的n指的是等额收付的次数(即A的个数)。

【例2-10】 王晓希望从$2×18$至$2×22$年每年年末取得10 000元，连续取5年，在银行利率为4%时，求：$2×18$年初应一次存入银行多少元？

解：本题的现金流量图如图2-9所示。

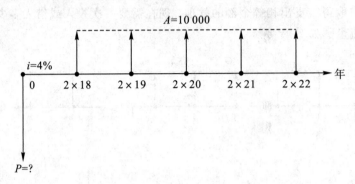

图2-9 例2-10的现金流量图

$P = A×(P/A, i, n) = 10\,000×(P/A, 4\%, 5) = 10\,000×4.451\,8 = 44\,518(元)$

为了每年年末取得10 000元，第一年年初应一次存入44 518元。

4) 年回收额

例2-10是已知年金的条件下，计算年金的现值，也可以反过来在已知年金现值的条件下，求年金，这是年金现值的逆运算，可称作年回收额的计算，计算公式如下：

$$A = P×\frac{i}{1-(1+i)^{-n}} = P×(A/P, i, n) \tag{2-11}$$

式中，$\frac{i}{1-(1+i)^{-n}}$称作"回收系数"，记作$(A/P, i, n)$，是年金现值系数的倒数，可查表获得，也可利用年金现值系数的倒数来求得。

2. 预付年金

预付年金又称先付年金或即付年金，是指在每期期初等额收付的年金。预付年金与普通年金的区别在于收付款的时点不同，普通年金在每期的期末收付款项如图2-10所示。预付年金在每期的期初收付款项，收付时点如图2-11所示。

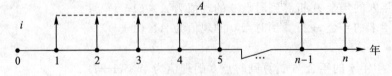

图2-10 普通年金的收付时点

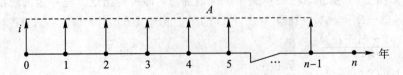

图2-11 预付年金的收付时点

从图 2-10 和图 2-11 可见，n 期的预付年金与 n 期的普通年金，其收付款次数是一样的，只是收付款时点不一样。

1）预付年金的终值

预付年金终值是一定时期内每期期初等额收付款项的复利终值之和。预付年金终值的现金流量图如图 2-12 所示。

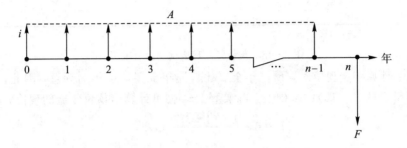

图 2-12　预付年金终值的现金流量图

预付年金终值的计算方法有以下三种：

方法一：将每一笔期初收付的资金分别折算到第 n 期期末，之后相加汇总后即得到预付年金终值 F，可参照图 2-5（普通年金终值的折算方法），经整理后计算公式如下：

$$F = A \times \left[\frac{(1+i)^{n+1}-1}{i} - 1 \right] \qquad (2-12)$$

方法二：计算年金终值时，预付年金要比普通年金多计一年的利息，因此，在普通年金终值的计算公式（2-8）的基础上，再乘上 $1+i$ 便可计算出预付年金的终值，即

$$F = A \times \frac{(1+i)^{n}-1}{i}(1+i) \qquad (2-13)$$

式（2-13）也可表示成 $F = A(F/A, i, n)(1+i)$。

方法三：预付年金终值系数等于普通年金终值系数减 1，期数加 1，即

$$F = A \times [(F/A, i, n+1)-1] \qquad (2-14)$$

【例 2-11】将例 2-8 中收付款的时间改为每年年初，其余条件不变。求：第六年年末的本利和。

解：　$F = A \times [(F/A, i, n+1)-1] = 1\,000 \times [(F/A, 4\%, 6+1)-1]$
　　　　$= 1\,000 \times (7.898\,3-1) = 6\,898.3（元）$

与例 2-8 的普通年金终值相比，两计算值相差 $6\,898.3 - 6\,633 = 265.3$ 元，该差额实际上就是预付年金比普通年金多计一年利息而造成的，即 $6\,633 \times 4\% = 265.3$ 元。

2）预付年金的现值

预付年金现值是一定时期内每期期初等额收付款项的复利现值之和，预付年金现值的现金流量图如图 2-13 所示。

同样地，预付年金现值也有三种计算方法。

方法一：将每一笔期初收付的资金分别折算到现在 0 时点，之后相加汇总后即得到预付年金现值 P，可参照图 2-8（普通年金现值的折算方法）。经整理后计算公式如下：

$$P = A \times \left[\frac{1-(1+i)^{-(n-1)}}{i} + 1 \right] \qquad (2-15)$$

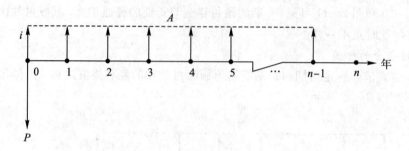

图 2-13　预付年金现值的现金流量图

方法二：计算年金现值时，预付年金要比普通年金多计一年的利息，因此，在普通年金现值的计算公式(2-10)的基础上，再乘上 $1+i$ 便可计算出预付年金的现值，即

$$P=A\times\frac{1-(1+i)^{-n}}{i}(1+i) \tag{2-16}$$

式(2-16)也可表示成 $P=A(P/A,i,n)(1+i)$。

方法三：预付年金现值系数等于普通年金现值系数加1，期数减1，即

$$P=A\times[(P/A,i,n-1)+1] \tag{2-17}$$

【例2-12】将例2-10中收付款的时间改在每年年初，其余条件不变。求：第一年年初应一次存入多少钱。

解：　$P=A\times[(P/A,i,n-1)+1]=10\ 000\times[(P/A,4\%,5-1)+1]$

$=10\ 000\times(3.629\ 9+1)=46\ 299(元)$

与例2-10普通年金现值相比，两计算值相差 $46\ 299-44\ 518=1\ 781$ 元，该差额实际上是由于预付年金现值比普通年金现值少折现一期造成的，即 $44\ 518\times4\%=1\ 781$ 元。

【例2-13】浪花企业每年年初投资10万元生产一种新产品，连续投资4年，年利率为5%。求：(1)计算该项目4年末的投资总额；(2)若4年的投资额于年初一次性投入，投资总额是多少？

解：本例的现金流量图如图2-14所示。

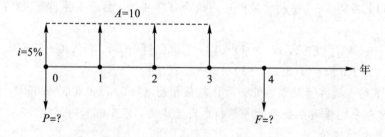

图 2-14　例 2-13 的现金流量图

(1) $F=10\times\frac{(1+5\%)^4-1}{5\%}(1+5\%)$

$=10\ (F/A,5\%,4)(1+5\%)=10\times4.310\ 1\times1.05$

$=10[(F/A,5\%,5)-1]=10(5.525\ 6-1)=45.256(万元)$

(2) $P=\frac{1-(1+5\%)^{-4}}{5\%}(1+5\%)$

$$=10(P/A,5\%,4)(1+5\%)=10\times3.546\,0\times1.05$$
$$=10[(F/A,5\%,3)+1]=10\times(2.723\,2+1)=37.232(万元)$$

3. 递延年金

前两种年金的第一次收付时间都发生在整个收付期的第一期，要么在第一期期末，要么在第一期期初。但有时会遇到第一次收付不发生在第一期，而是隔了几期后才在以后的每期期末发生一系列的收支款项，这种年金形式就是递延年金，它是普通年金的特殊形式。因此，凡是不在第一期开始收付的年金，称为递延年金。图 2-15 可说明递延年金的收付时点。

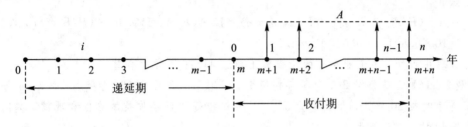

图 2-15　递延年金的收付时点

从图中可知，递延年金的第一次年金收付没有发生在第一期，而是隔了 m 期（这 m 期就是递延期），在第 $m+1$ 期的期末才发生第一次收付，并且在以后的 n 期内，每期期末均发生等额的现金收支。与普通年金相比，尽管期限一样，都是 $m+n$ 期，但普通年金在 $m+n$ 期内，每个期末都要发生收支，而递延年金在 $m+n$ 期内，只在后 n 期发生收支，前 m 期无收支发生。

1）递延年金的终值

在图 2-15 中，先不看递延期，年金一共支付了 n 期。将这 n 期年金折算到期末，即可得到递延年金终值。所以，递延年金终值的大小，与递延期无关，只与年金共支付了多少期有关，它的计算方法与普通年金相同。

$$F=A\times(F/A,i,n) \tag{2-18}$$

【例 2-14】龙腾企业于年初投资一项目，估计从第五年开始至第十年，每年年末可得收益 10 万元，假定年利率为 5%。计算投资项目年收益的终值。

解：$F=A\times(F/A,i,n)=10\times(F/A,5\%,6)=10\times6.801\,9=68.019(万元)$

2）递延年金的现值

递延年金的现值可用三种方法来计算。

（1）把递延年金视为 n 期的普通年金，求出年金在递延期期末 m 点的现值，再将 m 点的现值调整到第一期期初。

$$P=A\times(P/A,i,n)\times(P/F,i,m) \tag{2-19}$$

（2）先假设递延期也发生收支，则变成一个 $m+n$ 期的普通年金，算出 $m+n$ 期的年金现值，再扣除并未发生年金收支的 m 期递延期的年金现值，即可求得递延年金现值。

$$P=A\times[(P/A,i,m+n)-(P/A,i,m)] \tag{2-20}$$

（3）先算出递延年金的终值，再将终值折算到第一期期初，即求得递延年金的现值。

$$P=A\times(F/A,i,n)\times(P/F,i,m+n) \tag{2-21}$$

【例2-15】海涛公司年初投资一项目，希望从第5年开始每年年末取得10万元收益，投资期限为10年，假定年利率5%。求：该企业年初最多投资多少元才有利？

解：方法一。

$P = A \times (P/A, i, n) \times (P/F, i, m) = 10 \times (P/A, 5\%, 6) \times (P/F, 5\%, 4)$
$= 10 \times 5.075\ 7 \times 0.822\ 7 = 41.76(万元)$

方法二。

$P = A \times [(P/A, i, m+n) - (P/A, i, m)] = 10 \times [(P/A, 5\%, 10) - (P/A, 5\%, 4)]$
$= 10 \times (7.721\ 7 - 3.546\ 0) = 41.76(万元)$

方法三。

$P = A \times (F/A, i, n) \times (P/F, i, m+n) = 10 \times (F/A, 5\%, 6) \times (P/F, 5\%, 10)$
$= 10 \times 6.801\ 9 \times 0.613\ 9 = 41.76(万元)$

从计算中可知，该企业年初的投资额不超过41.76万元才合算。

【例2-16】雪花公司2×17年年初投资一个项目，预计2×20年起至2×24年每年年末可获得净收益20万元，年利率为5%。计算该投资项目年收益的终值和现值。本例的现金流量图如图2-16所示。

解：

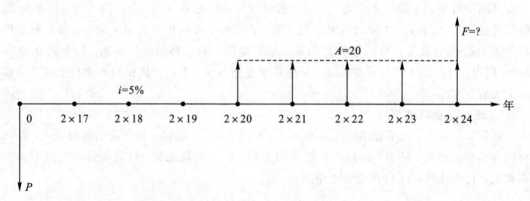

图2-16 例2-16的现金流量图

终值为

$F = 20 \times (F/A, 5\%, 5) = 20 \times 5.525\ 6 = 110.512(万元)$

现值，方法一。

$P = 110.512(P/F, 5\%, 8) = 110.512 \times 0.6768 = 74.8(万元)$

方法二。

$P = 20(P/A, 5\%, 5)(P/F, 5\%, 3) = 20 \times 4.329\ 5 \times 0.863\ 8 = 74.8(万元)$

方法三。

$P = 20 \times [(P/A, 5\%, 8) - (P/A, 5\%, 3)] = 20 \times (6.463\ 2 - 2.723\ 2) = 74.8(万元)$

4. 永续年金

永续年金是指无限期的收入或支出相等金额的年金，也称永久年金。它是普通年金的一种特殊形式，由于永续年金的期限趋于无限，没有终止时间，因而也没有终值，只有现值。永续年金的收付时点如图2-17所示。

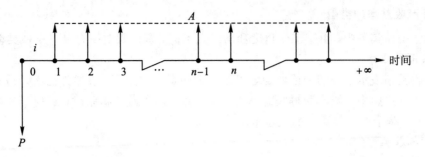

图 2-17　永续年金的收付时点

永续年金现值的计算公式如下：

$$P = \lim_{n \to +\infty} A \frac{1-(1+i)^{-n}}{i} \tag{2-22}$$

当 $n \to +\infty$，$(1+i)^{-n} \to 0$ 时，

$$P = \frac{A}{i} \tag{2-23}$$

【例 2-17】龙腾公司要建立一项永久性帮困基金，计划每年拿出 5 万元帮助失学儿童，年利率为 5%。求：现应筹集多少资金。

解：
$$P = \frac{A}{i} = \frac{5}{5\%} = 100（万元）$$

现应筹集到 100 万元资金，就可每年拿出 5 万元帮助失学儿童。

任务 2　风险与收益

一、资产收益与收益率

1. 资产收益的含义与计算

资产收益是指资产的价值在一定时期的增值。一般有两种表述资产收益的方式：

第一种方式以金额表示，称为资产的收益额，通常以资产价值在一定期限内的增值量来表示，该增值量来源于两部分：一是期限内资产的现金净收入；二是期末资产的价值（或市场价格）相对于期初价值（价格）的升值。前者多为利息、红利或股息收益，后者称为资本利得。

第二种方式以百分比表示，称为资产的收益率或报酬率，是资产增值量与期初资产价值（价格）的比值，该收益率包括两部分：一是利息（股息）的收益率；二是资本利得的收益率。显然，以金额表示的收益与期初资产的价值（价格）相关，不利于不同规模资产之间收益的比较，而以百分数表示的收益则是一个相对指标，便于不同规模下资产收益的比较和分析。通常情况下，我们用收益率的方式来表示资产的收益。

另外，由于收益率是相对于特定期限的，它的大小要受计算期限的影响，但是计算期限常常不一定是一年，为了便于比较和分析，对于计算期限短于或长于一年的资产，在计算收益率时一般要将不同期限的收益率转化成年收益率。因此，如果不作特殊说明的话，资产的收益指的就是资产的年收益率，又称资产的报酬率。

2. 资产收益率的类型

在财务工作实务中，由于工作角度和出发点不同，资产收益率有以下三种类型。

1）实际收益率

实际收益率表示已经实现或者确定可以实现的资产收益率，表述为已实现或确定可以实现的利息（股息）率与资本利得收益率之和。当然，存在通货膨胀时，还应当扣除通货膨胀率的影响，剩余的才是真实的收益率。

2）预期收益率

预期收益率也称期望收益率，是指在不确定的条件下，预测的某资产未来可能实现的收益率。

一般按照加权平均法计算预期收益率。计算公式为

$$预期收益率 = \sum_{i=1}^{n} R_i P_i \tag{2-24}$$

式中，R_i 表示情况 i 出现时的收益率；P_i 表示情况 i 可能出现的概率。

【例2-18】海浪公司有A、B两个投资项目，两个投资项目的收益率及其概率分布情况如表2-1所示，试计算两个项目的期望收益率。

表2-1　A项目和B项目投资收益率的概率分布

项目实施情况	项目出现的概率		投资收益率	
	项目A	项目B	项目A	项目B
好	0.2	0.3	15%	20%
一般	0.6	0.4	10%	15%
差	0.2	0.3	0	−10%

根据公式计算项目A和项目B的期望投资收益率分别为

项目A的期望投资收益率＝0.2×15%＋0.6×10%＋0.2×0＝9%

项目B的期望投资收益率＝0.3×20%＋0.4×15%＋0.3×（−10%）＝9%

3）必要收益率

必要收益率也称最低报酬率或最低要求的收益率，表示投资者对某资产合理要求的最低收益率。必要收益率由两部分构成：

（1）无风险收益率。无风险收益率也称无风险利率，是指无风险资产的收益率，其大小由纯粹利率（资金的时间价值）和通货膨胀补偿率两部分组成。用公式表示如下：

无风险收益率＝纯粹利率（资金的时间价值）＋通货膨胀补偿率

无风险收益率是在没有风险状态下的投资收益率，是投资者投资某一项目，能够肯定得到的报酬，具有预期报酬的确定性，并且与投资时间的长短有关，可用政府债券利率或存款利率表示。由于国债的风险很小，尤其是短期国债的风险更小，因此，一般情况下，为了方便起见，通常用短期国债的利率近似地代替无风险收益率。

（2）风险收益率。风险收益率是指某资产持有者因承担该资产的风险而要求的超过无风险收益率的额外收益。风险有大有小，投资者冒着风险投资，是为了获得更多的收益，冒得风险越大，要求的收益就越高。风险与收益之间存在密切的对应关系，高风险的项目必然有高收益，低风险的项目必然低收益，因此，风险收益是投资收益的组成部分。风险

收益率衡量了投资者将资金从无风险资产转移到风险资产而要求得到的"额外补偿"，它的大小取决于以下两个因素：一是风险的大小；二是投资者对风险的偏好。

综上所述：必要收益率＝无风险收益率＋风险收益率

＝纯粹利率（资金的时间价值）＋通货膨胀补偿率＋风险收益率

风险收益率是风险价值，是超过资金时间价值的额外报酬，具有预期报酬的不确定性，与风险程度和风险报酬斜率的大小有关，并成正比关系。风险报酬斜率可根据历史资料用高低点法、直线回归法或由企业管理人员会同专家根据经验确定，风险程度用期望值、标准差来确定。

风险报酬率＝风险报酬斜率×风险程度，如图 2-18 所示。

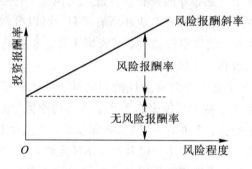

图 2-18 风险报酬率

【例 2-19】当资金的时间价值为 4%，短期国债的利率为 6%，某项目投资的风险报酬率为 5%，计算该项目的投资报酬率。

解： 投资报酬率＝无风险报酬率＋风险报酬率＝6%＋5%＝11%

二、资产的风险及其衡量

1. 风险的含义

风险是指一定条件下、一定时期内，某一项行动具有多种可能但结果不确定。风险产生的原因是缺乏信息和决策者不能控制未来事物的发展过程。风险具有多样性和不确定性，可以事先估计采取某种行动可能导致的各种结果，以及每种结果出现的可能性大小，但无法确定最终结果是什么。例如，掷一枚硬币，我们可事先知道硬币落地时有正面朝上和反面朝上两种结果，并且每种结果出现的可能性各为 50%，但谁也无法事先知道硬币落地时是正面朝上还是反面朝上。

值得注意的是，风险和不确定性是不同的。不确定性是指对于某种行动，人们知道可能出现的各种结果，但不知道每种结果出现的概率，或者可能出现的各种结果及每种结果出现的概率都不知道，只能作出粗略的估计。如购买股票，投资者无法在购买前确定所有可能达到的期望报酬率以及该报酬率出现的概率。而风险问题出现的各种结果的概率一般可事先估计和测算，只是不准确而已。如果对不确定性问题先估计一个大致的概率，则不确定性问题就转化为风险性问题了。在财务管理实务中，对两者不作严格区分。讲到风险，可能是指一般意义上的风险，也可能指不确定性问题。

风险是客观的、普遍的，广泛地存在于企业的财务活动中，并影响着企业的财务目标。由于企业的财务活动经常是在有风险的情况下进行的，各种难以预料和无法控制的原因，可能使企业遭受风险，蒙受损失，如果只有损失，没人会去冒风险，企业冒着风险投资的最终目的是得到额外收益。因此，风险不仅带来预期的损失，而且可带来预期的收益。仔细分析风险，以承担最小的风险来换取最大的收益，就十分必要。

2. 风险的类型

企业面临的风险主要有两种：市场风险和企业特有风险。

（1）市场风险是指影响所有企业的风险。它由企业的外部因素引起，企业无法控制、无法分散，涉及到所有的投资对象，又称系统风险或不可分散风险，如战争、自然灾害、利率的变化、经济周期的变化等。

（2）企业特有风险是指个别企业的特有事件造成的风险。它是随机发生的，只与个别企业和个别投资项目有关，不涉及所有企业和所有项目，可以分散，又称非系统风险或可分散风险，如产品开发失败、销售份额减少、工人罢工等。非系统风险根据风险形成的原因不同，又可分为经营风险和财务风险。

① 经营风险是指由于企业生产经营条件的变化对企业收益带来的不确定性，又称商业风险。这些生产经营条件的变化可能来自于企业内部的原因，也可能来自于企业外部的原因，如顾客购买力发生变化、竞争对手增加、政策变化、产品生产方向不对路、生产组织不合理等。这些内外因素，使企业的生产经营产生不确定性，最终引起收益变化。

② 财务风险是指由于企业举债而给财务成果带来的不确定性，又称筹资风险。企业借款，虽然可以解决企业资金短缺的困难，提高自有资金的盈利能力，但是也改变了企业的资金结构和自有资金利润率，还须还本付息，并且借入资金所获得的利润是否大于支付的利息额，具有不确定性，因此借款就有风险。在全部资金来源中，借入资金所占的比重大，企业的负担就重，风险程度就增加；借入资金所占的比重小，企业的负担就轻，风险程度就减轻。因此，必须确定合理的资金结构，既提高资金盈利能力，又防止财务风险加大。

3. 风险衡量

由于风险具有普遍性和广泛性，那么正确地衡量风险就十分重要。既然风险是可能值对期望值的偏离，因此利用概率分布，以期望值和标准差来计算与衡量风险的大小，是最常用的方法。

1）概率

在完全相同的条件下，某一事件可能发生也可能不发生，可能出现这种结果也可能出现另外一种结果，这类事件称为随机事件。概率就是用来反映随机事件发生的可能性大小的数值，一般用 X 表示随机事件，X_i 表示随机事件的第 i 种结果，P_i 表示第 i 种结果出现的概率。一般随机事件的概率在 0 与 1 之间，即 $0 \leqslant P_i \leqslant 1$，$P_i$ 越大，表示该事件发生的可能性越大，反之，P_i 越小，表示该事件发生的可能性越小。所有可能的结果出现的概率之和一定为 1，即 $\sum P_i = 1$。肯定发生的事件概率为 1，肯定不发生的事件概率为 0。

【例 2 - 20】某企业投资生产了一种新产品，在不同市场情况下，各种可能收益及概率如下：

市场情况	年收益 X_i/万元	概率 P_i
繁荣	200	0.3
正常	100	0.6
衰退	50	0.1

从上表中可见，所有的 P_i 均在 0 和 1 之间，且 $P_1+P_2+P_3=0.3+0.6+0.1=1$。

如果将该企业年收益的各种可能结果及相应的各种结果出现的概率按一定规则排列出来，构成分布图，则称为概率分布。概率分布一般用坐标图来反映，横坐标表示某一事件的结果，纵坐标表示每一结果相应的概率。概率分布有两种类型：一是离散型概率分布，其特点是各种可能结果只有有限个值，概率分布在各个特定点上，是不连续图像，如图 2-19 所示；二是连续型概率分布，其特点是各种可能结果有无数个值，概率分布在连续图像上的两点之间的区间上，如图 2-20 所示。衡量风险的指标主要有收益率的方差、标准差和标准差率等。

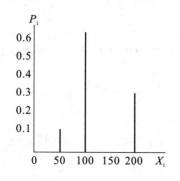

图 2-19　离散型概率分布

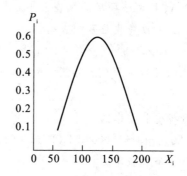

图 2-20　连续型概率分布

2）期望值

期望值是概率分布中的所有可能结果，以各自的概率为权数计算的加权平均值。反映投资者的合理预期，通常用符号 $\bar{E}$ 表示，根据概率统计知识，随机变量的期望值为

$$\bar{E} = \sum_{i=1}^{n} X_i P_i \tag{2-25}$$

式中，X_i 表示的是第 i 种情况可能出现的结果；P_i 表示的是第 i 种情况可能出现的概率。

【例 2-21】 利用例 2-20 中的资料，计算预期年收益的期望值。

解：　　　　$\bar{E} = 200 \times 0.3 + 100 \times 0.6 + 50 \times 0.1 = 125$（万元）

3）方差、标准差和标准差率

（1）方差。

方差是各个数据与其算术平均数的离差平方和的平均数，通常以 σ^2 表示。在概率已知的情况下，方差的计算公式为

$$\sigma^2 = \sum_{i=1}^{n} (X_i - \bar{E})^2 \times P_i \tag{2-26}$$

式中，$(X_i - \bar{E})$ 表示的是第 i 种情况可能出现的结果与期望值的离差，P_i 表示的是第 i 种情况可能出现的概率。方差的计算公式可以表述为：离差平方的加权平均数。

（2）标准差。

标准差也叫标准离差，是方差的平方根。用来衡量概率分布中各种可能值对期望值的偏离程度，反映风险的大小，通常用符号 σ 表示，在概率已知的情况下，其计算公式为

$$\sigma = \sqrt{\sum_{i=1}^{n} (X_i - \bar{E})^2 \times P_i} \qquad (2-27)$$

标准差以绝对数衡量决策方案的风险，在期望值相同的情况下，标准差越大，表明各种可能值偏离期望值的幅度越大，结果的不确定性越大，风险也越大；反之，标准差越小，表明各种可能值偏离期望值的幅度越小，结果的不确定越小，则风险也越小。

【例 2-22】 利用例 2-20 的数据，计算标准差。

解：$\sigma = \sqrt{(200-125)^2 \times 0.3 + (100-125)^2 \times 0.6 + (50-125)^2 \times 0.1} = 30.74$

表明新产品的年收益与期望收益的标准差为 30.74。

【例 2-23】 利用例 2-18 的数据，分别计算 A、B 两个项目投资收益率的方差和标准差，并比较 A、B 两个项目的风险大小。

解：项目 A 投资收益率的方差

$\sigma^2 = (15\%-9\%)^2 \times 0.2 + (10\%-9\%)^2 \times 0.6 + (0-9\%)^2 \times 0.2 = 0.002\,4$

项目 A 投资收益率的标准差

$$\sigma = \sqrt{0.002\,4} = 4.90\%$$

项目 B 投资收益率的方差

$\sigma^2 = (20\%-9\%)^2 \times 0.3 + (15\%-9\%)^2 \times 0.4 + (-10\%-9\%)^2 \times 0.3 = 0.015\,9$

项目 B 投资收益率的标准差

$$\sigma = \sqrt{0.015\,9} = 12.61\%$$

由于项目 A 和项目 B 投资收益率的期望值相同（均为 9%），所以，标准差大的风险大，计算结果表明项目 B 的风险高于项目 A。

（3）标准差率。

标准差作为反映可能值与期望值偏离程度的指标，可用来衡量风险，但它只适用于在期望值相同条件下风险程度的比较，对于期望值不同的决策方案，则不适用，于是，我们引入标准差率概念。

标准差率是指标准差与期望值的比值，也称离散系数，是标准差同期望值之比，通常用符号 V 表示，计算公式如下：

$$V = \frac{\sigma}{E} \times 100\% \qquad (2-28)$$

【例 2-24】 某投资项目计划投资额为 800 万元，其收益率的概率分布如下表所示。

市场状况	概率	A 项目
好	0.2	10%
一般	0.6	8%
差	0.2	5%

求：（1）计算该项目收益率的期望值；

（2）计算该项目收益率的方差；

（3）计算该项目收益率的标准差；

（4）计算该项目收益率的标准差率。

解：收益率的期望值为

$$\overline{E}=10\%\times0.2+8\%\times0.6+5\%\times0.2=7.8\%$$

收益率的方差为

$$\sigma^2=(10\%-7.8\%)^2\times0.2+(8\%-7.8\%)^2\times0.6+(5\%-7.8\%)^2\times0.2=0.025\ 6\%$$

收益率的标准差为

$$\sigma=\sqrt{0.025\ 6\%}=1.6\%$$

收益率的标准差率

$$V=\frac{1.6\%}{7.8\%}\times100\%=20.51\%$$

标准差率是一个相对指标，它以相对数反映决策方案的风险程度。方差和标准差作为绝对数，只适用于期望值相同的决策方案风险程度的比较。对于期望值不同的决策方案，评价和比较各自的风险程度只能借助于标准差率这一相对数。在期望值不同的情况下，标准差率越大，风险越大；反之，标准差率越小，风险越小。对单个方案，可将标准差率与设定的可接受的此项指标最高限值比较，对于多个方案，选择标准差低、期望值高的方案，具体情况还要具体分析。

【例2-25】假设项目A和项目B的期望投资收益率分别为10%和12%，投资收益率的标准差分别为6%和7%，比较项目A和项目B的风险大小。

解：由于项目A和项目B投资收益率的期望值不相同，所以，不能根据标准差比较风险大小，应该计算各自的标准差率，然后得出结论。

$$项目A投资收益率的标准差率=\frac{6\%}{10\%}\times100\%=60\%$$

$$项目B投资收益率的标准差率=\frac{7\%}{12\%}\times100\%=58.33\%$$

计算结果表明项目A的风险高于项目B。

通过上述方法将决策方案的风险加以量化后，决策者便可据此作出决策。对于多方案择优，决策者应选择低风险高收益的方案，即选择标准差率最低、期望收益最高的方案。然而高收益往往伴有高风险，低收益方案其风险程度往往也较低，究竟选择何种方案，不仅要权衡期望收益与风险，还要考虑决策者对风险的态度，综合作出决定。对风险比较反感的人可能会选择期望收益较低同时风险也较低的方案，喜欢冒风险的人则可能选择风险虽高但同时收益也高的方案。一般的投资者和企业管理者都对风险比较反感，在期望收益相同的情况下，选择风险小的方案。

4. 风险对策

1）规避风险

当资产风险所造成的损失不能由该资产可能获得的收益予以抵销时，应当放弃该资产，以规避风险。例如：拒绝与不守信用的厂商业务往来、放弃可能明显导致亏损的投资项目、新产品在试制阶段发现诸多问题而果断停止试制。

2）减少风险

减少风险主要有两方面意思：一是控制风险因素，减少风险的发生；二是控制风险发生的频率和降低风险损害程度。减少风险的常用方法有：进行准确的预测；对决策进行多方案优选和替代；及时与政府部门沟通获取政策信息；在发展新产品前，充分进行市场调研；实行设备预防检修制度以减少设备事故；选择有弹性的、抗风险能力强的技术方案，进行预先的技术模拟试验，采用可靠的保护和安全措施；采用多领域、多地域、多项目、多品种的经营或投资以分散风险。

3）转移风险

对可能给企业带来灾难性损失的财产或项目，企业应以一定的代价，采取某种方式将风险损失转嫁给他人承担。如向专业性保险公司投保；采取合资、联营、增发新股、发行债券、联合开发等措施实现风险共担；通过技术转让、特许经营、战略联盟、租赁经营和业务外包等实现风险转移。

4）接受风险

接受风险包括风险自担和风险自保两种。风险自担是指风险损失发生时，直接将损失摊入成本或费用，或冲减利润；风险自保是指企业预留一笔风险金或随着生产经营的进行，有计划地计提资产减值准备等。

三、证券资产组合的风险与收益

两个或两个以上资产所构成的集合，称为资产组合。如果资产组合中的资产均为有价证券，则该资产组合称为证券资产组合或证券组合。证券资产组合的风险与收益具有与单个资产不同的特征。尽管方差、标准差、标准差率是衡量风险的有效工具，但当某项资产或证券成为投资组合的一部分时，这些指标就可能不再是衡量风险的有效工具。以下首先讨论证券资产组合的预期收益率的计算，再进一步讨论证券资产组合的风险及其衡量。

1. 证券资产组合的预期收益率

证券资产组合的预期收益率是组成证券资产组合的各种资产收益率的加权平均数，其权数为各种资产在组合中的价值比例。

【例 2-26】轩宇投资公司的一项投资组合中包含 A、B 和 C 三种股票，权重分别为 20%、50% 和 30%，三种股票的预期收益率分别为 16%、12%、9%。计算该投资组合的预期收益率。

该投资组合的预期收益率＝20%×16%＋50%×12%＋30%×9%＝11.9%

2. 证券资产组合的风险及其衡量

1）证券资产组合的风险分散功能

两项证券资产组合的收益率的方差满足以下关系式：

$$\sigma_P^2 = W_1^2 \sigma_1^2 + W_2^2 \sigma_2^2 + 2W_1 W_2 \rho_{1,2} \sigma_1 \sigma_2 \qquad (2-29)$$

式中，σ_P 表示证券资产组合的标准差，它衡量的是证券资产组合的风险；σ_1 和 σ_2 分别表示组合中两项资产收益率的标准差；W_1 和 W_2 分别表示组合中两项资产所占的价值比例；$\rho_{1,2}$ 反映两项资产收益率的相关程度，即两项资产收益率之间的相对运动状态，称为相关系数。理论上，相关系数介于区间[−1，1]内。

当 $\rho_{1,2}$ 等于 1 时，表明两项资产的收益率具有完全正相关的关系，即它们的收益率变化方向和变化幅度完全相同。这时，$\sigma_P^2 = (W_1\sigma_1 + W_2\sigma_2)^2$，即 σ_P^2 达到最大，由此表明，组合的风险等于组合中各项资产风险的加权平均值，换句话说，当两项资产的收益率完全正相关时，两项资产的收益完全不能相互抵销，所以，这样的组合不能降低任何风险。

当 $\rho_{1,2}$ 等于 -1 时，表明两项资产的收益率具有完全负相关的关系，即它们的收益率变化方向和变化幅度完全相反。这时，$\sigma_P^2 = (W_1\sigma_1 - W_2\sigma_2)^2$，即 σ_P^2 达到最小，甚至可能是零。因此，当两项资产的收益率完全负相关时，两项资产的收益可以充分地相互抵销，甚至完全消除。这样的组合能够最大限度地降低风险。

在实务中，两项资产的收益率具有完全正相关和完全负相关的情况几乎是不可能的。绝大多数资产两两之间都具有不完全的相关关系，即相关系数小于 1 且大于 -1（多数情况下大于零）。因此，会有 $0 < \sigma_P < (W_1\sigma_1 + W_2\sigma_2)$，即：证券资产组合收益率的标准差小于组合中各资产收益率标准差的加权平均值，也即证券资产组合的风险小于组合中各项资产风险之加权平均值。因此，大多数情况下，证券资产组合能够分散风险，但不能完全消除风险。

在证券资产组合中，能够随着资产种类增加而降低直至消除的风险，被称为非系统性风险；不能随着资产种类增加而分散的风险，被称为系统性风险。

2）非系统性风险

非系统性风险，是指发生于个别企业的特有事件造成的风险。例如，企业的工人罢工、新产品开发失败、失去重要的销售合同、诉讼失败，或者宣告发现新矿藏、取得一个重要合同等。这类事件是非预期的、随机发生的，它只影响一个或少数企业，不会对整个市场产生太大影响。这种风险可以通过资产组合来分散，即发生于一家企业的不利事件可以被其他企业的有利事件所抵销。

由于非系统性风险是个别公司或个别资产所特有的，因此也称特殊风险或特有风险。由于非系统性风险可以通过资产组合分散掉，因此也称可分散风险。

值得注意的是，在风险分散的过程中，不应当过分夸大资产多样性和资产个数的作用。实际上，在资产组合中资产数目较低时，增加资产的个数，分散风险的效应会比较明显，但资产数目增加到一定程度时，风险分散的效应就会逐渐减弱。经验数据表明，组合中不同行业的资产个数达到 20 个时，绝大多数非系统性风险均已被消除掉。此时，如果继续增加资产数目，对分散风险已经没有多大的实际意义，只会增加管理成本。另外不要指望通过资产组合达到完全消除风险的目的，因为系统风险是不能够通过风险分散来消除的。

3）系统性风险及其衡量

系统性风险又称为市场风险或不可分散风险，是影响所有资产的、不能通过资产组合而消除的风险。这部分风险是由那些影响整个市场的风险因素所引起的。这些因素包括宏观经济形势的变动、国家经济政策的变化、税制改革、企业会计准则改革、世界能源状况、政治因素等。

不同资产的系统性风险不同，为了对系统性风险进行量化，用 β 系数衡量系统性风险的大小。通俗地说，某资产的 β 系数表达的含义是该资产的系统风险相当于市场组合系统风险的倍数。换句话说，用 β 系数对系统风险进行量化时，以市场组合的系统风险为基准，

认为市场组合的 β 系数等于1。

市场组合是指由市场上所有资产组成的组合。市场组合的收益率指的是市场平均收益率，实务中通常用股票价格指数收益率的平均值来代替。由于包含了所有的资产，因此，市场组合中的非系统风险已经被消除，所以市场组合的风险就是市场风险或系统风险。

绝大多数资产的 β 系数是大于零的，也就是说，绝大多数资产的收益率的变化方向与市场平均收益率的变化方向是一致的，只是变化幅度不同；当某资产的 β 系数大于1时，说明该资产收益率的变动幅度大于市场组合收益率的变动幅度。

由于无风险资产没有风险，所以，无风险资产的 β 系数等于零。极个别的资产的 β 系数是负数，表明这类资产的收益率与市场平均收益率的变化方向相反，当市场平均收益率增加时，这类资产的收益率却在减少。比如西方个别收账公司和个别再保险公司的 β 系数是接近零的负数。

在实务中，并不需要企业财务人员或投资者自己去计算证券的 β 系数，一些证券咨询机构会定期公布大量交易过证券的 β 系数，可以通过中国证券市场数据库等查询。

对于证券资产组合来说，其所含系统风险的大小可以用组合 β 系数来衡量。证券资产组合的 β 系数是所有单项资产 β 系数的加权平均数，权数为各种资产在证券资产组合中所占的价值比例。计算公式为

$$\beta_P = \sum_{i=1}^{n} W_i \times \beta_i \tag{2-30}$$

式中，β_P 是证券资产组合的 β 系数；W_i 为第 i 项资产在组合中所占的价值比例；β_i 表示第 i 项资产的 β 系数。

由于单项资产的 β 系数不尽相同，因此通过替换资产组合中的资产或改变不同资产在组合中的价值比例，可以改变资产组合的系统风险。

【例2-27】某投资者打算用 20 000 元购买A、B、C三种股票，股价分别为 40 元、10 元、50 元；β 系数分别为 0.7、1.1 和 1.7。现有两个组合方案可供选择：

甲方案：购买A、B、C三种股票的数量分别是 200 股、200 股、200 股；

乙方案：购买A、B、C三种股票的数量分别是 300 股、300 股、100 股。

如果该投资者最多能承受 1.2 倍的市场组合系统风险，会选择哪个方案。

甲方案：

A股票比例：$40 \times 200 \div 20\ 000 \times 100\% = 40\%$；

B股票比例：$10 \times 200 \div 20\ 000 \times 100\% = 10\%$；

C股票比例：$50 \times 200 \div 20\ 000 \times 100\% = 50\%$；

甲方案的 β 系数 $= 40\% \times 0.7 + 10\% \times 1.1 + 50\% \times 1.7 = 1.24$。

乙方案：

A股票比例：$40 \times 300 \div 20\ 000 \times 100\% = 60\%$；

B股票比例：$10 \times 300 \div 20\ 000 \times 100\% = 15\%$；

C股票比例：$50 \times 100 \div 20\ 000 \times 100\% = 25\%$；

乙方案的 β 系数 $= 60\% \times 0.7 + 15\% \times 1.1 + 25\% \times 1.7 = 1.01$。

该投资者最多能承受 1.2 倍的市场组合系统风险意味着该投资者能承受的 β 系数最大值为 1.2，所以，该投资者会选择乙方案。

四、资本资产定价模型

1. 资本资产定价模型的基本原理

资本资产定价模型中,所谓资本资产主要指的是股票资产,而定价则试图解释资本市场如何决定股票收益率,进而决定股票价格。

资本资产定价模型是"必要收益率＝无风险收益率＋风险收益率"的具体化,资本资产定价模型的一个主要贡献是解释了风险收益率的决定因素和度量方法,资本资产定价模型中,风险收益率＝$\beta(R_m - R_f)$,资本资产定价模型的完整表达式为

$$R = R_f + \beta(R_m - R_f) \tag{2-31}$$

式中,R 表示某资产的必要收益率;β 表示该资产的系统风险系数;R_f 表示无风险收益率;R_m 表示市场组合收益率,由于当 $\beta = 1$ 时,$R = R_m$,而 $\beta = 1$ 时代表的是市场组合的平均风险,所以,R_m 还称为平均风险的必要收益率、市场组合的必要收益率等。

公式中 $R_m - R_f$ 称为市场风险溢酬,由于市场组合的 $\beta = 1$,所以,$R_m - R_f$ 也可以称为市场组合的风险收益率或股票市场的风险收益率。由于 $\beta = 1$ 代表的是市场平均风险,所以,$R_m - R_f$ 还可以表述为平均风险的风险收益率。它是附加在无风险收益率之上的,由于承担了市场平均风险所要求获得的补偿,它反映的是市场作为整体对风险的平均容忍程度,也就是市场整体对风险的厌恶程度,市场整体对风险越是厌恶和回避,要求的补偿就越高,因此,市场风险溢酬的数值就越大。反之,如果市场的抗风险能力强,则对风险的厌恶和回避就不是很强烈,因此,要求的补偿就低,所以市场风险溢酬的数值就小。

在资本资产定价模型中,计算风险收益率时只考虑了系统风险,没有考虑非系统风险,这是因为非系统风险可以通过资产组合消除,一个充分的投资组合几乎没有非系统风险。财务管理研究中假设投资人都是理智的,都会选择充分的投资组合,非系统风险与资本市场无关。资本市场不会对非系统风险给予任何价格补偿。

资本资产定价模型对任何企业、任何资产(包括资产组合)都是适合的。只要将该企业或资产的 β 系数代入到 $R = R_f + \beta(R_m - R_f)$,就能得到该企业或资产的必要收益率。

【例 2-28】假设平均风险的风险收益率为 5%,平均风险的必要收益率为 8%,计算(例 2-27)中乙方案的风险收益率和必要收益率。

由于乙方案的 β 系数为 1.01,所以,乙方案的风险收益率＝1.01×5%＝5.05%。

本题中,$R_m = 8\%$,$R_m - R_f = 5\%$,所以,$R_f = 3\%$。故乙方案的必要收益率＝3%＋5.05%＝8.05%。

2. 资本资产定价模型的有效性和局限性

资本资产定价模型最大的贡献在于提供了对风险和收益之间的一种实质性的表述,资本资产定价模型首次将"高收益伴随着高风险"这种直观认识,用简单的关系式表达出来。到目前为止,资本资产定价模型是对现实中风险与收益关系最为贴切的表述,因此长期以来,被财务人员、金融从业者以及经济学家作为处理风险问题的主要工具。

然而,将复杂的现实简化了的这一模式,必定会遗漏许多相关因素,也必定会限制在许多假设条件之下,因此受到一些质疑。直到现在,关于资本资产定价模型有效性的争论还在继续,拥护和批驳的辩论相当激烈。人们也一直在寻找更好的理论或方法,但尚未取

得突破性进展。

尽管资本资产定价模型已经得到了广泛的认可，但在实际运用中，仍存在着一些明显的局限，主要表现在：① 某些资产或企业的 β 值难以估计，特别是对于一些缺乏历史数据的新兴行业。② 经济环境的不确定性和不断变化，使得依据历史数据估算出来的 β 值对未来的指导作用必然要打折扣。③ 资本资产定价模型是建立在一系列假设之上的，其中一些假设与实际情况有较大偏差，使得资本资产定价模型的有效性受到质疑。这些假设包括：市场是均衡的，市场不存在摩擦，市场参与者都是理性的，不存在交易费用，税收不影响资产的选择和交易等。

由于以上局限，资本资产定价模型只能大体描绘出证券市场运动的基本情况，而不能完全确切地揭示证券市场的一切。因此，在运用这一模型时，应该更注重它所揭示的规律。

知 识 小 结

本章包括资金的时间价值及风险与收益两部分内容。资金的时间价值是资金在不同时点上价值量的差额，一般用利率来表示。计算资金的时间价值涉及到终值和现值两个概念，它们是不同时点上的价值，现值也称本金，一般是指现在的价值；终值一般是指将来的价值。根据收付款项的情况不同，分为一次性收付款项的现值与终值和年金的现值与终值，年金具体有普通年金、预付年金、永续年金和递延年金四种形式，值得注意的是现值与终值一般按复利计算。风险是某项行动结果的不确定性，但风险与不确定性又不同，财务活动经常是在有风险的条件下进行。企业面临的主要风险有市场风险和特有风险两种，对风险可用方差、标准差、标准差率来衡量。风险和收益之间存在密切关系，风险越大，所期望的收益越高。

实 践 演 练

一、单项选择题

1. 下列各项年金中，只有现值没有终值的年金是（　　）。
   A. 普通年金　　　　B. 永续年金　　　　C. 递延年金　　　　D. 预付年金
2. 已知 $(F/A,10\%,9)=13.579$，$(F/A,10\%,11)=18.531$，10 年期，利率为 10% 的即付年金终值系数值为（　　）。
   A. 17.531　　　　B. 15.937　　　　C. 14.579　　　　D. 12.579
3. 某公司从本年度起每年年末存入银行一笔固定金额的款项，若按复利用最简便算法计算第 n 年末可以从银行取出的本利和，则应选用的时间价值系数是（　　）。
   A. 复利终值系数　　　　　　　　B. 复利现值系数
   C. 普通年金终值系数　　　　　　D. 普通年金现值系数
4. 某公司年初购买债券 12 万元，利率 6%，单利计息，则第四年底债券到期时的本利和是（　　）。
   A. 2.88 万元　　　　B. 15.12 万元　　　　C. 14.88 万元　　　　D. 3.12 万元
5. 某人现在存入银行 1 500 元，利率 10%，复利计息，5 年末的本利和为（　　）。

A.2 601 元　　　　B.2 416 元　　　　C.2 434 元　　　　D.2 808 元

6. 某公司在五年内每年年初存入银行 10 000 元，利率 8%，五年后该公司可获取的款项是（　　）。

A.58 667 元　　　　B.61 110 元　　　　C.63 359 元　　　　D.72 031 元

7. 张小二在五年后有 5 000 元到期债务需要偿还，从现在开始每年年末存入银行一笔等额的资金，利率 10%，其每年应存入（　　）。

A.1 000 元　　　　B.979 元　　　　C.721 元　　　　D.819 元

8. 浪花企业拟存入银行一笔款项，以备在 5 年内每年以 2 000 元的等额款项支付车辆保险费，利率 6%，该企业应存入（　　）。

A.11 274 元　　　　B.8 425 元　　　　C.10 000 元　　　　D.9 040 元

9. 某公司准备把售价 25 000 元的电脑以分期付款方式出售，期限为 3 年，利率为 6%，顾客每年年末应付的款项为（　　）。

A.9 353 元　　　　B.2 099 元　　　　C.7 852 元　　　　D.8 153 元

10. 某学校为设立一项科研基金，拟在银行存入一笔款项，以后可以无限期地在每年年末支取利息 30 000 元，利率为 6%，该学校应存入（　　）。

A.750 000 元　　　　B.500 000 元　　　　C.180 000 元　　　　D.120 000 元

11. 有一项年金，前 3 年无流入，后 5 年每年年初流入 500 万元，假设年利率为 10%，其现值为（　　）。

A.1 995 元　　　　B.1 813 元　　　　C.1 566 元　　　　D.1 424 元

12. 某公司拟于 5 年后一次还清所欠债务 100 000 元，假定银行利息率为 10%，5 年 10% 的年金终值系数为 6.105 1，5 年 10% 的年金现值系数为 3.790 8，则应从现在起每年年末等额存入银行的偿债基金为（　　）。

A.610 510 元　　　　B.26 379.66 元　　　　C.379 080 元　　　　D.16 379.75 元

13. 普通年金终值系数的倒数称为（　　）。

A. 偿债基金系数　　　　　　　　　　B. 复利终值系数
C. 普通年金现值系数　　　　　　　　D. 资本回收系数

14. 永续年金是（　　）的特殊形式。

A. 即付年金　　　B. 预付年金　　　C. 普通年金　　　D. 递延年金

15. 某企业于年初存入 5 万元，在年利率为 12%，期限为 5 年，每半年复利一次的情况下，其实际利率为（　　）。

A.24%　　　　B.12.36%　　　　C.6%　　　　D.12.25%

16. 6 年分期付款购物，每年年初付款 500 元，若银行利率为 10%，该项分期付款相当于现在一次现金支付的购价是（　　）。

A.1 934 元　　　　B.1 895 元　　　　C.2 177 元　　　　D.2 395 元

17. 属于可分散风险的有（　　）。

A. 自然灾害　　　B. 战争　　　C. 工人罢工　　　D. 利率调整

18. 某企业拟进行一项存在一定风险的完整工业项目投资，有甲、乙两个方案可供选择。已知甲方案净现值的期望值为 1 000 万元，标准差为 300 万元；乙方案净现值的期望值为 1 200 万元；标准差为 330 万元。下列结论中正确的是（　　）。

A. 甲方案优于乙方案   B. 甲方案的风险大于乙方案

C. 甲方案的风险小于乙方案   D. 无法评价甲、乙方案的风险大小

19. 在期望值相同的条件下，标准离差越大的方案，则风险（　　）。

A. 越大   B. 越小   C. 二者无关   D. 无法判断

20. 现有两个投资项目甲和乙，已知甲、乙项目的期望值分别为 10％、25％，标准差分别为 20％、45％，那么（　　）。

A. 甲项目的风险程度大于乙项目的风险程度

B. 甲项目的风险程度等于乙项目的风险程度

C. 甲项目的风险程度小于乙项目的风险程度

D. 不能确定

21. 甲、乙两个投资项目的期望报酬率不同，但甲项目的标准差率大于乙项目，则（　　）。

A. 乙项目的风险小于甲项目   B. 两个项目的风险相等

C. 甲项目的风险小于乙项目   D. 难以判断风险大小

22. 某一投资者在 2×17 年 7 月 1 日购入票面价值为 100 元的五年期债券 100 张，购买价格为 120 元/张，票面利率为 10％，到期一次还本付息。该投资者在 2×18 年 7 月 1 日将其持有的债券以 160 元/张卖出，则其持有期间的收益率为（　　）。

A. 17.86％   B. 10％   C. 33.33％   D. 9.52％

23. 已知甲乙两个方案投资收益率的期望值分别为 10％ 和 12％，两个方案都存在投资风险，在比较甲乙两方案风险大小时应使用的指标是（　　）。

A. 标准差   B. 方差   C. 期望值   D. 标准差率

24. 现行国库券利息率为 10％，股票的平均市场风险收益为 12％，A 股票的 β 系数为 1.2，则该股票的预期收益率为（　　）。

A. 14.4％   B. 12.4％   C. 10％   D. 12％

25. 已知某公司股票的 β 系数为 0.5，短期国债收益率为 6％，市场组合收益率为 10％，则该公司股票的必要收益率为（　　）。

A. 6％   B. 8％   C. 10％   D. 16％

26. 投资者对某项资产合理要求的最低收益率，称为（　　）。

A. 必要收益率   B. 实际收益率   C. 预期收益率   D. 无风险收益率

27. 若某股票的 β 系数等于 1，则下列表述正确的是（　　）。

A. 该股票的市场风险大于整个市场股票的风险

B. 该股票的市场风险小于整个市场股票的风险

C. 该股票的市场风险等于整个市场股票的风险

D. 该股票的市场风险与整个市场股票的风险无关

二、多项选择题

1. 年金具有（　　）。

A. 等额性   B. 系列性   C. 连续性   D. 变化性

2. 按年金每次收付发生的时点不同，主要有（　　）。

A. 普通年金   B. 预付年金   C. 递延年金   D. 永续年金

3. 递延年金的特点是(　　)。

A. 第一期没有支付额　　　　　　　B. 终值大小与递延期长短有关

C. 终值计算与普通年金相同　　　　D. 现值计算与普通年金相同

4. 下列年金中，可计算终值和现值的有(　　)。

A. 预付年金　　　　B. 永续年金　　　　C. 普通年金　　　　D. 递延年金

5. 下列各项中，其数值等于即付年金终值系数的有(　　)。

A. $[(P/A, i, n)(1+i)]$　　　　　　B. $[(F/A, i, n-1)+1]$

C. $[(F/A, i, n)(1+i)]$　　　　　　D. $[(F/A, i, n+1)-1]$

6. 下列风险中属于市场风险的有(　　)。

A. 战争　　　　　B. 自然灾害　　　　C. 罢工　　　　D. 利率变化

7. 衡量风险时，应考虑的因素有(　　)。

A. 利率　　　　　B. 概率　　　　　C. 期望值　　　　D. 标准差

8. 投资报酬率的构成要素有(　　)。

A. 资金的时间价值　B. 风险报酬斜率　　C. 通货膨胀率　　　D. 风险程度

9. 下列表述正确的是(　　)。

A. 复利终值系数与复利现值系数互为倒数

B. 偿债基金系数是普通年金现值系数的倒数

C. 递延年金的终值与递延期无关

D. 永续年金无终值

10. 递延年金具有如下特点(　　)。

A. 年金的第一次收付发生在若干期以后　B. 没有终值

C. 年金的现值与递延期无关　　　　　　D. 年金的终值与递延期无关

11. 下列各项中属于年金形式的有(　　)。

A. 在租赁期内每期支付的等额租金

B. 在设备折旧期内每期按照直线法计提的折旧额

C. 等额分期付款

D. 零存整取的整取额

12. 下列递延年金的计算式中正确的是(　　)，其中：m 为递延期、n 为连续支付期。

A. $P = A \times (P/A, i, n) \times (P/F, i, m)$

B. $P = A \times (F/A, i, n) \times (P/F, i, m)$

C. $P = A \times [(P/A, i, m+n) - (P/A, i, m)]$

D. $P = A \times (F/A, i, n) \times (P/F, i, n+m)$

13. 下列指标中可以用来衡量投资风险的是(　　)。

A. 收益率的期望值　B. 收益率的方差　　C. 收益率的标准差　D. 收益率的标准差率

14. 以下关于收益率的标准离差率的说法正确的有(　　)。

A. 收益率的标准离差率是收益率的标准差与期望值之比

B. 收益率的标准离差率以绝对数衡量资产全部风险的大小

C. 收益率的标准离差率表示每单位预期收益所包含的风险

D. 收益率的标准离差率越大，资产的相对风险越大

15. 在下列各项中，属于财务管理风险对策的有（　　）。

A. 规避风险　　　　B. 减少风险　　　　　C. 转移风险　　　　　D. 接受风险

16. 在下列各项中，能够影响特定投资组合 β 系数的有（　　）。

A. 该组合中所有单项资产在组合中所占比重

B. 该组合中所有单项资产各自的 β 系数

C. 市场投资组合的无风险收益率

D. 该组合的无风险收益率

三、判断题

1. 凡在每一时期内每期都有收款和付款的现金流量，均属于年金问题。（　　）

2. 在有关资金时间价值指标的计算过程中，普通年金现值与普通年金终值是互为逆运算的关系。（　　）

3. 在终值与利率一定的情况下，计息期越多，复利现值就越小。（　　）

4. 单利与复利是两种不同的计息方法，单利终值与复利终值在任何时候都不可能相等。（　　）

5. 递延年金现值的大小与递延期无关，因此计算方法与普通年金现值是一样的。（　　）

6. 某期即付年金现值系数等于 $(1+i)$ 乘以同期普通年金现值系数。（　　）

7. 永续年金可视作期限无限的普通年金，终值与现值的计算可在普通年金的基础上求得。（　　）

8. 预付年金的终值与现值，可在普通年金终值与现值的基础上乘 $(1+i)$ 得到。（　　）

9. 复利终值系数和复利现值系数互为倒数，年金终值系数和年金现值系数也互为倒数。（　　）

10. 对于不同的投资方案，其标准差越大，风险越大；反之，标准差越小，风险越小。（　　）

11. 风险和收益是对等的。风险越大，要求的报酬率就越高。（　　）

12. 在进行财务决策时，之所以选择低风险的方案，是因为低风险会带来高收益，而高风险的方案则往往收益偏低。（　　）

四、案例分析

1. 案例情景：李小小现有 10 000 元，欲购买一款利率为 8% 、投资期为 5 年的理财产品，该理财产品每季度复利一次。

实践要求：该款理财产品的实际年利率是多少？5 年到期后，李小小能够拿到的本利和与利息各是多少？

2. 案例情景：甲公司欲购置一台设备，卖方提出四种付款方案，具体如下：

方案 1：第一年初付款 10 万元，从第二年开始，每年年末付款 28 万元，连续支付 5 次；

方案 2：第一年初付款 5 万元，从第二年开始，每年年初付款 25 万元，连续支付 6 次；

方案 3：第一年初付款 10 万元，以后每间隔半年付款一次，每次支付 15 万元，连续支付 8 次；

方案 4：前三年不付款，后六年每年初付款 30 万元。

实践要求：假设按年计算的折现率为 10%，分别计算四个方案的付款现值，最终确定应该选择哪个方案？

3. 案例情景：浪花企业拟购置一台柴油机，更新目前使用的汽油机，每月可节约燃油费用 60 元，但柴油机价格较汽油机高出 1500 元。

实践要求：判断柴油机使用多少年才合算？（假设利率为 12%，每月复利一次）

4. 案例情景：柳玉看到在邻近的城市中，一种品牌的火锅餐馆生意火爆。她也想在自己所在的县城开一家火锅餐馆，于是找到业内人士进行咨询。花了很多时间，她终于联系到了火锅餐馆的中国总部，总部工作人员告诉她，如果她要加入火锅餐馆的经营队伍，必须一次性支付 50 万元，并按该火锅品牌的经营模式和经营范围营业。柳玉提出现在没有这么多现金，可否分次支付，得到的答复是如果分次支付，必须从开业当年起，每年年初支付 20 万元，付 3 年。三年中如果有一年没有按期付款，则总部将停止专营权的授予。假设柳玉现在身无分文，需要到银行贷款开业，而按照柳玉所在县城有关扶持大学生创业投资的计划，她可以获得年利率为 5% 的贷款扶持。请问柳玉现在应该一次支付还是分次支付？

5. 案例情景：雪花公司欲投资购买 A、B、C 三种股票构成证券组合，它们目前的市价分别为 20 元/股、16 元/股和 12 元/股，它们的 β 系数分别为 1.2、1.6 和 0.6，上年的股利分别为 3.4 元/股、2.0 元/股和 1.35 元/股，预期持有 A、B、C 股票每年可分别获得稳定的股利，若目前的市场收益率为 14%，无风险收益率为 4%。

实践要求：

(1) 按照资本资产定价模型分别计算投资 A 股票、B 股票、C 股票的必要收益率；

(2) 分别计算 A、B、C 股票的内在价值；

(3) 判断雪花公司应选择投资哪种股票；

(4) 如果等比例投资值得投资的股票，组成一个投资组合，计算投资组合的风险收益率和必要收益率。

6. 案例情景：浪涛公司拟在现有的甲证券的基础上，从乙、丙两种证券中选择一种风险小的证券与甲证券组成一个证券组合，资金比例为 6∶4，有关的资料如表 2-6 所示。

表 2-6　甲、乙、丙三种证券的收益率的预测信息

可能情况的概率	甲证券在各种 可能情况下的收益率	乙证券在各种 可能情况下的收益率	丙证券在各种 可能情况下的收益率
0.5	15%	20%	8%
0.3	10%	10%	14%
0.2	5%	-10%	12%

实践要求：

(1) 浪涛公司应该选择哪一种证券；

(2) 假定资本资产定价模型成立，如果证券市场平均收益率是 12%，无风险利率是 5%，计算所选择的组合的预期收益率和 β 系数分别是多少。

学习情景三　预算管理

案例导入

永辉有限责任公司是一家从事汽车零部件生产的公司，发展前景一片大好。但是每到年底编制预算时，公司上下就会乱成一锅粥。以下内容是该公司一次有关预算协调工作的会议，各部门都发表了自己的看法。

财务部门：公司编制预算绝不是数字游戏，它需要大家协作、慎重对待。

研发部门：研发部门有其特殊性，其他部门仅仅考虑销售预算，而我们的工作有前瞻性，与销售预算相关性不强，需要独立测算，研发经费花销大、周期长、研发项目经常跨年度进行，周期上和预算期间不匹配，编制起来难度大。

销售部门：西南部市场刚开发且不稳定，要求提前一年多时间编制准确的分月销售数据，确实太困难。

学习任务： 永辉有限责任公司应该采用什么方法，按照什么程序编制预算？

学习目标： 通过预算管理的学习，使学生掌握全面预算体系的内容，编制程序。重点掌握生产经营全面预算中一系列预算的编制方法以及具体应用。

任务 1　预算管理的主要内容

一、预算的特征与作用

1. 预算的特征

预算是企业在预测、决策的基础上，以数量和金额的形式反映企业未来一定时期内经营、投资、财务等活动的具体计划，是为实现企业目标而对各种资源和企业活动的详细安排。

预算具有两个特征：首先，编制预算的目的是促使企业以最经济有效的方式实现预定目标，因此，预算必须与企业的战略或目标保持一致；其次，预算作为一种量化的详细计划，它是对未来活动的细致、周密安排，是未来经营活动的依据，量化和可执行性是预算最主要的特征。因此，预算是一种可据以执行和控制经济活动的、最为具体的计划，是对目标的具体化，是将企业活动导向预定目标的有力工具。

2. 预算的作用

1）通过引导和控制经济活动，使企业经营达到预期目标

通过预算指标可以控制实际活动过程，随时发现问题，采取必要的措施，纠正不良偏差，避免经营活动的漫无目的、随心所欲，通过有效的方式实现预期目标。因此，预算具有

规划、控制、引导企业经济活动有序进行，以最经济有效的方式实现预定目标的功能。

2）实现企业内部各部门之间的协调

从系统论的观点来看，局部计划的最优化，对全局来说不一定是最合理的。为了使各部门向着共同的战略目标前进，它们的经济活动必须密切配合，相互协调，统筹兼顾，全面安排，搞好综合平衡。通过各部门预算的综合平衡，能促使各部门管理人员清楚地了解本部门在全局中的地位和作用，尽可能地做好部门间的协调工作。各部门因其职责不同，往往会出现相互冲突的现象。各部门之间必须协调一致，才能最大限度地实现企业整体目标。例如，企业的销售、生产、财务等部门可以分别编制出各自最好的计划，而该计划在其他部门却不一定行得通。销售部门根据市场预测提出了一个庞大的销售计划，生产部门可能没有那么大的生产能力。生产部门可能编制一个充分利用现有生产能力的计划，但销售部门可能无力将产品销售出去。销售部门和生产部门都认为应该扩大生产能力，财务部门却认为无法筹到必要的资金。全面预算经过综合平衡后可以提供解决各部门冲突的最佳办法，形成最优方案，可以使各部门的工作在此基础上协调进行。

3）可以作为业绩考核的标准

预算作为企业财务活动的行为标准，使各项活动的执行有章可循。预算标准可以作为各部门责任考核的依据。经过分解落实的预算规划目标能与部门、责任人的业绩考评结合起来，成为奖勤罚懒、评估优劣的准绳。

二、预算的分类与预算体系

1. 预算的分类

1）根据预算内容不同，可以分为业务预算、专门决策预算和财务预算

业务预算也称为经营预算，是指与企业日常经营活动直接相关的经营业务的各种预算。它主要包括销售预算、生产预算、材料采购预算、直接材料消耗预算、直接人工预算、制造费用预算、产品生产成本预算、销售费用和管理费用预算等。

专门决策预算是指企业不经常发生的、一次性的重要决策预算。专门决策预算直接反映相关决策的结果，是实际中挑选方案的进一步规划。如资本支出预算，其编制依据可以追溯到决策之前搜集到的有关资料，只不过预算比决策估算更细致、更准确。例如，企业对固定资产购置都必须在事先做好可行性分析的基础上编制预算，具体反映投资额需要多少，何时进行投资，资金从何处筹得，投资期限多长，何时可以投产，未来每年的现金流量多少。

财务预算，是指企业在计划期内反映有关预计现金收支、财务状况和经营成果的预算。财务预算作为全面预算体系的最后环节，它从价值方面总括反映企业业务预算与专门决策预算的结果，即业务预算和专门决策预算中的资料都可以用货币金额反映在财务预算内，财务预算是各项业务预算和专门决策预算的整体计划，因此，财务预算也称为总预算，其他预算相应也称为辅助预算或分预算。所以，财务预算在全面预算中占有举足轻重的地位。

2）从预算指标覆盖的时间长短划分，企业预算可分为短期预算和长期预算

预算期在1年以内（含1年）的预算称为短期预算，预算期在1年以上的预算则称为长

期预算。预算的编制时间可以视预算的内容和实际需要而定，可以是1周、1月、1季、1年或若干年等。

在预算编制过程中，往往应结合各项预算的特点，将短期预算和长期预算结合使用。一般情况下，企业的业务预算和财务预算大多是短期预算（1年），年内再按季或月细分，而且预算期间往往与会计期间保持一致。

2. 预算体系

各种预算是一个有机联系的整体。一般将由业务预算、专门决策预算和财务预算组成的预算体系，称为全面预算体系。其结构如图3-1所示。

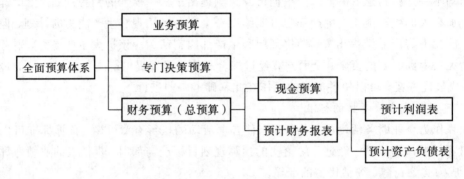

图3-1　全面预算体系

三、预算工作的组织

1. 企业董事会或类似机构

企业董事会或类似机构应当对企业预算的管理工作负责。企业董事会或者经理办公会可以根据情况设立预算委员会或指定财务管理部门负责预算管理工作，并对企业法人代表负责。

2. 预算委员会或财务管理部门

预算委员会或财务管理部门主要拟订预算的目标、政策，制定预算管理的具体措施和办法，审议、平衡预算方案，组织下达预算，协调解决预算编制和执行中的问题，组织审计、考核预算的执行情况，督促企业完成预算目标。

3. 企业财务管理部门

企业财务管理部门具体负责企业预算的跟踪管理，监督预算的执行情况，分析预算与实际执行的差异及原因，提出改进管理的意见与建议。

4. 企业各个职能部门

企业内部生产、投资、物资、人力资源、市场营销等部门具体负责本部门业务涉及的预算编制、执行、分析等工作，并配合预算委员会或财务管理部门做好企业总预算的综合平衡、协调分析、控制与考核等工作。其主要负责人参与企业预算委员会的工作，并对本部门预算执行结果承担责任。

5. 企业所属基层单位

企业所属基层单位是企业预算的基本单位，在企业财务管理部门的指导下，负责本单位现金流量、经营成果和各项成本费用预算的编制、控制、分析工作，接受企业的检查、考核。其主要负责人对本单位财务预算的执行结果承担责任。

任务 2 预算的编制方法与程序

一、预算的编制方法

1. 固定预算与弹性预算编制方法

按照编制预算时业务量是否固定，财务预算编制方法分为固定预算编制方法和弹性预算编制方法。

1）固定预算编制方法

固定预算，又称静态预算，是根据预算期内正常的、可实现的某一既定业务量水平为基础来编制的预算。一般适用于固定费用或者数额比较稳定的预算项目。

固定预算的缺点有：一是过于呆板。因为编制预算的业务量基础是事先假定的某个业务量。在这种方法下，不论预算期内业务量水平实际可能发生哪些变动，都只按事先确定的某一个业务量水平作为编制预算的基础。二是可比性差。当实际的业务量与编制预算所依据的业务量发生较大差异时，有关预算指标的实际数与预算数就会因业务量基础不同而失去可比性。例如，某企业预计业务量为销售 100 000 件，按此业务量给销售部门的预算费用为 8 000 元。如果该销售部门实际销售量达到 110 000 件，超出了预算业务量，固定预算下的预算费用仍为 8 000 元。

2）弹性预算编制方法

弹性预算是在按照成本（费用）习性分类的基础上，根据量、本、利之间的依存关系，考虑到计划期间业务量可能发生的变动，编制出一套适应多种业务量的费用预算，以便分别反映在不同业务量情况下所应支出的成本费用水平。该方法是为了弥补固定预算的缺陷而产生的。编制弹性预算所依据的业务量可能是生产量、销售量、机器工时、材料消耗量和直接人工工时等。

弹性预算的优点表现在：一是预算范围宽；二是可比性强。弹性预算一般适用于与预算执行单位业务量有关的成本（费用）、利润等预算项目。

弹性预算的编制，可以采用公式法，也可以采用列表法。

（1）公式法。公式法是假设成本和业务量之间存在线性关系，成本总额、固定成本总额、业务量和单位变动成本之间的变动关系可以表示为

$$Y = a + bx \tag{3-1}$$

式中，Y 是成本总额，a 是不随业务量变动而变动的固定成本，b 是单位变动成本，x 是业务量，某项目成本总额 Y 是该项目固定成本总额和变动成本总额之和。

这种方法要求按上述成本与业务量之间的线性假定，将企业各项目成本总额分解为变动成本和固定成本两部分。

【例 3-1】某企业的生产车间，生产能力为 40 000 机器工作小时，按生产能力 80%、

90%、100%、110%编制2×18年9月该车间制造费用弹性预算,如表3-1所示。

表3-1 制造费用弹性预算表(公式法)

部门:甲车间   预算期:2×18年9月   单位:元

费用项目/元	变动费用率/(元/小时)	生产能力/机器工作小时			
		80%	90%	100%	110%
		32 000	36 000	40 000	44 000
变动费用:					
间接材料	0.6	19 200	21 600	24 000	26 400
间接人工	1.2	38 400	43 200	48 000	52 800
维修费用	1.8	57 600	64 800	72 000	79 200
电 力	0.5	16 000	18 000	20 000	22 000
水 费	0.4	12 800	14 400	16 000	17 600
电话费	0.2	6 400	7 200	8 000	8 800
小 计	4.7	150 400	169 200	188 000	206 800
固定费用:					
间接人工		4 500	4 500	4 500	5 500
维修费用		5 500	5 500	5 500	6 800
电话费		1 500	1 500	1 500	1 500
折 旧		11 000	11 000	11 000	15 000
小 计		22 500	22 500	22 500	28 800
合 计		172 900	191 700	210 500	235 600
小时费用率		5.40	5.33	5.26	5.35

从表3-1可知,当生产能力超过100%达到110%时,固定费用中的有些费用项目将发生变化,间接人工增加1 000元,维修费用增加1 300元,折旧增加4 000元。这就说明固定成本超过一定的业务量范围,成本总额也会发生变化。

从表3-1也可以看到,当生产能力达到100%时,小时费用率为最低5.26元,说明企业充分利用生产能力,且产品销路没有问题时,应向这个目标努力,从而使成本降低,利润增加。

假定该企业9月份的实际生产能力达到110%,通过弹性预算,与实际成本进行比较,衡量其业绩,并分析其差异。

实际成本与预算成本的比较,可通过编制弹性预算执行报告,如表3-2所示。

表 3-2 制造费用弹性预算执行报告

部门：甲车间 正常生产能力(100%)40 000 机器工时小时

预算期：2×18 年 9 月 实际生产能力(110%)44 000 机器工时小时

单位：元

费用项目	预 算	实 际	差 异
间接材料	26 400	26 000	−400
间接人工	58 300	59 000	700
维修费用	86 000	95 000	9 000
电 力	22 000	21 500	−500
水 费	17 600	18 000	400
电话费	10 300	10 100	−200
折旧费	15 000	15 000	0
合 计	235 600	244 600	9 000

公式法的优点是在一定范围内预算可以随业务量变动而变动，可比性和适应性强，编制预算的工作量相对较小；缺点是按公式进行成本分解比较麻烦，对每个费用子项目甚至细目逐一进行成本分解，工作量较大。

（2）列表法。列表法是指通过列表的方式，将与各种业务量对应的预算数列示出来的一种弹性预算编制方法。

【例 3-2】假定有关资料同表 3-1。用列表法编制制造费用弹性预算如表 3-3 所示。

表 3-3 制造费用弹性预算表(列表法)

部门：甲车间 预算期：2×18 年 9 月

费用项目/元	生产能力/机器工作小时							
	50%	60%	70%	80%	90%	100%	110%	120%
	20 000	24 000	28 000	32 000	36 000	40 000	44 000	48 000
变动费用								
间接材料	12 000	14 400	16 800	19 200	21 600	24 000	26 400	28 800
间接人工	24 000	28 800	33 600	38 400	43 200	48 000	52 800	57 600
维修费用	36 000	43 200	50 400	57 600	64 800	72 000	79 200	86 400
电 力	10 000	12 000	14 000	16 000	18 000	20 000	22 000	24 000
水 费	8 000	9 600	11 200	12 800	14 400	16 000	17 600	19 200
电话费	4 000	4 800	5 600	6 400	7 200	8 000	8 800	9 600
小 计	94 000	112 800	131 600	150 400	169 200	188 000	206 800	225 600
固定费用								
间接人工	4 500	4 500	4 500	4 500	4 500	4 500	5 500	6 800
维修费用	5 500	5 500	5 500	5 500	5 500	5 500	6 800	8 800
电话费	1 500	1 500	1 500	1 500	1 500	1 500	1 500	1 500
折 旧	11 000	11 000	11 000	11 000	11 000	11 000	15 000	15 000
小 计	22 500	22 500	22 500	22 500	22 500	22 500	28 800	32 100
合 计	116 500	135 300	154 100	172 900	191 700	210 500	235 600	257 700

列表法的主要优点是可以直接从表中查得各种业务量下的成本费用预算，不用再另行计算，因此直接、简便；缺点是编制工作量较大，而且由于预算数不能随业务量变动而变动，弹性仍然不足。

2. 增量预算与零基预算编制方法

按照编制成本费用出发点的特征不同，财务预算编制方法分为增量预算与零基预算。

1）增量预算编制方法

增量预算是指以基期成本费用水平为基础，结合预算期业务量水平及有关降低成本的措施，通过调整有关费用项目而编制预算的方法。增量预算以过去的费用发生水平为基础，不需要在预算内容上作较大的调整，它的编制遵循如下假定：

第一，企业现有业务活动是合理的，不需要进行调整；

第二，企业现有各项业务的开支水平是合理的，在预算期予以保持；

第三，以现有业务活动和各项活动的开支水平，确定预算期各项活动的预算数。

【例3-3】某企业上年的制造费用为100 000元，考虑到本年生产任务增大10%，按增量预算编制计划年度的制造费用。

$$计划年度制造费用预算＝100\,000×(1＋10\%)＝110\,000(元)$$

增量预算编制方法的缺陷是可能导致无效费用开支项目无法得到有效控制，因为不加以分析地保留或接受原有的成本费用项目，可能使原来不合理的费用继续开支而得不到控制，形成不必要开支合理化，造成预算上的浪费。

2）零基预算编制方法

为了弥补增量预算的不足，美国德克萨斯工具公司的彼得·派尔设计了零基预算模式。零基预算编制方法的全称为"以零为基础的编制计划和预算方法"，它是在编制费用预算时，不考虑以往会计期间所发生的费用项目或费用数额，而是一切以零为出发点，从实际需要逐项审议预算期内各项费用的内容及开支标准是否合理，在综合平衡的基础上编制费用预算的方法。零基预算的程序如下：

（1）企业内部各部门的员工，根据企业的生产经营目标，详细讨论计划期内应该发生的费用项目，并对每一费用项目编写一套方案，提出费用开支的目的以及需要开支的费用数额。

（2）划分不可避免费用项目和可避免费用项目。在编制预算时，对不可避免费用项目必须保证资金供应；对可避免费用项目，则需要逐项进行成本与效益分析，尽量控制可避免项目纳入预算当中。

（3）划分不可延缓费用项目和可延缓费用项目。在编制预算时，应根据预算期内可供支配的资金数额在各费用之间进行分配。应优先安排不可延缓费用项目的支出。然后，再根据需要，按照费用项目的轻重缓急确定可延缓项目的开支。

【例3-4】某企业采用零基预算法编制预算期2×18年度销售及管理费用预算，企业可以动用资金为300 000元。采用零基预算的基本编制程序如下：

企业相关部门根据预算期利润目标及销售目标等，经过反复讨论，确定2×18年度必须开支的项目及其数额见表3-4。

表 3 - 4　2×18 年度必须开支的项目及其数额表　　　　单位：元

项　目	金　额
保险费	70 000
广告费	50 000
房屋租金	90 000
办公费	80 000
培训费	60 000
总　计	350 000

对以上费用进行分析。保险费、房屋租金、办公费属于约束性固定成本，必须保证支出；广告费和培训费属于酌量性的固定成本，可由成本效益分析来决定。此例中如果已知每元广告费可获得效益 70 元，每元培训费可获得效益 30 元，则广告费的排序优先于培训费。

保险费、房屋租金、办公费资金分配情况见表 3 - 5。

表 3 - 5　保险费、房屋租金、办公费资金分配情况表　　　　单位：元

项　目	金　额
保险费	70 000
房屋租金	90 000
办公费	80 000
总　计	240 000

剩余可供分配资金数额为 60 000 元（300 000－240 000），可分配的酌量性固定成本：

$$广告费应分配的资金 = 60\ 000 \times \frac{70}{70+30} = 42\ 000（元）$$

$$培训费应分配的资金 = 60\ 000 \times \frac{30}{70+30} = 18\ 000（元）$$

零基预算的优点有：

（1）不受现有费用项目的限制；

（2）不受现行预算的束缚；

（3）能够调动各方面节约费用的积极性；

（4）有利于促使各基层单位精打细算，合理使用资金。

零基预算的缺点有：一切从零开始，预算编制工作量大，而且零基预算的方案评级和资源分配具有较大的主观性，容易引起部门之间的矛盾。

3. 定期预算与滚动预算编制方法

按照预算时间特征不同，财务预算编制方法分为定期预算和滚动预算。

1）定期预算编制方法

定期预算，是指在编制预算时以不变的会计期间（如日历年度）作为预算期的一种编制预算的方法。

定期预算的优点是能够使预算期间与会计期间相对应，便于将实际数与预算数进行对

比，也有利于对预算执行情况进行分析和评价。但这种方法固定以 1 年为预算期，在执行一段时期之后，往往使管理人员只考虑剩下来几个月的业务量，缺乏长远打算，会导致短期行为的出现。

　　2）滚动预算编制方法

　　滚动预算，是指在编制预算时，将预算期与会计期间脱离开，随着预算的执行不断地补充预算，逐期向后滚动，使预算期始终保持固定长度（一般为 12 个月）的一种预算方法。

　　滚动预算的基本做法是使预算期始终保持 12 个月，每过 1 个月或 1 个季度，在期末增列 1 个月或 1 个季度的预算，逐期往后滚动，因而在任何一个时期都使预算保持 12 个月的时间长度，故又称连续预算或永续预算。这种预算能使企业各级管理人员对未来始终保持 12 个月时间的考虑和规划，从而保证企业的经营管理工作能够稳定而有序地进行。

　　按月滚动预算编制方式如图 3-2 所示。

图 3-2　按月滚动预算示意图

　　滚动预算的编制还可以采用长期计划、短期安排的方法进行，即在基期编制预算时，先按年分季度，并将其中第一季度按月划分，建立各月的明细预算数字，以便监督预算的执行；至于其他三个季度的预算可以粗略一些，只列各季总数。到第一季度结束后，再将第二季度的预算按月细分，第三、四季度以及增列的下一年度的第一季度的预算只列出各季度的总数，……以此类推。采用这种方法编制的预算有利于管理人员对预算资料作经常性的分析研究，并根据当时预算的执行情况及时加以调整。

二、预算的编制程序

1. 下达目标

　　企业董事会或经理办公会根据企业发展战略和预算期经济形势的初步预测，在决策的基础上，提出下一年度企业预算目标，包括销售或营业目标、成本费用目标、利润目标和现金流量目标，并确定预算编制的政策，由预算委员会下达各预算执行单位。

2. 编制上报

　　各预算执行单位按照企业预算委员会下达的预算目标和政策，结合自身特点以及预测的执行条件，提出本单位详细的预算方案，上报企业财务管理部门。

3. 审查平衡

　　企业财务管理部门对各预算执行单位上报的财务预算方案进行审查、汇总，提出综合平衡的建议。在审查、平衡过程中，预算委员会应当进行充分协调，对发现的问题提出初步调整意见，并反馈给有关预算执行单位予以修正。

4. 审议批准

企业财务管理部门在有关预算执行单位修正调整的基础上，编制企业预算方案，报财务预算委员会讨论。对于不符合企业发展战略或者预算目标的事项，企业预算委员会应当责成有关预算执行单位进一步修订、调整。在讨论、调整的基础上，企业财务管理部门正式编制企业年度预算方案，提交董事会或经理办公会审议批准。

5. 下达执行

企业财务管理部门对董事会或经理办公室审议批准的年度总预算，一般在次年 3 月底以前，分解成一系列的指标体系，由预算委员逐级下达各预算执行单位执行。

任务 3　预 算 编 制

一、企业年度预算目标与目标利润预算

1. 年度预算目标

预算目标源于战略规划、受制于年度经营计划，是运用财务指标对企业及下属单位预算年度经营活动目标的全面、综合表述。通过预算目标，高层管理者可将战略和计划传达给整个组织；每个部门也可以明确在实现战略与计划中需要履行的预算方针与目标责任。

作为预算管理工作的起点，预算目标是预算机制发挥作用的关键。高质量的目标有利于预算管理工作的顺利推进，有利于日常管理的协调开展和有序进行。企业年度预算目标的确定必须解决以下两方面的问题。

1) 建立预算目标的指标体系

建立预算目标的指标体系，主要应解决以何种指标作为预算导向、核心指标如何量化、指标间的权重如何确定等问题。预算目标的指标体系应能体现企业总体战略，突出企业战略管理重点，从而将年度经营计划深度细化，成为实现企业战略发展的直接"调控棒"，它是企业年度经营业绩的指南针和行动纲领，是编制预算的基础和依据。从内容上看，预算目标指标体系应包括盈利指标、规模增长指标、投资与研发指标、风险控制（资本结构）指标、融资安排等。

2) 测量并确定预算目标的指标值

按照现代企业制度的要求，确定预算目标，从根本上说就是协调企业股东、董事会、经营者等各方利益的过程。从理论上分析，预算目标各指标的指标值是企业的预算标杆，它应当具有挑战性，并且必须保证企业及其各部门经过努力可以实现。如果预算目标遥不可及，就会失去目标的激励作用。因此，预算目标设定要以战略目标为依据，同时结合年度经营计划，合理确定年度经营任务，将企业发展战略和各经营单位实际情况融入预算管理体系，并构成预算考评指标体系的标准之一。

2. 目标利润预算方法

预算目标体系中的核心指标是预计目标利润。目标利润的测算，应在考虑企业出资人

盈利要求及战略安排、企业发展对利润需求等的基础上，充分评判主客观条件，进而根据预算年度生产经营、财务活动进行确定。

为了能够确定一个可靠的利润目标，企业除全面考虑其经济的合理性、技术的可行性和生产经营的可能性外，还应综合考虑生产经营的分项指标，根据总体指标和分项指标的关系进行综合平衡，制定正确的利润规划。

为了简便起见，本书只考虑产品销售利润预算问题，不涉及投资收益、营业外收支等项目，而且以利润总额为分析对象。在有关产品的销售价格、经营成本、产销结构等条件明确的情况下，企业未来预算期间的目标利润预算通常可用下列方法进行。

1）本量利分析法

本量利分析法是根据有关产品的产销数量、销售价格、变动成本和固定成本等因素与利润之间的相互关系确定企业目标利润的方法。具体计算公式如下：

目标利润＝预计产品产销数量×（单位产品售价－单位产品变动成本）－固定成本费用

$$(3-2)$$

2）比例预算法

比例预算法是利用利润指标与其他经济指标之间存在的内在比例关系，来确定目标利润的方法。由于销售利润与产品销售收入的多少、产品成本的水平、企业资金总量有着密切的关系，所以可以分别采用以下比例预算法测定企业的目标利润：

（1）销售收入利润率法。它是利用销售利润与销售收入的比例关系确定目标利润的方法。在其他条件不变的情况下，销售利润多少完全取决于销售收入的多少，两者成正比例变动。企业可以在上期实际销售收入利润率（或前几期平均销售收入利润率）的基础上，确定目标利润。具体计算公式如下：

$$目标利润＝预计销售收入×测算的销售利润率 \qquad (3-3)$$

（2）成本利润率法。它是利用利润总额与成本费用的比例关系确定目标利润的方法。具体计算公式如下：

$$目标利润＝预计营业成本费用×核定的成本费用利润率 \qquad (3-4)$$

式中，预计营业成本费用是按成本费用资料加以确定的，而核定的成本费用利润率则可按同行业平均先进水平确定。

（3）投资资本回报率法。它是利用利润总额与投资资本平均总额的比例关系确定目标利润的方法。具体计算公式如下：

$$目标利润＝预计投资成本平均总额×核定的投资资本回报率 \qquad (3-5)$$

按投资资本回报率确定目标利润的实质，就是按要求的企业投资利润率测算目标利润。

【例3-5】某企业上年实际投资资本平均总额7 600万元。为扩大产品销售规模，计划年初追加400万元营运资本，企业预期投资资本回报率为16％。则该企业的目标利润为

$$（7\ 600＋400）×16％＝1\ 280（万元）$$

（4）利润增长百分比法。它是根据有关产品上一期间实际获得的利润额和过去连续若干期间的平均利润率增长幅度（百分比），并全面考虑影响利润的有关因素的预期变动而确定企业目标利润的方法。具体计算公式如下：

$$目标利润＝上期利润总额×（1＋利润增长百分比） \qquad (3-6)$$

3）上加法

上加法是企业根据自身发展、不断积累和提高股东分红水平等需要，匡算企业净利润，再倒算利润总额（即目标利润）的方法。

$$企业留存收益＝盈余公积金＋未分配利润 \qquad (3-7)$$

$$净利润＝\frac{本年新增留存收益}{1－股利支付率} \qquad (3-8)$$

或

$$净利润＝本年新增留存收益＋股利分配额 \qquad (3-9)$$

$$目标利润＝\frac{净利润}{1－所得税税率} \qquad (3-10)$$

当以年度净利润为基础按一定百分比计算分配股利时，可采用式（3-8）；当以股本为基础按一定百分比计算分配股利时，只能采用式（3-9）。

【例3-6】某企业预算年度计划以股本的20％向投资者分配利润，并新增留存收益1 600万元。企业股本16 000万元，所得税税率25％，则可按下述步骤测算目标利润额：

$$分配的股利＝16\,000×20\%＝3\,200（万元）$$

$$净利润＝1\,600＋3\,200＝4\,800（万元）$$

$$目标利润＝\frac{4\,800}{1－25\%}＝6\,400（万元）$$

3. 企业年度预算目标各指标值的确定举例

综合以上分析方法，根据产品价格、销量、成本之间的关系，确定目标利润的具体思路是：

预期目标利润＝预期可实现销售×（预期产品售价－预期产品单位成本）－期间费用

$$(3-11)$$

按照该思路，企业年度预算目标各指标值的确定，步骤如下：

首先，根据销售预测，在假定产品售价和成本费用不变的情况下，确定可实现利润；

其次，企业投资总资本和同行业平均（或先进）投资资本回报率，确定预期目标利润，并与可实现利润比较，提出销售增长率、价格增长率或成本（费用降低率）目标；

最后，通过各分部及管理部门间的协调，实现目标利润的其他各项指标的目标值。

【例3-7】某公司生产经营单一产品，下属三个分部均为成本中心，专司产品生产与协作。总部为了节约成本和统一对外，除拥有管理职能外，还兼有公司的材料采购与产品最终销售两大职能。经公司营销部门的销售预测，确定该企业预算年度营销目标为全国市场占有率达到30％。

第一，假定价格不变，要求其销售额达到5亿元。如果当前销售成本率为60％，可实现的毛利额为2亿元，扣除各项费用（销售费用率为24％）1.2亿元，可初步确定目标利润为8 000万元。

第二，假定公司现有投资资本平均总额为15亿元，按照同行业平均的投资资本回报率8％这一基准，确认公司应该完成的目标利润为1.2亿元。

第三，在收入不可能增长的条件下，与可实现利润8 000万元比较，要实现1.2亿元的目标利润，只能通过降低成本费用这一途径。根据成本费用管理目标，公司要求生产分部的成本必须在原有基础上降低10%，即销售成本率由60%降低到54%，以此使毛利额由原来的2亿元提高到2.3亿元，此时目标利润总额与同行业的差异将由4 000万元(12 000－8 000)变为1 000万元[12 000－(23 000－12 000)]。

第四，为完全实现同行业的平均目标利润，费用总额须从原来的12 000万元降低到11 000万元，其费用降低率应达到(12 000－11 000)/12 000＝8.33%。

第五，经过协调，公司总部与分部按上述测算将最终目标明确下来，即目标销售额5亿元，目标利润1.2亿元，目标销售成本率54%，目标费用总额1.1亿元。

二、主要预算的编制

1. 销售预算

通过目标利润预算确定利润目标以后，即可以此为基础，编制全面预算。全面预算的编制应以销售预算为起点，根据各种预算之间的勾稽关系，按顺序从前往后逐步进行，直至编制出预计财务报表。

销售预算是在销售预测的基础上，根据企业年度目标利润确定的预计销售量、销售单价和销售收入等参数编制的，用于规划预算期销售活动的一种业务预算。在编制过程中，应根据年度内各季度市场预测的销售量和单价，确定预计销售收入，并根据各季度现销收入与收回前期的应收账款反映现金收入，以便为编制现金收支预算提供资料。根据销售预测确定的销售量和销售单价确定各期销售收入，并根据各期销售收入和企业信用政策，确定每期的销售现金流量，是销售预算的两个核心问题。

由于企业其他预算的编制都必须以销售预算为基础，因此，销售预算是编制全面预算的起点。

【例3-8】W公司2×18年(计划年度)只生产和销售一种产品，每季的产品销售货款有60%于当期收到现金，有40%属赊销于下一个季度收到现金。上一年(基期)年末的应收账款为100 000元。该公司计划年度的销售预算如表3-6所示。

表3-6 2×18年度W公司销售预算表

项 目	第一季度	第二季度	第三季度	第四季度	全 年
预计销量/件	1 000	1 500	2 000	1 500	6 000
单价/元	150	150	150	150	150
预计销售收入/元	150 000	225 000	300 000	225 000	900 000
应收账款期初/元	100 000				100 000
第一季度销售实现/元	90 000	60 000			150 000
第二季度销售实现/元		135 000	90 000		225 000
第三季度销售实现/元			180 000	120 000	300 000
第四季度销售实现/元				135 000	135 000
现金收入合计/元	190 000	195 000	270 000	255 000	910 000

2. 生产预算

生产预算是规划预算期生产数量而编制的一种业务预算，它是在销售预算的基础上编制的，并可以作为编制材料采购预算和生产成本预算的依据。编制生产预算的主要依据是预算期各种产品的预计销售量及存货期初期末资料。具体计算公式为

$$预计生产量＝预计销售量＋预计期末结存量－预计期初结存量 \qquad (3-12)$$

生产预算的要点是确定预算期的产品生产量和期末结存产品数量，前者为编制材料预算、人工预算、制造费用预算等提供基础，后者是编制期末存货预算和预计资产负债表的基础。

【例 3-9】承前例，假设 W 公司各季度的期末存货按下一季度预期销售量的 10% 确定，预算 2×18 年年初结存产成品 80 件，预算年度末存货量为 180 件。W 公司生产预算如表 3-7 所示。

表 3-7 2×18 年度 W 公司生产预算表 单位：件

项　目	第一季度	第二季度	第三季度	第四季度	全　年
预计销量	1 000	1 500	2 000	1 500	6 000
加：预计期末结存	150	200	150	180	180
合　计	1 150	1 700	2 150	1 680	6 180
减：期初结存量	80	150	200	150	80
预计生产量	1 070	1 550	1 950	1 530	6 100

3. 材料采购预算

材料采购预算是为了规划预算期材料消耗情况及采购活动而编制的，用于反映预算期各种材料消耗量、采购量、材料消耗成本和材料采购成本等计划信息的一种业务预算。依据预计产品生产量和材料单位耗用量，确定生产需要耗用量，再根据材料的期初期末结存，确定材料采购量，最后根据采购材料的付款，确定现金支出。

$$某种材料耗用量＝产品预计生产量×单位产品定额耗用量 \qquad (3-13)$$

$$某种材料采购量＝某种材料耗用量＋该材料期末结存量－该种材料期初结存量$$

$$(3-14)$$

材料采购预算的要点是反映预算期材料消耗量、采购量和期末结存数量，并确定各预算期材料采购现金支出。材料期末结存量的确定可以为编制期末存货预算提供依据，现金支出的确定可以为编制现金预算提供依据。

【例 3-10】承前各例，假设 W 公司计划 2×18 年度期初材料结存量 600 kg，期末的材料结存量 800 kg，其余各季末材料结存量按下一季度生产需要量的 20% 计算。单位产品材料消耗定额 2 kg，计划单价 20 元/kg。另假定每季度购料款当季度支付 50%，余款在下季度付讫，上年期末应付的购料款余额 20 000 元将在预算期第一季度支付。W 公司计划年度材料采购预算（含预计现金支出）如表 3-8 所示。

表 3 - 8　2×18 年度 W 公司材料采购预算表

项　目	第一季度	第二季度	第三季度	第四季度	全　年
预计生产量/件	1 070	1 550	1 950	1 530	6 100
材料定额单耗/(kg/件)	2	2	2	2	2
预计生产需要量/kg	2 140	3 100	3 900	3 060	12 200
加：期末结存量/kg	620	780	612	800	800
预计需要量合计/kg	2 760	3 880	4 512	3 860	13 000
减：期初结存量/kg	600	620	780	612	600
预计材料采购量/kg	2 160	3 260	3 732	3 248	12 400
材料计划单价/(元/kg)	20	20	20	20	20
预计购料金额/元	43 200	65 200	74 640	64 960	248 000
上年应付购料款/元	20 000				20 000
第一季度购料付现/元	21 600	21 600			43 200
第二季度购料付现/元		32 600	32 600		65 200
第三季度购料付现/元			37 320	37 320	74 640
第四季度购料付现/元				32 480	32 480
现金支出合计/元	41 600	54 200	69 920	69 800	235 520

4. 直接人工预算

直接人工预算是一种既反映预算期内人工工时消耗水平，又反映人工成本开支的业务预算。直接人工预算是根据生产预算中的预计生产量以及单位产品所需的直接人工小时和单位小时工资率进行编制的。在通常情况下，企业往往要雇用不同工种的人工，必须按工种类别分别计算不同工种的直接人工小时总数；然后将算出的直接人工小时总数分别乘以各工种的工资率，再予以合计，即可求得预计直接人工成本的总数。有关数据具体计算公式如下：

（1）预计产品生产直接人工工时总数。

　　　　某种产品直接人工总工时＝单位产品定额工时×该产品预计生产量　　　（3-15）

产品定额工时是由产品生产工艺和技术水平决定的，由产品技术和生产部门提供定额标准，产品预计生产量来自生产预算。

（2）预计直接人工总成本

某种产品直接人工总成本＝单位工时工资率×该种产品直接人工工时总量　　　（3-16）

单位工时工资率来自企业人事部门工资标准和工资总额。

编制直接人工预算时，一般认为各预算期直接人工都是以现金发放的，因此不再特别列示直接人工的现金支出。另外，按照我国现行制度规定，在直接工资以外，还需要计提应付福利费，此时应在直接人工预算中根据直接工资总额进一步确定预算期的预计应付福利费，并估计应付福利费的现金支出。为简便，本书假定应付福利费包括在直接人工总额中并全部以现金支付。

直接人工预算的要点是确定直接人工总成本。

【例 3-11】承前例，假设 W 公司单位产品耗用工时为 4 小时，单位工时的工资率为 5 元/小时，W 公司计划年度人工工资预算如表 3-9 所示。

表 3-9 2×18 年度 W 公司直接人工预算表

项　目	第一季度	第二季度	第三季度	第四季度	全　年
预计生产量/件	1 070	1 550	1 950	1 530	6 100
单耗工时/h	4	4	4	4	4
直接人工小时数/h	4 280	6 200	7 800	6 120	24 400
单位工时工资率/元	5	5	5	5	5
预计直接人工成本/元	21 400	31 000	39 000	30 600	122 000

由于工资一般都要全部支付现金，因此，直接人工预算表中预计直接人工成本总额就是现金预算中的直接人工工资支付额。

5. 制造费用预算

制造费用预算是反映生产成本中除直接材料、直接人工以外的一切不能直接计入产品制造成本的间接制造费用的预算。这些费用必须按成本的用途划分为固定费用和变动费用，分别编制变动制造费用预算和固定制造费用预算。编制制造费用预算时，应以计划期的一定业务量为基础来规划各个费用项目的具体预算数字。另外，在制造费用预算表下还要附预计现金支出表，以方便编制现金预算。

变动制造费用预算部分，应区分不同费用项目，逐一项目根据单位变动制造费用分配率和业务量（一般是直接人工总工时或机器工时等）确定各项目的变动制造费用预算数。其中：

$$某项目变动制造费用分配率 = \frac{该项目变动制造费用预算总额}{业务量预算总数} \tag{3-17}$$

固定制造费用预算部分，也应区分不同费用项目，逐一项目确定预算期的固定费用预算。

在编制制造费用预算时，为方便现金预算编制，还需要确定预算期的制造费用预算现金支出部分。一般将制造费用中扣除折旧费后的余额，作为预算期内的制造费用现金支出。

制造费用预算要点是确定各个变动和固定制造费用项目的预算金额，并确定预计制造费用的现金支出。

【例 3-12】承前例，假定 W 公司变动制造费用按直接人工小时分配于产品成本，预计分配率为每小时 2 元；固定制造费用根据上年实际开支数计算（视为已知）。在全部制造费用中除折旧以外均需以现金支付。据此，编制 W 公司制造费用预算表，如表 3-10 所示。

表 3-10　2×18 年度 W 公司制造费用预算表

项　目	分配率/%	第一季度	第二季度	第三季度	第四季度	全　年
预计人工总工时/h		4 280	6 200	7 800	6 120	24 400
变动制造费用/元						
间接材料/元	0.5	2 140	3 100	3 900	3 060	12 200
间接人工/元	0.5	2 140	3 100	3 900	3 060	12 200
维修费/元	0.3	1 284	1 860	2 340	1 836	7 320
水电费/元	0.4	1 712	2 480	3 120	2 448	9 760
动力费/元	0.3	1 284	1 860	2 340	1 836	7 320
小　计	2	8 560	12 400	15 600	12 240	48 800
固定制造费用/元						
管理费/元		6 000	6 000	6 000	6 000	24 000
维修费/元		4 000	4 000	4 000	4 000	16 000
保险费/元		5 000	5 000	5 000	5 000	20 000
折旧费/元		9 320	9 320	9 320	9 320	37 280
小　计		24 320	24 320	24 320	24 320	97 280
合　计		32 880	36 720	39 920	36 560	146 080
减：折旧费/元		9 320	9 320	9 320	9 320	37 280
现金支出/元		23 560	27 400	30 600	27 240	108 800

6. 单位生产成本预算

单位生产成本预算是反映预算期内各种产品生产成本水平的一种业务预算。单位生产成本预算是在生产预算、直接材料消耗及采购预算、直接人工预算和制造费用预算的基础上编制的，通常应反映产品单位生产成本。

$$单位产品预计生产成本＝单位产品直接材料成本＋单位产品直接人工成本＋$$

$$单位产品制造费用 \qquad (3-18)$$

上述资料分别来自直接材料采购预算、直接人工预算和制造费用预算。

以单位产品成本预算为基础，还可以确定期末结存产品成本，公式如下：

$$期末结存产品成本＝期初结存产品成本＋本期产品生产成本－本期销售产品成本$$

$$(3-19)$$

公式中的期初结存产品成本和本期销售成本，应根据具体的存货计价方法确定。确定期末结存产品成本后，可以与预计直接材料期末结存成本一并在期末存货预算中予以反映。期末结存产品的预计成本合并在单位产品生产成本中列示。

单位产品生产成本预算的要点，是确定单位产品预计生产成本和期末结存产品预计成本。

【例 3-13】承前例，假设 W 公司期初、期末在产品存货为 0，预算期期初产品存货单位变动生产成本为 70 元，其他资料见以上各表。据此，按变动成本编制 W 公司单位产品生产成本预算表，如表 3-11 所示。

表 3-11 2×18 年度 W 公司单位生产成本预算表 单位：元

成本项目	单位成本			变动生产成本 (6 100)	期末存货成本 (180)	销售成本 (6 000)
	单价	用量	成本			
直接材料	20	2 kg	40	244 000	7 200	240 000
直接人工	5	4 h	20	122 000	3 600	120 000
变动制造费用	2	4 h	8	48 800	1 440	48 000
合 计			68	414 800	12 240	408 000

7. 销售及管理费用预算

销售及管理费用预算是以价值形式反映整个预算期内，为销售产品和维持日常行政管理工作而发生的各项目费用支出预算。该预算与制造费用预算一样，需要划分固定费用和变动费用列示，其编制方法也与制造费用预算相同。在该预算表下也应附计划期间预计销售和管理费用的现金支出计算表，以便编制现金预算。

销售及管理费用预算的要点是确定各个变动及固定费用项目的预算数，并确定预计的现金支出。

【例 3-14】 承前例，假设 W 公司预算年度预计销售及管理费用发生额为 148 000 元，其中，变动性费用为 48 000 元，固定性费用为 100 000 元。变动性费用以销售量为标准在各季分摊，固定性费用在各季平均分摊，折旧费以外的其他各项费用均于当季以现金支付，佣金和运输费分配率分别是 5 元和 3 元。现根据以上资料编制销售与管理费用预算表，如表 3-12 所示。

表 3-12 2×18 年度 W 公司销售及管理费用预算表 单位：元

项 目	分配率	第一季度	第二季度	第三季度	第四季度	全 年
变动性费用						
销售佣金	5	5 000	7 500	10 000	7 500	30 000
运输费	3	3 000	4 500	6 000	4 500	18 000
小 计	8	8 000	12 000	16 000	12 000	48 000
固定性费用						
管理人员薪金		6 000	6 000	6 000	6 000	24 000
广告费		10 000	10 000	10 000	10 000	40 000
保险费		4 000	4 000	4 000	4 000	16 000
折旧费		5 000	5 000	5 000	5 000	20 000
小 计		25 000	25 000	25 000	25 000	100 000
合 计		33 000	37 000	41 000	37 000	148 000
减：折旧费		5 000	5 000	5 000	5 000	20 000
现金支出		28 000	32 000	36 000	32 000	128 000

8. 专门决策预算

专门决策预算主要是长期投资预算，又称资本支出预算，通常是指与项目投资决策相关的专门预算，它往往涉及长期建设项目的资金投放与筹集，并经常跨越多个年度。编制专门决策预算的依据，是项目财务可行性分析资料，以及企业筹资决策资料。

专门决策预算的要点是准确反映项目资金投资支出与筹资计划，它同时也是编制现金预算和预计资产负债表的依据。

【例 3-15】承前例，假设 W 公司预计在预算期内第一季度购置一套设备，价值 70 000 元，在第 1 季度支付 30 000 元，在第三季度支付 40 000 元；第四季度购置一台车床，价值 60 000 元，价款在当季度支付。其专门决策预算编制如表 3-13 所示。

表 3-13　2×18 年度 W 公司专门决策预算表　　　　单位：元

项　　目	第一季度	第二季度	第三季度	第四季度	合　　计
设　　备	30 000		40 000		70 000
车　　床				60 000	60 000
合　　计	30 000		40 000	60 000	130 000

9. 现金预算

现金预算是以业务预算和专门决策预算为依据编制的，专门反映预算期内预计现金收入与现金支出，以及为满足理想现金余额而进行现金投融资的预算。

现金预算由期初现金余额、现金收入、现金支出、现金余缺、现金投放与筹措五部分组成。

期初现金余额是在编制预算时预计的；现金收入的数据来自销售预算；现金支出部分包括预算期的各项现金支出，其中直接材料、直接人工、制造费用、销售及管理费用的数据分别来自前述有关预算。此外，还包括所得税费用、购置设备、股利分配等现金支出，有关的数据分别来自另行编制的专门预算。

$$现金余缺＝期初现金余额＋现金收入－现金支出 \qquad (3-20)$$

财务管理部门应根据现金余缺与期末现金余额的比较，来确定预算期现金投放或筹措。当现金余缺大于期末现金余额时，应将超过期末余额以上的多余现金进行投资；当现金余缺小于现金余额时，应筹措现金，直到现金总额达到要求的期末现金余额。

$$期末现金余额＝现金余缺＋现金筹措（现金不足时） \qquad (3-21)$$
$$期末现金余额＝现金余缺－现金投放（现金多余时） \qquad (3-22)$$

【例 3-16】承前各例，假定 W 公司规定预算期间现金最低余额为 10 000 元，不足此数时需要向银行借款，假设银行借款的金额要求是 1 000 元的倍数。另根据税法规定，预算期预计交纳所得税 80 000 元，预计预算期每季度应向投资者支付股利 30 000 元。

现根据前面编制的各业务预算表和决策预算表的资料，编制现金预算。W 公司现金预算如表 3-14 所示。

表 3-14　2×18 年度 W 公司现金预算表　　　　单位：元

项　目	第一季度	第二季度	第三季度	第四季度	全　年	备　注
期初现金余额	10 000	10 440	1 0840	10 095	10 000	
加：现金收入	190 000	195 000	270 000	255 000	910 000	表 3-6
可动用现金合计	200 000	205 440	280 840	265 095	920 000	
减：现金支出						
采购直接材料	41 600	54 200	69 920	69 800	235 520	表 3-8
支付直接人工	21 400	31 000	39 000	30 600	122 000	表 3-9
制造费用	23 560	27 400	30 600	27 240	108 800	表 3-10
销售及管理费用	28 000	32 000	36 000	32 000	128 000	表 3-12
设备购置	30 000		40 000	60 000	130 000	表 3-13
预交所得税	20 000	20 000	20 000	20 000	80 000	预计数
预计股利	30 000	30 000	30 000	30 000	90 000	预计数
现金支出合计	194 560	194 600	265 520	269 640	924 320	
现金余缺	5 440	10 840	15 320	(4 545)	(4 320)	
资金筹措及运用						
加：借入资金	5 000			15 000	20 000	
减：归还借款			5 000		5 000	
支付利息(6%)			225		225	
期末现金余额	10 440	10 840	10 095	10 455	10 455	

第一季度：借款额＝10 000－5 440＝4 560(元)，因为银行借款的金额要求是 1 000 元的倍数，所以第一季度应向银行借款 5 000 元。

第三季度：现金多余，可用于偿还借款。一般按"每期期初借入，每期期末归还"来预计利息，故本例借款期为 9 个月，利率为 6%，则利息为 225 元$\left(\dfrac{5\,000\times6\%}{12}\times9\right)$。

第四季度：借款额＝10 000＋4 545＝14 545(元)，因为银行借款的金额要求是 1 000 元的倍数，所以第四季度应向银行借款 15 000 元。

现金预算的编制，以各项营业预算和资本预算为基础，它反映各预算期的收入款项和支出款项，并作对比说明。其目的在于资金不足时筹措资金，资金多余时及时处理现金余额，并且提供现金收支的控制限额，发挥现金管理的作用。

10. 预计利润表

预计利润表用来综合反映企业在计划期的预计经营成果，是企业最主要的财务预算表之一。编制预计利润表的依据是各业务预算、专门决策预算和现金预算。

【例3-17】承前各例,根据有关预算资料,编制 W 公司预计利润表,如表3-15所示。

表3-15　2×18年度 W 公司预计利润表　　　　　单位:元

项　目	金　额	资料来源
销售收入	900 000	表3-6
减:销售成本	408 000	表3-11
边际贡献	492 000	
减:销售及管理费用	148 000	表3-12
固定制造费用	97 280	表3-10
财务费用(利息)	225	表3-14
税前利润	246 495	
减:所得税	80 000	表3-14 预计数
税后利润	166 495	

其中,销售收入项目的数据,来自销售收入预算;销售成本项目的数据,来自产品成本预算;销售毛利项目的数据是前两项的差额;销售及管理费用项目的数据,来自销售费用及管理费用预算;固定制造费用项目的数据,来自制造费用预算;财务费用(利息)项目的数据,来自现金预算。

另外,所得税项目是在利润规划时估计的,并已列入现金预算。它通常不是根据利润和所得税税率计算出来的,因为有诸多纳税调整的事项存在。此外,从预算编制程序上看,如果根据本年利润和税率重新计算所得税,就需要修改现金预算,引起信贷计划修订,进而改变利息,最终又要修改本年利润,从而陷入数据的循环修改。

利润表预算与实际利润表的内容、格式相同,只不过数据是面向预算期的。它是在汇总销售收入、销货成本、销售及管理费用、营业外收支、资本支出等预算的基础上加以编制的。通过编制利润表预算,可以了解企业预期的盈利水平。如果预算利润与最初编制方针中的目标利润有较大的不一致,就需要调整部门预算,设法达到目标,或者经一定程序修改目标利润。

11. 预计资产负债表

预计资产负债表用来总括反映企业在计划期末预计的财务状况。它的编制需以计划期开始日的资产负债表为基础,结合计划期间各项业务预算、专门决策预算、现金预算和预计利润表进行编制。它是编制全面预算的终点。

【例3-18】承前各例,现根据 W 公司基期期末的资产负债表(固定资产期末余额1 300 000元,累计折旧期末余额408 000元)及预算期各相关预算表进行分析、调整,编制出2×18年末的预计资产负债表,如表3-16所示。

表 3-16　2×18 年 12 月 31 日 W 公司预计资产负债表　　　　单位：元

资　产	年末数	负债及所有者权益	年末数
流动资产		流动负债	
现　金	10 455	短期借款	15 000
应收账款	90 000	应付账款	32 480
存　货	28 240	应交税费	
流动资产合计	128 695	流动负债合计	47 480
固定资产原值	1 430 000	所有权权益	
减：累计折旧	465 280	普通股	600 000
固定资产净值	964 720	留存收益	445 935
资产合计	1 093 415	负债及所有者权益合计	1 093 415

表中部分数据来源说明：

现金：来源于公司现金预算表，见表 3-14。

应收账款：来源于公司销售预算表，见表 3-6，第四季度销售货款的 40%，即 225 000×40%＝90 000（元）。

存货：

（1）直接材料存货：来源于公司材料采购预算表，见表 3-8，第四季度存货量为 800 千克，即 20×800＝16 000（元）。

（2）产成品存货：来源于公司产品成本预算表，见表 3-11。

固定资产原值：参照公司专门决策预算表，见表 3-13，并结合基期数据进行计算调整，即 1 300 000＋70 000＋60 000＝1 430 000（元）。

累计折旧：参照公司制造费用预算表和公司销售及管理费用预算表，见表 3-10、表 3-12，并结合基期数据进行计算调整，即 408 000＋37 280＋20 000＝465 280（元）。

短期借款：参照现金预算表，见表 3-14。

应付账款：参照直接材料预算表，见表 3-8。第四季度购料款的 50%，即 64 960×50%＝32 480（元）。

编制资产负债表预算的目的，在于判断预算反映的财务状况的稳定性和流动性。如果通过预计资产负债表预算的分析，发现某些财务比率不佳，必要时可修改有关预算，以改善财务状况。

任务 4　预算的执行与考核

一、预算的执行

企业预算一经批复下达，各预算执行单位就必须认真组织实施，将预算指标层层分解，从横向到纵向落实到内部各部门、各单位、各环节和各岗位，形成全方位的预算执行责任体系。

企业应当将预算作为预期内组织协调各项经营活动的基本依据，将年度预算细分为月份和季度预算，通过分期预算控制，确保年度预算目标的实现。

企业应当强化现金流量的预算管理，按时组织预算资金的收入，严格控制预算资金的支付，调节资金收付平衡，控制支付风险。

对于预算内的资金拨付，按照授权审批程序执行。对于预算外的项目支出，应当按预算管理制度规范支付程序。对于无合同、无凭证、无手续的项目支出，不予支付。

企业应当严格执行销售、生产和成本费用预算，努力完成利润指标。在日常控制中，企业应当健全凭证记录，完善各项管理规章制度，严格执行生产经营月度计划和成本费用的定额、定率标准，加强适时监控。对预算执行中出现的异常情况，企业有关部门应及时查明原因，提出解决办法。

企业应当建立预算报告制度，要求各预算执行单位定期报告预算的执行情况。对于预算执行中发现的新情况、新问题及出现偏差较大的重大项目，企业财务管理部门以至预算委员会应当责成有关预算执行单位查找原因，提出改进经营管理的措施和建议。

企业财务管理部门应当利用财务报表监控预算的执行情况，及时向预算执行单位、企业预算委员会以及董事会或经理办公会提供财务预算的执行进度、执行差异及其对企业预算目标的影响等财务信息，促进企业完成预算目标。

二、预算的调整

企业正式下达执行的预算，一般不予调整。预算执行单位在执行中由于市场环境、经营条件、政策法规等发生重大变化，致使预算的编制基础不成立，或者将导致预算执行结果产生重大偏差的，可以调整预算。

企业应当建立内部弹性预算机制，对于不影响预算目标的业务预算、资本预算、筹资预算之间的调整，企业可以按照内部授权批准制度执行，鼓励预算执行单位及时采取有效的经营管理对策，保证预算目标的实现。

企业调整预算，应当由预算执行单位逐级向企业预算委员会提出书面报告，阐述预算执行的具体情况、客观因素变化情况及其对预算执行造成的影响程度，提出预算指标的调整幅度。

企业财务管理部门应当对预算执行单位的预算调整报告进行审核分析，集中编制企业年度预算调整方案，提交预算委员会以及企业董事会或经理办公会审议批准，然后下达执行。

对于预算执行单位提出的预算调整事项，企业进行决策时，一般应当遵循以下要求：

（1）预算调整事项不能偏离企业发展战略；

（2）预算调整方案应当在经济上能够实现最优化；

（3）预算调整重点应当放在预算执行中出现的重要的、非正常的、不符合常规的关键性差异方面。

三、预算的分析与考核

企业应当建立预算分析制度，由预算委员会定期召开预算执行分析会议，全面掌握预算的执行情况，研究、解决预算执行中存在的问题，纠正预算的执行偏差。

开展预算执行分析，企业管理部门及各预算执行单位应当充分收集有关财务、业务、市场、技术、政策、法律等方面的信息资料，根据不同情况分别采用比率分析、比较分析、因素分析、平衡分析等方法，从定量与定性两个层面充分反映预算执行单位的现状、发展趋势及其存在的潜力。

针对预算的执行偏差，企业财务管理部门及各预算执行单位应当充分、客观地分析产生的原因，提出相应的解决措施或建议，提交董事会或经理办公会研究决定。

企业预算委员会应当定期组织预算审计，纠正预算执行中存在的问题，充分发挥内部审计的监督作用，维护预算管理的严肃性。

预算审计可以采用全面审计或抽样审计。在特殊情况下，企业也可组织不定期的专项审计。审计工作结束后，企业内部审计机构应当形成审计报告，直接提交预算委员会以及董事会或经理办公会，作为预算调整、改进内部经营管理和财务考核的一项重要参考。

预算年度终了，预算委员会应当向董事会或者经理办公会报告预算执行情况，并依据预算完成情况和预算审计情况对预算执行单位进行考核。

企业内部预算执行单位上报的预算执行报告，应经本部门、本单位负责人按照内部议事规范审议通过，作为企业进行财务考核的基本依据。企业预算按调整后的预算执行，预算完成情况以企业年度财务会计报告为准。

企业预算执行考核是企业绩效评价的主要内容，应当结合年度内部经济责任制进行，与预算执行单位负责人的奖惩挂钩，并作为企业内部人力资源管理的参考。

知 识 小 结

预算是一种可据以执行和控制经济活动的、最为具体的计划，是对目标的具体化，是将企业活动导向预定目标的有力工具。根据预算内容不同，可以分为业务预算（经营预算）、专门决策预算和财务预算，组成的预算体系，称为全面预算体系。通过预算可以使企业经营达到预期目标、预算可以实现企业内部各个部门之间的协调、预算可以作为业绩考核的标准。

实 践 演 练

一、单项选择题

1. 全面预算管理中，不属于总预算内容的是（　　）。

    A. 现金预算　　　　B. 生产预算　　　　C. 预计利润表　　　　D. 预计资产负债表

2. 在下列预算方法中，能够适应多种业务量水平并能克服固定预算方法缺点的是（　　）。

    A. 弹性预算方法　　B. 增量预算方法　　C. 零基预算方法　　D. 流动预算方法

3. 某企业正在编制第四季度的材料采购预算，预计直接材料的期初存量为 1 000 kg，本期生产消耗量为 3 500 kg，期末存量为 800 kg；材料采购单价为 25 元/kg，材料采购货款有 30% 当季付清，其余 70% 在下季付清。该企业第四季度采购材料形成的应付账款期末余额预计为（　　）元。

    A. 3 300　　　　　B. 24 750　　　　　C. 57 750　　　　　D. 82 500

4. 某企业编制现金预算，预计 6 月初短期借款为 100 万元，月利率为 1%，该企业不存在长期负债，预计 6 月现金余缺为 -55 万元。现金不足时，通过银行借款解决（利率不变），借款额为 1 万元的倍数，6 月末现金余额要求不低于 20 万元。假设企业每月支付一次利息，借款在期初，还款在期末，则应向银行借款的最低金额为（   ）万元。

A. 77　　　　　　B. 76　　　　　　C. 55　　　　　　D. 75

5. 关于预算的特征及作用，下列说法中不正确的是（   ）。

A. 数量化和可执行性是预算最主要的特征

B. 预算是对未来活动的细致、周密安排，是未来经营活动的依据

C. 全面预算可以直接提供解决各级各部门冲突的最佳办法

D. 预算可以作为业绩考核的标准

6. 预算委员会的职责不包括（   ）。

A. 拟订预算的目标、政策　　　　　　B. 制定预算管理的具体措施和办法

C. 对企业预算的管理工作负总责　　　D. 组织审计、考核预算的执行情况

7. 下列各项中，对企业预算管理工作负总责的组织是（   ）。

A. 财务部　　　　B. 董事会　　　　C. 监事会　　　　D. 股东会

8. 下列预算编制方法中，可能导致无效费用开支项目无法得到有效控制的是（   ）。

A. 增量预算　　　B. 弹性预算　　　C. 滚动预算　　　D. 零基预算

9. 下列各项预算编制方法中，不受现有费用项目和现行预算束缚的是（   ）。

A. 定期预算法　　B. 固定预算法　　C. 弹性预算法　　D. 零基预算法

10. 运用零基预算法编制预算，需要逐项进行成本效益分析的费用项目是（   ）。

A. 可避免费用　　B. 不可避免费用　C. 可延缓费用　　D. 不可延缓费用

11. 下列各项费用预算项目中，最适宜采用零基预算编制方法的是（   ）。

A. 人工费　　　　B. 培训费　　　　C. 材料费　　　　D. 折旧费

12. 下列各项中，不受会计年度制约，预算期始终保持在一定时间跨度的预算方法是（   ）。

A. 固定预算法　　B. 弹性预算法　　C. 定期预算法　　D. 滚动预算法

13. 某公司预计计划年度期初应付账款余额为 200 万元，1 至 3 月份采购金额分别为 500 万元、600 万元和 800 万元，每月的采购款当月支付 70%，次月支付 30%。则预计一季度现金支出额是（   ）万元。

A. 2 100　　　　　B. 1 900　　　　　C. 1 860　　　　　D. 1 660

14. 下列预算中，在编制时不需以生产预算为基础的是（   ）。

A. 变动制造费用预算　　　　　　　　B. 销售费用预算

C. 产品成本预算　　　　　　　　　　D. 直接人工预算

15. 下列各项中，不会对预计资产负债表中存货金额产生影响的是（   ）。

A. 生产预算　　B. 材料采购预算　　C. 销售费用预算　　D. 单位产品成本预算

16. 预计各季度直接材料的"采购量"计算公式为（   ）。

A. 预计采购量＝（生产需用量－期末存量）－期初存量

B. 预计采购量＝（生产需用量＋期末存量）－期初存量

C. 预计采购量＝（生产需用量＋期末存量）＋期初存量

D. 预计采购量＝(生产需用量－期末存量)＋期初存量

17. 需要按成本(费用)习性的方法将企业成本分为固定成本和变动成本的预算编制方法是( )。

A. 静态预算方法　　B. 零基预算方法　　C. 弹性预算方法　　D. 滚动预算方法

18. 下列有关零基预算法的说法中，不正确的是( )。

A. 受现有费用项目的限制

B. 不受现行预算的束缚

C. 能够调动各方面节约费用的积极性

D. 有利于促使各基层单位精打细算，合理使用资金

19. 强调以过去的费用发生水平为基础的预算方法是( )。

A. 增量预算法　　B. 静态预算法　　C. 固定预算法　　D. 定期预算法

二、多项选择题

1. 下列各项中，属于业务预算的有( )。

A. 资本支出预算　　B. 生产预算　　C. 管理费用预算　　D. 销售预算

2. 企业预算最主要的两大特征是( )。

A. 数量化　　　　B. 表格化　　　　C. 可伸缩性　　　D. 可执行性

3. 下列关于财务预算的表述中，正确的有( )。

A. 财务预算多为长期预算

B. 财务预算又被称作总预算

C. 财务预算是全面预算体系的最后环节

D. 财务预算主要包括现金预算和预计财务报表

4. 下列关于全面预算中的利润表预算编制的说法中，正确的有( )。

A. 销售收入项目的数据，来自销售预算

B. 销货成本项目的数据，来自生产预算

C. 销售及管理费用项目的数据，来自销售及管理费用预算

D. 所得税费用项目的数据，通常是根据利润表预算中的利润项目金额和本企业适用的法定所得税税率计算出来的

5. 对于预算执行单位提出的预算调整事项，企业进行决策时，一般应当遵循以下要求( )。

A. 预算调整事项不能偏离企业发展战略

B. 预算调整方案应当在经济上能够实现最优化

C. 预算调整重点应当放在财务预算执行中出现的重要的、非正常的、不符合常规的关键性差异方面

D. 预算调整要程序化、日常化

6. 在下列各项预算中，属于财务预算内容的有( )。

A. 销售预算　　　B. 生产预算　　　C. 现金预算　　　D. 预计利润表

7. 相对于固定预算，弹性预算的特点包括( )。

A. 预算范围宽　　　　　　　　B. 过于呆板

C. 可比性差　　　　　　　　　D. 便于预算执行的评价和考核

三、判断题

1. 企业财务管理部门应当利用报表监控预算执行情况，及时提供预算执行进度、执行差异信息。　　　　　　　　　　　　　　　　　　　　　　　　　　　　　　（　　）

2. 专门决策预算主要反映项目投资与筹资计划，是编制现金预算和资产负债表预算的依据之一。　　　　　　　　　　　　　　　　　　　　　　　　　　　　　　（　　）

3. 预算是一种可据以执行和控制经济活动的、最为具体的计划，是对目标的具体化，是将企业活动导向预订目标的有力工具。　　　　　　　　　　　　　　　　　（　　）

4. 企业应当将预算作为预算期内组织、协调各项经营活动的基本依据，将年度预算细分为月份和每日预算，以分期预算控制确保年度预算目标的实现。　　　　　（　　）

四、案例分析

1. 案例情境

星海公司预算期间 2×18 年度简略销售情况如表 3-17 所示，若销售当季度收回货款60%，次季度收款 35%，第三季度收款 5%，预算年度期初应收账款金额为 22 000 元，其中包括上年度第三季度销售的应收款 4 000 元，第四季度销售的应收账款 18 000 元。

表 3-17　2×18 年度星海公司简略销售情况预算表

季　　度	1	2	3	4	合　　计
预计销售量/件	2 500	3 750	4 500	3 000	13 750
销售单价/元	20	20	20	20	20

实践要求：

根据上述资料编制预算年度的销售预算，填写表 3-18。

表 3-18　2×18 年度星海公司简略销售量及收入情况表

	项　　目	第一季度	第二季度	第三季度	第四季度
预计销售量	预计销售量/件	2 500	3 750	4 500	3 000
	销售单价/(元/件)	20	20	20	20
	预计销售金额/元	(1)	(2)	(3)	(4)
	本年期初应收账款/元	(5)	(6)		
	第一季度销售收现/元	(7)	17 500	2 500	
	第二季度销售收现/元		45 000	(8)	3 750
	第三季度销售收现/元			54 000	31 500
	第四季度销售收现/元				36 000

2. 案例情境

星海公司 2×18 年 8 月预计下月月初现金余额为 10 000 元，下月期初应收账款为5 000元，预计下月可收回 80%；下月销货 62 500 元，当期收到现金的 50%，采购材料10 000元，当期付款 70%，当月应付账款余额为 6 250 元，需在月内付清，下月支付工资现金为 10 500 元，间接费用 62 500 元，其中折旧费 5 000 元；预交所得税 1 125 元，购买设备支付现金 25 000 元，现金不足时，向银行借款金额为 1 000 元的倍数，现金余额最低为

3 750元。

实践要求：

填写表3-19，计算下月预算现金余额。

表3-19　2×18年9月预算现金余额

单位：元

期初现金余额	10 000
加：现销收入	(1)
可供使用现金	(2)
减：各项支出现金合计	(3)
材料采购支出	(4)
工资支出	(5)
间接费用支出	(6)
所得税支出	(7)
设备支出	25 000
现金多余或不足	(8)
向银行借款	(9)
期末现金余额	(10)

学习情景四　筹资管理(上)

案例导入

20 世纪 60 年代，28 岁的阿克森还在纽约自己的律师事务所工作。面对众多的大富翁，阿克森不禁对自己的清贫处境感到失落。这种日子不能再过下去了，他找到一家银行的借贷部经理，声称要借一笔钱修缮律师事务所。在美国，律师人头热、关系广，有很高的社会地位。因此，当他走出银行大门的时候，他的手中已握有 1 万美元的现金支票了。阿克森又进入了另一家银行，在那里存进了刚才拿到手的一万美元。完成这一切，前后总共不到 1 小时。

之后，阿克森又进了两家银行，重复了刚才的做法。这两笔共 2 万美元的借款利息用他的存款利息相抵，大体上也差不了多少。几个月后，阿克森就把存款取了出来，还了债。

这样的一出一进阿克森便在 4 家银行建立了初步信誉。此后，阿克森便在更多的银行玩弄这种短期借贷和提前还债的把戏，而且数额越来越大。不到一年光景，阿克森的银行信用已十分可靠了。凭着他的一纸签条，就能一次借出 10 万美元。

不久以后，阿克森又借钱了，他用借来的钱买下了费城的一家濒临倒闭的公司。60 年代的美国，充满着大好的机会，只要你用心，赚钱是没有丝毫问题的。8 年以后，阿克森拥有的资产达到了 1.5 亿美元。

（资料来源：东篱子《经商三绝》，第三章暗借法：以借养借做成大生意）

学习任务：阿克森是通过什么方式拥有投资资本的？

学习目标：掌握吸收直接投资、发行股票和利用留存收益等股权筹资方式；掌握银行借款、发行债券和融资租赁等债务筹资方式；掌握企业筹资管理的内容和原则；了解企业筹资的动机、筹资方式与筹资渠道；熟悉可转换债券、认股权证、优先股。

任务1　筹　资　概　述

企业筹资，是指企业为了满足其经营活动、投资活动、资本结构调整等需要，运用一定的筹资方式，筹措和获取所需资金的行为。资金是企业的血液，是企业设立、生存和发展的物质基础，是企业开展生产经营业务活动的基本前提。任何一个企业，为了形成生产经营能力、保证生产经营正常运行，必须拥有一定数量的资金。

一、企业筹资的动机

企业筹资最基本的目的，是为了企业经营的维持和发展，为企业的经营活动提供资金保障。但每次具体的筹资行为，往往受特定动机的驱动，如为提高技术水平购置新设备而筹资，为对外投资活动而筹资，为产品研发而筹资，为解决资金周转临时需要而筹资等。各种具体的筹资原因，归纳起来表现为四类筹资动机：创立性筹资动机、支付性筹资动机、扩张性筹资动机和调整性筹资动机。

1. 创立性筹资动机

创立性筹资动机，是指企业设立时，为取得资本金并形成开展经营活动的基本条件而产生的筹资动机。资金，是设立企业的第一道门槛。根据我国《公司法》《合伙企业法》《个人独资企业法》等相关法律的规定，任何企业或公司在设立时都要求有符合企业章程或公司章程规定的全体股东认缴的出资额。企业创建时，要按照企业经营规模核定长期资本需要量和流动资金需要量，购建厂房设备等，安排铺底流动资金，形成企业的经营能力。这样，就需要筹措注册资本和资本公积等股权资金，股权资金不足部分需要筹集银行借款等债务资金。

2. 支付性筹资动机

支付性筹资动机，是指为了满足经营业务活动的正常波动所形成的支付需要而产生的筹资动机。企业在开展经营活动过程中，经常会出现超出维持正常经营活动资金需求的季节性、临时性的交易支付需要，如购买原材料的大额支付、员工工资的集中发放、银行借款的提前偿还、股东股利的发放等。这些情况要求除了正常经营活动的资金投入以外，还需要通过经常的临时性筹资来满足经营活动的正常波动需求，维持企业的支付能力。

3. 扩张性筹资动机

扩张性筹资动机，是指企业因扩大经营规模或对外投资需要而产生的筹资动机。企业维持简单再生产所需要的资金是稳定的，通常不需要或很少追加资金。一旦企业扩大再生产，经营规模扩张，开展对外投资，就需要大量追加资金。具有良好发展前景、处于成长期的企业，往往会产生扩张性的筹资动机。扩张性的筹资活动，在筹资的时间和数量上都要服从于投资决策和投资计划的安排，避免资金的闲置和投资时机的贻误。扩张性筹资的直接结果，往往是企业资产总规模的增加和资本结构的明显变化。

4. 调整性筹资动机

调整性筹资动机，是指企业因调整资本结构而产生的筹资动机。资本结构调整的目的在于降低资本成本，控制财务风险，提升企业价值。企业产生调整性筹资动机的具体原因大致有两点：一是优化资本结构，合理利用财务杠杆效应。企业现有资本结构不尽合理的原因有两种：一种是债务资本比例过高，有较大的财务风险；另一种是股权资本比例较大，企业的资本成本负担较重。针对这两种情形可以通过筹资增加股权或债务资金，达到调整、优化资本结构的目的。二是偿还到期债务，债务结构内部调整。如流动负债比例过大，使得企业近期偿还债务的压力较大，可以举借长期债务来偿还部分短期债务。又如一些债务即将到期，企业虽然有足够的偿债能力，但为了保持现有的资本结构，可以举借新债以偿还旧债。调整性筹资的目的，是为了调整资本结构，而不是为企业经营活动追加资金，这类筹资通常不会增加企业的资本总额。

在实务中，企业筹资的目的可能不是单纯和唯一的，通过追加筹资，可能既满足了经营活动、投资活动的资金需要，又达到了调整资本结构的目的。这类情况很多，可以称之为混合性的筹资动机。如企业对外产权投资需要大额资金，其资金缺口可通过增加长期贷款或发行公司债券解决，这种情况既扩张了企业规模，又使企业的资本结构有较大的变化。混合性筹资动机一般基于企业规模扩张和调整资本结构两种目的，兼具扩张性筹资动机和调整性筹资动机的特性，同时增加了企业的资产总额和资本总额，也导致企业的资产结构和资本结构同时变化。

二、筹资管理的内容

筹资活动是企业资金流转运动的起点，筹资管理要求解决企业为什么要筹资、需要筹集多少资金、从什么渠道以什么方式筹集，以及如何协调财务风险和资本成本，合理安排资本结构等问题。

1. 科学预计资金需要量

资金是企业的血液，是企业设立、生存和发展的财务保障，是企业开展生产经营业务活动的基本前提。任何一个企业，为了形成生产经营能力、保证生产经营正常运行，必须持有一定数量的资金。在正常情况下，企业资金的需求来源于两个基本目的：满足经营运转的资金需要，满足投资发展的资金需要。企业创立时，要按照规划的生产经营规模，核定长期资本需要量和流动资金需要量；企业正常营运时，要根据年度经营计划和资金周转水平，核定维持营业活动的日常资金需求量；企业扩张发展时，要根据扩张规模或对外投资对大额资金的需求，安排专项的资金。

2. 合理安排筹资渠道，选择筹资方式

有资金需求后，企业要解决的问题是资金从哪里来并以什么方式取得，这就是筹资渠道的安排和筹资方式的选择问题。筹资渠道，是指企业筹集资金的来源方向与通道。一般来说，企业最基本的筹资渠道有两条：直接筹资和间接筹资。直接筹资，是企业与投资者协议或通过发行股票、债券等方式直接从社会取得资金；间接筹资，是企业通过银行等金融机构以信贷关系间接从社会取得资金。具体来说，企业的筹资渠道主要有国家财政投资和财政补贴、银行与非银行金融机构信贷、资本市场筹集、其他法人单位与自然人投入、企业自身积累等。

对于不同渠道的资金，企业可以通过不同的筹资方式来取得。筹资方式是企业筹集资金所采取的具体方式。企业筹资，总体来说是从企业外部和内部取得的。外部筹资是指从企业外部筹措资金，内部筹资主要依靠企业的利润留存积累。外部筹资主要有两种方式：股权筹资和债务筹资。股权筹资是指企业通过吸收直接投资、发行股票等方式从股东那里取得资金；债务筹资是指企业通过向银行借款、发行债券、利用商业信用、融资租赁等方式从债权人那里取得资金。

安排筹资渠道和选择筹资方式是一项重要的财务工作，直接关系到企业所能筹措资金的数量、成本和风险，因此，需要深刻认识各种筹资渠道和筹资方式的特征、性质以及与企业融资要求的适应性。在权衡不同性质资金的数量、成本和风险的基础上，按照不同的筹资渠道合理选择筹资方式，有效筹集资金。

3. 降低资本成本、控制财务风险

资本成本是企业筹集和使用资金所付出的代价，包括资金筹集费用和使用费用。在资金筹集过程中，要发生股票发行费、借款手续费、证券印刷费、公证费、律师费等费用，这些属于资金筹集费用。在企业生产经营和对外投资活动中，要发生利息支出、股利支出、融资租赁的资金利息等费用，这些属于资金使用费用。

按不同方式取得的资金，其资本成本是不同的。一般来说，债务资金比股权资金的资

本成本要低,而且其资本成本在签订债务合同时就已确定,与企业的经营业绩和盈亏状况无关。即使同是债务资金,由于借款、债券和租赁的性质不同,其资本成本也有差异。企业筹资的资本成本,需要通过资金使用所取得的收益与报酬来补偿,资本成本的高低,决定了企业资金使用的最低投资报酬率要求。因此,企业在筹资管理中,要权衡债务清偿的财务风险,合理利用资本成本较低的资金种类,努力降低企业的资本成本率。

尽管债务资金的资本成本较低,但由于债务资金有固定合同还款期限,到期必须偿还,因此企业承担的财务风险比股份资金要大一些。财务风险,是指企业无法足额偿付到期债务的本金和利息、支付股东股利的风险,主要表现为偿债风险。由于无力清偿债权人的债务,可能会导致企业破产。企业筹集资金在降低资本成本的同时,要充分考虑财务风险,防范企业破产的财务危机。

三、筹资渠道与方式

1. 筹资渠道

筹资渠道是指企业资本来源的方向与通道。不同的国家有不同的资本供应渠道,同一国家不同时期的资本供应渠道也不尽相同,它取决于国家财政体制和金融管理制度。在我国现阶段,企业筹资渠道主要有以下几种。

1) 国家财政资金

国家财政资金是代表国家投资的政府部门或者机构以国有资金投入企业的资金,形成国家资本金。这是国有企业尤其是国有独资企业的主要筹资渠道。现有国有企业的资本金大部分是过去由国家财政拨款方式投资形成的。国家财政资金具有广阔的源泉和稳固的基础,今后仍然是国有企业筹资的重要渠道。

2) 银行信贷资金

银行信贷资金是我国企业的主要资金来源之一,特别是对于具备良好信誉但又缺乏资金的企业来说更是如此。我国银行一般分为商业性银行和政策性银行,前者为各类企业提供商业性贷款,后者为特定企业提供政策性贷款。银行信贷资金实力雄厚,贷款方式灵活,是企业筹资的重要渠道。

3) 非银行金融机构资金

非银行金融机构包括保险公司、信托投资公司、融资租赁公司、证券公司、企业集团所属的财务公司等。虽然它们的资金规模比银行小,但资金供应比较灵活,而且可以提供多种特定服务,因而具有广阔的发展前景。

4) 其他法人单位资金

其他法人单位资金是指其他法人单位以其可以支配的资金在企业之间相互融通而形成的资金。企业在生产经营过程中,往往形成部分暂时闲置的资金,可以在企业之间相互调剂余缺。另外,企业间的购销业务可以通过商业信用方式完成,从而形成债务人对债权人的短期信用资金占用。企业间的相互投资和商业信用的存在,使其他法人单位资金成为企业资金的重要来源。

5) 民间资金

民间资金是指企业职工和城乡居民暂时不用的结余货币,作为"游离"于银行及非银行金融机构等之外的社会资金,可以通过购买股票、债券等方式对企业进行投资,形成民间资金来源渠道，从而为企业所用。

6）企业内部形成的资金

企业内部形成的资金，主要是提取盈余公积金和未分配利润而形成的资金，也包括一些经常性的延期支付款项，如应付职工薪酬、应交税费、应付股利等负债形成的资金来源。企业内部形成的资金是企业生产经营的补充来源渠道。

2. 筹资方式

筹资方式是指企业筹集资金所采取的具体形式，它受到法律环境、经济体制、融资市场等筹资环境的制约，特别是受到国家对金融市场和融资行为的法律法规制约。

一般来说，企业最基本的筹资方式有两种：股权筹资和债务筹资。股权筹资形成企业的股权资金，通过吸收直接投资、公开发行股票等方式取得；债务筹资形成企业的债务资金，通过向金融机构借款、发行债券、利用商业信用等方式取得。至于发行可转换债券等筹集资金的方式，属于兼有股权筹资和债务筹资性质的混合筹资方式。

筹资方式如图 4-1 所示。

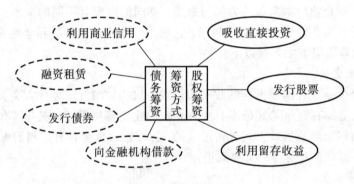

图 4-1　筹资方式

1）吸收直接投资

吸收直接投资，是指企业以投资合同、协议等形式定向地吸收国家、法人单位、自然人等投资主体资金的筹资方式。这种筹资方式不以股票为载体，而是通过签订投资合同或投资协议规定双方的权利和义务，主要适用于非股份制公司筹集股权资本。吸收直接投资是一种股权筹资方式。

2）发行股票

发行股票，是指企业以发售股票的方式取得资金的筹资方式。只有股份有限公司才能发行股票。股票是股份有限公司发行的，表明股东按其持有的股份享有权益和承担义务的可转让的书面投资凭证。股票的发售对象，可以是社会公众，也可以是定向的特定投资主体。这种筹资方式必须以股票作为载体。发行股票是一种股权筹资方式。

3）发行债券

发行债券，是指企业以发售公司债券的方式取得资金的筹资方式。按照中国证券监督管理委员会颁布的《公司债券发行与交易管理办法》，除了地方政府融资平台公司以外，所有公司制法人，均可以发行公司债券。公司债券是公司依照法定程序发行、约定还本付息期限、标明债权债务关系的有价证券。发行公司债券，适用于向法人单位和自然人两种渠道筹资。发行债券是一种债务筹资方式。

4) 向金融机构借款

向金融机构借款,是指企业根据借款合同从银行或非银行金融机构取得资金的筹资方式。这种筹资方式广泛适用于各类企业,它既可以筹集长期资金,也可以用于短期融通资金,具有灵活、方便的特点。向金融机构借款是一种债务筹资方式。

5) 融资租赁

融资租赁,也称为资本租赁或财务租赁,是指企业与租赁公司签订租赁合同,从租赁公司取得租赁物资产,通过对租赁物的占有、使用取得资金的筹资方式。融资租赁方式不直接取得货币性资金,通过租赁信用关系,直接取得实物资产,快速形成生产经营能力,然后通过向出租人分期交付租金方式偿还资产的价款。融资租赁是一种债务筹资方式。

6) 利用商业信用

商业信用,是指企业之间在商品或劳务交易中,由于延期付款或延期交货所形成的借贷信用关系。商业信用是由业务供销活动形成的,它是企业短期资金的一种重要和经常性的来源。利用商业信用是一种债务筹资方式。

7) 利用留存收益

留存收益,是指企业从税后净利润中提取的盈余公积金以及从企业可供分配利润中留存的未分配利润。利用留存收益是企业将当年利润转化为股东对企业追加投资的过程,是一种股权筹资方式。

3. 筹资方式与筹资渠道的对应关系

筹资渠道解决的是资金来源问题,筹资方式则解决的是通过何种方式取得资金的问题,它们之间存在一定的对应关系。一定的筹资方式可能只适用于某一特定的筹资渠道,但是同一渠道的资金往往可采用不同的方式取得,同一筹资方式又往往适用于不同的筹资渠道。因此,企业在筹资时,应实现两者的合理配置。

筹资方式与渠道的对应关系如表 4-1 所示。

表 4-1 筹资方式与渠道的对应关系

渠 道	筹 资 方 式						
	吸收直接投资	发行股票	利用留存收益	向金融机构借款	发行债券	利用商业信用	融资租赁
国家财政资金	√	√					
银行信贷资金				√			
非银行金融机构资金		√			√		
其他企业资金	√	√			√	√	√
民间资金	√	√			√		
企业自留资金			√				

四、筹资的分类

企业筹资可以按不同的标准进行分类。

1. 按企业所取得资金的权益特性不同分类

按企业所取得资金的权益特性不同，企业筹资分为股权筹资、债务筹资及衍生工具筹资三种类型，这是企业筹资方式最常见的分类方法。

股权筹资形成股权资本是企业依法长期拥有、能够自主调配运用的资本。股权资本在企业持续经营期间内，投资者不得抽回，因而也称之为企业的自有资本、主权资本或股东权益资本。股权资本是企业从事生产经营活动和偿还债务的本钱，是代表企业基本资信状况的一个主要指标。企业的股权资本通过吸收直接投资、发行股票、内部积累等方式取得。股权资本由于一般不用还本，形成了企业的永久性资本，因而财务风险小，但付出的资本成本相对较高。

股权筹资项目包括实收资本（股本）、资本公积金、盈余公积金和未分配利润等。其中，实收资本（股本）和实收资本溢价部分形成的资本公积金是投资者的原始投入部分；盈余公积金、未分配利润和部分资本公积金是原始投入资本在企业持续经营中形成的经营积累。通常，盈余公积金、未分配利润共称为留存收益。股权筹资在经济意义上形成了企业的所有者权益，其金额等于企业资产总额减去负债总额后的余额。

债务筹资是企业通过借款、发行债券、融资租赁以及赊销商品或服务等方式取得的资金，需要在规定期限内清偿。由于债务筹资到期要归还本金和支付利息，对企业的经营状况不承担责任，因而具有较大的财务风险，但付出的资本成本相对较低。从经济意义上来说，债务筹资是债权人对企业的一种投资，要依法享有企业使用债务所取得的经济利益，因而也称之为债权人权益。

衍生工具筹资包括兼具股权与债务特性的混合融资和其他衍生工具融资。我国上市公司目前最常见的混合融资是可转换债券融资，最常见的其他衍生工具融资是认股权证融资。

2. 按是否以金融机构为媒介分类

按是否以金融机构为媒介，企业筹资分为直接筹资和间接筹资两种类型。

直接筹资是企业直接与资金供应者协商融通资本的一种筹资活动。直接筹资方式主要有吸收直接投资、发行股票、发行债券等。通过直接筹资既可以筹集股权资金，也可以筹集债务资金。按法律规定，公司股票、公司债券等有价证券的发行需要通过证券公司等中介机构进行，但证券公司所起到的只是承销作用，资金拥有者并未向证券公司让渡资金使用权，因此发行股票、债券属于直接向社会筹资。

间接筹资是企业借助银行等金融机构融通资本的筹资活动。在间接筹资方式下，银行等金融机构发挥了中介作用，预先集聚资金，资金拥有者首先向银行等金融机构让渡资金的使用权，然后由银行等金融机构将资金提供给企业。间接筹资的基本方式是向银行借款，此外还有融资租赁等方式。间接筹资形成的主要是债务资金，主要用于满足企业资金周转的需要。

3. 按资金的来源范围分类

按资金的来源范围不同，企业筹资分为内部筹资和外部筹资两种类型。

内部筹资是指企业通过利润留存而形成的筹资来源。内部筹资数额的大小主要取决于企业可分配利润的多少和利润分配政策（股利政策），一般无需花费筹资费用，从而降低了资本成本。

外部筹资是指企业向外部筹措资金而形成的筹资来源。处于初创期的企业，内部筹资的可能性有限；处于成长期的企业，内部筹资往往难以满足需要。这就需要企业广泛地开展外部筹资，如发行股票、债券、取得商业信用、向银行借款等。企业向外部筹资大多需要花费一定的筹资费用，从而提高了筹资成本。

因此，企业筹资时首先应利用内部筹资，然后再考虑外部筹资。

4. 按所筹资金的使用期限分类

按所筹集资金的使用期限不同，企业筹资分为长期筹资和短期筹资两种类型。

长期筹资是指企业筹集使用期限在1年以上资金的筹集活动。长期筹资的目的在于形成和更新企业的生产和经营能力，或扩大企业的生产经营规模，或为对外投资筹集资金。长期筹资通常采取吸收直接投资、发行股票、发行债券、取得长期借款、融资租赁等方式，所形成的长期资金主要用于购建固定资产、形成无形资产、进行对外长期投资、垫支流动资金、产品和技术研发等。从资金权益性质来看，长期资金可以是股权资金，也可以是债务资金。

短期筹资是指企业筹集使用期限在1年以内资金的筹集活动。短期资金主要用于企业的流动资产和日常资金周转，一般在短期内需要偿还。短期筹资经常利用商业信用、短期借款、保理业务等方式来筹集。

筹资分类如表4-2所示。

表4-2　筹资分类

分类标准	内容	含义
按企业所取得资金的权益特性不同	股权筹资	依法长期拥有、能够自主调配运用的资本，包括实收资本（股本）、资本公积金、盈余公积金和未分配利润等
	债务筹资	通过借款、发行债券、融资租赁以及赊销商品或服务等方式取得的资金形成的在规定期限内需要清偿的债务
	衍生工具筹资	兼具股权与债务特性的混合融资和其他衍生工具融资，如可转换债券，认股权证
是否以金融机构为媒介	直接筹资	直接与资金供应者协商融通资本的一种筹资活动，如吸收直接投资、发行股票、发行债券
	间接筹资	借助银行等金融机构融通资本的筹资活动，如银行借款、融资租赁
资金的来源范围	内部筹资	通过利润留存而形成的筹资来源
	外部筹资	向外部筹措资金而形成的筹资来源，如发行股票、债券，取得商业信用，向银行借款
按所筹资金的使用期限	长期筹资	筹集使用期限在1年以上资金的筹集活动，如吸收直接投资、发行股票、发行债券、取得长期借款、融资租赁
	短期筹资	筹集使用期限在1年以内资金的筹集活动，如商业信用、短期借款、保理业务

五、筹资管理的原则

企业筹资的基本要求是：在严格遵守国家法律法规的基础上，分析影响筹资的各种因素，权衡资金的性质、数量、成本和风险，合理选择筹资方式，提高筹资效果。

（1）遵循国家法律法规，合法筹集资金。

不论是直接筹资还是间接筹资，企业最终都通过筹资行为向社会获取资金。企业的筹资活动不仅为自身的生产经营提供资金来源，而且会影响投资者的经济利益，影响社会经济秩序。企业的筹资行为和筹资活动必须遵循国家的相关法律法规，依法履行法律法规和投资合同约定的责任，合法合规筹资，依法信息披露，维护各方的合法权益。

（2）分析生产经营情况，正确预测资金需要量。

企业筹集资金，首先要合理预测资金的需要量。筹资规模与资金需要量应当匹配，既要避免因筹资不足，影响生产经营的正常进行，又要防止筹资过多，造成资金闲置。

（3）合理安排筹资时间，适时取得资金。

企业筹集资金，需要合理预测确定资金需要的时间。要根据资金需求的具体情况，合理安排资金的筹集时间，适时获取所需资金。使筹资与用资在时间上相衔接，既要避免过早筹集资金形成的资金投放前闲置，又要防止取得资金的时间滞后，错过资金投放的最佳时间。

（4）了解各种筹资渠道，选择资金来源。

企业所筹集的资金都要付出资本成本的代价，不同的筹资渠道和筹资方式所取得的资金，其资本成本各有差异。企业应当在考虑筹资难易程度的基础上，针对不同来源资金的成本进行分析，尽可能选择经济、可行的筹资渠道与方式，力求降低筹资成本。

（5）研究各种筹资方式，优化资本结构。

企业筹资要综合考虑股权筹资与债务筹资的关系、长期筹资与短期筹资的关系、内部筹资与外部筹资的关系，合理安排资本结构，保持适当偿债能力，防范企业财务危机，提高筹资效益。

任务 2　股权筹资

企业所能采用的筹资方式，一方面受法律环境和融资市场的制约，另一方面受企业性质的制约。中小企业和非公司制企业的筹资方式比较受限；股份有限公司和有限责任公司的筹资方式相对多样。

前已述及，股权筹资形成企业的股权资金，也称之为权益资本，是企业最基本的筹资方式。股权筹资又包含吸收直接投资、发行股票和利用留存收益三种主要形式，此外，我国上市公司引入战略投资者的行为，也属于股权筹资的范畴。

一、吸收直接投资

吸收直接投资是指企业按照"共同投资、共同经营、共担风险、共享收益"的原则，直接吸收国家、法人、个人和外商投入资金的一种筹资方式。吸收直接投资是非股份制企业筹集权益资本的基本方式。采用吸收直接投资的企业，资本不分为等额股份，无需公开发行股票。吸收直接投资的实际出资额中，注册资本部分，形成实收资本；超过注册资本的部分属于资本溢价，形成资本公积。

1. 吸收直接投资的种类

1）吸收国家投资

国家投资是指有权代表国家投资的政府部门或机构以国有资产投入公司，这种情况下形成的资本叫国有资本。根据《企业国有资本与财务管理暂行办法》的规定，在公司持续经营期间，公司以盈余公积、资本公积转增实收资本的，国有公司和国有独资公司由公司董事会或经理办公会决定，并报主管财政机关备案；股份有限公司和有限责任公司由董事会决定，并经股东大会审议通过。吸收国家投资一般具有以下特点：① 产权归属国家；② 资金的运用和处置受国家约束较大；③ 在国有公司中采用得比较广泛。

2）吸收法人投资

法人投资是指法人单位以其依法可支配的资产投入公司，这种情况下形成的资本称为法人资本。吸收法人投资一般具有以下特点：① 发生在法人单位之间；② 以参与公司利润分配或控制为目的；③ 出资方式灵活多样。

3）吸收外商直接投资

企业可以通过合资经营或合作经营的方式吸收外商直接投资，即与其他国家的投资者共同投资，创办中外合资经营企业或者中外合作经营企业，共同经营、共担风险、共负盈亏、共享利益。

4）吸收社会公众投资

社会公众投资是指社会个人或本公司职工以个人合法财产投入公司，这种情况下形成的资本称为个人资本。吸收社会公众投资一般具有以下特点：① 参加投资的人员较多；② 每人投资的数额相对较少；③ 以参与公司利润分配为基本目的。

2. 吸收直接投资的出资方式

1）以货币资产出资

以货币资产出资是吸收直接投资中最重要的出资方式。企业有了货币资产，便可以获取其他物质资源，支付各种费用，满足企业创建时的开支和随后的日常周转需要。我国《公司法》规定，公司全体股东或者发起人的货币出资金额不得低于公司注册资本的30%。

2）以实物资产出资

实物出资是指投资者将房屋、建筑物、设备等固定资产和材料、燃料、商品、产品等流动资产投入企业。实物投资应符合以下条件：① 适合企业生产、经营、研发等活动的需要；② 技术性能良好；③ 作价公平合理。

实物出资中实物的作价，可以由出资各方协商确定，也可以聘请专业资产评估机构评估确定。国有及国有控股企业接受其他企业的非货币资产出资，需要委托有资格的资产评估机构进行资产评估。

3）以土地使用权出资

土地使用权是指土地经营者对依法取得的土地在一定期限内有进行建筑、生产经营或其他活动的权利。土地使用权具有相对的独立性，在土地使用权存续期间，包括土地所有者在内的其他任何人和单位，不能任意收回土地和非法干预使用权人的经营活动。企业吸收土地使用权投资应符合以下条件：① 适合企业科研、生产、经营、研发等活动的需要；② 地理、交通条件适宜；③ 作价公平合理。

4）以工业产权出资

工业产权是指专有技术、商标权、专利权、非专利技术等无形资产。投资者以工业产权出资应符合以下条件：① 有助于企业研究、开发和生产出新的高科技产品；② 有助于企业提高生产效率，改进产品质量；③ 有助于企业降低生产消耗、能源消耗等各种消耗；④ 作价公平合理。

吸收工业产权等无形资产出资的风险较大。因为以工业产权投资，实际上是把技术转化为资本，使技术的价值固定化。而技术具有强烈的时效性，会因其不断老化落后而导致实际价值不断减少甚至完全丧失。

此外，对无形资产出资方式的限制，《公司法》规定，股东或发起人不得以劳务、信用、自然人姓名、商誉、特许经营权或者设定担保的财产等作价出资。对于非货币资产出资，需要满足三个条件：① 可以用货币估价；② 可以依法转让；③ 法律不禁止。

5）以特定债权出资

特定债权是指企业依法发行的可转换债券以及按照国家有关规定可以转作股权的债权。在实践中，企业可以将特定债权转为股权的情形主要有：① 上市公司依法发行的可转换债券；② 金融资产管理公司持有的国有及国有控股企业债权；③ 企业实行公司制改建时，经银行以外的其他债权人协商同意，可以按照有关协议和企业章程的规定，将其债权转为股权；④ 根据《利用外资改组国有企业暂行规定》，国有企业的境内债权人将持有的债权转给外国投资者，企业通过债转股改组为外商投资企业；⑤ 按照《企业公司制改建有关国有资本管理与财务处理的暂行规定》，国有企业改制时，账面原有应付工资余额中欠发职工工资部分，在符合国家政策、职工自愿的条件下，依法扣除个人所得税后可转为个人投资；未退还职工的集资款也可转为个人投资。

3. 吸收直接投资的程序

1）确定筹资数量

企业在新建或扩大经营时，首先确定资金的需要量。资金的需要量应根据企业的生产经营规模和供销条件等来核定，确保筹资数量与资金需要量相适应。

2）寻找投资方

企业既要广泛了解有关投资方的资信、财力和投资意向，又要通过信息交流和宣传，使投资方了解企业的经营能力、财务状况以及未来发展预期，以便于企业从中寻找最合适的合作伙伴。

3）协商和签署投资协议

找到合适的投资伙伴后，双方进行具体协商，确定出资数额、出资方式和出资时间。企业应尽可能吸收货币投资，如果投资方确有先进的、适合需要的固定资产和无形资产，亦可采取非货币投资方式。对实物投资、工业产权投资、土地使用权投资等非货币资产，双方应按公平合理的原则协商定价。当出资数额、资产作价确定后，双方须签署投资协议或合同，以明确双方的权利和责任。

4）取得所筹集的资金

签署投资协议后，企业应按规定或计划取得资金。如果采取现金投资方式，通常还要编制拨款计划,确定拨款期限、每期数额及划拨方式,有时投资者还要规定拨款的用途,如把拨款区分为固定资产投资拨款、流动资金拨款、专项拨款等。如为实物、工业产权、非专利技术、土地使用权投资,一个重要的问题就是核实财产。财产数量是否准确,特别是价格有无高估、低估的情况,关系到投资各方的经济利益,必须认真处理,必要时可聘请专业资产评估机构来评定,然后办理产权的转移手续取得资产。

4. 吸收直接投资的筹资特点

吸收直接投资的筹资特点主要包括:

(1) 能够尽快形成生产能力。吸收直接投资不仅可以取得一部分货币资金,而且能够直接获得所需的先进设备和技术,有利于尽快形成生产经营能力。

(2) 容易进行信息沟通。吸收直接投资的投资者比较单一,股权没有社会化、分散化,甚至于有的投资者直接担任公司管理层职务,公司与投资者易于沟通。

(3) 资本成本较高。相对于股票筹资来说,吸收直接投资的资本成本较高。当公司经营较好、盈利较多时,投资者往往要求将大部分盈余作为红利分配,因为公司向投资者支付的报酬是按其出资数额和公司实现利润的比率来计算的。

(4) 公司控制权集中,不利于公司治理。采用吸收直接投资方式筹资,投资者一般都要求获得与投资数额相适应的经营管理权。如果某个投资者的投资额比例较大,则该投资者对公司的经营管理就会有相当大的控制权,容易损害其他投资者的利益。

(5) 不利于产权交易。吸收直接投资由于没有证券为媒介,不利于产权交易,难以进行产权转让。

二、发行普通股股票

股票是股份有限公司为筹措股权资本而发行的有价证券,是公司签发的证明股东持有公司股份的凭证。股票作为一种所有权凭证,代表着股东对发行公司净资产的所有权。股票只能由股份有限公司发行。

1. 股票的特点、股东的权利与股票的种类

1) 股票的特点

(1) 永久性。公司发行股票所筹集的资金属于公司的长期自有资金,没有期限,不需归还。换言之,股东在购买股票之后,一般情况下不能要求发行公司退还股金。

(2) 流通性。股票作为一种有价证券,在资本市场上可以自由转让、买卖和流通,也可以继承、赠送或作为抵押品。股票,特别是上市公司发行的股票具有很强的变现能力,流动性很强。

(3) 风险性。由于股票的永久性,股东成了公司风险的主要承担者。风险的表现形式有股票价格的波动性、红利的不确定性、破产清算时股东处于剩余财产分配的最后顺序等。

(4) 参与性。股东作为股份公司的所有者,拥有参与公司管理的权利,包括重大决策权、经营者选择权、财务监控权、公司经营的建议和质询权等。此外,股东还有承担有限责任、遵守公司章程等义务。

2) 股东的权利

股东最基本的权利是按投入公司的股份额,依法享有公司管理权、收益分享权、股份转让权、优先认股权和剩余财产要求权，并以其所持股份为限对公司承担责任。

（1）公司管理权。股东对公司的管理权主要体现在重大决策参与权、经营者选择权、财务监控权、公司经营的建议和质询权、股东大会召集权等方面。

（2）收益分享权。股东有权通过股利方式获取公司的税后利润，利润分配方案由董事会提出并经过股东大会批准。

（3）股份转让权。股东有权将其所持有的股票出售或转让。

（4）优先认股权。原有股东拥有优先认购本公司增发股票的权利。

（5）剩余财产要求权。当公司解散、清算时，股东有对清偿债务、清偿优先股股东以后的剩余财产索取的权利。

3）股票的种类

（1）按股东权利和义务，股票可分为普通股股票和优先股股票。

普通股股票简称普通股，是公司发行的代表着股东享有平等的权利、义务，不加特别限制的，股利不固定的股票。普通股是最基本的股票，股份有限公司通常情况只发行普通股。

优先股股票简称优先股，是公司发行的相对于普通股具有一定优先权的股票。其优先权利主要表现在股利分配优先权和分取剩余财产优先权上。优先股股东在股东大会上无表决权，在参与公司经营管理上受到一定限制，仅对涉及优先股权利的问题有表决权。

（2）按票面有无记名，股票可分为记名股票和无记名股票。

记名股票是在股票票面上记载有股东姓名或将名称记入公司股东名册的股票。无记名股票不登记股东名称，公司只记载股票数量、编号及发行日期。

我国《公司法》规定，公司向发起人、国家授权投资机构、法人发行的股票，为记名股票；向社会公众发行的股票，可以为记名股票，也可以为无记名股票。

（3）按发行对象和上市地点，股票可分为 A 股、B 股、H 股、N 股和 S 股等。

A 股即人民币普通股票，由我国境内公司发行，境内上市交易，它以人民币标明面值，以人民币认购和交易。B 股即人民币特种股票，由我国境内公司发行，境内上市交易，它以人民币标明面值，以外币认购和交易。H 股是注册地在内地、上市在香港的股票。依此类推，在纽约和新加坡上市的股票，分别称为 N 股和 S 股。

2. 股份有限公司的设立、股票的发行与上市

1）股份有限公司的设立

设立股份有限公司，应当有两人以上 200 人以下为发起人，其中须有半数以上的发起人在中国境内有住所。股份有限公司的设立，可以采取发起设立或者募集设立的方式。发起设立，是指由发起人认购公司应发行的全部股份而设立公司。募集设立，是指由发起人认购公司应发行股份的一部分，其余股份向社会公开募集或者向特定对象募集而设立公司。

以发起设立方式设立股份有限公司的，公司全体发起人的首次出资额不得低于注册资本的 20%，其余部分由发起人自公司成立之日起 2 年内缴足（投资公司可以在 5 年内缴足）。

以募集设立方式设立股份有限公司的，发起人认购的股份不得少于公司股份总数的 35%；法律、行政法规另有规定的，从其规定。

股份有限公司的发起人应当承担下列责任：

（1）公司不能成立时，发起人对设立行为所产生的债务和费用负连带责任；

（2）公司不能成立时，发起人对认股人已缴纳的股款，负返还股款并加算银行同期存款利息的连带责任；

（3）在公司设立过程中，由于发起人的过失致使公司利益受到损害的，应当对公司承担赔偿责任。

2）股份有限公司首次发行股票的一般程序

（1）发起人认足股份、缴付股资。以发起设立方式设立的公司，发起人认购公司的全部股份；以募集设立方式设立的公司，发起人认购的股份不得少于公司股份总数的 35%。发起人可以用货币出资，也可以用非货币资产作价出资。在发起设立方式下，发起人缴付全部股资后，应选举董事会、监事会，由董事会办理公司设立的登记事项；在募集设立方式下，发起人认足其应认购的股份并缴付股资后，其余部分向社会公开募集。

（2）提出公开募集股份的申请。以募集方式设立的公司，发起人向社会公开募集股份时，必须向国务院证券监督管理部门递交募股申请，并报送批准设立公司的相关文件，包括公司章程、招股说明书等。

（3）公告招股说明书，签订承销协议。公开募集股份申请经国家批准后，应公告招股说明书。招股说明书应包括公司的章程、发起人认购的股份数、本次每股票面价值和发行价格、募集资金的用途等。同时，与证券公司等证券承销机构签订承销协议。

（4）招认股份，缴纳股款。发行股票的公司或其承销机构一般用广告或书面通知的办法招募股份。认股者一旦填写了认股书，就要承担认股书中约定的缴纳股款义务。如果认股者的总股数超过发起人拟招募的总股数，可以采取抽签的方式确定哪些认股者有权认股。认股者应在规定的期限内向代收股款的银行缴纳股款，同时交付认股书。股款认足后，发起人应委托法定的机构验资，出具验资证明。

（5）召开创立大会，选举董事会、监事会。发行股份的股款募足后，发起人应在规定期限内（法定 30 天）主持召开创立大会。创立大会由发起人、认股人组成，应有代表股份总数半数以上的认股人出席方可举行。创立大会通过公司章程，选举董事会和监事会成员，并有权对公司的设立费用进行审核，对发起人用于抵作股款的财产作价进行审核。

（6）办理公司设立登记，交割股票。经创立大会选举的董事会，应在创立大会结束后30 天内，办理申请公司设立的登记事项。登记成立后，即向股东正式交付股票。

3）股票上市交易

（1）股票上市的目的。

股票上市的目的是多方面的，主要包括：

① 便于筹措新资金。证券市场是资本商品的买卖市场，证券市场上有众多的资金供应者。同时，股票上市经过了政府机构的审查批准并接受严格的管理，执行股票上市和信息披露的规定，容易吸引社会资本。公司上市后，还可以通过增发、配股、发行可转换债券等方式进行再融资。

② 促进股权流通和转让。股票上市后便于投资者购买，提高了股权的流动性和股票的变现力，便于投资者认购和交易。

③ 促进股权分散化。上市公司拥有众多的股东，加之上市股票的流通性强，能够避免

公司的股权集中，分散公司的控制权，有利于公司治理结构的完善。

④ 便于确定公司价值。股票上市后，公司股价有市价可循，便于确定公司的价值。对于上市公司来说，即时的股票交易行情，就是对公司价值的市场评价。同时，市场行情也能够为公司收购兼并等资本运作提供询价基础。

但股票上市也有对公司不利的影响，主要有：上市成本较高，手续复杂严格；公司将负担较高的信息披露成本；信息公开的要求可能会暴露公司的商业机密；股价有时会歪曲公司的实际情况，影响公司声誉；可能会分散公司的控制权，造成管理上的困难。

（2）股票上市的条件。

公司公开发行的股票进入证券交易所交易，必须受严格的条件限制。我国《证券法》规定，股份有限公司申请股票上市，应当符合下列条件：① 股票经国务院证券监督管理机构核准已公开发行；② 公司股本总额不少于人民币 3 000 万元；③ 公开发行的股份达到公司股份总数的 25％以上；公司股本总额超过人民币 4 亿元的，公开发行股份的比例为 10％以上；④ 公司最近 3 年无重大违法行为，财务会计报告无虚假记载。

（3）股票上市的暂停、终止与特别处理。

当上市公司出现经营情况恶化、存在重大违法违规行为或其他原因导致不符合上市条件时，就可能被暂停或终止上市。

上市公司出现以下情形之一的，由交易所暂停其上市：① 公司股本总额、股权分布等发生变化，不再具备上市条件；② 公司不按照规定公开其财务状况，或者对财务会计报告作虚假记载；③ 公司有重大违法行为；④ 公司最近 3 年连续亏损。前 3 条，证券交易所根据中国证监会的决定暂停其股票上市，第 4 条由交易所决定。对于社会公众持股低于总股本 25％的上市公司，或股本总额超过人民币 4 亿元、社会公众持股比例低于 10％的上市公司，如连续 20 个交易日不高于以上条件，交易所将决定暂停其股票上市交易。12 个月内仍不达标的，交易所将终止其股票上市交易。

上市公司出现下列情形之一的，由交易所终止其股票上市：① 未能在法定期限内披露其暂停上市后第一个半年度报告的；② 在法定期限内披露了恢复上市后的第一个年度报告，但公司仍然出现亏损的；③ 未能在法定期限内披露恢复上市后的第一个年度报告的；④ 恢复上市申请未被受理的或者申请未被核准的。

上市公司出现财务状况或其他状况异常的，其股票交易将被交易所"特别处理（Special Treatment，ST）"。财务状况异常是指以下几种情况：① 最近 2 个会计年度的审计结果显示的净利润为负值；② 最近 1 个会计年度的审计结果显示其股东权益低于注册资本；③ 最近 1 个会计年度经审计的股东权益扣除注册会计师和有关部门不予确认的部分后，低于注册资本；④ 注册会计师对最近 1 个会计年度的财产报告出具无法表示意见或否定意见的审计报告；⑤ 最近一份经审计的财务报告对上年度利润进行调整，导致连续 2 个会计年度亏损；⑥ 经交易所或中国证监会认定为财务状况异常的。"其他状况异常"是指自然灾害、重大事故等导致生产经营活动基本中止，公司涉及的可能赔偿金额超过公司净资产的诉讼等情况。

在上市公司的股票交易被实行特别处理期间，其股票交易遵循下列规则：① 股票报价日涨跌幅限制为 5％；② 股票名称改为原股票名前加"ST"；③ 上市公司的中期报告必须经过审计。

3. 上市公司的股票发行

上市的股份有限公司在证券市场上发行股票，包括公开发行和非公开发行两种类型。公开发行股票又分为首次上市公开发行股票和上市公开发行股票；非公开发行即向特定投资者发行，也叫定向发行。

1）首次上市公开发行股票(IPO)

首次上市公开发行股票(Initial Public Offering，IPO)，是指股份有限公司对社会公开发行股票并上市流通和交易。实施 IPO 的公司，应当符合中国证监会颁布的《首次公开发行股票并上市管理办法》规定的相关条件，并经中国证监会核准。

实施 IPO 的基本程序是：

① 公司董事会应当依法就本次股票发行的具体方案、本次募集资金使用的可行性及其他事项作出决议，并提请股东大会批准。

② 公司股东大会就本次发行股票作出决议。

③ 由保荐人保荐并向证监会申报。

④ 证监会受理，并审核批准。

⑤ 自证监会核准发行之日起，公司应在 6 个月内公开发行股票；超过 6 个月未发行的，核准失效，须经证监会重新核准后方可发行。

2）上市公开发行股票

上市公开发行股票，是指股份有限公司已经上市后，通过证券交易所在证券市场上对社会公开发行股票。上市公司公开发行股票，包括增发和配股两种方式。其中，增发是指增资发行，即上市公司向社会公众发售股票的再融资方式；而配股是指上市公司向原有股东配售发行股票的再融资方式。增发和配股也应符合证监会规定的条件，并经过证监会的核准。

3）非公开发行股票

上市公司非公开发行股票，是指上市公司采用非公开方式，向特定对象发行股票的行为，也叫定向募集增发。其目的往往是为了引入该机构的特定能力，如管理、渠道等。定向增发的对象可以是老股东，也可以是新投资者。总之，定向增发完成后，公司的股权结构往往会发生较大变化，甚至发生控股权变更的情况。

在公司设立时，上市公开发行股票与非公开发行股票相比较，上市公开发行股票方式的发行范围广，发行对象多，易于足额筹集资本，同时还有利于提高公司的知名度。但公开发行方式审批手续复杂严格，发行成本高。在公司设立后再融资时，上市公司定向增发与非上市公司定向增发相比较，上市公司定向增发优势在于：

① 有利于引入战略投资者和机构投资者；

② 有利于利用上市公司的市场化估值溢价，将母公司资产通过资本市场放大，从而提升母公司的资产价值；

③ 定向增发是一种主要的并购手段，特别是资产并购型定向增发，有利于集团公司整体上市，并同时减轻并购的现金流压力。

4. 引入战略投资者

1）战略投资者的概念与要求

我国在新股发行中引入战略投资者，允许战略投资者在公司发行新股中参与配售。按中国证监会的规则解释，战略投资者是指与发行人具有合作关系或有合作意向和潜力，与发行公司业务联系紧密且欲长期持有发行公司股票的法人。从国外风险投资机构对战略投资者的定义来看，一般认为战略投资者是指能够通过帮助公司融资，提供营销与销售支持的业务或通过个人关系增加投资价值的公司或个人投资者。

一般来说，作为战略投资者的基本要求是：

（1）要与公司的经营业务联系紧密；

（2）要出于长期投资目的而较长时期地持有股票；

（3）要具有相当的资金实力，且持股数量较多。

2）引入战略投资者的作用

战略投资者具有资金、技术、管理、市场、人才等方面优势，能够增强公司核心竞争力和创新能力。上市公司引入战略投资者，能够和上市公司之间形成紧密的、伙伴式的合作关系，并由此增强公司经营实力，提高公司管理水平，改善公司治理结构。因此，对战略投资者的基本资质条件要求是：拥有比较雄厚的资金、核心的技术、先进的管理等，有较好的实业基础和较强的投融资能力。引入战略投资者的作用主要有以下四点：

（1）提升公司形象，提高资本市场认同度。战略投资者往往都是实力雄厚的境内外大公司、大集团，甚至是国际500强、国家500强公司，他们对公司股票的认购，是对公司潜在未来价值的认可和期望。

（2）优化股权结构，健全公司法人治理。战略投资者占一定股权份额并长期持股，能够分散公司控制权，吸引战略投资者参与公司管理，改善公司治理结构。战略投资者带来的不仅是资金和技术，更重要的是能带来先进的管理水平和优秀的管理团队。

（3）提高公司资源整合能力，增强公司的核心竞争力。战略投资者往往都有较好的实业基础，能够带来先进的工艺技术和广阔的产品营销市场，并致力于长期投资合作，能促进公司的产品结构、产业结构的调整升级，有助于形成产业集群，整合公司的经营资源。

（4）达到阶段性的融资目标，加快实现公司上市融资的进程。战略投资者具有较强的资金实力，并与发行人签订有关配售协议，长期持有发行人股票，能够给新上市的公司提供长期稳定的资本，帮助上市公司用较低的成本融得较多的资金，提高了公司的融资效率。

目前我国上市公司确定战略投资者还处于募集资金最大化的实用原则阶段。谁的申购价格高，谁就能够成为战略投资者，管理型、技术型的战略投资者还很少见。资本市场中的战略投资者，目前多是追逐持股价差、有较大承受能力的股票持有者，一般都是大型证券投资机构。

5. 发行普通股的筹资特点

发行普通股的筹资特点包括：

（1）两权分离，有利于公司自主经营管理。通过对外发行股票筹资，公司的所有权与经营权相分离，分散了公司控制权，有利于公司自主管理、自主经营。普通股筹资的股东众多，公司日常经营管理事务主要由公司的董事会和经理层负责。但公司的控制权分散，公司也容易被经理人控制。

（2）资本成本较高。由于股票投资的风险较大，收益具有不确定性，投资者会要求较高的风险补偿。因此，股票筹资的资本成本较高。

（3）能增强公司的社会声誉，促进股权流通和转让。普通股筹资，股东的大众化为公司带来了广泛的社会影响。特别是上市公司，其股票的流通性强，有利于市场确认公司的价值。普通股筹资以股票作为媒介，便于股权的流通和转让，便于吸收新的投资者。但是，流通性强的股票交易，也容易在资本市场上被恶意收购。

（4）不易及时形成生产能力。普通股筹资吸收的一般都是货币资金，还需要通过购置和建造形成生产经营能力。相对吸收直接投资方式来说，不易及时形成生产能力。

三、留存收益

1. 留存收益的性质

从性质上看，企业通过合法有效的经营所实现的税后净利润，都属于企业的所有者。企业将本年度的利润部分甚至全部留存下来的原因很多，主要包括：第一，收益的确认和计量是建立在权责发生制基础上的，企业有利润，但企业不一定有相应的现金净流量增加，因而企业不一定有足够的现金将利润全部或部分派给所有者。第二，法律法规从保护债权人利益和要求企业可持续发展等角度出发，限制企业将利润全部分配出去。《公司法》规定，企业每年的税后利润，必须提取10％的法定盈余公积金。第三，企业基于自身扩大再生产和筹资的需求，也会将一部分利润留存下来。

2. 留存收益的筹资途径

（1）提取盈余公积金。盈余公积金是指有指定用途的留存净利润。盈余公积金是从当期企业净利润中提取的积累资金，其提取基数是本年度的净利润。盈余公积金主要用于企业未来的经营发展，经投资者审议后也可以用于转增股本（实收资本）和弥补以前年度经营亏损，但不得用于以后年度的对外利润分配。

（2）未分配利润。未分配利润是指未限定用途的留存净利润。未分配利润有两层含义：第一，这部分净利润本年没有分配给企业的股东投资者；第二，这部分净利润未指定用途，可以用于企业未来的经营发展、转增资本（实收资本）、弥补以前年度的经营亏损及以后年度的利润分配。

3. 利用留存收益的筹资特点

（1）不用发生筹资费用。企业从外界筹集长期资本，与普通股筹资相比较，留存收益筹资不需要发生筹资费用，资本成本较低。

（2）维持企业的控制权分布。利用留存收益筹资，不用对外发行新股或吸收新投资者，由此增加的权益资本不会改变企业的股权结构，不会稀释原有股东的控制权。

（3）筹资数额有限。留存收益的最大数额是企业当期的净利润和以前年度未分配利润之和，不像外部筹资那样可以一次性筹集大量资金。如果企业发生亏损，那么当年就没有利润留存。另外，股东和投资者从自身期望出发，往往希望企业每年发放一定的利润，保持一定的利润分配比例。

四、股权筹资的优缺点

1. 股权筹资的优点

（1）股权筹资是企业稳定的资本基础。股权资本没有固定的到期日，无需偿还，是企业的永久性资本,除非企业清算时才有可能予以偿还。这对于保障企业对资本的最低需求,促进企业长期持续稳定经营具有重要意义。

(2)股权筹资是企业良好的信誉基础。股权资本作为企业最基本的资本,代表了企业的资本实力,是企业与其他单位组织开展经营业务、进行业务活动的信誉基础。同时,股权资本也是其他方式筹资的基础,尤其可为债务筹资,包括银行借款、发行公司债券等提供信用保障。

(3)企业财务风险较小。股权资本不用在企业正常运营期内偿还,不存在还本付息的财务风险。相对于债务资本而言,股权资本筹资限制少,资本使用上也无特别限制。另外,企业可以根据其经营状况和业绩的好坏,决定向投资者支付报酬的多少,资本成本负担比较灵活。

2. 股权筹资的缺点

(1)资本成本负担较重。尽管股权资本的资本成本负担比较灵活,但一般而言,股权筹资的资本成本要高于债务筹资。这主要是由于投资者投资于股权特别是投资于股票的风险较高,投资者或股东相应要求得到较高的报酬率。企业长期不派发利润和股利,将会影响企业的市场价值。从企业成本开支的角度来看,股利、红利从税后利润中支付,而使用债务资本的资本成本允许税前扣除。此外,普通股的发行、上市等方面的费用也非常高。

(2)容易分散企业的控制权。利用股权筹资,由于引进了新的投资者或出售了新的股票,必然会导致企业控制权结构的改变,分散了企业的控制权。控制权的频繁迭变,势必要影响企业管理层的人事变动和决策效率,影响企业的正常经营。

(3)信息沟通与披露成本较大。投资者或股东作为企业的所有者,有了解企业经营业务、财务状况、经营成果等的权利。企业需要通过各种渠道和方式加强与投资者的关系管理,保障投资者的权益。特别是上市企业,其股东众多而分散,只能通过企业的公开信息披露了解企业状况,这就需要企业花费更多的精力,有些还需要设置专门的部门,用于企业的信息披露和投资者关系管理。

任务 3 债 务 筹 资

债务筹资主要是指企业通过向银行借款、向社会发行公司债券、融资租赁以及赊购商品或劳务等方式筹集和取得资金。向银行借款、发行债券、融资租赁是债务筹资的基本形式。其中不足 1 年的短期借款在企业经常发生,与企业资金营运有密切关系;另外,商业信用与企业间的商品或劳务交易密切相关。本书将在学习情景五对上述两部分内容予以介绍。

一、银行借款

银行借款是指企业向银行或其他非银行金融机构借入的、需要还本付息的款项,包括偿还期限超过 1 年的长期借款和不足 1 年的短期借款,主要用于企业购建固定资产和满足流动资金周转的需要。

1. 银行借款的种类

1）按提供贷款的机构分类

按提供借款的机构，可将银行借款分为政策性银行贷款、商业银行贷款和其他金融机构贷款。

政策性银行贷款是指执行国家政策性贷款业务的银行向企业发放的贷款，通常为长期贷款。如国家开发银行贷款，主要满足企业承建国家重点建设项目的资金需求；中国进出口银行贷款，主要为大型设备的进出口提供买方信贷或卖方信贷；中国农业发展银行贷款，主要用于确保国家对粮、棉、油等政策性收购资金的供应。

商业性银行贷款是指由各商业银行，如中国工商银行、中国建设银行、中国农业银行、中国银行等，向工商企业提供的贷款，用以满足企业生产经营的资金需要，包括短期贷款和长期贷款。

其他金融机构贷款是指除银行以外的金融机构向企业提供的贷款。如从信托投资公司取得实物或货币形式的信托投资贷款，从财务公司取得的各种中长期贷款，从保险公司取得的贷款等。其他金融机构的贷款一般较商业银行贷款的期限要长，利率也较高，对借款企业的信用要求和担保的选择比较严格。

2）按机构对贷款有无担保要求分类

按机构对贷款有无担保要求，可将银行借款分为信用贷款和担保贷款。

信用贷款是指以借款人的信誉或保证人的信用为依据而获得的贷款。企业取得这种贷款，无需以财产作抵押。对于这种贷款，由于风险较高，银行通常要收取较高的利息，往往还附加一定的限制条件。

担保贷款是指由借款人或第三方依法提供担保而获得的贷款。担保包括保证责任、财务抵押、财产质押。因此，担保贷款包括保证贷款、抵押贷款和质押贷款。

保证贷款是指按《中华人民共和国担保法》(以下简称《担保法》)规定的保证方式，以第三人作为保证人承诺在借款人不能偿还贷款本息时，按约定承担一般保证责任或连带保证责任而取得的贷款。

抵押贷款是指按《担保法》规定的抵押方式，以借款人或第三人的财产作为抵押物而取得的贷款。抵押是指债务人或第三人不转移财产的占有，将该财产作为债权的担保，债务人不履行债务时，债权人有权将该财产折价或者以拍卖、变卖的价款优先受偿。作为贷款担保的抵押品，可以是不动产、机器设备、交通运输工具等实物资产，可以是依法有权处分的土地使用权，也可以是股票、债券等有价证券等，它们必须是能够变现的资产。如果贷款到期借款企业不能或不愿偿还贷款，银行可取消企业对抵押品的赎回权。抵押贷款有利于降低银行贷款的风险，提高贷款的安全性。

质押贷款是指按《担保法》规定的质押方式，以借款人或第三人的动产或财产权利作为质押物而取得的贷款。质押是指债务人或第三人将其动产或财产权利移交给债权人占有，将该动产或财务权利作为债权的担保，债务人不履行债务时，债权人有权以该动产或财产权利折价或者以拍卖、变卖的价款优先受偿。作为贷款担保的质押品，可以是汇票、支票、债券、存款单、提单等信用凭证，可以是依法可以转让的股份、股票等有价证券，也可以是依法可以转让的商标专用权、专利权、著作权中的财产权等。

3) 按企业取得贷款的用途分类

按企业取得贷款的用途,可将银行借款分为基本建设贷款、专项贷款和流动资金贷款。

基本建设贷款是指企业因从事新建、改建、扩建等基本建设项目需要资金而向银行申请借入的款项。

专项贷款是指企业因为专门用途而向银行申请借入的款项,包括更新改造技改贷款、大修理贷款、研发和新产品研制贷款、小型技术措施贷款、出口专项贷款、引进技术转让费周转金贷款、进口设备外汇贷款、进口设备人民币贷款及国内配套设备贷款等。

流动资金贷款是指企业为满足流动资金的需求而向银行申请借入的款项,包括流动资金借款、生产周转借款、临时借款、结算借款和卖方信贷。

2. 银行借款的程序与保护性条款

1) 银行借款的程序

(1) 提出申请。企业根据筹资需求向银行书面申请,按银行要求的条件和内容填报借款申请书。

(2) 银行审批。银行按照有关政策和贷款条件,对借款企业进行信用审查,依据审批权限,核准公司申请的借款金额和用款计划。银行审查的主要内容是:公司的财务状况、信用情况、营利的稳定性、发展前景、借款投资项目的可行性、抵押品和担保情况。

(3) 签订合同。借款申请获批准后,银行与企业进一步协商贷款的具体条件,签订正式的借款合同,规定贷款的数额、利率、期限和一些约束性条款。

(4) 取得借款。借款合同签订后,企业在核定的贷款指标范围内,根据用款计划和实际需要,一次或分次将贷款转入公司的存款结算户,以便使用。

2) 长期借款的保护性条款

由于银行等金融机构提供的长期贷款金额高、期限长、风险大,因此,除借款合同的基本条款之外,债权人通常还在借款合同中附加各种保护性条款,以确保企业按要求使用借款和按时足额偿还借款。保护性条款一般有以下三类:

(1) 例行性保护条款。这类条款作为例行常规,在大多数借款合同中都会出现,主要包括:① 要求借款企业定期向提供贷款的金融机构提交财务报表,以使债权人及时掌握企业的财务状况和经营成果;② 不准在正常情况下出售较多的非产成品存货,以保持企业正常生产经营能力;③ 如期缴纳税金和清偿其他到期债务,以防被罚款而造成现金流失;④ 不准以资产作其他承诺的担保或抵押,以避免过重的负担;⑤ 不准贴现应收票据或出售应收账款,以避免或有负债等。

(2) 一般性保护条款。这类条款是对企业资产的流动性及偿债能力等方面的要求条款,这类条款应用于大多数借款合同,主要包括:① 保持企业的资产流动性,要求企业需持有一定最低限度的货币资金及其他流动资产,以保持企业资产的流动性和偿债能力,一般规定了企业必须保持的最低营运资金数额和最低流动比率数值;② 限制企业非经营性支出,如限制支付现金股利、购入股票和职工加薪的数额规模,以减少企业资金的过度外流;③ 限制企业资本支出的规模,控制企业资产结构中的长期性资产的比例,以减少企业日后不得不变卖固定资产以偿还贷款的可能性;④ 限制企业再举债规模,目的是以防止其他债权人取得对企业资产的优先索偿权;⑤ 限制企业的长期投资,如规定企业不准投资于短期内不能收回资金的项目，不能未经银行等债权人同意而与其他企业合并等。

(3) 特殊性保护条款。这类条款是针对某些特殊情况而出现在部分借款合同中的条款，只有在特殊情况下才能生效，主要包括：要求企业的主要领导人购买人身保险、借款的用途不得改变、违约惩罚条款等。

上述各项条款结合使用，将有利于全面保护银行等债权人的权益。但借款合同是经双方充分协商后决定的，其最终结果取决于双方谈判能力的大小，而不是完全取决于银行等债权人的主观愿望。

3. 银行借款的筹资特点

银行借款的筹资特点包括：

(1) 筹资速度快。与发行债券、融资租赁等债务筹资方式相比，银行借款的程序相对简单，所花时间较短，企业可以迅速获得所需资金。

(2) 资本成本较低。利用银行借款筹资，比发行债券和融资租赁的利息负担要低，而且无须支付证券发行费用、租赁手续费等筹资费用。

(3) 筹资弹性较大。在借款之前，企业根据当时的资本需求与银行等贷款机构直接商定借款的时间、数量和条件。在借款期间，若企业的财务状况发生变化，也可与债权人再协商，变更借款数量、时间和条件，或提前偿还本息。因此，借款筹资对企业具有较大的灵活性，特别是短期借款更是如此。

(4) 限制条款多。与债券筹资相比较，银行借款合同对借款用途有明确规定，通过借款的保护性条款，对企业资本支出额度、再筹资、股利支付等行为有严格的约束，以后企业的生产经营活动和财务政策必将受到一定程度的影响。

(5) 筹资数额有限。银行借款的数额往往受到贷款机构资本实力的制约，不可能像发行债券、股票那样一次筹集到大笔资金，无法满足企业大规模筹资的需求。

二、发行公司债券

企业债券又称公司债券，是公司依照法定程序发行的、约定在一定期限内还本付息的有价证券。债券是持有人拥有公司债权的书面证书，它代表持券人同发债公司之间的债权债务关系。

1. 发行债券的条件与种类

1) 发行债券的条件

在我国，根据《公司法》的规定，股份有限公司、国有独资公司和两个以上的国有企业或者两个以上的国有投资主体投资设立的有限责任公司，具有发行债券的资格。

根据《证券法》规定，公开发行公司债券，应当符合下列条件：

(1) 股份有限公司的净资产不低于人民币 3 000 万元，有限责任公司的净资产不低于人民币 6 000 万元；

(2) 累计债券余额不超过公司净资产的 40%；

(3) 最近 3 年平均可分配利润足以支付公司债券 1 年的利息；

(4) 筹集的资金投向符合国家产业政策；

(5) 债券的利率不超过国务院限定的利率水平；

(6) 国务院规定的其他条件。

公开发行公司债券筹集的资金，必须用于核准的用途，不得用于弥补亏损和非生产性支出。

根据《证券法》规定，公司申请公司债券上市交易，应当符合下列条件：

(1) 公司债券的期限为 1 年以上；

(2) 公司债券实际发行额不少于人民币 5 000 万元；

(3) 公司申请债券上市时仍符合法定的公司债券发行条件。

2) 公司债券的种类

(1) 按是否记名，公司债券分为记名债券和无记名债券。

记名债券：在公司债券存根簿上载明债券持有人的姓名及住所、债券持有人取得债券的日期及债券的编号等债券持有人信息。记名债券由债券持有人以背书方式或者法律、行政法规规定的其他方式转让；转让后由公司将受让人的姓名或者名称及住所记载于公司债券存根簿。

无记名债券：在公司债券存根簿上载明债券总额、利率、偿还期限和方式、发行日期及债券的编号。无记名债券的转让，由债券持有人将该债券交付给受让人后即发生转让的效力。

(2) 按是否能够转换成公司股权，公司债券分为可转换债券与不可转换债券。

可转换债券：债券持有者可以在规定的时间内按规定的价格将债券转换为发债公司的股票。这种债券在发行时，对债券转换为股票的价格和比率等都作了详细规定。《公司法》规定，可转换债券的发行主体是股份有限公司中的上市公司。

不可转换债券：不能转换为发债公司股票的债券。大多数公司债券属于这种类型。

(3) 按有无特定财产担保，公司债券分为担保债券和信用债券。

担保债券：以抵押方式担保发行人按期还本付息的债券，主要是指抵押债券。抵押债券按其抵押品的不同，又分为不动产抵押债券、动产抵押债券和证券信托抵押债券。

信用债券：是无担保债券，是仅凭公司自身的信用发行的、没有抵押品作抵押担保的债券。在公司清算时，信用债券的持有人因无特定的资产作担保品，只能作为一般债权人参与剩余财产的分配。

2. 发行债券的程序

(1) 作出决议。公司发行债券要由董事会制订方案，股东大会作出决议。

(2) 提出申请。我国规定，公司申请发行债券由国务院证券管理部门批准。证券管理部门按照国务院确定的公司债券发行规模，审批公司债券的发行。公司申请应提交公司登记证明、公司章程、公司债券募集办法、资产评估报告和验资报告。

(3) 公告募集办法。公司发行债券的申请经批准后，应向社会公告债券募集办法。公司债券分私募发行和公募发行。私募发行是以特定的少数投资者为对象发行债券；而公募发行则是在证券市场上以非特定的广大投资者为对象公开发行债券。

(4) 委托证券经营机构发售。公募间接发行是各国通行的公司债券发行方式，在这种发行方式下，发行公司与承销团签订承销协议。承销团由数家证券公司或投资银行组成，承销方式有代销和包销两种。代销是指承销机构代为推销债券，在约定期限内未售出的余额可退还发行公司，承销机构不承担发行风险。包销是由承销团先购入发行公司拟发行的全部债券，然后再售给社会上的投资者，如果约定期限内未能全部售出，余额要由承销团负责认购。

（5）交付债券，收缴债券款，登记债券存根簿。发行债券通常不需经过填写认购证过程，而由债券购买人直接向承销机构付款购买，承销单位付给公司债券，然后发行公司向承销机构收缴债券款并结算代理费及预付款项。

3. 债券的偿还

债券偿还时间按其实际发生与规定的到期日之间的关系，分为提前偿还与到期偿还两类，其中后者又包括分批偿还和一次偿还两种。

（1）提前偿还。提前偿还又称提前赎回或收回，是指在债券尚未到期之前就予以偿还。只有在公司发行债券的契约中明确规定了有关允许提前偿还的条款，公司才可以进行此项操作。提前偿还所支付的价格通常要高于债券的面值，并随到期日的临近而逐渐下降。具有提前偿还条款的债券可使公司筹资有较大的弹性。当公司资金有结余时，可提前赎回债券；当预测利率下降时，也可提前赎回债券，而后以较低的利率来发行新债券。

（2）分批偿还。如果一个公司在发行同一种债券的当时就为不同编号或不同发行对象的债券规定了不同的到期日，这种债券就是分批偿还债券。因为各批债券的到期日不同，它们各自的发行价格和票面利率也可能不相同，从而导致发行费较高；但由于这种债券便于投资人挑选最合适的到期日，因而便于发行。

（3）一次偿还。到期一次偿还的债券是最为常见的。

4. 发行公司债券的筹资特点

（1）一次筹资数额大。利用发行公司债券筹资，能够筹集大额的资金，满足公司大规模筹资的需要。这是在银行借款、融资租赁等债权筹资方式中，公司选择发行公司债券筹资的主要原因，也能够适应大型公司经营规模的需要。

（2）提高公司的社会声誉。公司债券的发行主体有严格的资格限制。发行公司债券，往往是股份有限公司和有实力的有限责任公司所为。通过发行公司债券，一方面筹集了大量资金，另一方面也扩大了公司的社会影响。

（3）筹集资金的使用限制条件少。与银行借款相比，债券筹资筹集资金的使用具有相对的灵活性和自主性。特别是发行债券所筹集的大额资金，能够主要用于流动性较差的公司长期资产上。从资金使用的性质来看，银行借款一般期限短、额度小，主要用途为增加适量存货、增加小型设备等；反之，期限较长、额度较大，用于公司扩张、增加大型固定资产和基本建设投资的需求多采用发行债券方式。

（4）能够锁定资本成本的负担。尽管公司债券的利息比银行借款高，但公司债券的期限长、利率相对固定。在预计市场利率持续上升的金融市场环境下，发行公司债券筹资，能够锁定资本成本。

（5）发行资格要求高，手续复杂。发行公司债券，实际上是公司面向社会负债，债权人是社会公众，因此国家为了保护投资者利益，维护社会经济秩序，对发债公司的资格有严格的限制。从申报、审批、承销到取得资金，需要经过众多环节和较长时间。

（6）资本成本较高。相对于银行借款筹资，发行债券的利息负担和筹资费用都比较高。而且债券不能像银行借款一样进行债务展期，加上大额的本金和较高的利息，在固定的到期日，将会对公司现金流量产生巨大的财务压力。

三、融资租赁

租赁是指通过签订资产出让合同的方式，使用资产的一方（承租方）通过支付租金，向出让资产的一方（出租方）取得资产使用权的交易行为。在这项交易中，承租方通过得到所需资产的使用权，完成了筹集资金的行为。

1. 租赁的特征与分类

1）租赁的基本特征

（1）所有权与使用权相分离。租赁资产的所有权与使用权分离是租赁的主要特点之一。银行信用虽然也是所有权与使用权相分离，但载体是货币资金，租赁则是资金与实物相结合基础上的分离。

（2）融资与融物相结合。租赁是以商品形态与货币形态相结合提供的信用活动，出租人在向企业出租资产的同时，解决了企业的资金需求，具有信用和贸易双重性质。它不同于一般的借钱还钱、借物还物的信用形式，而是借物还钱，并以分期支付租金的方式来体现。租赁的这一特点将银行信贷和财产信贷融合在一起，成为企业融资的一种新形式。

（3）租金的分期回流。在租金的偿还方式上，租金与银行信用到期还本付息不一样，采取了分期回流的方式。出租方的资金一次投入，分期收回。对于承租方而言，通过租赁可以提前获得资产的使用价值，分期支付租金便于分期规划未来的现金流出量。

2）租赁的分类

租赁分为经营租赁和融资租赁。

经营租赁是由租赁公司向承租单位在短期内提供设备，并提供维修、保养、人员培训等的一种服务性业务，又称服务性租赁。经营租赁的特点主要包括：

（1）出租的设备一般由租赁公司根据市场需要选定，然后再寻找承租企业。

（2）租赁期较短，短于资产的有效使用期，在合理的限制条件内承租企业可以中途解约。

（3）租赁设备的维修、保养由租赁公司负责。

（4）租赁期满或合同中止以后，出租资产由租赁公司收回。

经营租赁比较适用于租用技术过时较快的生产设备。

融资租赁是由租赁公司按承租单位要求出资购买设备，在较长的合同期内提供给承租单位使用的融资信用业务，它是以融通资金为主要目的的租赁。融资租赁的主要特点是：

（1）出租的设备由承租企业提出要求购买，或者由承租企业直接从制造商或销售商那里选定。

（2）租赁期较长，接近于资产的有效使用期，在租赁期间双方无权取消合同。

（3）由承租企业负责设备的维修、保养。

（4）租赁期满，按事先约定的方法处理设备，包括退还租赁公司，或继续租赁，或企业留购（即以很少的"名义价格"（相当于设备残值）买下设备）。

两者的区别如表 4-3 所示。

表 4 - 3　融资租赁与经营租赁的区别

项　目	融资租赁	经营租赁
业务原理	融资、融物于一体	无融资租赁特征,只是一种融物方式
租赁目的	融通资金,添置设备	暂时性使用,预防无形损耗风险
租期	较长,相当于设备经济寿命的大部分	较短
租金	包括设备价款	只是设备使用费
合同法律效力	不可撤销合同	经双方同意可中途撤销合同
租赁标的	一般为专用设备,也可为通用设备	通用设备居多
维修与保养	专用设备多为承租人负责, 通用设备多为出租人负责	部分为出租人负责
承租人	一般为一个	设备经济寿命期内轮流租给多个承租人
灵活方便	不明显	明显

2. 融资租赁的基本程序与形式

1) 融资租赁的基本程序

(1) 选择租赁公司,提出委托申请。当企业决定采用融资租赁方式获取某项设备时,需要了解各个租赁公司的资信情况、融资条件和租赁费率等,分析比较选定一家作为出租单位。然后,向租赁公司申请办理融资租赁。

(2) 签订购货协议。由承租企业和租赁公司中的一方或双方,与选定的设备供应厂商进行购买设备的技术谈判和商务谈判,在此基础上与设备供应厂商签订购货协议。

(3) 签订租赁合同。承租企业与租赁公司签订租赁设备的合同,如需要进口设备,还应办理设备进口手续。租赁合同是租赁业务的重要文件,具有法律效力。融资租赁合同的内容可分为一般条款和特殊条款两部分。

(4) 交货验收。设备供应厂商将设备发运到指定地点,承租企业要办理验收手续。验收合格后签发交货及验收证书交给租赁公司,作为其支付货款的依据。

(5) 定期交付租金。承租企业按租赁合同规定,分期交纳租金,也就是说承租企业对所筹资金进行分期还款。

(6) 合同期满处理设备。承租企业根据合同约定,对设备续租、退租或留购。

2) 融资租赁的基本形式

(1) 直接租赁。直接租赁是融资租赁的主要形式,承租方提出租赁申请时,出租方按照承租方的要求选购,然后再出租给承租方。

(2) 售后回租。售后回租是指承租方由于急需资金等原因,将资产售给出租方,然后以租赁的形式从出租方原封不动地租回资产的使用权。在这种租赁合同中,除资产所有者的名义改变之外,其余情况均无变化。

(3) 杠杆租赁。杠杆租赁是指涉及承租方、出租方和资金出借方三方的融资租赁业务。一般来说,当所涉及的资产价值昂贵时,出租方自己只投入部分资金,通常为资产价值的20%～40%,其余资金则通过将该资产抵押担保的方式,向第三方(通常为银行)申请贷款解决。租赁公司将购进的设备出租承租方,用收取的租金偿还贷款,该资产的所有权属于出租方。出租方既是债权人也是债务人，如果出租方到期不能按期偿还借款，资产所有权则转移给资金的出借者。

3. 融资租赁租金的计算

1）租金的构成

融资租赁每期租金的多少，取决于以下几项因素：

（1）设备原价及预计残值，包括设备买价、运输费、安装调试费、保险费等，以及该设备租赁期满后，出售可得的市价。

（2）利息，指租赁公司为承租企业购置设备垫付资金所应支付的利息。

（3）租赁手续费和利润，指租赁公司承办租赁设备所发生的业务费用和必要的利润。

2）租金的支付方式

租金的支付方式有以下几种分类方式：

（1）按支付间隔期长短，分为年付、半年付、季付和月付等方式。

（2）按在期初和期末支付，分为先付和后付。

（3）按每次支付额是否相等，分为等额支付和不等额支付。

实务中，承租企业与租赁公司商定的租金支付方式，大多为后付等额年金。

3）租金的计算

我国融资租赁实务中，租金的计算大多采用等额年金法。采用等额年金法时，通常要根据利率和租赁手续费率确定一个租费率，作为折现率。

【**例 4-1**】甲企业于 2×13 年 1 月 1 日从租赁公司融资租入一套设备，价值 80 万元，租期 6 年，租赁期满时预计残值 6 万元，归租赁公司。年利率 8%，租赁手续费 2%。租金每年年末支付一次，则：

$$每年租金=\frac{[800\,000-60\,000\times(P/F,10\%,6)]}{(P/A,10\%,6)}\approx175\,908(元)$$

为了便于有计划地安排租金的支付，承租企业可编制租金摊销计划表。根据本例的有关资料编制租金摊销计划表如表 4-4 所示。

表 4-4 租金摊销计划表 单位：元

年　份	期初本金 ①	支付租金 ②	应计租费 ③＝①×10%	本金偿还额 ④＝②－③	本金余额 ⑤＝①－④
2×13 年	800 000	175 908	80 000	95 908	704 092
2×14 年	704 092	175 908	70 409	105 499	598 593
2×15 年	598 593	175 908	59 859	116 049	482 545
2×16 年	482 545	175 908	48 255	127 653	354 892
2×17 年	354 892	175 908	35 489	140 419	214 472
2×18 年	214 472	175 908	21 447	154 461	60 011
合　计		1 055 448	315 459	739 989	60 011*

*60 011 即为到期残值。尾数 11 系中间计算过程四舍五入的误差导致。

4. 融资租赁的筹资特点

融资租赁的筹资特点包括以下几点：

(1) 在资金缺乏情况下，能迅速获得所需资产。融资租赁集"融资"与"融物"于一身，融资租赁使企业在资金短缺的情况下引进设备成为可能。特别是针对中小企业、新创企业而言，融资租赁是一条重要的融资途径。有时，大型企业对于大型设备、工具等固定资产，也经常通过融资租赁解决巨额资金的需要。如商业航空公司的飞机，大多是通过融资租赁取得的。

(2) 财务风险小，财务优势明显。融资租赁与购买的一次性支出相比，能够避免一次性支付的负担，而且租金支出是未来的、分期的，企业无需一次筹集大量资金偿还。还款时，租金可以通过项目本身产生的收益来支付，是一种基于未来的"借鸡生蛋、卖蛋还钱"的筹资方式。

(3) 融资租赁筹资的限制条件较少。企业运用股票、债券、长期借款等筹资方式，都受到相当多的资格条件的限制，如足够的抵押品、银行贷款的信用标准、发行债券的政府管制等。相比之下，融资租赁筹资的限制条件很少。

(4) 租赁能延长资金融通的期限。通常为设备而贷款的借款期限比该资产的物理寿命要短得多，而租赁的融资期限却可接近其全部使用寿命期限，并且其金额随设备价款金额而定，无融资额度的限制。

(5) 免遭设备陈旧过时的风险。随着科学技术的不断进步，设备陈旧过时的风险很高，而多数租赁协议规定此种风险由出租人承担，承租企业不用承担这种风险。

(6) 资本成本高。其租金通常比举借银行借款或发行债券所负担的利息高得多，租金总额通常要高于设备价值的 30%。尽管与借款方式比，融资租赁能够避免到期一次性集中偿还的财务压力，但高额的固定租金也给各期的经营带来了分期的负担。

四、债务筹资的优缺点

1. 债务筹资的优点

债务筹资的优点包括：

(1) 筹资速度较快。与股权筹资比，债务筹资不需要经过复杂的审批手续和证券发行程序，如银行借款、融资租赁等，可以迅速地获得资金。

(2) 筹资弹性大。发行股票等股权筹资，一方面需要经过严格的政府审批；另一方面从企业的角度出发，由于股权不能退还，股权资本在未来永久性地给企业带来了资本成本的负担。利用债务筹资，可以根据企业的经营情况和财务状况，灵活商定债务条件，控制筹资数量，安排取得资金的时间。

(3) 资本成本负担较轻。一般来说，债务筹资的资本成本要低于股权筹资。其一是取得资金的手续费用等筹资费用较低；其二是利息、租金等用资费用比股权资本要低；其三是利息等资本成本可以在税前支付。

(4) 可以利用财务杠杆。债务筹资不改变企业的控制权，因而股东不会出于控制权稀释原因反对负债。债权人从企业那里只能获得固定的利息或租金，不能参加企业剩余收益的分配。当企业的资本报酬率高于债务利率时，会增加普通股股东的每股收益，提高净资产报酬率，提升企业价值。

（5）稳定企业的控制权。债权人无权参加企业的经营管理，利用债务筹资不会改变和分散股东对企业的控制权。

2. 债务筹资的缺点

债务筹资的缺点包括：

（1）不能形成企业稳定的资本基础。债务资本有固定的到期日，到期需要偿还，只能作为企业的补充性资本来源。再增加的债务往往需要进行信用评级，没有信用基础的企业和新创企业，往往难以取得足够的债务资本。现有债务资本在企业的资本结构中达到一定比例后，往往由于财务风险升高而不容易再取得新的债务资金。

（2）财务风险较大。债务资本有固定的到期日，有固定的利息负担，抵押、质押等担保方式取得的债务，资本使用上可能会有特别的限制。这些都要求企业必须有一定的偿债能力，要保持资产流动性及其资产报酬水平，作为债务清偿的保障，对企业的财务状况提出了更高的要求，否则会给企业带来财务危机，甚至导致企业破产。

（3）筹资数额有限。债务筹资的数额往往受到贷款机构资本实力的制约，不可能像发行债券股票那样一次筹集到大笔资本，无法满足企业大规模筹资的需要。

任务 4　衍生工具筹资

衍生工具筹资主要包括兼具股权与债务特性的混合融资和其他衍生工具融资。我国上市公司目前最常见的衍生工具筹资主要有可转换债券和认股权证。

一、可转换债券

可转换债券是一种混合型证券，是公司普通债券与证券期权的组合体。可转换债券的持有人在一定期限内，可以按照事先规定的价格或者转换比例，自由地选择是否将其转换为公司普通股。按照转股权是否与可转换债券分离，可将可转换债券分为两类：一类是一般可转换债券，其转股权与债券不可分离，持有者直接按照债券面额和约定的转股价格，在约定的期限内将债券转换为股票；一类是可分离交易的可转换债券，这类债券在发行时附有认股权证，是认股权证和公司债券的组合，又被称为"可分离的附认股权证的公司债"，发行上市后公司债券和认股权证各自独立流通、交易。认股权证的持有者认购股票时，需要按照认购价（行权价）出资购买股票。

1. 可转换债券的基本性质

可转换债券具有以下基本性质：

（1）证券期权性。可转换债券给予了债券持有者未来的选择权，在事先约定的期限内，投资者可以选择将债券转换为普通股票，也可以放弃转换权利，持有至债券到期还本付息。由于可转换债券持有人具有在未来按一定的价格购买股票的权利，因此可转换债券实质上是一种未来的买入期权。

（2）资本转换性。可转换债券在正常持有期，属于债权性质；转换成股票后，属于股权性质。在债券的转换期间中，若持有人没有将其转换为股票，发行公司到期必须无条件地支付本金和利息，若持有人将债券转换成了股票，债券持有人将成为企业的股权投资者。资本双重性的转换，取决于投资者是否行权。

（3）赎回与回售。可转换债券一般都会有赎回条款，发债公司在可转换债券转换前，可以按一定条件赎回债券。通常，公司股票价格在一段时期内连续高于转股价格达到某一幅度时，公司会按事先约定的价格买回未转股的可转换公司债券。同样，可转换债券一般也会有回售条款，公司股票价格在一段时期内连续低于转股价格达到某一幅度时，债券持有人可按事先约定的价格将所持债券回卖给发行公司。

2. 可转换债券的基本要素

可转换债券的基本要素是指构成可转换债券基本特征的必要因素，这也是可转换债券与一般债券的区别。

1）标的股票

可转换债券转换期权的标的物，就是可转换成的公司股票，即标的股票。标的股票一般是发行公司自己的普通股票，也可以是其他公司的股票，如该公司的上市子公司的股票。

2）票面利率

可转换债券的票面利率一般会低于普通债券的票面利率，有时甚至还低于同期银行存款利率。因为可转换债券的投资收益中，除了债券的利息收益外，还附加了股票买入期权的收益部分。一个设计合理的可转换债券在大多数情况下，其股票买入期权的收益可以弥补债券利息收益的差额。

3）转换价格

转换价格是指可转换债券在转换期间内据以转换为普通股的折算价格，即将可转换债券转换为普通股的每股普通股的价格。如每股 30 元，即是指可转换债券到期时，将债券金额按每股 30 元转换为相应股数的股票。由于可转换债券在未来可以行权转换成股票，因此在债券发售时，所确定的转换价格一般比发售日股票市场价格高出一定比例，如高出 10%～30%。我国《可转换公司债券管理暂行办法》规定，上市公司发行可转换公司债券，以发行前 1 个月股票的平均价格为基准，上浮一定幅度作为转股价格。

4）转换比率

转换比率是指每一份可转换债券在既定的转换价格下能转换为普通股股票的数量。在债券面值和转换价格确定的前提下，转换比率为债券面值与转换价格之商：

$$转换比率 = \frac{债券面值}{转换价格}$$

5）转换期

转换期是指可转换债券持有人能够行使转换权的有效期限。可转换债券的转换期可以与债券的期限相同，也可以短于债券的期限。转换期间的设定通常有四种情形：债券发行日至到期日、发行日至到期前、发行后某日至到期日、发行后某日至到期前。至于选择哪种，要看公司的资本使用状况、项目情况、投资者要求等。由于转换价格高于公司发债时的股价，投资者一般不会在发行后立即行使转换权。

6）赎回条款

赎回条款是指发债公司按事先约定的价格买回未转股债券的条件规定。赎回一般发生在公司股票价格在一段时期内连续高于转股价格达到某一幅度时。赎回条款通常包括：不可赎回期间与赎回期、赎回价格（一般高于可转换债券的面值）、赎回条件（分为无条件赎回和有条件赎回）等。

发债公司在赎回债券之前，要向债券持有人发出赎回通知，要求他们在将债券转股与卖回给发债公司之间作出选择。一般情况下，投资者大多会将债券转换为普通股。可见，设置赎回条款最主要的功能是强制债券持有者积极行使转股权，因此又被称为加速条款；同时也能使发债公司避免在市场利率下降后，继续向债券持有人支付较高的债券利率所蒙受的损失。

7）回售条款

回售条款是指债券持有人有权按照事前约定的价格将债券卖回给发债公司的条件规定。回售一般发生在公司股票价格在一段时期内连续低于转股价格达到某一幅度时。回售对于投资者而言实际上是一种卖权，有利于降低投资者的持券风险。与赎回一样，回售条款也有回售时间、回售价格和回售条件等规定。

8）强制性转换调整条款

强制性转换调整条款是指在某些条件具备之后，债券持有人必须将可转换债券转换为股票，无权要求偿还债权本金的规定。可转换债券发行之后，其股票价格可能出现巨大波动。如果股价长期表现不佳，又未设计回售条款，投资者就不会转股。公司可设置强制性转换调整条款，保证可转换债券顺利地转换成股票，预防投资者到期集中挤兑引发公司破产。

3. 可转换债券的发行条件

（1）上市公司发行可转换债券，除了应当符合增发股票的一般条件之外，还应当符合以下条件：

① 最近3个会计年度加权平均净资产收益率平均不低于6％。扣除非经常性损益后的净利润与扣除前的净利润相比，以低者作为加权平均净资产收益率的计算依据；

② 本次发行后累计公司债券余额不超过最近一期期末净资产额的40％；

③ 最近3个会计年度实现的年均可分配利润不少于公司债券1年的利息。

（2）上市公司发行分离交易的可转换公司债券，除符合增发股票的一般条件之外，还应当符合的规定包括：

①公司最近一期期末经审计的净资产不低于人民币15亿元；

② 最近3个会计年度实现的年均可分配利润不少于公司债券1年的利息；

③ 最近3个会计年度经营活动产生的现金流量净额平均不少于公司债券1年的利息；

④ 本次发行后累计公司债券余额不超过最近一期末净资产额的40％，预计所附认股权全部行权后募集的资金总量不超过拟发行公司债券金额等；

⑤ 分离交易的可转换公司债券募集说明书应当约定，上市公司改变公告的募集资金用途的，赋予债券持有人一次回售的权利；

⑥ 所附认股权证的行权价格应不低于公告募集说明书日前20个交易日公司股票均价和前1个交易日的均价；

⑦ 认股权证的存续期间不超过公司债券的期限，自发行结束之日起不少于 6 个月；

⑧ 募集说明书公告的权证存续期限不得调整；

⑨ 认股权证自发行结束至少已满 6 个月起方可行权，行权期间为存续期限届满前的一段期间，或者是存续期限内的特定交易日。

4. 可转换债券的筹资特点

可转换债券的筹资特点包括：

（1）筹资灵活性。可转换债券将传统的债务筹资功能和股票筹资功能结合起来，筹资性质和时间上具有灵活性。债券发行公司先以债务方式取得资金，到了债券转换期，如果股票市价较高，债券持有人将会按约定的价格将债券转换为股票，避免了公司还本付息的负担。如果公司股票长期低迷，投资者不愿意将债券转换为股票，公司即时还本付息清偿债务，也能避免未来长期的股权资本成本负担。

（2）资本成本较低。可转换债券的利率低于同一条件下普通债券的利率，降低了公司的筹资成本；此外，在可转换债券转换为普通股时，公司无需另外支付筹资费用，又节约了股票的筹资成本。

（3）筹资效率高。可转换债券在发行时，规定的转换价格往往高于当时本公司的股票价格。如果这些债券将来都转换成了股权，则相当于在债券发行之际，就以高于当时股票市价的价格新发行了股票，以较少的股份代价筹集了更多的股权资金。因此，在公司发行新股时机不佳时，可以先发行可转换债券，以其将来变相发行普通股。

（4）存在不转换的财务压力。如果在转换期内公司股价处于恶化性的低位，持券者到期不会转股，会造成公司的集中兑付债券本金的财务压力。

（5）存在回售的财务压力。若可转换债券发行后，公司股价长期低迷，在设计有回售条款的情况下，投资者集中在一段时间内将债券回售给发行公司，会加大公司的财务支付压力。

（6）股价大幅度上扬风险。如果债券转换时公司股票价格大幅度上扬，公司只能以较低的固定转换价格换出股票，便会降低公司的股权筹资额。

【例 4-2】某特种钢股份有限公司为 A 股上市公司，2×17 年为调整产品结构，公司拟分两阶段投资建设某特种钢生产线，以填补国内空白。该项目第一期计划投资额为 20 亿元，第二期计划投资额为 18 亿元，公司制定了发行分离交易可转换公司债券的融资计划。

经有关部门批准，公司于 2×17 年 2 月 1 日按面值发行了 2 000 万张、每张面值 100 元的分离交易可转换公司债券，合计 20 亿元，债券期限为 5 年，票面年利率为 1%（如果单独按面值发行一般公司债券，票面年利率需要设定为 6%），按年计息。同时，每张债券的认购人获得公司派发的 15 份认股权证，权证总量为 30 000 万份，该认股权证为欧式认股权证；行权比例为 2∶1（即 2 份认股权证可认购 1 股 A 股股票），行权价格为 12 元/股。认股权证存续期为 24 个月（即 2×17 年 2 月 1 日至 2×19 年 2 月 1 日），行权期为认股权证存续期最后五个交易日（行权期间权证停止交易）。假定债券和认股权证发行当日即上市。

公司 2×17 年年末 A 股总数为 20 亿股（当年未增资扩股），当年实现净利润 9 亿元。假定公司 2×18 年上半年实现基本每股收益 0.30 元，上半年公司股价一直维持在每股 10 元左右。预计认股权证行权期截止前夕，每股认股权证价格将为 1.5 元（公司市盈率维持在 20 倍的水平）。

根据上述资料，计算分析如下：

第一，发行分离交易的可转换公司债券后，2×17 年可节约的利息支出为

$$20 \times (6\% - 1\%) \times \frac{11}{12} = 0.92(亿元)$$

第二，2×17 年公司基本每股收益为

$$\frac{9}{20} = 0.45(元/股)$$

第三，为实现第二次融资，必须促使权证持有人行权，为此股价应当达到的水平为

$$12 + 1.5 \times 2 = 15(元)$$

2×19 年基本每股收益应达到的水平：$\frac{15}{20} = 0.75(元)$。

第四，公司发行分离交易可转换公司债券的主要目标是分两阶段融通项目第一期、第二期所需资金，特别是努力促使认股权证持有人行权，以实现发行分离交易可转换公司债券的第二次融资；主要风险是第二次融资时，股价低于行权价格，投资者放弃行权，导致第二次融资失败。

第五，公司为了实现第二次融资目标，应当采取的具体财务策略主要有：

(1) 最大限度地发挥生产项目的效益，改善经营业绩。

(2) 改善与投资者的关系及社会公众形象，提升公司股价的市场表现。

二、认股权证

认股权证全称为股票认购授权证，是一种由上市公司发行的证明文件，持有人有权在一定时间内以约定价格认购该公司发行的一定数量的股票。广义的权证（Warrant），是一种持有人有权于某一特定期间或到期日，按约定的价格，认购或沽出一定数量标的资产的期权。按买或卖的不同权利，权证可分为认购权证和认沽权证，又称为看涨权证和看跌权证。

1. 认股权证的基本性质

认股权证具有以下基本性质：

(1) 证券期权性。认股权证本质上是一种股票期权，属于衍生金融工具，具有实现融资和股票期权激励的双重功能。但认股权证本身是一种认购普通股的期权，它没有普通股的红利收入，也没有普通股相应的投票权。

(2) 认股权证是一种投资工具。投资者可以通过购买认股权证获得市场价与认购价之间的股票差价收益，因此它是一种具有内在价值的投资工具。

2. 认股权证的种类

认股权证分类如下：

(1) 美式认股证与欧式认股证。美式认股证，指权证持有人在到期日前，可以随时提出履约要求，买进约定数量的标的股票。而欧式认股证，则是指权证持有人只能于到期日当天，才可买进标的股票。无论股证属欧式还是美式，投资者均可在到期日前在市场出售转让其持有的认股权证。事实上，只有小部分权证持有人会选择行权，大部分投资者均会在到期前沽出权证。

(2) 长期认股权证与短期认股权证。短期认股权证的认股期限一般在 90 天以内。认股

权证期限超过 90 天的，为长期认股权证。

3. 认股权证的筹资特点

认股权证的筹资特点包括：

（1）认股权证是一种融资促进工具，它能促使公司在规定的期限内完成股票发行计划，顺利实现融资。

（2）有助于改善上市公司的治理结构。采用认股权证进行融资，融资是缓期分批实现的，上市公司及其大股东的利益与投资者是否在到期之前执行认股权证密切相关，因此，在认股权证有效期间，上市公司管理层及其大股东任何有损公司价值的行为，都可能降低上市公司的股价，从而降低投资者执行认股权证的可能性，这将损害上市公司管理层及其大股东的利益。因此，认股权证将有效约束上市公司的行为，并激励他们更加努力地提升上市公司的市场价值。

（3）作为激励机制的认股权证有利于推进上市公司的股权激励机制。认股权证是常用的员工激励工具，通过给予管理者和重要员工一定的认股权证，可以把管理者和员工的利益与公司价值成长紧密联系在一起，建立一个管理者与员工通过提升公司价值再实现自身财富增值的利益驱动机制。

知 识 小 结

企业筹资的动机归纳起来表现为四类筹资动机：创立性筹资动机、支付性筹资动机、扩张性筹资动机和调整性筹资动机。企业最基本的筹资方式有两种：股权筹资和债务筹资。股权筹资形成企业的股权资金，通过吸收直接投资、公开发行股票、留存收益等方式取得；债务筹资形成企业的债务资金，通过向银行借款、发行公司债券、利用商业信用等方式取得。发行可转换债券、认股权证等筹集资金的方式，属于兼有股权筹资和债务筹资性质的混合筹资方式。

实 践 演 练

一、单项选择题

1. 企业为了优化资本结构而筹集资金，这种筹资的动机是（　　）。

A. 扩张性筹资动机　B. 创立性筹资动机　C. 调整性筹资动机　D. 支付性筹资动机

2. 当一些债务即将到期时，企业虽然有足够的偿债能力，但为了保持现有的资本结构，仍然举新债还旧债。这种筹资动机是（　　）。

A. 扩张性筹资动机　B. 调整性筹资动机　C. 支付性筹资动机　D. 创立性筹资动机

3. 筹资按照资金的取得方式不同可以分为（　　）。

A. 权益筹资和负债筹资　　　　　　B. 直接筹资和间接筹资

C. 内源筹资和外源筹资　　　　　　D. 表内筹资和表外筹资

4. 企业采用（　　）的方式筹集资金，能够降低财务风险，但是往往资金成本较高。

A. 发行债券　　　B. 发行股票　　　C. 从银行借款　　　D. 利用商业信用

5.(　　)可以为企业筹集额外资金，并可以促进其他筹资方式的运用。

A. 优先股　　　　　B. 债券　　　　　C. 认股权证　　　　　D. 可转换债券

6. 下列筹资方式中，既可以筹集长期资金，也可以融通短期资金的是(　　)。

A. 向金融机构借款　B. 吸收直接投资　　C. 利用商业信用　　D. 发行股票

7. 新设立的股份有限公司申请公开发行股票时，发起人认购的股本数额应不少于公司拟发行股本总额的(　　)。

A. 15%　　　　　B. 25%　　　　　C. 35%　　　　　D. 45%

8. 补偿性余额的约束使借款企业所受的影响包括(　　)。

A. 增加了可用资金　B. 提高了筹资成本　C. 减少了应付利息　D. 增加了应付利息

9. 优先股股东的权利不包括(　　)。

A. 优先分配剩余财产权　　　　　　　B. 优先分配股利权

C. 优先认股权　　　　　　　　　　　D. 部分管理权

10. 企业可以将某些资产作为质押品向商业银行申请质押贷款。下列各项中，不能作为质押品的是(　　)。

A. 专利权　　　　　B. 股票　　　　　C. 汇票　　　　　D. 厂房

11. 以下关于银行贷款的表述正确的是(　　)。

A. 信用贷款的利息低，无需抵押，是理想的筹资方式

B. 商业银行贷款相对于其他金融机构贷款审查更为严格

C. 商业银行贷款是为了满足企业短期资金需求

D. 政策性银行贷款为长期贷款

12. 相对于股票筹资而言，不属于银行借款筹资的优点的是(　　)。

A. 筹资速度快　　　B. 筹资成本低　　　C. 借款弹性好　　　D. 财务风险小

13. 以下关于银行借款筹资方式的特点表述正确的是(　　)。

A. 银行借款金额是根据合同确定的，不具备弹性

B. 银行借款具备金额上的保证，筹资数额可以满足公司大规模筹资需要

C. 银行借款无需发行费用，筹资成本较低

D. 银行借款程序复杂，筹资时间长

14. 以下关于公司债券的表述正确的是(　　)。

A. 股份有限公司可发行可转换债券

B. 公开发行公司债券，股份有限公司净资产不低于6 000万元

C. 担保债券一般设有质押担保

D. 提前偿还的债券的赎回价格一般高于面值

15. 下列各项中不属于融资租赁租金构成内容的是(　　)。

A. 设备原价　　　　　　　　　　　　B. 租赁手续费

C. 租赁设备的维护费用　　　　　　　D. 垫付设备价款的利息

16. 下列各项筹资方式中，筹资限制条件相对最小的是(　　)。

A. 融资租赁　　　　B. 发行股票　　　C. 发行债券　　　D. 发行短期融资券

17. 下列各项中，不能作为资产出资的是(　　)。

A. 存货　　　　　　B. 固定资产　　　C. 可转换债券　　　D. 特许经营权

18. 下列企业吸收直接投资的筹资方式中,潜在风险最大的是(　　)。

A. 吸收货币资产　　B. 吸收实物资产　　C. 吸收专有技术　　D. 吸收土地使用权

19. 与发行股票筹资相比,吸收直接投资的优点是(　　)。

A. 易于进行产权交易　　　　　　　　B. 资本成本较低

C. 有利于提高公司声誉　　　　　　　D. 筹资费用较低

20. 下列各项中,与留存收益相比,属于吸收直接投资特点的是(　　)。

A. 资本成本较低　　　　　　　　　　B. 筹资速度较快

C. 筹资规模有限　　　　　　　　　　D. 形成生产能力较快

21. 下列权利中,不属于普通股股东权利的是(　　)。

A. 公司管理权　　　　　　　　　　　B. 收益分享权

C. 优先认股权　　　　　　　　　　　D. 优先分配剩余财产权

22. 下列各种筹资方式中,最有利于降低公司财务风险的是(　　)。

A. 发行普通股　　　　　　　　　　　B. 发行可转换债券

C. 发行公司债券　　　　　　　　　　D. 发行优先股

二、多项选择题

1. 下列各项中,属于企业筹资管理应当遵循的原则有(　　)。

A. 依法筹集原则　　B. 负债最低原则　　C. 规模适度原则　　D. 结构合理原则

2. 企业筹资的动机包括(　　)。

A. 设立筹资　　　　B. 扩张筹资　　　　C. 支付筹资　　　　D. 调整筹资

3. 按股票发行时间的先后,可将股票分为(　　)。

A. 普通股　　　　　B. 优先股　　　　　C. 始发股　　　　　D. 新发股

4. 股票按股东权利和义务,分为(　　)。

A. 普通股　　　　　B. 始发股　　　　　C. 优先股　　　　　D. 新发股

5. 下列各项中(　　)属于企业发行优先股的动机。

A. 防止股权分化　　　　　　　　　　B. 维持举债能力

C. 改善资本结构　　　　　　　　　　D. 促进其他筹资方式的运用

6. 下列各项中(　　)属于股票的特点。

A. 法定性　　　　　B. 风险性　　　　　C. 价格波动性　　　D. 参与性

7. 公司债券与股票的区别表现在(　　)。

A. 债券是固定收益证券,股票为变动收益证券

B. 债券到期必须还本,股票一般不退还股本

C. 债券在剩余财产分配中优于股票

D. 债券的投资风险较大,股票的投资风险较小

8. 商业信用的形式主要包括(　　)。

A. 预收账款　　　　B. 商业承兑汇票　　C. 赊购商品　　　　D. 融资租赁

9. 普通股股东具有的权利包括(　　)。

A. 查账权　　　　　B. 分享盈余权　　　C. 剩余财产要求权　D. 优先认股权

10. 企业短期资金的主要来源包括(　　)。

A. 商业信用　　　　B. 留存收益　　　　C. 发行股票　　　　D. 短期借款

11. 一般情况下，下列各项中属于企业不变资金的是（　　　　）。

A. 原材料保险储备　B. 必要的成品储备　C. 应收账款　　　　D. 现金

12. 以下关于可以保护银行长期借款利益的是（　　　　）。

A. 不准以资产作其他承诺的担保或抵押

B. 不准贴现应收票据或出售应收账款，以避免或有负债等

C. 要求公司的 CEO 购买人身保险

D. 限制公司业务范围

13. 与发新股票筹资相比，融资租赁的特点是（　　　　）。

A. 筹资限制条件较少　　　　　　　　B. 形成生产能力较快

C. 资本成本负担较低　　　　　　　　D. 财务风险较小

14. 与银行借款相比，下列各项中，属于发行债券筹资特点的有（　　　　）。

A. 资本成本较高　　　　　　　　　　B. 一次性筹资数额较大

C. 可扩大公司的社会影响　　　　　　D. 募集资金使用限制较多

15. 企业可以将特定债权转为股权的情形有（　　　　）。

A. 公司重组时的银行借款

B. 改制时未退职工的集资款

C. 上市公司依法发行的可转换债券

D. 国有资产管理公司持有的国有资产的债权

16. 下列各项中，属于盈余公积金用途的有（　　　　）。

A. 弥补亏损　　　　B. 转增资本　　　　C. 扩大经营　　　　D. 分配利润

17. 下列关于留存收益的表述，正确的是（　　　　）。

A. 留存收益筹资可以维持公司的控制权

B. 留存收益筹资不会发生筹资费用，因此没有资本成本

C. 留存收益来源于提取的盈余公积和留存于企业的利润

D. 留存收益筹资有企业的主动选择，也有法律的强制要求

18. 可转换债券的条款中，有利于保护债券发行者利益的有（　　　　）。

A. 强制性转换条款　B. 回售条款　　　　C. 赎回条款　　　　D. 转换比率条款

19. 下列各项中属于优先股的优先权的是（　　　　）。

A. 优先分配剩余财产权　　　　　　　B. 优先转让权

C. 优先经营决策权　　　　　　　　　D. 优先分配股利权

20. 在上市公司的股票交易被实行特别处理期间，其股票交易遵循下列规则（　　　　）。

A. 股票报价日涨跌幅限制为 5%　　　　B. 股份转让权

C. 股票名称改为原股票名前加"ST"　　D. 上市公司的中期报告必须经过审计

三、判断题

1. 调整性筹资动机是指企业因调整公司业务所产生的筹资动机。　　　　　　（　　　）

2. 直接筹资是企业直接从社会取得资金的一种筹资方式，一般只能用来筹集股权资金。　　　　　　　　　　　　　　　　　　　　　　　　　　　　　　（　　　）

3. 按照所筹资金使用期限的长短，可以将筹资分为权益筹资和负债筹资。　　（　　　）

4. 普通股具有双重性质，它既属于自有资金又兼有债券性质。　　　　　　　（　　　）

5. 企业发行信用债券有许多限制条件，其中最重要的一条即禁止企业将其财产抵押给其他债权人。　　　　　　　　　　　　　　　　　　　　（　　）

6. 无记名债券的交易，由债券持有人在债券存根上登记后即发生效力。　（　　）

7. 公司计划采购小型设备需要资金，一般采取发行公司债券的形式。　（　　）

8. 为公司债务必须付利息，而普通股不一定支付股利，所以普通股资本成本小于债务资本成本。　　　　　　　　　　　　　　　　　　　　　　　　（　　）

9. 可转换债券的持有人具有在未来按一定的价格购买普通股股票的权利，因为可转换债券具有买入期权的性质。　　　　　　　　　　　　　　　　　　　（　　）

10. 可转换债券的持有人在转换之前既不拥有债权也不拥有股权，在转换之后拥有企业的股权。　　　　　　　　　　　　　　　　　　　　　　　　　　（　　）

11. 企业在发行可转换债券时，可以通过赎回条款避免市场利率大幅下降后仍需支付较高利息的损失。　　　　　　　　　　　　　　　　　　　　　　　　（　　）

12. 对附有回售条款的可转换公司债券持有人而言，当标的公司的股票价格在一段时间内连续低于转股价格达到一定幅度时，把债券卖回给债券发行人将有利于保护自身的利益。　　　　　　　　　　　　　　　　　　　　　　　　　　　　（　　）

13. 融资租赁租金的构成项目中包括设备的维修费用。　　　　　　　（　　）

14. 债券的付息主要表现在利息率的确定、付息频率和付息方式三个方面。（　　）

15. 大华公司为股份有限公司，该公司 2×13 年净资产额为 6 000 万元，2×12 年该公司已发行 1 200 万元债券，则该公司 2×13 年最多可再发行 1 200 万元债券。（　　）

16. 吸收直接投资不能够尽快形成生产能力。　　　　　　　　　　（　　）

17. 认股权证本质上是一种股票期权，属于衍生金融工具，具有实现融资和股票期权激励的双重功能。　　　　　　　　　　　　　　　　　　　　　　　（　　）

四、案例分析

东华公司为扩大经营规模融资租入一台机器，该机器的市价为 288 万元，设备运抵公司过程中支付运费以及保险费共计 12 万元，租期为 10 年，租赁公司的融资成本为 30 万元，租赁手续费为 20 万元。租赁公司要求的报酬率为 12%。求：

1. 租金总额。

2. 如果租金每年年初等额支付，则每期租金为多少？

3. 如果租金每年年末等额支付，则每期租金为多少？

学习情景五　筹资管理(下)

案例导入

M汽车制造公司是具有法人资格的大型企业集团。公司现有58个汽车生产厂家，还有物资、销售、进出口、汽车配件等4个专业公司，一个轻型汽车研究所和一所汽车工学院。公司现在急需1亿元的资金用于轿车技术改造项目。为此，总经理赵广斌于2×18年5月10日召开由生产副总经理张望、财务副总经理王朝、销售副总经理林立、某信托投资公司金融专家周民、某经济研究中心经济学家武教授、某大学财务学者郑教授组成的专家研讨会，讨论公司的筹资问题。下面摘要他们的发言和有关资料如下：

总经理赵广斌首先发言："公司轿车技术改造项目经专家、学者的反复论证已被国家于2×17年正式批准立项。这个项目的投资额预计为4亿元，生产能力为4万辆。项目改造完成后，公司的两个系列产品的各项性能可达到国际同类产品的先进水平。现在项目正在积极实施中，但目前资金不足，准备在2×18年7月前筹措1亿元资金，请大家发表自己的意见，谈谈如何筹措这笔资金。"

生产副总经理张望说："目前筹集的1亿元资金，主要是用于投资少、效益高的技术改进项目。这些项目在两年内均能完成建设并正式投产，到时将大大提高公司的生产能力和产品质量，估计这笔投资在改造投产后三年内可完全收回。所以，应发行五年期的债券筹集资金。"

财务副总经理王朝提出了不同意见，他说："目前公司全部资金总额为10亿元，其中自有资金4亿元，借入资金6亿元，自有资金比率为40%，负债比率为60%，这种负债比率在我国处于中等水平，但与世界发达国家如美国、英国等相比，负债比率就比较高了，如果再利用债券筹集1亿元资金，负债比率将达到64%，显然负债比率过高，财务风险太大。所以，不能利用债券筹资，只能靠发行普通股或优先股筹集资金。"

金融专家周民认为：在目前条件下要发行1亿元普通股是很困难的。发行优先股还可以考虑，但根据目前的利率水平和生产情况，发行时年股息不能低于16.5%，否则也无法发行。如果发行债券，因要定期付息还本，投资者的风险较小，估计以12%的利率便可顺利发行债券。

来自某经济研究中心的武教授认为："目前人们环境保护意识加强，城市交通拥堵严重，公共交通力度加大，汽车行业可能会受到冲击，销售量会受到影响。在进行筹资和投资时应考虑这一因素，不然盲目上马，后果将会不够理想。"

公司的销售副总经理林立认为："将来一段时期内销售量不成问题。这是因为公司生产的中档轿车和微型车，这几年来销售量情况一直很好，畅销全国29个省、自治区、直辖市，居全国领先地位。在近几年全国汽车行业质量评比中，连续获奖，国家对国产轿车行业有一定的保护措施。所以，销售量应该不会有太大影响。"

某大学的财务学者郑教授指出："以16.5%的股息率发行优先股不可行，因为把筹资费用加上以后，预计利用优先股筹集资金的资金成本将达到19%，这已高于公司税后资金利润率 1％，所以不可行。"郑教授认为，应先向银行筹措 1 亿元的技术改造贷款，期限为一年，一年后，再以较低的股息率发行优先股来替换技术改造贷款。

财务副总经理王朝说："公司属于股份制企业，目前所得税税率为 25％，税后资金利润率为 16％，若这项技术改造项目上马，先进设备投产后预计税后资金利润率将达到 18％。"所以，他认为这一技术改造项目应付诸实施。

(资料来源：https://wenku.baidu.com/view/274f840208a1284ac9504358.html《筹资案例》改编。)

学习任务：

1. 结合上章内容，归纳出这次筹资研讨会上提出哪几种筹资方式？

2. 如果 M 公司决定上马该技术改造项目，你认为筹资时要考虑哪些因素？M 公司到底应该采取什么方式筹措资金？

学习目标：掌握资金需要量预测的方法，掌握资本成本、杠杆及资本结构优化的计算，理解资本成本、杠杆效应及资本结构的概念，了解资金时间价值与资本成本的联系与区别。

任务 1　资金需要量预测

资金的需要量是筹资的数量依据，必须科学合理地进行预测。筹资数量预测的基本目的，是保证筹集的资金既能满足生产经营的需要，又不会产生多余资金的闲置。

一、资金需要量预测的意义

资金需要量预测是指企业根据其生产经营的需求，对未来一定时期内所需资金的估计和推测。企业在筹集资金前，必须先预测资金需要量，即估计企业未来一定时期内组织生产经营活动的资金需要量。掌握资金需要量预测的基本方法，科学地进行资金需要量预测，能够保证企业的资金供应，有助于企业合理运用资金，提高资金利用率，它是企业制订筹资计划的基础。

二、资金需要量预测的方法

1. 因素分析法

因素分析法又称分析调整法，是以有关项目基期年度的平均资金需要量为基础，根据预测年度的生产经营任务和资金周转加速的要求，进行分析调整，来预测资金需要量的一种方法。这种方法计算简便，容易掌握，但预测结果不太精确。它通常用于品种繁多、规格复杂、资金用量小的项目。因素分析法的计算公式如下：

资金需要量＝(基期资金平均占用额－不合理资金占用额)×　　　　(5-1)
(1±预测期销售变动率)×(1±预测期资金周转速度变动率)

公式注解：

(1) 若预测期销售增加，则资金需要量增加，需加上预测期销售变动率；若预测期销售下降，则资金需要量减少，需减去预测期销售变动率。

(2) 若预测期周转速度快，则资金需要量减少，需减去预测期资金周转速度变动率；若预测期资金周转速度变慢，则资金需要量增加，需加上预测期资金周转速度变动率。

【例 5-1】甲企业上年度资金平均占用额为 3 200 万元，经分析，其中不合理部分 200 万元，预计本年度销售增长 6%，资金周转减慢 2%。则：

预测年度资金需要量＝(3 200－200)×(1＋6%)×(1＋2%)＝3 243.6(万元)

2. 销售百分比法

1) 基本原理

销售百分比法是根据销售增长与资产增长之间的关系，预测未来资金需要量的方法。企业的销售规模扩大时，要相应增加流动资产；如果销售规模增加很多，还必须增加长期资产。为取得扩大销售所需增加的资产，企业需要筹措资金。这些资金，一部分来自留存收益，另一部分通过外部筹资取得。通常，销售增长率较高时，仅靠留存收益不能满足资金需要，即使获利良好的企业也需外部筹资。因此，企业需要预先知道自己的筹资需求，提前安排筹资计划，否则就可能发生资金短缺问题。

销售百分比法将反映生产经营规模的销售因素与反映资金占用的资产因素连接起来，根据销售与资产之间的数量比例关系，预计企业的外部筹资需要量。销售百分比法首先假设某些资产与销售额存在稳定的百分比关系，根据销售与资产的比例关系预计资产额，根据资产额预计相应的负债和所有者权益，进而确定筹资需要量。

2) 基本步骤

(1) 确定随销售额变动而变动的资产和负债项目。

资产是资金使用的结果，随着销售额的变动，经营性资产项目将占用更多的资金。同时，随着经营性资产的增加，相应的经营性短期债务也会增加，如存货增加会导致应付账款增加，此类债务称之为"自动性债务"，可以为企业提供暂时性资金。经营性资产与经营性负债的差额通常与销售额保持稳定的比例关系。

若资金周转率不变，经营性资产随销售额呈正比例变化，也称为"敏感性资产"，包括现金、应收账款、存货等项目；经营性负债随销售额呈正比例变化，也称为"敏感性负债"，包括应付票据、应付账款等项目，但不包括短期借款、短期融资券、长期负债等筹资性负债。

(2) 确定经营性资产与经营性负债有关项目与销售额的稳定比例关系。

如果企业资金周转的营运效率保持不变，经营性资产与经营性负债会随销售额的变动而呈正比例变动，保持稳定的百分比关系。企业应当根据历史资料和同业情况，剔除不合理的资金占用，寻找与销售额的稳定百分比关系。

(3) 确定需要增加的筹资数量。

预计由于销售增长而需要的资金需求增长额，扣除利润留存后，即为所需要的外部筹资额，即

$$外部融资需求量=\frac{A}{S_1}\cdot\Delta S-\frac{B}{S_1}\cdot\Delta S-P\cdot E\cdot S_2 \tag{5-2}$$

式中：A 为随销售而变化的敏感性资产；B 为随销售而变化的敏感性负债；S_1 为基期销售额；S_2 为预测期销售额；ΔS 为销售变动额；P 为销售净利率；E 为利润留存率；A/S_1 为敏感性资产与销售额的关系百分比；B/S_1 为敏感性负债与销售额的关系百分比。

公式基本原理：

依据

$$\Delta 资金占用=\Delta 资金来源$$

$$△ 资金占用＝△ 资产＝△ 敏感资产＋△ 非敏感资产$$
$$△ 资金来源＝△ 敏感负债＋△ 留存收益＋外部筹资需要量$$

则

$$△ 敏感资产＋△ 非敏感资产＝△ 敏感负债＋△ 留存收益＋对外筹资需要量$$

整理得

$$外部筹资需要量＝△ 敏感资产＋△ 非敏感资产－△ 敏感负债－△ 留存收益$$
$$＝[(△ 敏感资产－△ 敏感负债)＋△ 非敏感资产]－△ 留存收益$$
$$＝△ 资金需求－△ 留存收益$$

其中：

$$△ 敏感资产＝基期变动资产×销售增长率＝销售变动额×\frac{基期敏感资产}{基期销售额}＝△S×\frac{A}{S_1}$$
$$△ 敏感负债＝基期敏感负债×销售增长率＝销售变动额×\frac{基期敏感负债}{基期销售额}＝△S×\frac{B}{S_1}$$

【例 5-2】华新公司 2×18 年 12 月 31 日的简要资产负债表如表 5-1 所示。假定华新公司 20×8 年销售额为 10 000 万元，销售净利率为 10%，利润留存率为 35%。2×19 年销售额预计增长 20%，公司有足够的生产能力，无需追加固定资产投资。确定华新公司 2×19 年外部融资需求的数量。

第一步，确定有关项目及其与销售额的关系百分比。在表 5-1 中，N 为不变动项目，是指该项目不随销售的变化而变化。

第二步，确定需要增加的资金量。从表中可以看出，销售收入每增加 100 元，必须增加 50 元的资金占用，但同时自动增加 15 元的资金来源，两者差额还有 35% 的资金需求。因此，每增加 100 元的销售收入，公司必须取得 35 元的资金来源，销售额从 10 000 万元增加到 12 000 万元，按照 35% 的比率可预测将增加 700 万元的资金需求。

表 5-1　华新公司资产负债表(2×18 年 12 月 31 日)　　　　　单位：万元

资产	金额	与销售关系/%	负债与权益	金额	与销售关系/%
货币资金	500	5	短期借款	2 500	N
应收账款	1 400	14	应付账款	1 000	10
存货	3 100	31	应付票据	500	5
固定资产	3 000	N	应付债券	1 000	N
			实收资本	2 000	N
			留存收益	1 000	N
合计	8 000	50	合计	8 000	15

第三步，确定外部融资需求的数量。2×19 年的净利润为 1 200 万元(12 000×10%)，利润留存为 35%，则将有 420 万元利润被留存下来，还有 280 万元的资金必须从外部筹集。

根据华新公司的资料，可求得对外融资的需求量为

$$外部融资需求量＝50\%×2 000－15\%×2 000－35\%×1 200＝280(万元)$$

销售百分比法的优点，能为筹资管理提供短期预计的财务报表，以适应外部筹资的需

要，且易于使用。但在有关因素发生变动的情况下，必须相应地调整原有的销售百分比。

3. 资金习性预测法

资金习性预测法是指根据资金习性预测未来资金需要量的一种方法。所谓资金习性，是指资金的变动同产销量变动之间的依存关系。按照资金同产销量之间的依存关系，可以把资金区分为不变资金、变动资金和半变动资金。

不变资金是指在一定的产销量范围内，不受产销量变动的影响而保持固定不变的那部分资金，如图 5-1 所示。也就是说，产销量在一定范围内变动，这部分资金保持不变。这部分资金包括：为维持营业而占用的最低数额的现金，原材料的保险储备，必要的成品储备，厂房、机器设备等固定资产占用的资金。

变动资金是指随产销量的变动而同比例变动的那部分资金，如图 5-2 所示。它一般包括直接构成产品实体的原材料、外购件等占用的资金。另外，在最低储备以外的现金、存货、应收账款等也具有变动资金的性质。

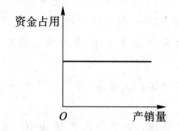
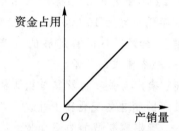

图 5-1　不变资金与产销量的关系　　　图 5-2　变动资金与产销量的关系

半变动资金是指虽然受产销量变化的影响，但不成同比例变动的资金，如一些辅助材料上占用的资金。半变动资金可采用一定的方法划分为不变资金和变动资金两部分。

利用资金习性进行资金预测时，首先根据历史上企业资金占用总额与产销量（或销售收入）之间的关系，把资金分为不变和变动两部分，然后结合预计的销售量来预测资金需要量。

设产销量（或销售收入）为自变量 X，资金占用为因变量 Y，它们之间的关系可用下式表示：

$$Y = a + bX \qquad\qquad (5-3)$$

式中，a 为不变资金；b 为单位变动资金（即每单位产销量占用变动资金或每元销售收入占用变动现金）。

可见，只要求出 a 和 b，并知道预测期的产销量或销售收入，就可以用上述公式测算资金需求情况。a 和 b 可用回归直线法、高低点法或逐项分析法求出。

1）回归直接线法

回归直接线法是根据若干期业务量和资金占用的历史资料，运用最小平方原理计算不变资金和单位变动资金的一种习性分析方法，用回归直线方差求出 a 和 b，然后结合预计的销售量来预测资金需求量。

推导原理：

建立方程组：

$$\begin{cases} \sum y = na + b\sum x & (1) \\ \sum xy = a\sum x + b\sum x^2 & (2) \end{cases}$$

解方程组:

$$b = \frac{n\sum xy - \sum x\sum y}{n\sum x^2 - \left(\sum x\right)^2}$$

将 b 代入方程(1),得

$$a = \frac{\sum y - b\sum x}{n}$$

【例5-3】A企业历年产销量和资金变化情况如表5-2所示,根据表5-2整理出资金需要量预测表,如表5-3所示。2×19年预计销售量为1 800万件,需要预计2×19年的资金需要量。

$$b = \frac{n\sum xy - \sum x\sum y}{n\sum x^2 - \left(\sum x\right)^2} = 0.5$$

$$a = \frac{\sum y - b\sum x}{n} = \frac{6\,000 - 0.5 \times 7\,200}{6} = 400$$

解得:$y = 400 + 0.5x$。

把2×19年预计销售量1 800万件代入上式,得出2×19年资金需要量为

$$400 + 0.5 \times 1\,800 = 1\,300(万元)$$

表5-2 产销量与资金变化情况表

年　度	产销量(x_i)/万件	资金占用(y_i)/万元
2×13 年	1 000	900
2×14 年	1 100	950
2×15 年	1 200	1 000
2×16 年	1 200	1 000
2×17 年	1 400	1 100
2×18 年	1 300	1 050

表5-3 资金需要量预测表(按总额预测)

年　度	产销量(x_i)/万件	资金占用(y_i)/万元	x_iy_i	X_i^2
2×13 年	1 000	900	900 000	1 000 000
2×14 年	1 100	950	1 045 000	1 210 000
2×15 年	1 200	1 000	1 200 000	1 440 000
2×16 年	1 200	1 000	1 200 000	1 440 000
2×17 年	1 400	1 100	1 365 000	1 960 000
2×18 年	1 300	1 050	1 540 000	1 690 000
合计 $n=6$	$\sum x = 7\,200$	$\sum y = 6\,000$	$\sum xy = 7\,250\,000$	$\sum x^2 = 8\,740\,000$

运用回归直接线法必须注意以下几个问题：(1)资金需要量与产销量之间线性关系的假定应符合实际情况；(2)确定 a、b 数值，应利用连续若干年的历史资料，一般要有 3 年以上的资料；(3)应考虑价格等因素的变动情况。

2) 高低点法

高低点法是以过去某一会计期间的资金占用和销售收入资料为依据，从中选取销售收入最高点和销售收入最低点，将资金占用总额分解成不变资金与变动资金，得出资金性态的模型。其计算公式为

$$单位变动资金\ b = \frac{最高收入期的资金占用量 - 最低收入期的资金占用量}{最高销售收入 - 最低销售收入}$$

$$a = 最高收入期的资金占用量 - 单位变动资金 \times 最高销售收入$$

或

$$a = 最低收入期的资金占用量 - 单位变动资金 \times 最低销售收入$$

资金预测模型为

$$Y = a + bX$$

【例 5-4】某企业历年现金占用与销售额之间的关系如表 5-4 所示。

表 5-4　现金与销售额变化情况表　　　　　　　　单位：元

年　度	销售收入(X_i)	现金占用(Y_i)
2×14 年	2 400 000	132 000
2×15 年	3 360 000	180 000
2×16 年	3 120 000	168 000
2×17 年	2 880 000	156 000
2×18 年	3 300 000	192 000

根据以上资料，采用适当的方法来计算不变资金和变动资金的数额。此处假定采用高低点法求 a 和 b 的值。

$$b = \frac{最高收入期的资金占用量 - 最低收入期的资金占用量}{最高销售收入 - 最低销售收入} = \frac{180\ 000 - 132\ 000}{3\ 360\ 000 - 2\ 400\ 000} = 0.05$$

将 $b = 0.05$ 代入 2×14 年或 2×15 年 $Y = a + bX$，得：

$$a = 132\ 000 - 0.05 \times 2\ 400\ 000 = 12\ 000（元）$$

或

$$a = 180\ 000 - 0.05 \times 3\ 360\ 000 = 12\ 000（元）$$

资金需要量的预测模型为 $Y = 12\ 000 + 0.05X$。

如果预测 2×19 年销售收入为 3 400 000 元，则资金需要量为

$$12\ 000 + 0.05 \times 3\ 400\ 000 = 182\ 000（元）$$

使用高低点法预测资金需要量时，需要注意，分子不是最高资金占用量减去最低资金占用量，而是最高点销售收入所对应的资金占用量减去最低点销售收入所对应的资金占用量。

3) 逐项分析法

逐项分析法是根据各资金占用项目(如现金、存货、应收账款、固定资产)同产销量之间的关系，把各项目的资金都分成变动和不变两部分，然后汇总在一起，求出企业变动资金总额和不变资金总额，进而来预测资金需求量。

存货、应收账款、流动负债、固定资产等可根据历史资料划分为不变资金和变动资金，找出每1元销售收入所需的变动资金，即单位变动资金，然后建立预测模型，预测资金需要量。

【例5-5】某企业将存货、应收账款、流动负债、固定资产等根据历史资料划分为不变资金和变动资金，并分析计算单位变动资金汇总列于表5-5中。

表5-5 资金需要量预测表(分项预测) 单位：元

项 目	年度不变资金(a)	单位变动资金(b)
流动资产		
货币资金	12 000	0.06
应收账款	72 000	0.16
存货	120 000	0.26
小计	204 000	0.48
减：流动负债		
应付账款及应付费用	96 000	0.13
净资金占用	108 000	0.35
固定资产		
厂房、设备	612 000	0
所需资金合计	720 000	0.35

根据表5-5的资料得出预测模型为

$$Y = 720\,000 + 0.35X$$

如果2×19年的预计销售额为3 000 000元，则：

2×19年的资金需要量 = 720 000 + 0.35 × 3 000 000 = 1 770 000(元)

以上三种方法，回归直接线法是一种较为精确的方法，但计算复杂；高低点法计算简便，但只考虑了历史数据中高点和低点两组数据，代表性差；高低点法和回归直接线法，都属于历史成本分析的方法，仅限于有历史成本资料数据的情况，而新产品并不具有足够的历史数据。逐项分析法要结合资金与业务量的依存关系，判断其比较接近哪一类资金，就视其为哪一类资金，这种方法简便易行，但比较粗糙且带有主观判断。

任务2 资本成本及计算

一、资本成本的含义、作用及影响因素

企业从事生产经营活动必须要用资金，在市场经济条件下又不可能无偿使用资金，因此，企业除了必须节约使用资金外，还必须分析把握各种来源资金的使用代价。

1. 资本成本的含义

资本成本是指企业为筹集和使用资本而付出的代价，包括筹资费用和占用费用。资本

成本是资本所有权与资本使用权分离的结果。对出资者而言，由于让渡了资本使用权，必须要求取得一定的补偿，资本成本表现为让渡资本使用权所带来的投资报酬。对筹资者而言，由于取得了资本使用权，必须支付一定代价，资本成本表现为取得资本使用权所付出的代价。

1）资金筹集费

资金筹集费是指企业为筹集资金而付出的代价。如向银行支付的借款手续费，向证券承销商支付的发行股票、债券的发行费等。筹资费用通常是在筹措资金时一次支付的，在用资过程中不再发生，可视为筹资总额的一项扣除。

2）资金占用费

资金占用费主要包括资金时间价值和投资者要考虑的投资风险报酬两部分，如向银行借款所支付的利息，发放股票的股利等。资金占用费与筹资金额的大小、资金占用时间的长短有直接联系。

2. 资本成本的作用

（1）资本成本是比较筹资方式、选择筹资方案的依据。各种资本的资本成本，是比较、评价各种筹资方式的依据。在评价各种筹资方式时，一般会考虑的因素包括对企业控制权的影响、对投资者吸引力的大小、融资的难易和风险、资本成本的高低等，而资本成本是其中的重要因素。在其他条件相同时，企业筹资应选择资本成本最低的方式。

（2）平均资本成本是衡量资本结构是否合理的依据。企业财务管理目标是企业价值最大化，企业价值是企业资产带来的未来经济利益的现值。计算现值时采用的贴现率通常会选择企业的平均资本成本，当平均资本成本最小时，企业价值最大，此时的资本结构是企业理想的最佳资本结构。

（3）资本成本是评价投资项目可行性的主要标准。资本成本通常用相对数表示，它是企业对投入资本所要求的报酬率（或收益率），即最低必要报酬率。任何投资项目，如果它预期的投资报酬率超过该项目使用资金的资本成本率，则该项目在经济上就是可行的。因此，资本成本是企业用以确定项目要求达到的投资报酬率的最低标准。

（4）资本成本是评价企业整体业绩的重要依据。一定时期企业资本成本的高低，不仅反映企业筹资管理的水平，还可作为评价企业整体经营业绩的标准。企业的生产经营活动，实际上就是所筹集资本经过投放后形成的资产营运，企业的总资产报酬率应高于其平均资本成本率，才能带来剩余收益。

3. 影响资本成本的因素

1）总体经济环境

总体经济环境和状态决定企业所处的国民经济发展状况和水平，以及预期的通货膨胀。总体经济环境变化的影响，反映在无风险报酬率上，如果国民经济保持健康、稳定、持续增长，整个社会经济的资金供给和需求相对均衡且通货膨胀水平低，资金所有者投资的风险小，预期报酬率低，筹资的资本成本相应就比较低。相反，如果国民经济不景气或者经济过热，通货膨胀持续居高不下，投资者投资风险大，预期报酬率高，筹资的资本成本就高。

2）资本市场条件

资本市场效率表现为资本市场上的资本商品的市场流动性。资本商品的流动性高，表现为容易变现且变现时价格波动较小。如果资本市场缺乏效率，证券的市场流动性低，投资者投资风险大，要求的预期报酬率高，那么通过资本市场筹集的资本其资本成本就比较高。

3）企业经营状况和融资状况

企业内部经营风险是企业投资决策的结果，表现为资产报酬率的不确定性；企业融资状况导致的财务风险是企业筹资决策的结果，表现为股东权益资本报酬率的不确定性。两者共同构成企业总体风险，如果企业经营风险高，财务风险大，则企业总体风险水平高，投资者要求的预期报酬率高，企业筹资的资本成本相应就大。

4）企业对筹资规模和时限的需求

在一定时期内，国民经济体系中资金供给总量是一定的，资本是一种稀缺资源。因此企业一次性需要筹集的资金规模越大、占用资金时限越长，资本成本就越高。当然，融资规模、时限与资本成本的正向相关性并非线性关系，一般说来，融资规模在一定限度内，并不引起资本成本的明显变化，当融资规模突破一定限度时，才引起资本成本的明显变化。

二、个别资本成本计算

资本成本与资金时间价值既有联系，又有区别。联系在于两者考察的对象都是资金。区别在于资本成本既包括资金时间价值，又包括投资风险价值。资本成本是企业选择筹资来源和方式，拟定筹资方案的依据，也是评价投资项目可行性的衡量标准。

资本成本可以用绝对数表示，也可以用相对数表示。资本成本用绝对数表示即资本总成本，它是筹资费用和用资费用之和。由于它不能反映用资多少，所以较少使用。资本成本用相对数表示即资本成本率，它是资金占用费与筹资净额的比率，一般讲资本成本多指资本成本率。

个别资本成本是指各种筹资方式所筹资金的成本，主要包括银行借款成本、债券成本、融资租赁成本、优先股成本、普通股成本和留存收益成本。其中，前三项为债务资本成本，后三项为权益资本成本。计算时，将初期的筹资费用作为筹资额的一项扣除，扣除筹资费用后的筹资额称为筹资净额。

其计算公式为

$$资本成本率 = \frac{资金占用费}{筹资总额 - 资金筹集费} \qquad (5-4)$$

由于资金筹集费一般以筹资总额的某一百分比计算，因此，上述计算公式也可表示为

$$资本成本率 = \frac{资金占用费}{筹资总额 \times (1 - 筹资费率)} \qquad (5-5)$$

1. 银行借款资本成本

银行借款资本成本包括借款利息和借款手续费用，其中借款利息是用资费用，借款手续费用是筹资费用的具体表现。借款利息费用在税前支付，可以起抵税作用，一般计算税后资本成本率，以便与权益资本成本率相比较。

银行借款资本成本的计算公式为

$$K_b = \frac{I(1-T)}{P(1-f)} = \frac{i(1-T)}{1-f} \qquad (5-6)$$

式中，K_b 为银行借款资本成本；I 为银行借款年利息；P 为银行借款筹资总额；T 为所得税税率；f 为银行借款筹资费率；i 为银行借款年利息率。

【例 5-6】某企业取得 3 年期长期借款 1 000 万元，年利率 8%，到期一次还本付息，借款费用率 0.2%，企业所得税率 25%。计算该项借款的资本成本率。

$$K_b = \frac{8\% \times (1-25\%)}{1-0.2\%} \approx 6.01\%$$

2. 债券资本成本

企业债券资本成本，包括债券利息和借款发行费用。债券可以溢价发行，也可以折价发行，其资本成本的计算公式为

$$K_b = \frac{I(1-T)}{P(1-f)} = \frac{B \cdot i(1-T)}{P(1-f)} \tag{5-7}$$

式中，K_b 为债券资本成本；I 为债券年利息；P 为债券筹资总额；T 为所得税税率；f 为债券筹资费率；B 为债券面值总额；i 为债券年利息率。

【例 5-7】某企业发行面额 1 000 元债券一批，券面面值总额 2 000 万元，按溢价 2 050 万元发行，票面利率 10%，企业所得税率 25%，发行筹资费率 2%。计算该债券资本成本率。

解：　债券资本成本率 $K_b = \dfrac{2\,000 \times 10\% \times (1-25\%)}{2\,050 \times (1-2\%)} \approx 7.47\%$

3. 优先股资本成本

优先股的资本成本主要是向优先股股东支付的各期股利。对于固定股息率优先股而言，如果各期股利是相等的，优先股的资本成本率计算公式为

$$K_s = \frac{D}{P(1-f)} \tag{5-8}$$

式中，K_s 为优先股资本成本；D 为优先股年股利额；P 为优先股筹资总额；f 为优先股筹资费率。

【例 5-8】某上市公司发行面值 100 元的优先股，规定的年股息率为 10%。该优先股溢价发行，发行价格为 120 元，发行时筹资费用率为发行价的 3%。计算该优先股资本成本率。

解：　　　　优先股资本成本率 $K_s = \dfrac{100 \times 10\%}{120 \times (1-3\%)} \approx 8.59\%$

4. 普通股资本成本

普通股资本成本主要是向股东支付的各期股利。由于各期股利并不一定固定，随企业各期收益波动，因此普通股的资本成本假定各期股利的变化呈一定规律性。如果是上市企业普通股，其资本成本还可以根据该企业股票收益率与市场收益率的相关性，按资本资产定价模型法估计。

1）股利增长模型法

假定资本市场有效，股票市场价格与价值相等，则普通股资本成本的计算公式为

$$K_c = \frac{D_0 \times (1+g)}{P_0 \times (1-f)} + g = \frac{D_1}{P_0(1-f)} + g \tag{5-9}$$

式中，K_c 为普通股资本成本；D_0 为本期支付的股利；D_1 为预期第 1 年普通股股利；P_0 为目前普通股价格；f 为普通股筹资费率；g 为普通股年股利增长率。

【例 5 - 9】某公司发行普通股，每股面值 10 元，溢价 12 元发行，筹资费率 4%，第一年末预计股利率 8%，以后每年增长 5%。计算该普通股资本成本率。

解： 普通股资本成本率 $K_c = \dfrac{10 \times 8\%}{12 \times (1 - 4\%)} + 5\% \approx 11.94\%$

2）资本资产定价模型法

假定资本市场有效，股票市场价格与价值相等。假定无风险报酬率为 R_f，市场平均报酬率为 R_m，某股票贝塔系数为 β，则普通股资本成本率为

$$K_c = R_f + \beta(R_m - R_f) \tag{5-10}$$

【例 5 - 10】某公司普通股 β 系数为 1.4，此时一年期国债利率 5%，市场平均报酬率 14%，则该普通股资本成本率为

$$K_c = 5\% + 1.4 \times (14\% - 5\%) = 17.6\%$$

5. 留存收益资本成本

企业一般不会把盈利以股利形式全部分给股东，且在宏观政策上也不允许这样做，因此，企业只要有盈利，总会有留存收益。留存收益是企业的可用资金，它属于普通股股东所有，其实质是普通股股东对企业的追加投资。留存收益资本成本可以参照市场利率，也可以参照机会成本，更多的是参照普通股股东的期望收益，即普通股资本成本，但它不会发生筹资费用。其计算公式为

$$K_r = \frac{D_1}{P_0} + g \tag{5-11}$$

式中，K_r 为留存收益资本成本，其余同普通股。

【例 5 - 11】某公司留用利润 50 万元，其余条件与例 5 - 9 相同。计算该留存收益资本成本率。

解： 留存收益资本成本率 $K_r = \dfrac{10 \times 8\%}{12} + 5\% \approx 11.67\%$

三、综合资本成本计算

在实际工作中，企业筹集资金往往同时采用几种不同的方式。综合资本成本就是指企业各种不同筹资方式总的平均资本成本，它是以各种资本所占的比重为权数，对各种资本成本进行加权平均计算出来的，所以又称加权平均资本成本。其计算公式为

$$K_W = \sum_{j=1}^{n} K_j W_j \tag{5-12}$$

式中，K_W 为综合资本成本(加权平均资本成本)；K_j 为第 j 种资金的资本成本；W_j 为第 j 种资金占全部资金的比重。

综合资本成本率的计算，存在着权数价值的选择问题，即各项个别资本按什么权数来确定资本比重。通常，可供选择的价值形式有账面价值、市场价值、目标价值等。

1. 账面价值权数

账面价值权数即以各项个别资本的会计报表账面价值为基础来计算资本权数，确定各

类资本占总资本的比重。其优点是：资料容易取得，可以直接从资产负债表中得到，而且计算结果比较稳定。缺点是：当债券和股票的市价与账面价值差距较大时，导致按账面价值计算出来的资本成本不能反映目前从资本市场上筹集资本的现时机会成本，不适合评价现时的资本结构。

2. 市场价值权数

市场价值权数即以各项个别资本的现行市价为基础来计算资本权数，确定各类资本占总资本的比重。其优点是能够反映现时的资本成本水平，有利于进行资本结构决策。但现行市价处于经常变动之中，不容易取得，而且现行市价反映的只是现时的资本结构，不适用未来的筹资决策。

3. 目标价值权数

目标价值权数即以各项个别资本预计的未来价值为基础来确定资本权数，确定各类资本占总资本的比重。目标价值是目标资本结构要求下的产物，是企业筹集和使用资金对资本结构的一种要求。对于企业筹集新资金，需要反映期望的资本结构来说，目标价值是有益的，适用于未来的筹资决策，但目标价值的确定难免具有主观性。

以目标价值为基础计算资本权重，能体现决策的相关性。目标价值权数的确定，可以选择未来的市场价值，也可以选择未来的账面价值。选择未来的市场价值，与资本市场现状联系比较紧密，能够与现时的资本市场环境状况结合起来，目标价值权数的确定一般以现时市场价值为依据。但市场价值波动频繁，可行方案是选用市场价值的历史平均值，如30日、60日、120日均价等。总之，目标价值权数是主观愿望和预期的表现，依赖于财务经理的价值判断和职业经验。

【例 5 - 12】某企业共有资金 2 000 万元，其中银行借款占 100 万元，长期债券占 500 万元，普通股占 1 000 万元，优先股占 300 万元，留存收益占 100 万元；各种来源资金的资本成本率分别为 7%，8%，11%，9%，10%。计算综合资本成本率。

解：

$$综合资本成本率 = \frac{100 \times 7\% + 500 \times 8\% + 1\ 000 \times 11\% + 300 \times 9\% + 100 \times 10\%}{2\ 000} = 9.7\%$$

四、边际资本成本计算

边际资本成本是指资金每增加一个单位而增加的成本。当企业需要追加筹集资金时应考虑边际资本成本的高低。企业追加筹资，可以只采用某一种筹资方式，但这对保持或优化资本结构不利。当筹资数额较大，资本结构又有既定目标时，应通过边际资本成本的计算，确定最优筹资方式的组合。

下面举例说明边际资本成本的计算和应用。

【例 5 - 13】华东公司现有资金 1 000 万元，其中长期借款 100 万元，长期债券 200 万元，普通股 700 万元。公司考虑扩大经营规模，拟筹集新的资金。经分析，认为目前的资本结构是最优的，希望筹集新资金后能保持目前的资本结构。经测算，随筹资额的增加，各种资本成本的变动情况如表 5-6 所示。

表 5-6　华东公司筹资资料

资金种类	目标资本结构/%	新筹资的数量范围/元	资本成本/%
长期借款	10	0～50 000	6
		大于 50 000	7
长期债券	20	0～140 000	8
		大于 140 000	9
普通股	70	0～210 000	10
		210 000～630 000	11
		大于 630 000	12

1. 计算筹资总额的分界点(突破点)

根据目标资本结构和各种个别资本成本变化的分界点(突破点)，计算筹资总额的分界点(突破点)。其计算公式为

$$BP_j = \frac{TF_j}{W_j} \tag{5-13}$$

式中，BP_j 为筹资总额的分界点；TF_j 为第 j 种个别资本成本的分界点；W_j 为目标资本结构中第 j 种资金的比重。

华东公司的筹资总额分界点如表 5-7 所示。

表 5-7　筹资总额分界点计算表

资金种类	资本结构/%	资金成本/%	新筹资的数量范围/元	新筹资总额分界点/元
长期借款	10	6	0～50 000	0～500 000
		7	大于 50 000	大于 500 000
长期债券	20	8	0～140 000	0～700 000
		9	大于 140 000	大于 700 000
普通股	70	10	0～210 000	0～300 000
		11	210 000～630 000	300 000～900 000
		12	大于 630 000	大于 900 000

在表 5-7 中，新筹资总额分界点是指引起某资金种类资本成本变化的分界点。如长期借款，筹资总额不超过 50 万元，资本成本为 6%；超过 50 万元，资本成本就要增加到 7%。所以筹资总额在 50 万元左右时，尽量不要超过 50 万元。然而要维持原有资本结构，必然要多种资金按比例同时筹集，单考虑某个别资本成本是不成立的，必须考虑综合的边际资本成本。

2. 计算各筹资总额范围的边际资本成本

根据表 5-7 计算结果，可知有 4 个分界点，应有 5 个筹资范围。计算 5 个筹资范围的边际资本成本，结果如表 5-8 所示。

表 5-8　边际资本成本计算表

序　号	筹资总额范围/元	资金种类	资本结构/%	资本成本/%	边际资本成本/%
1	0～300 000	长期借款	10	6	0.6
		长期债券	20	8	1.6
		普通股	70	10	7
第一个筹资范围的边际资本成本＝9.2%					
2	300 000～500 000	长期借款	10	6	0.6
		长期债券	20	8	1.6
		普通股	70	11	7.7
第二个筹资范围的边际资本成本＝9.9%					
3	500 000～700 000	长期借款	10	7	0.7
		长期债券	20	8	1.6
		普通股	70	11	7.7
第三个筹资范围的边际资本成本＝10%					
4	700 000～900 000	长期借款	10	7	0.7
		长期债券	20	9	1.8
		普通股	70	11	7.7
第四个筹资范围的边际资本成本＝10.2%					
5	900 000 以上	长期借款	10	7	0.7
		长期债券	20	9	1.8
		普通股	70	12	8.4
第五个筹资范围的边际资本成本＝10.9%					

华东公司可以按照表 5-8 的结果规划追加筹资，尽量不要由一段范围突破到另一段范围。

任务3　杠　杆　原　理

杠杆原理是物理学中的概念，财务管理中用杠杆原理来描述一个量的变动会引起另一个量的更大变动。财务管理中的杠杆有经营杠杆、财务杠杆、综合杠杆。

一、经营杠杆

1. 经营杠杆效应

经营杠杆是指由于固定性经营成本的存在，而使得企业的资产报酬（息税前利润）变动率大于业务量变动率的现象。经营杠杆反映了资产报酬的波动性，用以评价企业的经营风险。用息税前利润（EBIT）表示资产总报酬，则：

$$EBIT = S - V - F = (P - V_C)Q - F = M - F \qquad (5-14)$$

式中，EBIT 为息税前利润；S 为销售额；V 为变动性经营成本；F 为固定性经营成本；Q 为产销业务量；P 为销售单价；V_C 为单位变动成本；M 为边际贡献。

式(5-14)中，影响 EBIT 的因素包括产品售价、产品需求、产品成本等。当产品成本中存在固定成本时，如果其他条件不变，产销业务量的增加虽然不会改变固定成本总额，但会降低单位产品分摊的固定成本，从而提高单位产品利润，使息税前利润的增长率大于产销业务量的增长率，进而产生经营杠杆效应。当不存在固定性经营成本时，所有成本都是变动性经营成本，边际贡献等于息税前利润，此时息税前利润变动率与产销业务量的变动率完全一致。

【例 5-14】考察东方集团连续 3 年的销量、利润资料，见表 5-9 所示。

表 5-9　东方集团盈利情况资料金额　　　　　　　　　　单位：元

项　目	第一年	第二年	第三年
单　价	150	150	150
单位变动成本	100	100	100
单位边际贡献	50	50	50
销售量	10 000	20 000	30 000
边际贡献	500 000	1 000 000	1 500 000
固定成本	200 000	200 000	200 000
息税前利润(EBIT)	300 000	800 000	1 300 000

由表 5-9 可见，从第一年到第二年，销售量增加了原来的 100%，息税前利润增加了原来的 166.67%；从第二年到第三年，销售量增加了原来的 50%，息税前利润增加了原来的 62.5%。利用经营杠杆效应，企业在可能的情况下适当增加产销量会取得更多的盈利，这就是经营杠杆效应。但我们也必须认识到，当企业销售量下降时，息税前利润会以更大的幅度下降，即经营杠杆效应也会带来经营风险。

2. 经营杠杆系数及其计算

经营杠杆系数，也称经营杠杆率(DOL)，是指息税前利润的变动率相对于销售量变动率的倍数。其定义公式为

$$经营杠杆系数(DOL) = \frac{息税前利润变动率}{销售量变动率} = \frac{\dfrac{\Delta EBIT}{EBIT_0}}{\dfrac{\Delta Q}{Q_0}} \qquad (5-15)$$

按表 5-9 资料，可以算得第二年经营杠杆系数为 1.666 7，第三年经营杠杆系数为 1.25。利用上述 DOL 的定义公式计算经营杠杆系数必须掌握利润变动率与销售量变动率，这是事后反映，不便于利用 DOL 进行预测。为此，我们设法推导出一个只需用基期数据计算经营杠杆系数的公式。

以下标"0"表示基期数据，下标"1"表示预测期数据，推导如下：

$$DOL = \frac{\frac{\Delta EBIT}{EBIT_0}}{\frac{\Delta Q}{Q_0}} = \frac{EBIT_1 - EBIT_0}{EBIT_0} \times \frac{Q_0}{Q_1 - Q_0}$$

$$= \frac{(P - V_c) \cdot (Q_1 - Q_0)}{EBIT_0} \times \frac{Q_0}{Q_1 - Q_0} = \frac{M_0}{EBIT_0}$$

$$= \frac{基期边际贡献}{基期息税前利润}$$

用 DOL 计算公式不仅可以算出第二、第三年的经营杠杆系数，也可以算出第四年的经营杠杆系数，根据表 5-9 资料，第四年的经营杠杆系数：

$$DOL = \frac{1\,500\,000}{1\,300\,000} = 1.153\,8$$

3. 经营杠杆与经营风险

经营风险是指企业由于生产经营的原因而导致的资产报酬波动的风险。引起企业经营风险的主要原因是市场需求和生产成本等因素的不确定性，经营杠杆本身并不是资产报酬不确定的根源，只是资产报酬波动的表现。但是，经营杠杆放大了市场和生产等因素变化对利润波动的影响。经营杠杆系数越高，表明资产报酬等利润波动程度越大，经营风险也就越大。根据经营杠杆系数的计算公式：

$$DOL = \frac{M_0}{EBIT_0} = \frac{EBIT_0 + F_0}{EBIT_0} = 1 + \frac{F_0}{EBIT_0} \qquad (5-16)$$

上式表明，在企业不产生经营性亏损，息税前利润为正的前提下，经营杠杆系数最低为1，不会为负数；只要有固定性经营成本存在，经营杠杆系数总是大于1。

从上式可知，影响经营杠杆的因素包括：企业成本结构中的固定成本比重；息税前利润水平。其中，息税前利润水平又受产品销售数量、销售价格、成本水平（单位变动成本和固定成本总额）高低的影响。固定成本比重越高、成本水平越高、产品销售数量和销售价格水平越低，经营杠杆效应越大，反之亦然。

二、财务杠杆

1. 财务杠杆效应

财务杠杆是指由于固定性资本成本的存在，使得企业的普通股收益（或每股收益）变动率大于息税前利润变动率的现象。财务杠杆反映了股权资本报酬的波动性，用以评价企业的财务风险。用普通股收益或每股收益表示普通股权益资本报酬，则：

$$TE = (EBIT - I)(1 - T) - D \qquad (5-17)$$

$$EPS = \frac{[(EBIT - I)(1 - T) - D]}{N} \qquad (5-18)$$

式中：TE 为全部普通股净收益；EPS 为每股收益；I 为债务资本利息；D 为优先股股利；T 为所得税税率；N 为普通股股数。

式(5-17)和式(5-18)中，影响普通股收益的因素包括资产报酬、资本成本、所得税税率等。当有固定利息费用等资本成本存在时，如果其他条件不变，息税前利润的增加虽然不改变固定利息费用总额，但会降低每一元息税前利润分摊的利息费用，从而提高每股收益,使得普通股收益的增长率大于息税前利润的增长率,进而产生财务杠杆效应。当不存在固定利息、股息等资本成本时,息税前利润就是利润总额,此时利润总额变动率与息税前利润变动率完全一致。如果两期所得税税率和普通股股数保持不变,每股收益的变动率与利润总额变动率也完全一致,进而与息税前利润变动率一致。

【例 5-15】假设东方集团年债务利息 100 000 元,所得税率 25%,普通股 100 000 股,连续 3 年普通股每股利润资料,见表 5-10 所示。

表 5-10　东方集团普通股每股利润资料　　　　单位:元

项　目	第一年	第二年	第三年
息税前利润(EBIT)	300 000	800 000	1 300 000
债务利息	100 000	100 000	100 000
税前利润	200 000	700 000	1 200 000
所得税	50 000	175 000	300 000
税后利润	150 000	525 000	900 000
普通股每股利润(EPS)	1.5	5.25	9

由表 5-10 可见,从第一年到第二年,EBIT 增加了 166.67%,EPS 增加了 250%;从第二年到第三年,EBIT 增加了 62.5%,EPS 增加了 71.43%。利用财务杠杆效应,企业适度负债经营,在盈利条件下可能给普通股股东带来更多的收益,这就是财务杠杆效应。但我们也必须认识到,当企业盈利下降时,普通股股东的收益会以更大幅度减少,即财务杠杆效应也会带来财务风险。

2. 财务杠杆系数及其计算

财务杠杆系数,也称财务杠杆率(DFL),是指普通股每股利润的变动率相对于息税前利润变动率的倍数。其定义公式为

$$财务杠杆系数(DFL)=\frac{普通股每股利润变动率}{息税前利润变动率}=\frac{\dfrac{\Delta EPS}{EPS_0}}{\dfrac{\Delta EBIT}{EBIT_0}} \tag{5-19}$$

按表 5-10 资料,可以算得第二年财务杠杆系数为 1.5,第三年财务杠杆系数为 1.142 9。利用上述 DFL 的公式计算财务杠杆系数必须掌握普通股每股利润变动率与息税前利润变动率,这是事后反映,不便于利用 DFL 进行预测。为此,我们设法推导出一个只需用基期数据计算财务杠杆系数的公式。

公式推导:

$$DFL=\frac{\Delta EPS/EPS_0}{\Delta EBIT/EBIT_0}$$

$$=\frac{\dfrac{(EBIT_1-I)\times(1-T)-D}{n}-\dfrac{(EBIT_0-I)\times(1-T)-D}{n}}{\dfrac{(EBIT_0-I)\times(1-T)-D}{n}}\div\frac{EBIT_1-EBIT_0}{EBIT_0}$$

$$=\frac{(EBIT_1-EBIT_0)\times(1-T)}{(EBIT_0-I)\times(1-T)-D}\times\frac{EBIT_0}{EBIT_1-EBIT_0}=\frac{EBIT_0}{EBIT_0-I-\dfrac{D}{1-T}}$$

$$= \cfrac{\text{基期息税前利润}}{\text{基期息税前利润} - \text{债务利息} - \cfrac{\text{优先股股利}}{1 - \text{所得税税率}}} \tag{5-20}$$

式中：I 为债务利息；T 为所得税税率；D 为优先股股利；n 为普通股股数。

对于无优先股的股份制企业或非股份制企业，上述财务杠杆系数的计算公式可简化为

$$\text{DFL} = \frac{\text{EBIT}_0}{\text{EBIT}_0 - I} = \frac{\text{基期息税前利润}}{\text{基期息税前利润} - \text{基期利息}} = 1 + \frac{\text{基期利息}}{\text{基期息税前利润} - \text{基期利息}} \tag{5-21}$$

用 DFL 计算公式不仅可以算出东方集团第二、第三年的财务杠杆系数，而且也可算出第四年的财务杠杆系数。根据表 5-10 资料，第四年的财务杠杆系数为

$$\text{DFL} = \frac{1\,300\,000}{1\,300\,000 - 100\,000} = 1.083\,3$$

3. 财务杠杆与财务风险

财务风险是指企业由于筹资原因产生的资本成本负担而导致的普通股收益波动的风险。引起企业财务风险的主要原因是资产报酬的不利变化和资本成本的固定负担。由于财务杠杆的作用，当企业的息税前利润下降时，企业仍然需要支付固定的资本成本，导致普通股剩余收益以更快的速度下降。财务杠杆放大了资产报酬变化对普通股收益的影响，财务杠杆系数越高，表明普通股收益的波动程度越大，财务风险也就越大。只要有固定性资本成本存在，财务杠杆系数总是大于 1。

从上面公式可知，影响财务杠杆的因素包括：企业资本结构中债务资本比重、普通股收益水平、所得税税率水平。其中，普通股收益水平又受息税前利润、固定资本成本（利息）高低的影响。债务成本比重越高、固定的资本成本支付额越高、息税前利润水平越低，财务杠杆效应越大，反之亦然。

三、总杠杆

1. 总杠杆效应

由于存在固定的生产经营成本，会产生经营杠杆效应，即销售量的增长会引起息税前利润以更大的幅度增长。由于存在固定的财务成本（债务利息和优先股股利），会产生财务杠杆效应，即息税前利润的增长会引起普通股每股利润以更大的幅度增长。一个企业会同时存在固定的生产经营成本和固定的财务成本，那么两种杠杆效应会共同发生，会有连锁作用，形成销售量的变动使普通股每股利润以更大幅度变动。总杠杆效应就是经营杠杆和财务杠杆的综合效应。

2. 总杠杆系数及其计算

总杠杆系数（DTL），也称复合杠杆系数，又称综合杠杆系数，是指普通股每股利润的变动率相对于销售量变动率的倍数。其定义公式为

$$\text{总杠杆系数（DTL）} = \frac{\text{普通股每股利润变动率}}{\text{销售量变动率}} = \frac{\dfrac{\Delta \text{EPS}}{\text{EPS}_0}}{\dfrac{\Delta Q}{Q_0}} \tag{5-22}$$

对于总杠杆系数可以推导出它的计算公式为

$$DTL = \frac{\Delta EPS/EPS_0}{\Delta Q/Q_0} = \frac{\Delta EBIT/EBIT_0}{\Delta Q/Q_0} \times \frac{\Delta EPS/EPS_0}{\Delta EBIT/EBIT_0}$$

$$= DOL \times DFL = \frac{M_0}{EBIT_0} \times \frac{EBIT_0}{EBIT_0 - I - \dfrac{D}{1-T}}$$

$$= \frac{M_0}{EBIT_0 - I - \dfrac{D}{1-T}} \tag{5-23}$$

可见,总杠杆系数可以由经营杠杆系数与财务杠杆系数相乘得到,也可以由基期数据直接计算得到。考察东方集团表 5-9、表 5-10 资料,计算各年 DTL 如下:

第二年

$$DTL = 1.666\ 7 \times 1.5 = 2.5\ \text{或}\ DTL = \frac{500\ 000}{300\ 000 - 100\ 000} = 2.5$$

第三年

$$DTL = 1.25 \times 1.142\ 9 = 1.428\ 6\ \text{或}\ DTL = \frac{1\ 000\ 000}{800\ 000 - 100\ 000} = 1.428\ 6$$

第四年

$$DTL = 1.153\ 8 \times 1.083\ 3 = 1.25\ \text{或}\ DTL = \frac{1\ 500\ 000}{1\ 300\ 000 - 100\ 000} = 1.25$$

3. 总杠杆与公司风险

企业风险包括企业的经营风险和财务风险。总杠杆系数反映了经营杠杆和财务杠杆之间的关系,用以评价企业的整体风险水平。在总杠杆系数一定的情况下,经营杠杆系数与财务杠杆系数此消彼长。总杠杆效应的意义在于:第一,能够说明产销业务量变动对普通股收益的影响,据以预测未来的每股收益水平;第二,揭示了财务管理的风险管理策略,即要保持一定的风险状况水平,需要维持一定的总杠杆系数,经营杠杆和财务杠杆可以有不同的组合。三大杠杆关系如图 5-3 所示。

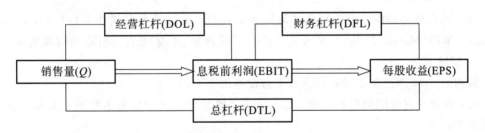

图 5-3　三大杠杆关系图

一般来说,固定资产比重较大的资本密集型企业,经营杠杆系数高,经营风险大,企业筹资主要依靠权益资本,以保持较小的财务杠杆系数和财务风险;变动成本比重较大的劳动密集型企业,经营杠杆系数低,经营风险小,企业筹资主要依靠债务资本,保持较大的财务杠杆系数和财务风险。

通常,在企业初创阶段,产品市场占有率低,产销业务量小,经营杠杆系数大,此时企业筹资主要依靠权益资本,在较低程度上使用财务杠杆;在企业扩张成熟期,产品市场占有率高,产销业务量大,经营杠杆系数小,此时,企业资本结构中可扩大债务资本,在较高程度上使用财务杠杆。

任务 4　资本结构及其优化

一、资本结构的理论及影响因素

1. 资本结构的含义

资本结构是指企业资本总额中各种资本的构成及其比例关系。筹资管理中，资本结构有广义和狭义之分。广义的资本结构包括全部债务与股东权益的构成比率；狭义的资本结构指长期负债与股东权益资本构成比率。狭义资本结构下，短期债务作为营运资金来管理。本书所指的资本结构通常仅是狭义的资本结构，也就是债务资本在企业全部资本中所占的比重。

不同的资本结构会给企业带来不同的后果。企业利用债务资本进行举债经营具有双重作用，既可以发挥财务杠杆效应，也可能带来财务风险。因此企业必须权衡财务风险和资本成本的关系，确定最佳的资本结构。评价企业资本结构最佳状态的标准应该是能够提高股权收益或降低资本成本，最终目的是提升企业价值。股权收益，表现为净资产报酬率或普通股每股收益；资本成本，表现为企业的平均资本成本率。根据资本结构理论，当企业平均资本成本最低时，企业价值最大。所谓最佳资本结构，是指在一定条件下使企业平均资本成本率最低、企业价值最大的资本结构。资本结构优化的目标，是降低平均资本成本率或提高普通股每股收益。

从理论上讲，最佳资本结构是存在的，但由于企业内部条件和外部环境的经常性变化，动态地保持最佳资本结构十分困难。因此在实践中，目标资本结构通常是企业结合自身实际进行适度负债经营所确立的资本结构。

2. 资本结构理论

资本结构理论是现代企业财务领域的核心部分，美国学者莫迪格莱尼（Franco Modigliani）与米勒（Mertor Miller）提出了著名的 MM 理论，标志着现代资本结构理论的建立。

1）MM 理论

最初的 MM 理论是建立在以下基本假设基础上的：

（1）企业只有长期债券和普通股票，债券和股票均在完善的资本市场上交易，不存在交易成本；

（2）个人投资者与机构投资者的借款利率与企业的借款利率相同且无借债风险；

（3）具有相同经营风险的企业称为风险同类，经营风险可以用息税前利润的方差衡量；

（4）每个投资者对企业未来的收益、风险的预期都相同；

（5）包括债券在内的所有的现金流量都是永续的。

该理论认为，不考虑企业所得税，有无负债不改变企业的价值。因此企业价值不受资本结构的影响。而且，有负债企业的股权成本随着负债程度的增大而增大。

在考虑企业所得税带来的影响后，提出了修正的 MM 理论。该理论认为企业可利用财务杠杆增加企业价值,因负债利息可带来避税利益,企业价值会随着资产负债率的增加而增加。具体而言:有负债企业的价值等于同一风险等级中某一无负债企业的价值加上赋税节余的价值;有负债企业的股权成本等于相同风险等级的无负债企业的股权成本加上与以市值计算的债务与股权比例成比例的风险报酬,且风险报酬取决于企业的债务比例以及企业所得税税率,当负债比例提高时,股权资本成本上升。

之后,米勒进一步将个人所得税因素引入修正的 MM 理论,并建立了同时考虑企业所得税和个人所得税的 MM 资本结构理论模型。

2)权衡理论

修正了的 MM 理论只是接近了现实,在经济实践中,各种负债成本随负债比率的增大而上升,当负债比率达到某一程度时,企业负担破产成本的概率会增加。经营良好的企业,通常会维持其债务不超过某一限度。为解释这一现象,权衡理论应运而生。

权衡理论通过放宽 MM 理论完全信息以外的各种假定,考虑在税收、财务困境成本存在的条件下,资本结构如何影响企业市场价值。权衡理论认为,有负债企业的价值等于无负债企业价值加上税赋节约现值,再减去财务困境成本的现值。

3)代理理论

代理理论认为企业资本结构会影响经理人员的工作水平和管理行为选择,从而影响企业未来现金收入和企业市场价值。该理论认为,债务筹资有很强的激励作用,并将债务视为一种担保机制。这种机制能够促使经理更加努力地工作,并且作出更好的投资决策,从而降低由于两权分离而产生的代理成本;但是,债务筹资可能导致另一种代理成本,即企业接受债权人监督而产生的成本。均衡的企业所有权结构是由股权代理成本和债务代理成本之间的平衡关系来决定的。

4)优序融资理论

优序融资理论以非对称信息条件以及交易成本的存在为前提,认为企业外部融资要多支付各种成本,使得投资者可以从企业资本结构的选择来判断企业市场价值。企业偏好内部融资,当需要进行外部融资时,债务筹资优于股权筹资。从成熟的证券市场来看,企业的筹资优序模式首先是内部筹资,其次是借款、发行债券、可转换债券,最后是发行新股筹资。但是,该理论显然难以解释现实生活中所有的资本结构规律。

值得一提的是,积极主动地改变企业的资本结构(例如,通过出售或者回购股票或债券)牵涉到交易成本,企业很可能不愿意改变资本结构,除非资本结构严重偏离了最优水平。由于企业股权的市值随股价的变化而波动,所以大多数企业的资本结构变动很可能是被动发生的。

3. 影响资本结构的因素

资本结构是一个产权结构问题,是社会资本在企业经济组织形式中的资源配置结果。资本结构的变化,将直接影响社会资本所有者的利益。

1)企业经营状况的稳定性和成长率

企业产销业务量的稳定程度对资本结构有重要影响:如果产销业务量稳定,企业可较多地负担固定的财务费用;如果产销业务量和盈余有周期性,则要负担固定的财务费用,承担较大的财务风险。经营发展能力表现为未来产销业务量的增长率,如果产销业务量能够以较高的水平增长,企业可以采用高负债的资本结构,以提升权益资本的报酬。

2）企业的财务状况和信用等级

企业财务状况良好，信用等级高，债权人愿意向企业提供信用，企业就容易获得债务资本。相反，如果企业财务情况欠佳，信用等级不高，债权人投资风险大，这样会降低企业获得信用的能力，加大债务资本筹资的资本成本。

3）企业资产结构

资产结构是企业筹集资本后进行资源配置和使用后的资金占用结构，包括长短期资产构成和比例，以及长短期资产内部的构成和比例。资产结构对企业资本结构的影响主要包括：拥有大量固定资产的企业主要通过长期负债和发行股票筹集资金；拥有较多流动资产的企业更多地依赖流动负债筹集资金；资产适用于抵押贷款的企业负债较多；以技术研发为主的企业则负债较少。

4）企业投资人和管理当局的态度

从企业所有者的角度看，如果企业股权分散，企业可能更多地采用权益资本筹资以分散企业风险。如果企业为少数股东控制，股东通常重视企业控股权问题，为防止控股权稀释，企业一般尽量避免普通股筹资，而是采用优先股或债务资本筹资。从企业管理当局的角度看，高负债资本结构的财务风险高，一旦经营失败或出现财务危机，管理当局将面临市场接管的威胁或者被董事会解聘。因此，稳健的管理当局偏好选择低负债比例的资本结构。

5）行业特征和企业发展周期

不同行业资本结构差异很大。产品市场稳定的成熟产业经营风险低，因此可提高债务资本比重，发挥财务杠杆作用。高新技术企业的产品、技术、市场尚不成熟，经营风险高，因此可降低债务资本比重，控制财务杠杆风险。在同一企业的不同发展阶段，资本结构安排不同。企业初创阶段，经营风险高，在资本结构安排上应控制负债比例；企业发展成熟阶段，产品产销业务量稳定和持续增长，经营风险低，可适度增加债务资本比重，发挥财务杠杆效应；企业收缩阶段，产品市场占有率下降，经营风险逐步加大，应逐步降低债务资本比重，保证经营现金流量能够偿付到期债务，保持企业持续经营能力，降低破产风险。

6）经济环境的税务政策和货币政策

资本结构决策必然要研究理财环境因素，特别是宏观经济状况。政府调控经济的手段包括财政税收政策和货币金融政策，当所得税税率较高时，债务资本的抵税作用大，企业可以充分利用这种作用来提高企业价值。货币金融政策影响资本供给，从而影响利率水平的变动，当国家执行紧缩的货币政策时，市场利率较高，企业债务资本成本增大。

二、资本结构的优化

资本结构的优化旨在寻求最优资本结构，使企业综合资本成本最低、企业风险最小、企业价值最大。下面介绍三种常用的优化资本结构的方法。

1. 比较综合资本成本法

当企业对不同筹资方案作选择时可以采用比较综合资本成本的方法选定一个资本结构较优的方案。比较综合资本成本法，是通过计算和比较各种可能的筹资组合方案的综合资本成本，选择综合资本成本率最低的方案。即能够降低综合资本成本的资本结构，就是合理的资本结构。这种方法侧重于从资本投入的角度对筹资方案和资本结构进行优化分析。

【例5－16】某企业计划年初的资本结构如表5－11所示。

表5－11　某企业计划年初的资本结构

资金来源	金　额
普通股6万股(筹资费率2%)	600万元
长期债券年利率10%(筹资费率2%)	400万元
长期借款年利率9%(无筹资费用)	200万元
合计	1 200万元

普通股每股面额100元，今年期望股息为10元，预期股利年增长率为3%。该企业所得税率为25%。

该企业现拟增资300万元，有以下两个方案可供选择：

甲方案：发行长期债券300万元，年利率11%，筹资费率2%。普通股每股股息增加到12元，以后每年需增加4%。

乙方案：发行长期债券150万元，年利率11%，筹资费率2%，另以每股150元发行股票150万元，筹资费率2%，普通股每股股息增加到12元，以后每年仍增加3%。

求：(1)计算年初综合资本成本；

(2)试作出增资决策。

解：(1)年初：

$$普通股资本成本 = \frac{10}{100 \times (1-2\%)} + 3\% \approx 13.20\%$$

$$长期债券资本成本 = \frac{10\% \times (1-25\%)}{1-2\%} \approx 7.65\%$$

$$长期借款资本成本 = 9\% \times (1-25\%) = 6.75\%$$

$$综合资本成本 = 13.20\% \times \frac{600}{1\,200} + 7.65\% \times \frac{400}{1\,200} + 6.75\% \times \frac{200}{1\,200} = 10.275\%$$

(2)甲方案：

$$普通股资本成本 = \frac{12}{100 \times (1-2\%)} + 4\% \approx 16.24\%$$

旧债券资本成本 $\approx 7.65\%$

长期借款资本成本 $= 6.75\%$

$$新债券资本成本 = \frac{11\% \times (1-25\%)}{1-2\%} \approx 8.42\%$$

$$综合资本成本 = 16.24\% \times \frac{600}{1\,500} + 7.65\% \times \frac{400}{1\,500} + 6.75\% \times \frac{200}{1\,500} + 8.42\% \times \frac{300}{1\,500}$$
$$= 11.12\%$$

乙方案：

$$旧普通股资本成本 = \frac{12}{100 \times (1-2\%)} + 3\% \approx 15.24\%$$

旧债券资本成本 $\approx 7.65\%$

长期借款资本成本 $= 6.75\%$

$$新债券资本成本 = \frac{11\% \times (1 - 25\%)}{1 - 2\%} \approx 8.42\%$$

$$新普通股资本成本 = \frac{12}{150 \times (1 - 2\%)} + 3\% \approx 11.16\%$$

$$综合资本成本 = 15.24\% \times \frac{600}{1\,500} + 7.65\% \times \frac{400}{1\,500} + 6.75\% \times \frac{200}{1\,500} +$$

$$8.42\% \times \frac{150}{1\,500} + 11.16\% \times \frac{150}{1\,500}$$

$$= 10.994\%$$

由以上计算结果可知，乙方案的综合资本成本低于甲方案，应采用乙方案增资。

2. 每股收益分析法

每股收益受经营利润水平、债务资本成本水平等因素的影响，分析每股收益与资本结构的关系，可以找到每股收益无差别点。无差别点分析是对不同资本结构的获利能力进行分析。所谓每股收益无差别点，是指不同筹资方式下每股收益都相等时的息税前利润或业务量水平，这一点是两种资本结构优劣的分界点，无差别点分析可称 EBIT—EPS 分析。根据每股收益无差别点，可以分析判断在什么样的息税前利润水平或产销业务量水平前提下，适于采用何种筹资组合方式，进而确定企业的资本结构安排。

在每股收益无差别点上，无论是采用债务或股权筹资方案，每股收益都是相等的。当预期息税前利润或业务量水平大于每股收益无差别点时，应当选择债务筹资方案，反之选择股权筹资方案。在每股收益无差别点时，不同筹资方案的每股收益是相等的。

每股收益 = 归属于普通股的净利润 ÷ 发行在外普通股的加权平均数，计算公式为

$$EPS = \frac{(EBIT - I)(1 - T) - D}{N} \tag{5-24}$$

式中：EPS 为每股收益；EBIT 为息税前利润；I 为每年支付的利息；T 为所得税税率；D 为优先股股利；N 为普通股数。

注意：企业若未发行优先股股票，上述公式中，则优先股股利 D 为零，公式可表示为

$$EPS = \frac{(EBIT - I)(1 - T)}{N} \tag{5-25}$$

运用每股收益无差别点进行资本结构优化分析时，考虑在不同筹资方案下每股收益（EPS）相等时的 EBIT 水平。

设两个方案的每股收益分别为 EPS_1、EPS_2，

令 $EPS_1 = EPS_2$，则：

$$\frac{(\overline{EBIT} - I_1)(1 - T) - D_1}{N_1} = \frac{(\overline{EBIT} - I_2)(1 - T) - D_2}{N_2} \tag{5-26}$$

得

$$\overline{EBIT} = \frac{(I_1 N_2 - I_2 N_1)(1 - T) + (N_2 D_1 - N_1 D_2)}{(N_2 - N_1)(1 - T)} \tag{5-27}$$

式中：$\overline{EBIT}$ 为无差别点息税前利润；I_1 为第一种方案债务利息；I_2 为第二种方案债务利息；T 为企业所得税税率；D_1 为第一种方案优先股股利；D_2 为第二种方案优先股股利；N_1 为第一种方案普通股股数；N_2 为第二种方案普通股股数。

企业不发行优先股,则公式 5-25 可简化为

$$\overline{EBIT}=\frac{I_1N_2-I_2N_1}{N_2-N_1} \tag{5-28}$$

在每股收益无差别点下,当实际 EBIT=每股收益无差别点$\overline{EBIT}$时,负债筹资方案和普通股筹资方案都可选;

当实际 EBIT>每股收益无差别点$\overline{EBIT}$时,负债筹资方案的 EPS 高于普通股筹资方案的 EPS,选择负债筹资方案;

当实际 EBIT<每股收益无差别点$\overline{EBIT}$时,负债筹资方案的 EPS 低于普通股筹资方案的 EPS,选择普通股筹资方案。

由于负债有递减所得税的效应,而股票筹资股利无法在税前扣除,所以,当预计的息税前利润大于每股利润无差别点息税前利润时,负债筹资方案可以加大企业财务杠杆的作用,放大收益倍数。当预计息税前利润小于每股利润无差别点息税前利润时,发行股票筹资比较好。

【例5-17】光明公司目前资本结构为:总资本 1 000 万元,其中债务资金 400 万元(年利息 40 万元);普通股资本 600 万元(600 万股,面值 1 元,市价 5 元)。企业由于有一个较好的新投资项目,需要追加筹资 300 万元,有两种筹资方案:

甲方案:增发普通股 100 万股,每股发行价 3 元。

乙方案:向银行取得长期借款 300 万元,利息率 16%。

根据财务人员测算,追加筹资后销售额可望达到 1 200 万元,变动成本率 60%,固定成本为 200 万元,所得税税率 25%,不考虑筹资费用因素。根据上述数据,代入无差别点公式(5-28):

$$\overline{EBIT}=\frac{I_1N_2-I_2N_1}{N_2-N_1}=\frac{40\times600-(40+48)\times(600+100)}{600-700}=376(万元)$$

这里,$\overline{EBIT}$为 376 万元,是两个筹资方案的每股收益无差别点。在此点上,两个方案的每股收益相等,均为 0.384 元。企业预期追加筹资后销售额为 1 200 万元,预期获利 280 万元,低于无差别点 376 万元,应当采用财务风险较小的甲方案,即增发普通股方案。在 1 200 万元销售额水平上,甲方案的 EPS 为 0.274 元,乙方案的 EPS 为 0.256 元。

当企业需要的资本额较大时,可能会采用多种筹资方式组合融资。这时,需要详细比较分析各种组合筹资方式下的资本成本负担及其对每股收益的影响,选择每股收益最高的筹资方式。

【例5-18】某企业现有资本结构全部为普通股 10 000 万元,每股 10 元,折合 1 000 万股。现拟增资 2 000 万元,有甲、乙两种筹资方案可供选择。甲方案:发行普通股 200 万股,每股 10 元。乙方案:发行普通股 100 万股,每股 10 元;另发行债券 1 000 万元,债券年利率 10%。该企业所得税率为 25%。求:作 EBIT—EPS 分析。

解:设 EBIT 为该企业的息税前利润

$$EPS_{甲}=\frac{\overline{EBIT}\times(1-25\%)}{1\,000+200}$$

$$EPS_{乙}=\frac{(\overline{EBIT}-1\,000\times10\%)\times(1-25\%)}{1\,000+100}$$

令 $EPS_甲 = EPS_乙$，得：

$$\frac{EBIT \times 0.75}{1\,200} = \frac{(EBIT - 100) \times 0.75}{1\,100}$$

$EBIT = 1\,200$（万元）

此时，$EPS_甲 = EPS_乙 = 0.75$（元）

绘制 EBIT-EPS 分析图，如图 5-4 所示。

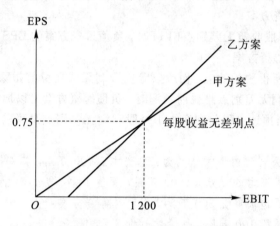

图 5-4　EBIT-EPS 分析图

从图 5-4 可以看出，当 EBIT 等于 1 200 万元时，两种筹资方案的 EPS 相等；当 EBIT＞1 200 万元时，运用乙方案筹资能够获得更高的 EPS；当 EBIT＜1 200 万元时，运用甲方案可以获得更高的 EPS。

3. 公司价值分析法

以上两种方法都是从账面价值的角度进行资本结构优化分析，没有考虑市场反应，即没有考虑风险因素。公司价值分析法，是在考虑市场风险的基础上，以公司市场价值为标准，进行资本结构优化。即能够提升公司价值的资本结构，就是合理的资本结构。这种方法主要用于对现有资本结构进行调整，适用于资本规模较大的上市公司资本结构优化分析。同时，在公司价值最大的资本结构下，公司的平均资本成本率也是最低的。

设：V 表示公司价值，B 表示债务资金价值，S 表示权益资本价值。公司价值应该等于资本的市场价值，即

$$V = S + B \tag{5-29}$$

为简化分析，假设公司各期的 EBIT 保持不变，债务资金的市场价值等于其面值，权益资本的市场价值可通过下式计算：

$$S = (EBIT - I) \cdot \frac{1-T}{K_S} \tag{5-30}$$

且：

$$K_S = R_f + \beta(R_m - R_f) \tag{5-31}$$

此时：

$$K_W = K_b \cdot \frac{B}{V} + K_s \cdot \frac{S}{V} \tag{5-32}$$

【**例 5-19**】某公司息税前利润为 400 万元，资本总额账面价值 2 000 万元。假设无风

险报酬率为6%,证券市场平均报酬率为10%,所得税税率为25%。债务市场价值等于面值,经测算,不同债务水平下的权益资本成本率和税前债务利息率(假设税前债务利息率等于税前债务资本成本)如表5-12所示。

表5-12 税前债务利息率和权益资本成本率资料表 单位:万元

债务市场价值 B	税前债务利息率/%	股票 β 系数	权益资本成本率 K_S/%
0	—	1.50	12.0
200	8	1.55	12.2
400	8.5	1.65	12.6
600	9	1.80	13.2
800	10	2.00	14.0
1 000	12	2.30	15.2
1 200	15	2.70	16.8

根据表5-12,可计算出不同资本结构下的公司总价值和平均资本成本率,如表5-13所示。

表5-13 公司价值和平均资本成本率 单位:万元

债务市场价值 B	股票市场价值	公司总价值	税后资本	普通股资本	平均资本
0	2 500	2 500	—	12.0	12.0
200	2 361	2 561	6	12.2	11.7
400	2 179	2 579	6.375	12.6	11.6
600	1 966	2 566	6.75	13.2	11.7
800	1 714	2 514	7.5	14.0	11.9
1 000	1 382	2 382	9	15.2	12.6
1 200	982	2 182	11.25	16.8	13.7

可以看出,在没有债务资本的情况下,公司的总价值等于股票的账面价值。当公司增加一部分债务时,财务杠杆开始发挥作用,股票市场价值大于其账面价值,公司总价值上升,平均资本成本率下降。在债务资本达到400万元时,公司总价值最高,平均资本成本率最低。债务资本超过400万元后,随着利息率的不断上升,财务杠杆作用逐步减弱甚至显现负作用,公司总价值下降,平均资本成本率上升。因此,债务资本为400万元时的资本结构是该公司的最优资本结构。

上述三种优化资本结构的方法都有一定的局限性。首先,它们都仅对有限个方案选出最优方案,因此只能是"较优",不可能是"最优"。其次,它们与财务管理的总目标——股东财富最大化不可能完全一致,在第一种方法下,综合资本成本低,并不能保证股东财富最大;在第二、三种方法下,假定普通股每股利润越大,则普通股股价越高,从而股东财富越大,但事实上普通股股价并不仅取决于每股利润,而是受到多种因素的影响。

上述三种优化资本结构的方法适用于不同的情况。比较综合资本成本法适用于个别资本成本已知或可计算的情况；每股收益分析法适用于息税前利润不能明确预见，但可估测大致范围的情况；公司价值分析法用于对现有资本结构进行调整，适用于资本规模较大的上市公司资本结构优化分析。

知 识 小 结

本章主要包括资金需要量预测、资本成本、杠杆原理、资本结构及其优化等四部分内容。资金需要量预测是指企业根据其生产经营的需求，对未来一定时期内所需资金的估计和推测。资金需要量预测方法主要有因素分析法、销售百分比法、资金习性预测法。资本成本是指企业为筹集和使用资本而付出的代价，包括筹资费用和占用费用。资本成本是企业选择资金来源，拟定筹资方案的依据，也是企业用资效益的最低尺度，资本成本的计算包括个别资本及综合资本成本的计算。财务管理中用杠杆原理来描述一个量的变动会引起另一个量的更大变动，具体有经营杠杆、财务杠杆、总杠杆。资本结构是指企业各种长期资金的构成比例，是筹资质量的集中表现，资本结构的优化方法有比较综合资本成本法、每股收益分析法和公司价值分析法，这些方法适用于不同的情况，从不同的角度优化资本结构。

实 践 演 练

一、单项选择题

1. 甲企业本年度资金平均占用额为 3 600 万元，经分析，其中不合理部分为 600 万元。预计下年度销售增长率为 5%，资金周转加速 2%，则下年度资金需要量预计为（　　　）万元。

　　A. 3 000　　　　　　　B. 3 087　　　　　　　C. 3 150　　　　　　　D. 3 213

2. 根据资金需要量预测的销售百分比法，下列负债项目中，通常会随销售额变动而成正比例变动的是（　　　）。

　　A. 短期融资券　　　B. 短期借款　　　C. 长期负债　　　D. 应付票据

3. 采取销售百分比法预测资金需求量时，下列各项中，属于非敏感性项目的是（　　　）。

　　A. 现金　　　　　B. 存货　　　　　C. 长期借款　　　　D. 应付账款

4. 某公司 20×8 年预计营业收入为 50 000 万元，预计销售净利率为 10%，股利支付率为 60%。据此可以推测算出该公司 20×8 年内部资金来源金额为（　　　）。

　　A. 2 000 万元　　　B. 3 000 万元　　　C. 5 000 万元　　　D. 8 000 万元

5. 如果企业一定期间内的固定生产成本和固定财务费用均不为零，则由上述因素共同作用而导致的杠杆效应属于（　　　）。

　　A. 经营杠杆效应　　B. 财务杠杆效应　　C. 总杠杆效应　　D. 风险杠杆效应

6. 下列各项中，运用普通股每股收益无差别点确定最佳资本结构时，需计算的指标是（　　　）。

　　A. 息税前利润　　　B. 营业利润　　　C. 净利润　　　D. 利润总额

7. 假定某企业的股权资本与债务资本的比例为 60：40，据此可断定该企业（　　　）。

　　A. 只存在经营风险　　　　　　　　B. 经营风险大于财务风险

C. 经营风险小于财务风险　　　　　　D. 同时存在经营风险和财务风险

8. 在个别资本成本的计算中，不必考虑筹资费用影响因素的是( )。

A. 长期借款成本　　B. 债券成本　　　C. 留用利润成本　　D. 普通股成本

9. 一般来说，在企业的各种资金来源中，资本成本最高的是( )。

A. 优先股　　　　　B. 普通股　　　　C. 债券　　　　　　D. 长期借款

10. 在筹资总额和筹资方式一定的条件下，为使资本成本适应投资报酬率的要求，决策者应进行( )。

A. 追加筹资决策　　　　　　　　　　B. 筹资方式比较决策

C. 资本结构决策　　　　　　　　　　D. 投资可行性决策

11. 如果预计企业的资本报酬率高于借款的利率，则应( )。

A. 提高负债比例　　　　　　　　　　B. 降低负债比例

C. 提高股利支付率　　　　　　　　　D. 降低股利支付率

12. 每股收益无差别点是指使不同资本结构的每股收益相等时的( )。

A. 销售收入　　　　B. 变动成本　　　C. 固定成本　　　　D. 息税前利润

13. 利用每股收益无差别点进行企业资本结构分析时，当预计销售额高于无差别点时，采用( )筹资更有利。

A. 留用利润　　　　B. 股权　　　　　C. 债务　　　　　　D. 内部

14. 经营杠杆效应产生的原因是( )。

A. 不变的固定成本　　　　　　　　　B. 不变的产销量

C. 不变的债务利息　　　　　　　　　D. 不变的销售单价

15. 债券的资本成本率一般低于股票的资本成本率，其主要原因是( )。

A. 债券的筹资费用较少　　　　　　　B. 债券的发行量少

C. 债券的利息率固定　　　　　　　　D. 债券利息在税前支付

16. 每股收益变动率相对于息税前利润变动率的倍数，即为( )。

A. 经营杠杆系数　　B. 财务杠杆系数　C. 总杠杆系数　　　D. 边际资本成本

17. 经营杠杆系数是5，财务杠杆系数是1.1，则综合杠杆系数是( )。

A. 5.5　　　　　　 B. 6.5　　　　　　C. 3.9　　　　　　 D. 7.2

18. 息税前利润的变动率相对于销售量变动率的倍数，即为( )。

A. 经营杠杆系数　　B. 财务杠杆系数　C. 总杠杆系数　　　D. 边际资本成本

19. 每股利润变动率相对于销售量变动率的倍数，即为( )。

A. 经营杠杆系数　　B. 财务杠杆系数　C. 总杠杆系数　　　D. 边际资本成本

20. 某企业长期资本总额为1 000万元，借入资金占总资本的40%，借入资金的利息率为10%。当企业销售额为1 000万元，息税前利润为240万元时，则财务杠杆系数为( )。

A. 1.2　　　　　　 B. 1.25　　　　　 C. 1.04　　　　　　D. 1.4

21. 下列各项中，属于资金使用费的是( )。

A. 债券利息费　　　B. 借款手续费　　C. 借款公证费　　　D. 债券发行费

22. 下列各种筹资方式中，企业无需支付资金占用费的是( )。

A. 发行债券　　　　B. 发行优先股　　C. 发行短期票据　　D. 发行认股权证

23. 某公司2×12~2×16年度销售收入和资金占用的历史数据(单位：万元)分别为

(800，18)，(760，19)，(900，20)，(1 000，22)，(1 100，21)，运用高低点法分离资金占用中的不变资金与变动资金时，应采用的两组数据是(　　)。

A. (760，19)和(1 000，22)　　　　B. (800，18)和(1 100，21)

C. (760，19)和(1 100，21)　　　　D. (800，18)和(1 000，22)

24. 下列各项中，通常不会导致企业资本成本增加的是(　　)。

A. 通货膨胀加剧　　　　　　　　B. 投资风险上升

C. 经济持续过热　　　　　　　　D. 证券市场流动性增强

25. 在不考虑筹款限制的前提下，下列筹资方式中个别资本成本最高的通常是(　　)。

A. 发行普通股　　B. 留存收益筹资　　C. 长期借款筹资　　D. 发行公司债券

26. 在下列各项中，不能用于加权平均资本成本计算的是(　　)。

A. 市场价值权数　　B. 目标价值权数　　C. 账面价值权数　　D. 边际价值权数

27. 下列各项中，将会导致经营杠杆效应最大的情况是(　　)。

A. 实际销售额等于目标销售额　　　　B. 实际销售额大于目标销售额

C. 实际销售额等于盈亏临界点销售额　　D. 实际销售额大于盈亏临界点销售额

28. 某公司的经营杠杆系数为1.8，财务杠杆系数为1.5，则该公司销售额每增长1倍，就会造成每股收益增加(　　)。

A. 1.2倍　　　　　B. 1.5倍　　　　　C. 0.3倍　　　　　D. 2.7倍

29. 在通常情况下，适宜采用较高负债比例的企业发展阶段是(　　)。

A. 初创阶段　　　　B. 破产清算阶段　　C. 收缩阶段　　　　D. 发展成熟阶段

30. 下列关于最佳资本结构的表述中，错误的是(　　)。

A. 最佳资本结构在理论上是存在的

B. 资本结构优化的目标是提高企业价值

C. 企业平均资本成本最低时资本结构最佳

D. 企业的最佳资本结构应当长期固定不变

二、多项选择题

1. 影响财务杠杆系数的因素有(　　)。

A. 息税前利润　　B. 固定成本　　　　C. 优先股股利　　　D. 所得税税率

2. 财务杠杆效应产生的原因是(　　)。

A. 不变的债务利息　　　　　　　　B. 不变的固定成本

C. 不变的优先股股利　　　　　　　D. 不变的销售单价

3. 计算综合资本成本时的权数，可选择(　　)。

A. 账面价值　　B. 票面价值　　　　C. 市场价值　　　　D. 目标价值

4. 同综合杠杆系数成正比例变化的是(　　)。

A. 销售额变动率　　B. 每股收益变动率　　C. 经营杠杆系数　　D. 财务杠杆系数

5. 资金筹集费是指企业为筹集资金付出的代价，下列属于资金筹集费的有(　　)。

A. 借款手续费　　　　　　　　　　B. 支付的股票发行费用

C. 债券利息　　　　　　　　　　　D. 股票股利

6. 下列各项因素中，能够影响公司资本成本水平的有(　　)。

A. 通货膨胀　　B. 筹资规模　　　　C. 经营风险　　　　D. 资本市场效率

7. 在计算下列各项资金的筹资成本时，需要考虑筹资费用的有(　　)。

A. 普通股　　　　　　B. 债券　　　　　　C. 长期借款　　　　　D. 留存收益

8. 下列各项中，影响财务杠杆系数的有(　　)。

A. 息税前利润　　　　B. 普通股股利　　　C. 优先股股息　　　　D. 借款利息

9. 下列各项因素中，影响企业资本结构决策的有(　　)。

A. 企业的经营状况　　　　　　　　　　　B. 企业的信用等级

C. 国家的货币供应量　　　　　　　　　　D. 管理者的风险偏好

10. 以下各项中，反映联合杠杆作用的有(　　)。

A. 说明普通股每股收益的变动幅度　　　　B. 预测普通股每股收益

C. 衡量企业的总体风险　　　　　　　　　D. 说明企业财务状况

11. 如果不考虑优先股，筹资决策中总杠杆系数的性质包括(　　)。

A. 总杠杆系数越大，企业的经营风险越大

B. 总杠杆系数能够估计出销售额变动对每股收益的影响

C. 总杠杆系数能够起到财务杠杆和经营杠杆的综合作用

D. 总杠杆能够表达企业边际贡献与税前利润的比率

12. 下列有关资本结构理论的表述中正确的是(　　)。

A. 按照考虑所得税条件下的 MM 理论，当负债为 100% 时，企业价值最大

B. MM(无税)理论认为，负债越多企业价值越大

C. 权衡理论认为有负债企业的价值是无负债企业价值加上抵税收益的现值

D. 代理理论认为均衡的企业所有权结构是由股权代理成本和债务代理成本之间的平衡关系来决定的

三、判断题

1. 最优资本结构是使企业自有资本成本最低的资本结构。　　　　　　　　　　(　　)

2. 财务杠杆系数是由企业资本结构决定的，财务杠杆系数越大，财务风险越大。(　　)

3. 在各种资金来源中，凡是需支付固定性资本成本的资金都能产生财务杠杆作用。

(　　)

4. 在个别资本成本一定的情况下，企业综合资本成本的高低取决于资金总额的大小。

(　　)

5. 导致经营杠杆存在的原因是固定成本的存在。　　　　　　　　　　　　　　(　　)

6. 若企业无负债且无优先股，则财务杠杆系数为 1。　　　　　　　　　　　　(　　)

7. 在财务杠杆、经营杠杆、总杠杆三项杠杆中，作用力最强、效用最大的是总杠杆。

(　　)

8. 一般来说，企业资本结构中权益资本相对负债资本的比例越大，则企业的加权平均资本成本也越大。　　　　　　　　　　　　　　　　　　　　　　　　　　　　　(　　)

9. 当息税前利润高于每股利润无差别点的利润时，采用权益筹资比采用负债筹资更有利。　　　　　　　　　　　　　　　　　　　　　　　　　　　　　　　　　　　(　　)

10. 当企业资产总额等于权益资本总额时，财务杠杆系数必然等于 1。　　　　(　　)

11. 企业负债比例越高，财务风险越大，因此负债对企业总是不利的。　　　　(　　)

12. 由于财务杠杆的作用，当息税前利润下降时，普通股每股收益会下降得更快。
（　　）

13. 企业使用留存收益不需付出代价。（　　）

14. 企业的负债越多，财务杠杆系数就越高，财务风险就越大。（　　）

15. 通过发行股票筹资，可以不付利息，因此其成本比借款筹资的成本低。（　　）

16. 资本成本包括筹资费用和用资费用两部分，其中筹资费用是资本成本的主要内容。（　　）

17. 边际资本成本是指资金每增加一个单位而增加的成本，边际资本成本为零时，资本结构最佳。（　　）

18. 企业在选择资金来源时，首先要考虑的因素就是资本成本的高低。（　　）

19. 当企业的经营杠杆系数等于 1 时，则企业的固定成本为零，此时企业没有经营风险。（　　）

20. 当固定成本为零或业务量为无穷大时，息税前利润的变动率应等于产销量的变动率。（　　）

21. 在个别资本成本一定的情况下，企业综合资本成本的高低取决于资金总额。
（　　）

22. 在企业承担总风险能力一定且利率相同的情况下，对于经营杠杆水平较高的企业，应当保持较低的负债水平，而对于经营杠杆水平较低的企业，则可以保持较高的负债水平。（　　）

23. 使企业税后利润最大的资本结构是最佳资本结构。（　　）

24. 资本成本率是企业用以确定项目要求达到的投资报酬率的最低标准。（　　）

25. 根据优序融资理论，当存在外部融资需求时，企业倾向于债务融资而不是股权融资。（　　）

四、案例分析

案例情景 1：甲企业本年度资金平均占用额为 3 500 万元，经分析，其中不合理部分为 500 万元。预计下年度销售增长 5%，资金周转加速 2%。

实践要求：下年度资金需要量预计为多少万元？

案例情景 2：某企业历年产销量和资金变化情况如表 5 - 14 所示。

表 5 - 14　资金需要量预测表（按总额预测）

年度	产销量 X_i/万件	资金占用 Y_i/万元	$X_i Y_i$	X_i^2
20×3	1 200	1 000	1 200 000	1 440 000
20×4	1 100	950	1 045 000	1 210 000
20×5	1 000	900	900 000	1 000 000
20×6	1 200	1 000	1 200 000	1 440 000
20×7	1 300	1 050	1 365 000	1 690 000
20×8	1 400	1 100	1 540 000	1 960 000
合计 $n=6$	$\sum X_i = 7\ 200$	$\sum Y_i = 6\ 000$	$\sum X_i Y_i = 7\ 250\ 000$	$\sum X_i^2 = 8\ 740\ 000$

实践要求：2×19 年预计销售量为 1 500 万件，利用回归直线法预计 2×19 年的资金需要量。

案例情景 3：某公司向银行借款 2 000 万元，年利息为 8%，筹资费率为 0.5%，该公司使用的所得税税率为 25%，

实践要求：该笔借款的资本成本是多少？

案例情景 4：某企业发行面值 1 000 元、期限 5 年、票面利率 8% 的债券 4 000 张，每年结息一次，发行费率为 5%，所得税税率 25%。

实践要求：在下列情况下，该批债券筹资的成本为多少？

(1) 按面值发行该债券。

(2) 按溢价 100 元发行债券。

(3) 折价 50 元发行债券。

案例情景 5：某上市公司发行面值 100 元的优先股，规定的年股息率为 9%。该优先股溢价发行，发行价格为 130 元，发行时筹资费用率为发行价的 3%。

实践要求：该优先股的资本成本率是多少？

案例情景 6：某公司普通股市价 30 元，筹资费用率为 2%，本年发放现金股利每股 0.6 元，预期股利年增长率 10%。

实践要求：计算普通股资本成本。

案例情景 7：某股份公司普通股股票的 β 系数为 1.5，此时一年期国债利率为 5%，市场平均报酬率为 15%。

实践要求：计算普通股资本成本。

案例情景 8：某公司普通股目前的股价为 10 元/股，筹资费率为 6%，本期支付的每股股利为 2 元，股利固定增长率为 2%。

实践要求：计算该企业利用留存收益的资本成本。

案例情景 9：甲公司 2×15 年年末长期资本为 5 000 万元，其中长期银行借款为 1 000 万元，年利率为 6%；所有者权益(包括股本和留存收益)为 4 000 万元。公司计划在 2×16 年追加筹集资金 5 000 万元，其中按面值发现债券 2 000 万元，票面年利率为 6.86%，期限 5 年，每年计息一次，到期一次还本，筹集费用率为 2%；发行优先股筹资 3 000 万元，固定股息率为 7.76%，筹集费用率为 3%。公司普通股 β 系数为 2，一年期国债利率为 4%，市场平均报酬率为 9%。公司适用的所得税税率为 25%。假设不考虑筹资费用对资本结构的影响，发行债券和优先股不影响借款利率和普通股股价。

实践要求：

(1) 计算甲公司长期银行借款的资本成本。

(2) 假设不考虑货币时间价值，计算甲公司发行债券的资本成本。

(3) 计算甲公司发行优先股的资本成本。

(4) 利用资本资产定价模型计算甲公司留存收益的资本成本。

(5) 计算甲公司 2×16 年完成筹资计划后的平均资本成本。

案例情景 10：泰华公司产销某种服装，固定成本 500 万元，变动成本率 70%。年产销额 5 000 万元时，变动成本 3 500 万元，固定成本 500 万元，息税前利润 1 000 万元；年产销额 7 000 万元时，变动成本为 4 900 万元，固定成本仍为 500 万元，息税前利润为 1 600

万元。

实践要求：

（1）用定义公式计算经营杠杆系数。

（2）用简化公式计算经营杠杆系数。

案例情景 11：某公司 2×17 净利润为 750 万元，所得税税率为 25%，估计下年的财务杠杆系数为 2。该公司全年固定经营成本总额为 1 500 万元，公司年初发行了一种债券数量为 10 万张，每张面值为 1 000 元，发行价格为 1 100 元，债券票面利率为 10%，发行费用占发行价格的 2%。假设公司无其他债务资本。

实践要求：

（1）计算 2×17 年的利润总额。

（2）计算 2×17 年的利息总额。

（3）计算 2×17 年的息税前利润。

（4）计算 2×18 年的经营杠杆系数。

（5）用一般模式计算 2×17 年的债券筹资成本。

案例情景 12：B 企业年销售额为 1 000 万元，变动成本率为 60%，息税前利润为 250 万元，全部资本 500 万元，负债比率 40%，负债平均利率 10%。

实践要求：

（1）计算 B 企业的经营杠杆系数、财务杠杆系数和总杠杆系数。

（2）如果预测期 B 企业的销售额将增长 10%，计算息税前利润及每股收益的增长幅度。

案例情景 13：乙公司是一家服装企业，只生产销售某种品牌的西服。2×17 年度固定成本总额为 20 000 万元。单位变动成本为 0.4 万元。单位售价为 0.8 万元，销售量为 100 000 套，乙公司 2×17 年度发生的利息费用为 4 000 万元。

实践要求

（1）计算 2×17 年度的息税前利润。

（2）以 2×17 年为基数。计算下列指标：① 经营杠杆系数；② 财务杠杆系数；③ 总杠杆系数。

案例情景 14：光华公司目前的资本结构为：总资本 1 000 万元，其中债务资本 400 万元（年利息 40 万元），普通股资本 600 万元（600 万股，面值 1 元，市价 5 元）。企业由于有一个较好的新投资项目，需要追加筹资 300 万元，有两种筹资方案：

甲方案：向银行取得长期借款 300 万元，利息率 16%；

乙方案：增发普通股 100 万股，每股发行价 3 元。

根据财务人员测算，追加筹资后销售额可望达到 1 200 万元，变动成本率 60%，固定成本 200 万元，所得税率 20%，不考虑筹资费用因素。

实践要求：运用每股收益分析法，选择筹资方案。

案例情景 15：丙企业 2×16 年末总股本为 300 万股，该年利息费用为 500 万元，假定该部分利息费用在 2×17 年保持不变，预计 2×17 年销售收入为 15 000 万元，预计息税前利润与销售收入的比率为 12%。该企业决定于 2×17 年初从外部筹集资金 850 万元。具体筹资方案有两个：

方案 1：发行普通股股票 100 万股，发行价每股 8.5 元。20×6 年每股股利(D_0)为 0.5元，预计股利增长率为 5%。

方案 2：发行债券 850 万元，债券利率 10%，适用的企业所得税税率为 25%。

假定上述两方案的筹资费用均忽略不计。

实践要求：

根据资料为丙企业完成下列任务：

① 计算 2×17 年预计息税前利润；

② 计算每股收益无差别点；

③ 根据每股收益无差别点法做出最优筹资方案决策，并说明理由；

④ 计算方案 1 增发新股的资本成本。

学习情景六　投资管理

案例导入

江南公司现有甲乙两个项目投资方案：

甲方案初始投资 3 000 万元，建设期为 10 年，使用寿命为 5 年，不需垫支流动资金，采用直线法计提折旧，5 年后设备无残值，5 年中每年增加营业收入为 1 400 万元，增加的经营成本为 400 万元。

乙方案初始投资 2 400 万元，垫支流动资金 600 万元，并在设备清理时收回，建设期为 10 年，采用直线法计提折旧，使用寿命为 5 年，5 年后设备净残值收入为 400 万元，5 年中每年增加营业收入 1 600 万元，以后逐年增加修理费 80 万元。已知公司所得税税率为 25%。

案例问题：如果你是江南公司的财务人员，公司要求你通过计算比较两个投资方案的优劣，并选择较优的方案，你将如何计算和选择。

学习任务： 分析影响江南公司投资项目决策的因素有哪些。

学习目标： 通过本章学习，要求掌握投资项目决策评价指标的应用，并能作出投资项目决策；掌握风险投资项目决策情况下，风险调整贴现率法的含义及计算技巧。理解投资风险分析的肯定当量法的含义及计算技巧。了解投资项目的概念、类型及项目投资决策的程序。

任务 1　投资项目决策的相关概念

一、投资及投资项目

1. 什么是投资

从不同的角度，可以对投资给出不同的定义，简单地说，投资是以预期的经济或社会效益为目的的资金投入行为和过程，这里的"资金"应该理解为可折算成资金的各种资源（包括无形生产要素），投资的经济主体（投资主体或投资者）可以是政府、企业或个人。

2. 投资的类型

1) 按投资的目的，可分为经济投资、公益性投资和金融投资

(1) 经济投资是指以实现最大投资价值为目的，将资金（或各种资源）转化为固定资产、无形资产、流动资产，生产出产品或提供服务以获取利润的投资行为。

(2) 公益性投资具有较强的公共性，它所提供的产品或服务往往不一定具有市场价格，其基本出发点是以社会公共福利为主，而非商业利润。

(3) 金融投资是指通过购买各种金融证券，形成金融资产而获利的投资行为。

2）按投资者对投资活动参与程度的不同，可分为直接投资和间接投资

直接投资使实物和无形资产存量增加，为项目产出社会产品或服务，以及最终产生经济或社会效益提供物质基础，它是进行社会再生产和扩大再生产的基本手段。投资者直接参与资本形成的过程，并在一定程度上对投资对象拥有经营控制权。经济投资和公益性投资属于直接投资。

间接投资是投资者通过购买各种金融债券，拥有股权、债权、期权等形式，间接地参与实物和无形资产形成的过程。投资者一般对被投资企业没有经营权，但可以随时转卖变现或通过投资组合分散风险。其重要作用在于实现更广泛的社会资金聚集，满足现代化、社会化大生产，以及社会发展对资金集中使用的需求。金融投资属于间接投资。

3. 投资项目的含义与类型

投资项目，从狭义的角度讲是指投入一定的资源、能够单独计算和考核其投入和产出（成本和收益），以便于进行分析和评价的独立计划、规划或方案。

投资项目主要分为：新建项目和更新改造项目。

1）新建项目

新建项目是以新建生产能力为目的的外延式扩大再生产。新建项目按其涉及内容可分为单纯固定资产投资项目和完整工业投资项目。

（1）单纯固定资产投资项目简称固定资产投资，其特点在于：在投资中只包括为取得固定资产而发生的垫支资本投入而不涉及周转资本的投入。

（2）完整工业投资项目，其特点在于：不仅包括固定资产投资，而且涉及流动资金投资，甚至包括无形资产等其他长期资产投资。

2）更新改造项目

更新改造项目是以恢复或改善生产能力为目的的内涵式扩大再生产。因此，不能将项目投资简单地等同于固定资产投资。投资项目对企业的生存和发展具有重要意义，是企业开展正常生产经营活动的必要前提，是推动企业生产和发展的重要基础，是提高产品质量，降低产品成本不可缺少的条件，是增加企业市场竞争能力的重要手段。

二、投资项目的程序

投资项目程序是一个从提出到实施的过程，投资项目的一般程序包括投资项目提出、投资项目可行性分析、投资项目决策评价、投资项目实施等过程。如图6-1所示。

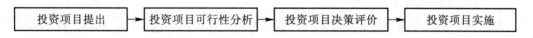

图6-1　投资项目的程序

1. 投资项目提出

投资项目需要企业根据投资需要，在新的投资机会出现时适时地提出。当不止一个投资项目时，还需根据企业发展战略在多个项目中进行筛选，投资项目的提出一般是以书面报告的形式由提出者向决策管理者提出，决策管理者按照企业的发展目标和要求，提出投资计划，做出初步的投资项目决策。

2. 投资项目的可行性分析

投资项目的可行性分析是从技术、财力、经济等方面对投资项目的主要内容和配套协作的分析比较，为投资项目决策提供依据的工作过程。各类投资项目可行性分析的内容和侧重点，因行业特点差异很大，但一般应包括投资必要性、技术可行性、财务可行性、组织可行性、经济可行性、社会环境可行性以及风险分析和对策等。投资项目的可行性分析一般需要提供投资项目可行性分析报告。

3. 投资项目决策

投资项目的决策评价是根据可行性分析的结论，由企业管理决策机构决定是否实施投资项目的过程、投资项目决策评价需要综合技术人员、财务人员、市场研究人员等专业人士的评价结果，最后结合企业发展战略做出是否实施和实施哪一个项目的决策，其中，财务人员的评价是通过计算投资项目的现金流量和根据现金流量计算的投资项目决策指标来进行的。

4. 投资项目的实施

投资项目的实施是按照投资项目的决策结果，具体落实完成项目的投建并保证项目投入使用取得效益的过程。投资项目的实施要根据投资项目计划筹集所需的资金，并按计划使用所筹资金。企业内部技术部门，财务部门等要密切配合，保证投资项目的顺利实施，大型项目还需要成立专门的项目管理部门，负责投资项目的计划安排和具体实施，项目建成投产后，要严格管理，保证投资项目达到预期的生产能力，取得预期的经济效益。

三、现金流量

在进行投资项目决策时，首要环节就是估计投资项目的预算现金流量。所谓现金流量是指投资项目在其计算期内因资金循环而引起的现金流入和现金流出的数量。这里的"现金"概念是广义的，包括各种货币资金及与投资项目有关的非货币资产的变现价值。

现金流量包括现金流入量，现金流出量和现金净流量三个概念。

1. 现金流入量

现金流入量是指投资项目实施后在项目计算期内所引起的企业现金收入的增加额，简称现金流入。主要包括以下四类。

1）营业收入

营业收入是指项目投产后每年实现的全部营业收入。为简化核算，假定正常经营年度内，每期发生的赊销额与回收的应收账款大致相等。营业收入是经营期主要的现金流入量项目。

2）固定资产的残值

固定资产的残值是指投资项目的固定资产在终结报废清理时的残值收入，或中途转让时的变价收入。

3）流动资金回收

流动资金回收是指投资项目在项目计算期结束时，收回原来投放在各种流动资产上的营运资金。

固定资产的残值和流动资金回收统称为回收额。

4）其他现金流入量

其他现金流入量是指以上三项内容以外的现金流入量项目。

2. 现金流出量

现金流出量是指投资项目实施后在项目计算期内所引起的企业现金流出的增加额，简称现金流出。主要包括以下五类。

1）建设投资（含更改投资）

（1）固定资产投资，包括固定资产的购置成本或建造成本、运输成本、安装成本等。

（2）无形资产投资。

建设投资是建设期发生的主要现金流出量。

2）垫支的流动资金

垫支的流动资金是指投资项目建成投产后为开展正常经营活动而投放在流动资产（存货、应收账款等）上的营运资金。

建设投资与垫支的流动资金合称为项目的原始总投资。

3）付现成本（经营成本）

付现成本是指在经营期内为满足正常生产经营而需用现金支付的成本。它是生产经营期内最主要的现金流出量。

$$付现成本＝变动成本＋付现的固定成本 \qquad (6-1)$$
$$＝总成本－折旧额（及摊销额） \qquad (6-2)$$

4）所得税额

所得税额是指投资项目建成投产后，因应纳税所得额增加而增加的所得税。

5）其他现金流出量

其他现金流出量是指不包括在以上内容中的现金流出项目。

3. 现金净流量

现金净流量（NCF）是指投资项目在项目计算期内现金流入量和现金流出量的差额，由于投资项目的计算期超过一年，且资金在不同的时间具有不同的价值，所以本章所述的现金净流量以年为单位，并且在本节中不考虑所得税的因素。

现金净流量的计算公式为

$$现金净流量＝年现金流入量－年现金流出量 \qquad (6-3)$$

当流入量大于流出量时，净流量为正值；反之，净流量为负值或零。

4. 项目计算期

项目计算期是指投资项目从投资建设开始到最终项目结束的全部时间，用 n 表示。

项目计算期通常以年为单位，第 0 年称为建设起点，若建设期不足半年，可假定建设期为零；项目计算期最后一年第 n 年称为终结点，可假定项目最终报废或清理均发生在终结点，但更新改造除外。

项目计算期是参照项目寿命期，合理设定的考察经营活动的时间段，包括建设期和生产经营期。由此可得：

$$项目计算期（n）＝建设期＋经营期 \qquad (6-4)$$

所以，现金净流量可分为建设期的现金净流量和经营期的现金净流量。

1）建设期现金净流量的计算

由于在建设期没有现金流入量，所以建设期的现金净流量总为负值。此外，建设期现金净流量还取决于投资额的投入方式是一次投入还是分次投入，若投资额是在建设期一次全部投入的，则式(6-5)中的该年投资额即为原始总投资。

$$建设期现金净流量＝该年投资额 \qquad (6-5)$$

2) 经营期营业现金净流量的计算

经营期营业现金净流量是指投资项目投产后，在经营期内由于生产经营活动而产生的现金净流量。

$$经营期营业现金净流量＝营业收入－付现成本 \qquad (6-6)$$
$$＝营业收入－(总成本－折旧额及摊销额) \qquad (6-7)$$
$$＝利润＋折旧额及摊销额 \qquad (6-8)$$

3) 经营期终结现金净流量的计算

经营期终结现金净流量是指投资项目在项目计算期结束时所发生的现金净流量。

$$经营期终结现金净流量＝营业现金净流量＋回收额 \qquad (6-9)$$

四、确定现金流量时应考虑的问题

1. 现金流量的假设

投资项目的现金流量的确定是一项复杂的工作，为了便于确定现金流量的具体内容，简化现金流量的计算过程，此处特作以下假设：

(1) 全投资假设。

全投资假设即假设在确定项目的现金流量时，只考虑全部投资的运动情况，不论是自有资金还是借入资金等具体形式的现金流量，都将其视为自有资金。

(2) 建设期投入全部资金假设。

建设期投入全部资金假设即项目的原始总投资不论是一次投入还是分次投入，均假设它们是在建设期内投入的。

(3) 项目投资的经营期与折旧年限一致假设。

项目投资的经营期与折旧年限一致假设即假设项目主要固定资产的折旧年限或使用年限与其经营期相同。

(4) 时点指标假设。

时点指标假设即现金流量的具体内容所涉及的价值指标，不论是时点指标还是时期指标，均假设按照年初或年末的时点处理。其中，建设投资在建设期内有关年度的年初发生；垫支的流动资金在建设的最后一年末即经营期的第一年初发生；经营期内各年的营业收入、付现成本、折旧(摊销等)、利润、所得税等项目的确认均在年末发生；项目最终报废或清理(中途出售项目除外)，回收流动资金均发生在经营期最后一年末。

(5) 确定性假设。

确定性假设即假设与项目现金流量估算有关的价格、产销量、成本水平、所得税率等因素均为已知常数。

2. 现金流量的估算

在确定投资项目的现金流量时，应遵循的基本原则是：只有增量现金流量才是与投资项目相关的现金流量。所谓增量现金流量，是指由于接受或放弃某个投资项目所引起的现金变动部分。由于采纳某个投资方案引起的现金流入增加额，才是该方案的现金流入；同理，某个投资方案引起的现金流出增加额，才是该方案的现金流出。为了正确计算投资项目的增量现金流量，要注意以下几个问题。

1）沉没成本

沉没成本是过去发生的支出，而不是新增成本。这一成本是由于过去的决策所引起的，对企业当前的投资决策不产生任何影响。例如，某企业在两年前购置的某设备原价10万元，估计可使用五年，无残值，按直线法计提折旧，目前账面净值为6万元。由于科学技术的进步，该设备已被淘汰，在这种情况下，账面净值6万元就属于沉没成本。所以，企业在进行投资决策时要考虑的是当前的投资是否有利可图，而不是过去已花掉了多少钱。

2）机会成本

在投资决策中，如果选择了某一投资项目，就会放弃其他投资项目，其他投资机会可能取得的收益就是本项目的机会成本。机会成本不是通常意义上的成本；它不是实际发生的支出或费用，而是潜在放弃的收益。例如，一笔现金用来购买股票就不能存入银行，那么存入银行的利息收入就是股票投资的机会成本。如果某企业有一闲置的仓库，准备用来改建职工活动中心，但将仓库出租每年可得租金收入2万元，则租金收入就是改建活动中心的机会成本。机会成本作为丧失的收益，离开被放弃的投资机会就无从计量。在投资决策过程中考虑机会成本，有利于全面分析评价所面临的各个投资机会，以便选择经济上最为有利的投资项目。

3）公司其他部门的影响

一个项目建成后，该项目会对公司的其他部门和产品产生影响，这些影响所引起的现金流量变化应计入项目现金流量。

4）对净营运资金的影响

一个新项目投产后，存货和应收账款等流动资产的需求随之增加，同时应付账款等流动负债也会增加。这些与项目相关的新增流动资产与流动负债的差额即净营运资金应计入项目现金流量。

【例6-1】某项目投资总额为150万元，其中固定资产投资110万元，建设期为2年，于建设起点分2年平均投入。无形资产投资20万元，于建设起点投入。流动资金投资20万元，于投产开始垫付。该项目经营期10年，固定资产按直线法计提折旧，期满有10万元净残值；无形资产于投产开始分5年平均摊销；流动资金在项目终结时可一次全部收回，另外，预计项目投产后，前5年每年可获得40万元的营业收入，并发生38万元的总成本；后5年每年可获得60万元的营业收入，发生25万元的变动成本和15万元的付现固定成本。求：该投资项目在项目计算期内各年的现金净流量。

解：（1）建设期现金净流量。

$$NCF_0 = -550\,000 - 200\,000 = -750\,000(元)$$
$$NCF_1 = -550\,000(元)$$
$$NCF_2 = -200\,000(元)$$

（2）经营期现金净流量。

$$固定资产年折旧额 = \frac{1\,100\,000 - 100\,000}{10} = 100\,000(元)$$

$$无形资产年摊销额 = \frac{200\ 000}{5} = 40\ 000（元）$$

$$NCF_{3-7} = 400\ 000 - 380\ 000 + 100\ 000 + 40\ 000 = 160\ 000（元）$$

$$NCF_{8-11} = 600\ 000 - 250\ 000 - 150\ 000 = 200\ 000（元）$$

（3）经营期终结现金净流量。

$$NCF_{12} = 200\ 000 + 100\ 000 + 200\ 000 = 500\ 000（元）$$

【例6-2】某企业拟更新一套尚可使用5年的旧设备。旧设备原价170 000元，账面净值110 000元，期满残值10 000元，目前旧设备变价净收入60 000元。旧设备每年营业收入200 000元，付现成本164 000元。新设备投资总额300 000元，可用5年，使用新设备后每年可增加营业收入60 000元，并降低付现成本24 000元，期满残值30 000元。

计算（1）新旧方案的各年现金净流量；（2）更新方案的各年差量现金净流量。

解：（1）继续使用旧设备的各年现金净流量

$$NCF_0 = -60\ 000（元）\quad（变价净收入为机会成本）$$

$$NCF_{1-4} = 200\ 000 - 164\ 000 = 36\ 000（元）$$

$$NCF_5 = 36\ 000 + 10\ 000 = 46\ 000（元）$$

（2）采用新设备的各年现金净流量

$$NCF_0 = -300\ 000（元）$$

$$NCF_{1-4} = (200\ 000 + 60\ 000) - (164\ 000 - 24\ 000) = 120\ 000（元）$$

$$NCF_5 = 120\ 000 + 30\ 000 = 150\ 000（元）$$

（3）更新方案的各年差量现金净流量

$$\Delta NCF_0 = -300\ 000 - (-60\ 000) = -240\ 000（元）$$

$$\Delta NCF_{1-4} = 120\ 000 - 36\ 000 = 84\ 000（元）$$

$$\Delta NCF_5 = 150\ 000 - 46\ 000 = 104\ 000（元）$$

任务2　项目投资决策评价指标与应用

项目投资决策评价的主要作用是为投资决策提供依据。在评价中，为了帮助投资者合理地分配经济资源，使一定量的资源对投资目标的实现作出最大的贡献，就必须使用各种投资效果评价指标从不同角度来反映投资项目的效果，并用相应的评价标准判断其可否接受，同时在多个方案中进行选优。经过人们长期的研究、试验和实践，专家们提出了一系列评价指标及其评价标准，它们有各自的适用条件和特点。正确地理解和采用各种评价指标，是项目投资决策评价中决定性的一环。

项目投资决策评价指标根据是否考虑资金的时间价值，可分为非贴现指标和贴现指标两大类。

一、非贴现指标

非贴现指标也称为静态指标，即没有考虑资金时间价值因素的指标，主要包括投资利润率、投资回收期等指标。

1. 投资利润率

投资利润率又称投资报酬率，是指项目投资方案的年平均利润额占平均投资总额的百分比。投资利润率的决策标准是：投资项目的投资利润率越高越好，低于无风险投资利润率的方案为不可行方案。

投资利润率的计算公式为

$$投资利润率 = \frac{年平均利润额}{平均投资总额} \times 100\% \tag{6-10}$$

式中：分子是平均利润，不是现金净流量，不包括折旧等；分母可以用投资总额的 50% 来简单计算平均投资总额，一般不考虑固定资产的残值。

【例 6-3】某企业有甲、乙两个投资方案，投资总额均为 10 万元，全部用于购置新的设备，折旧采用直线法，使用期均为 5 年，无残值，其他有关资料如表 6-1 所示。

表 6-1 甲、乙两个投资方案其他资料 单位：元

项目计算期	甲方案		乙方案	
	利润	现金净流量（NCF）	利润	现金净流量（NCF）
0		(100 000)		(100 000)
1	15 000	35 000	10 000	30 000
2	15 000	35 000	14 000	34 000
3	15 000	35 000	18 000	38 000
4	15 000	35 000	22 000	42 000
5	15 000	35 000	26 000	46 000
合计	75 000	75 000	90 000	90 000

要求：计算甲、乙两方案的投资利润率。

解： $$甲方案投资利润率 = \frac{15\ 000}{100\ 000/2} \times 100\% = 30\%$$

$$乙方案投资利润率 = \frac{90\ 000/5}{100\ 000/2} \times 100\% = 36\%$$

从计算结果来看，乙方案的投资利润率比甲方案的投资利润率高 6%（36%－30%），应选择乙方案。

2. 投资回收期

投资回收期是指收回全部投资总额所需要的时间。投资回收期是一个非贴现的反指标，回收期越短，方案就越有利。它的计算可分为两种情况。

1）经营期年现金净流量相等

经营期年现金净流量相等时投资回收期的计算公式为

$$投资回收期 = \frac{投资总额}{年现金净流量} \tag{6-11}$$

如果投资项目投产后若干年（假设为 M 年）内，每年的经营现金净流量相等，且有以下关系成立：

M×投产后 M 年内每年相等的现金净流量(NCF)≥投资总额。

则可用上述公式计算投资回收期。

【例 6-4】根据例 6-3 资料,求:甲方案的投资回收期。

解:甲方案投资回收期 $=\dfrac{100\ 000}{35\ 000}=2.86(年)$

【例 6-5】某投资项目投资总额为 100 万元,建设期为 2 年,投产后第 1 年至第 8 年每年现金净流量为 25 万元,第 9 年,第 10 年每年现金净流量均为 20 万元。求:项目的投资回收期。

解:因为 8×25≥投资额 100 万元

所以投资回收期 $=2+\dfrac{100}{25}=6(年)$

从此例中可知,投资回收期还应包括建设期。

2)经营期年现金净流量不相等

经营期年现金净流量不相等时则需计算逐年累计的现金净流量,然后用内插法计算出投资回收期。

【例 6-6】根据例 6-3 资料和项目现金净流量汇总表,如表 6-2 所示,求:乙方案的投资回收期。

表 6-2　项目现金净流量汇总表　　　　　　　　单位:元

项目计算期	乙方案	
	现金净流量(NCF)	累计现金净流量
1	30 000	30 000
2	34 000	64 000
3	38 000	102 000
4	42 000	144 000
5	46 000	190 000

从表 6-2 可得出,乙方案的投资回收期在第 2 年与第 3 年之间,用内插法可计算出:

$$乙方案投资回收期 =2+\dfrac{100\ 000-64\ 000}{102\ 000-64\ 000}=2.95(年)$$

非贴现指标的计算简单、明了、容易掌握。但是这类指标的计算均没有考虑资金的时间价值。另外投资利润率也没有考虑折旧的回收,即没有完整反映现金净流量,无法直接利用现金净流量的信息;而静态投资回收期也没有考虑回收期之后的现金净流量对投资收益的贡献,也就是说,没有考虑投资方案的全部现金净流量,所以有较大局限性。因此,该类指标一般只适用于方案的初选,或者投资后各项目间经济效益的比较。

二、贴现指标

贴现指标也称为动态指标,即考虑资金时间价值因素的指标。主要包括净现值、净现值率、现值指数、内含报酬率等指标。

1. 净现值(NPV)

净现值是指在项目计算期内，按一定贴现率计算的各年现金净流量现值的代数和。所用的贴现率可以是项目的资本成本，也可以是项目所要求的最低报酬率水平。净现值的计算公式为

$$NPV = \sum_{t=0}^{n} NCF_t \times (P/F, i, t) \tag{6-12}$$

式中：n 为项目计算期(包括建设期与经营期)；NCF_t 为第 t 年的现金净流量；$(P/F, i, t)$ 为第 t 年、贴现率为 i 的复利现值系数。

净现值指标的决策标准是：如果投资方案的净现值大于或等于零，该方案可行；如果投资方案的净现值小于零，该方案不可行；如果几个方案的投资额相同，项目计算期相等且净现值均大于零，那么净现值最大的方案为最优方案。所以，净现值大于或等于零是项目可行的必要条件。

1) 经营期内各年现金净流量相等，建设期为零时

经营期内各年现金净流量相等，建设期为零时，净现值的计算公式为

净现值＝经营期每年相等的现金净流量×年金现值系数－投资现值 (6-13)

【例6-7】某企业购入设备一台，价值为 30 000 元，按直线法计提折旧，使用寿命6年，期末无残值。预计投产后每年可获得利润 4 000 元，假定贴现率为 12%。计算该项目的净现值。

解： $$NCF_0 = -30\ 000(元)$$

$$NCF_{1-6} = 4\ 000 + \frac{30\ 000}{6} = 9\ 000(元)$$

$$NPV = 9\ 000 \times (P/A, 12\%, 6) - 30\ 000 = 9\ 000 \times 4.111\ 4 - 30\ 000 = 7\ 002.6(元)$$

2) 经营期内各年现金净流量不相等

经营期内各年现金净流量不相等，净现值的计算公式为

净现值 $= \sum$(经营期各年的现金净流量×各年的现值系数)－投资现值 (6-14)

【例6-8】假定例6-7中，投产后每年可获得利润分别为 3 000 元、3 000 元、4 000 元、4 000 元、5 000 元、6 000 元，其他资料不变。求：该项目的净现值。

解： $$NCF_0 = -30\ 000(元)$$

$$年折旧额 = \frac{30\ 000}{6} = 5\ 000(元)$$

$$NCF_1 = 3\ 000 + 5\ 000 = 8\ 000(元)，NCF_2 = 3\ 000 + 5\ 000 = 8\ 000(元)$$

$$NCF_3 = 4\ 000 + 5\ 000 = 9\ 000(元)，NCF_4 = 4\ 000 + 5\ 000 = 9\ 000(元)$$

$$NCF_5 = 5\ 000 + 5\ 000 = 10\ 000(元)，NCF_6 = 6\ 000 + 5\ 000 = 11\ 000(元)$$

$$\begin{aligned}
NPV =\ & 8\ 000 \times (P/F, 12\%, 1) + 8\ 000 \times (P/F, 12\%, 2) + 9\ 000 \times (P/F, 12\%, 3) + \\
& 9\ 000 \times (P/F, 12\%, 4) + 10\ 000 \times (P/F, 12\%, 5) + 11\ 000 \\
& \times (P/F, 12\%, 6) - 30\ 000 \\
=\ & 8\ 000 \times 0.892\ 9 + 8\ 000 \times 0.797\ 2 + 9\ 000 \times 0.711\ 8 + 9\ 000 \times 0.635\ 5 + \\
& 10\ 000 \times 0.567\ 4 + 11\ 000 \times 0.506\ 6 - 30\ 000 \\
=\ & 6\ 893.1(元)
\end{aligned}$$

【例 6-9】某企业拟建一项固定资产，需投资 55 万元，按直线法计提折旧，使用寿命 10 年，期末有 5 万元净残值。该项工程建设期为 1 年，投资额分别于年初投入 30 万元，年末投入 25 万元。预计项目投产后每年可增加营业收入 15 万元，总成本 10 万元，假定贴现率为 10%。计算该投资项目的净现值。

解：(1) 建设期现金净流量

$$NCF_0 = -30(万元)，NCF_1 = -25(万元)$$

(2) 经营期营业现金净流量

$$NCF_{2-10} = (15 - 10) + \frac{55 - 5}{10} = 10(万元)$$

(3) 经营期终结现金净流量

$$NCF_{11} = 10 + 5 = 15(万元)$$

(4) $NPV = 10 \times [(P/A, 10\%, 10) - (P/A, 10\%, 1)] + 15 \times (P/F, 10\%, 11) -$

$[30 + 25 \times (P/F, 10\%, 1)]$

$= 10 \times (6.144\ 6 - 0.909\ 1) + 15 \times 0.350\ 5 - (30 + 25 \times 0.909\ 1)$

$= 4.885(万元)$

净现值是一个贴现的绝对值正指标，其优点在于：一是综合考虑了资金时间价值，能较合理地反映投资项目的真正经济价值；二是考虑了项目计算期的全部现金净流量，体现了流动性与收益性的统一；三是考虑了投资风险性，因为贴现率的大小与风险大小有关，风险越大，贴现率就越高。但是该指标的缺点也很明显，即无法直接反映投资项目的实际投资收益率水平，当各项目投资额不同时，难以确定最优的投资项目。

2. 净现值率(NPVR)与现值指数(PI)

上述的净现值是一个绝对数指标，与其相对应的相对数指标是净现值率与现值指数。净现值率是指投资项目的净现值与投资现值合计的比值；现值指数是指项目投产后按一定贴现率计算的在经营期内各年现金净流量的现值合计与投资现值合计的比值，其计算公式为

$$净现值率 = \frac{净现值}{投资现值} \qquad (6-15)$$

$$现值指数 = \frac{\sum 经营期各年现金净流量现值}{投资现值} \qquad (6-16)$$

净现值率与现值指数有如下关系：

$$现值指数 = 净现值率 + 1 \qquad (6-17)$$

净现值率大于零，现值指数大于 1，表明项目的报酬率高于贴现率，存在额外收益；净现值率等于零，现值指数等于 1，表明项目的报酬率等于贴现率，收益只能抵补资本成本；净现值率小于零，现值指数小于 1，表明项目的报酬率小于贴现率，收益不能抵补资本成本。所以，对于单一方案的项目来说，净现值率大于或等于零，现值指数大于或等于 1 是项目可行的必要条件。当有多个投资项目可供选择时，由于净现值率或现值指数越大，企业的投资报酬水平就越高，所以应采用净现值率大于零或现值指数大于 1 中的最大者。

【例6-10】根据例6-7的资料，计算净现值率和现值指数。

解：
$$净现值率 = \frac{7\,002.6}{30\,000} = 0.233\,4$$

$$现值指数 = \frac{9\,000 \times (P/A, 12\%, 6)}{30\,000} = 1.233\,4$$

$$现值指数 = 净现值率 + 1 = 0.2334 + 1 = 1.233\,4$$

【例6-11】根据例6-9的资料，计算净现值率和现值指数。

解：
$$净现值率 = \frac{4.885}{30 + 25 \times (P/F, 10\%, 1)} = 0.092\,65$$

$$现值指数 = \frac{10 \times [(P/A, 10\%, 10) - (P/A, 10\%, 1)] + 15 \times (P/F, 10\%, 11)}{30 + 25 \times (P/F, 10\%, 1)} = 1.092\,65$$

$$现值指数 = 净现值率 + 1 = 0.092\,65 + 1 = 1.092\,65$$

3. 内含报酬率(IRR)

内含报酬率又称内部收益率，是指投资项目在项目计算期内各年现金净流量现值合计数等于零时的贴现率，亦可将其定义为能使投资项目的净现值等于零时的贴现率。显然，内含报酬率IRR满足下列等式：

$$\sum_{t=0}^{n} NCF_t \times (P/F, IRR, t) = 0 \qquad (6-18)$$

从式(6-9)可知，净现值的计算是根据给定的贴现率求净现值。而内含报酬率的计算是先令净现值等于零，然后求能使净现值等于零的贴现率。所以，净现值不能揭示各个方案本身可以达到的实际报酬率是多少，而内含报酬率实际上反映了项目本身的真实报酬率。用内含报酬率评价项目可行的必要条件是：内含报酬率大于或等于贴现率(选定标准i_c)。

1) 经营期内各年现金净流量相等(且全部投资均于建设起点一次投入，建设期为零)

根据等式：

经营期每年相等的现金净流量(NCF) × 年金现值系数(P/A, IRR, t) - 投资总额 = 0

内含报酬率具体计算程序如下：

(1) 计算年金现值系数(P/A, IRR, t)

$$年金现值系数 = \frac{投资总额}{经营期每年相等的现金净流量}$$

(2) 根据计算出来的年金现值系数与已知的年限n，查年金现值系数表，确定内含报酬率的范围。

(3) 用内插法求出内含报酬率。

【例6-12】根据例6-7的资料，计算内含报酬率。

解：
$$(P/A, IRR, 6) = \frac{30\,000}{9\,000} = 3.333\,3$$

查下表可知

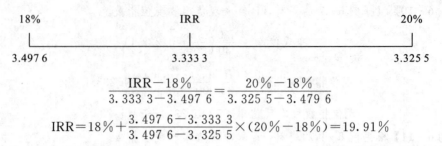

$$\frac{IRR-18\%}{3.333\ 3-3.497\ 6}=\frac{20\%-18\%}{3.325\ 5-3.479\ 6}$$

$$IRR=18\%+\frac{3.497\ 6-3.333\ 3}{3.497\ 6-3.325\ 5}\times(20\%-18\%)=19.91\%$$

2）经营期内各年现金净流量不相等

若投资项目在经营期内各年现金净流量不相等、建设期不为零或投资额是在建设期内分次投入的情况下，无法应用上述简便方法，必须按定义采用逐次测试的方法，计算能使净现值等于零的贴现率，即内含报酬率。计算步骤如下：

（1）估计一个贴现率，用它来计算净现值。如果净现值为正数，说明方案的实际内含报酬率大于预计的贴现率，应提高贴现率再进一步测试；如果净现值为负数，说明方案本身的报酬率小于估计的贴现率，应降低贴现率再进行测算。如此反复测试，寻找出使净现值由正到负或由负到正且接近零的两个贴现率。

（2）根据上述相邻的两个贴现率用插入法求出该方案的内含报酬率。由于逐步测试法是一种近似方法，因此相邻的两个贴现率不能相差太大，否则误差会很大。

【例 6-13】根据例 6-8 资料，计算内含报酬率。

解：先按 16% 估计的贴现率进行测试，其结果净现值 2 855.8 元，是正数；于是把贴现率提高到 18% 进行测试，净现值为 1 090.6 元，仍为正数，再把贴现率提高到 20% 重新测试，净现值为 -526.5 元，是负数，说明该项目的内含报酬率在 18%～20% 之间。有关测试计算见表 6-3 所示。

表 6-3 未来现金流量净现值测算表 单位：元

年份	现金净流量（NCF）	贴现率=16%		贴现率=18%		贴现率=20%	
		现值系数	现值	现值系数	现值	现值系数	现值
0	(30 000)	1	(30 000)	1	(30 000)	1	(30 000)
1	8 000	0.8621	6 896.8	0.8475	6 780	0.8333	6 666.4
2	8 000	0.7432	5 945.6	0.7182	5 745.6	0.6944	5 555.2
3	9 000	0.6407	5 766.3	0.6086	5 477.4	0.5787	5 208.3
4	9 000	0.5523	4 970.7	0.5158	4 642.2	0.4823	4 340.7
5	10 000	0.4762	4 762	0.4371	4 371	0.4019	4 019
6	11 000	0.4104	4 514.4	0.3704	4 074.4	0.3349	3 683.9
净现值			2 855.8		1 090.6		(526.5)

然后用内插法近似计算内含报酬率：

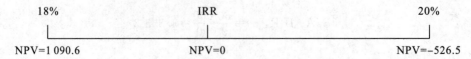

$$\frac{IRR-18\%}{0-1\,090.6}=\frac{20\%-18\%}{-526.5-1\,090.6}$$

$$IRR=18\%+\frac{1\,090.6-0}{1\,090.6-(-526.5)}\times(20\%-18\%)=19.35\%$$

内含报酬率是个动态相对量正指标，它既考虑了资金时间价值，又能从动态的角度直接反映投资项目的实际报酬率，且不受贴现率高低的影响，比较客观，但该指标的计算过程比较复杂。

4. 贴现评价指标之间的关系

净现值 NPV，净现值率 NPVR，现值指数 PI 和内含报酬率 IRR 指标之间存在以下数量关系，即：

当 NPV＞0 时，NPVR＞0，PI＞1，IRR＞i；当 NPV＝0 时，NPVR＝0，PI＝1，IRR＝i；当 NPV＜0 时，NPVR＜0，PI＜1，IRR＜i。

这些指标的计算结果都受到建设期和经营期的长短、投资金额及方式，以及各年现金净流量的影响。所不同的是净现值（NPV）为绝对数指标，其余为相对数指标，计算净现值、净现值率和现值指数所依据的贴现率（i）都是事先已知的，而内含报酬率（IRR）的计算本身与贴现率（i）的高低无关，只是采用这一指标的决策标准是将所测算的内含报酬率与其贴现率进行对比，当 IRR≥i 时该方案是可行的。

三、项目投资决策评价指标的应用

计算评价指标的目的，是为了进行项目投资方案的对比与选优，使它们在方案的对比与选优中正确地发挥作用，为项目投资方案提供决策的定量依据。但投资方案对比与选优的方法会因项目投资方案的不同而有区别。

1. 独立方案的对比与选优

独立方案是指方案之间存在着相互依赖的关系，但又不能相互取代的方案。在只有一个投资项目可供选择的条件下，只需评价其财务上是否可行。

常用的评价指标有净现值、净现值率、现值指数和内含报酬率，如果评价指标同时满足以下条件：NPV≥0，NPVR≥0，PI≥1，IRR≥i，则项目具有财务可行性，反之，则不具备财务可行性。而静态的投资回收期与投资利润率可作为辅助指标评价投资项目，但需注意，当辅助指标与主要指标（净现值等）的评价结论发生矛盾时，应当以主要指标的结论为准。

【例 6－14】根据例 6－7、例 6－10、例 6－12 的计算结果可知：

$$NPV=7\,002.6（元）＞0$$

$$NPVR=0.233\,4＞0$$

$$PI=1.233\,4＞1$$

$$IRR=19.91\%＞12\%（贴现率）$$

计算表明该方案各项主要指标均达到或超过相应标准，所以它具有财务可行性，方案是可行的。

【例 6－15】某企业拟引进一条流水线，投资额 110 万元，分两年投入。第一年初投入 70 万元，第二年初投入 40 万元，建设期为 2 年，净残值 10 万元，折旧采用直线法。在投产初期投入流动资金 20 万元，项目使用期满仍全部回收。该项目可使用 10 年，每年销售收入为 60 万元, 总成本 45 万元。假定企业期望的投资报酬率为 10%。计算该项目的净现值, 内含报酬率, 并判断该项目是否可行。

解: $NCF_0 = -70$(万元), $NCF_1 = -40$(万元), $NCF_2 = -20$(万元)

$$年折旧额 = \frac{110-10}{10} = 10(万元)$$

$$NCF_{3-11} = 60 - 45 + 10 = 25(万元)$$

$$NCF_{12} = 25 + (10+20) = 55(万元)$$

$$NPV = 25 \times [(P/A, 10\%, 11) - (P/A, 10\%, 2)] +$$
$$55 \times (P/F, 10\%, 12) - [70 + 40 \times$$
$$(P/F, 10\%, 1) + 20 \times (P/F, 10\%, 2)]$$
$$= 25 \times (6.495\,1 - 1.735\,5) + 55 \times 0.318\,6 -$$
$$(70 + 40 \times 0.909\,1 + 20 \times 0.826\,4)$$
$$= 13.621(万元)$$

$i = 12\%$ 时, 测算 NPV 为

$$NPV = 25 \times (5.937\,7 - 1.690\,1) + 55 \times 0.256\,7 -$$
$$(70 + 40 \times 0.892\,9 + 20 \times 0.797\,2)$$
$$= -1.351\,5(万元)$$

用内插法计算 IRR:

$$\frac{IRR - 10\%}{0 - 13.621} = \frac{12\% - 10\%}{-1.351\,5 - 13.621}$$

$$IRR = 10\% + \frac{13.621 - 0}{13.621 - (-1.351\,5)} \times (12\% - 10\%) = 11.82\% > 贴现率 10\%$$

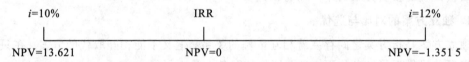

$i=10\%$	IRR	$i=12\%$
NPV=13.621	NPV=0	NPV=-1.351 5

计算表明, 净现值为 13.621 万元, 大于零, 内含报酬率 11.82%, 大于贴现率 10%, 所以该项目在财务上是可行的。一般来说, 用净现值和内含报酬率对独立方案进行评价, 不会出现相互矛盾的结论。

2. 互斥方案的对比与选优

项目投资决策中的互斥方案(相互排斥方案)是指在决策时涉及到的多个相互排斥, 不能同时实施的投资方案。互斥方案决策过程就是在每一个入选方案已具备项目可行性的前提下, 利用具体决策方法比较各方案的优劣, 利用评价指标从各备选方案中最终选出一个最优方案的过程。

由于各备选方案的投资额、项目计算期不相一致, 因而要根据各方案的使用期、投资额相等与否, 采用不同的方法作出选择。

(1) 互斥方案的投资额、项目计算期均相等, 可采用净现值法或内含报酬率法。

净现值法, 是指通过比较互斥方案的净现值指标的大小来选择最优方案的方法。内含报酬率法, 是指通过比较互斥方案的内含报酬率指标的大小来选择最优方案的方法。净现值或内含报酬率最大的方案为优。

【例 6-16】某企业现有资金 100 万元可用于固定资产项目投资，有 A、B、C、D 四个互相排斥的备选方案可供选择，这四个方案投资总额均为 100 万元，项目计算期都为 6 年，贴现率为 10%，现经计算：

$$NPV_A = 8.125\ 3(万元)，IRR_A = 13.3\%$$
$$NPV_B = 12.25(万元)，IRR_B = 16.87\%$$
$$NPV_C = -2.12(万元)，IRR_C = 8.96\%$$
$$NPV_D = 10.36(万元)，IRR_D = 15.02\%$$

决策哪一个投资方案为最优。

解：因为 C 方案净现值为 -2.12 万元，小于零，内含报酬率为 8.96%，小于贴现率，不符合财务可行的必要条件，应舍去。

又因为 A、B、D 三个备选方案的净现值均大于零，且内含报酬平均大于贴现率。

所以 A、B、D 三个方案均符合财务可行的必要条件，且 $NPV_B > NPV_D > NPV_A$

$$12.25\ 万元 > 10.36\ 万元 > 8.125\ 3\ 万元$$
$$IRR_B > IRR_D > IRR_A$$
$$16.87\% > 15.02\% > 13.3\%$$

所以 B 方案最优，D 方案为其次，最差为 A 方案，应采用 B 方案。

（2）互斥方案的投资额不相等，但项目计算期相等，可采用差额法。

差额法，是指在两个投资总额不同方案的差量现金净流量（记作 ΔNCF）的基础上，计算出差额净现值（记作 ΔNPV）或差额内含报酬率（记作 ΔIRR），并据以判断方案孰优孰劣的方法。

在此方法下，一般以投资额大的方案减投资额小的方案，当 $\Delta NPV \geqslant 0$ 或 $\Delta IRR \geqslant i$ 时，投资额大的方案较优；反之，则投资额小的方案为优。

差额净现值 ΔNPV 或差额内含报酬率 ΔIRR 的计算过程和计算技巧同净现值 NPV 或内含报酬率 IRR 完全一样，只是所依据的是 ΔNCF。

【例 6-17】某企业有甲、乙两个投资方案可供选择，甲方案的投资额为 100 000 元，每年现金净流量均为 30 000 元，可使用 5 年；乙方案的投资额为 70 000 元，每年现金净流量分别为 10 000 元、15 000 元、20 000 元、25 000 元、30 000 元，使用年限也为 5 年。甲、乙两方案建设期均为零年，如果贴现率为 10%。请对甲、乙方案作出选择。

解：因为两方案的项目计算期相同，但投资额不相等，所以可采用差额法来评判。

$$\Delta NCF0 = -100\ 000 - (-70\ 000) = -30\ 000(元)$$
$$\Delta NCF1 = 30\ 000 - 10\ 000 = 20\ 000(元)$$
$$\Delta NCF2 = 30\ 000 - 15\ 000 = 15\ 000(元)$$
$$\Delta NCF3 = 30\ 000 - 20\ 000 = 10\ 000(元)$$
$$\Delta NCF4 = 30\ 000 - 25\ 000 = 5\ 000(元)$$
$$\Delta NCF5 = 30\ 000 - 30\ 000 = 0$$

$$\begin{aligned}
\Delta NPV_{甲-乙} &= 20\ 000 \times (P/F, 10\%, 1) + 15\ 000 \times (P/F, 10\%, 2) + \\
&\quad 10\ 000 \times (P/F, 10\%, 3) + 5\ 000 \times (P/F, 10\%, 4) - 30\ 000 \\
&= 20\ 000 \times 0.909\ 1 + 15\ 000 \times 0.826\ 4 + 10\ 000 \times 0.751\ 3 + \\
&\quad 5\ 000 \times 0.683\ 0 - 30\ 000 \\
&= 11\ 506(元) > 0
\end{aligned}$$

用 $i=28\%$ 测算 ΔNPV

$$\Delta NPV = 20\ 000 \times (P/F, 28\%, 1) + 15\ 000 \times (P/F, 28\%, 2) +$$
$$10\ 000 \times (P/F, 28\%, 3) + 5\ 000 \times (P/F, 28\%, 4) - 30\ 000$$
$$= 20\ 000 \times 0.781\ 3 + 15\ 000 \times 0.610\ 4 + 10\ 000 \times 0.476\ 8 +$$
$$5\ 000 \times 0.372\ 5 - 30\ 000$$
$$= 1\ 412.5(元) > 0$$

再用 $i=32\%$ 测算 ΔNPV

$$\Delta NPV = 20\ 000 \times (P/F, 32\%, 1) + 15\ 000 \times (P/F, 32\%, 2) +$$
$$10\ 000 \times (P/F, 32\%, 3) + 5\ 000 \times (P/F, 32\%, 4) - 30\ 000$$
$$= 20\ 000 \times 0.757\ 6 + 15\ 000 \times 0.573\ 9 + 10\ 000 \times 0.434\ 8 +$$
$$5\ 000 \times 0.329\ 4 - 30\ 000$$
$$= -244.5 < 0$$

用内插法计算 ΔIRR

$$\frac{\Delta IRR - 28\%}{0 - 1\ 412.5} = \frac{12\% - 10\%}{-1.351\ 5 - 13.621}$$

$$\Delta IRR = 28\% + \frac{1\ 412.5 - 0}{1\ 412.5 - (-244.5)} \times (32\% - 28\%) = 31.41\% > 贴现率 10\%$$

$i=28\%$	ΔIRR	$i=32\%$
$\Delta NPV = 1\ 412.5$	$\Delta NPV = 0$	$\Delta NPV = -244.5$

计算表明，差额净现值为 11 506 元，大于零，差额内含报酬率为 31.41%，大于贴现率 10%，应选择甲方案。

（3）互斥方案的投资额不相等，项目计算期也不相同，可采用年回收额法。

年回收额法，是指通过比较所有投资方案的年等额净现值指标的大小来选择最优方案的决策方法。在此法下，年等额净现值最大的方案为优。

年回收额法的计算步骤如下：

① 计算各方案的净现值 NPV；

② 计算各方案的年等额净现值，若贴现率为 i，项目计算期为 n，则

$$年等额净现值 A = \frac{净现值}{年金现值系数} = \frac{NPV}{(P/A, i, n)}$$

【例 6-18】某企业有两项投资方案，其现金净流量如表 6-4 所示。

表 6-4　甲、乙方案现金净流量表　　　　　　　　　　　　　　　　　单位：元

项目计算期	甲方案		乙方案	
	净收益	现金净流量	净收益	现金净流量
0		(200 000)		(120 000)
1	20 000	120 000	16 000	56 000
2	32 000	132 000	16 000	56 000
3			16 000	56 000

如果该企业期望达到最低报酬率为12%，请作出决策。

解：(1) 计算甲、乙方案的 NPV。

$$NPV_{甲}=120\ 000\times(P/F,12\%,1)+132\ 000\times(P/F,12\%,2)-200\ 000$$

$$=120\ 000\times0.892\ 9+132\ 000\times0.797\ 2-200\ 000$$

$$=12\ 378.4(元)$$

$$NPV_{乙}=56\ 000\times(P/A,12\%,3)-120\ 000$$

$$=56\ 000\times2.401\ 8-120\ 000$$

$$=14\ 500.8(元)$$

(2) 计算甲、乙方案的年等额净现值。

$$甲方案年等额净现值=\frac{12\ 378.4}{(P/A,12\%,2)}=\frac{12\ 378.4}{1.690\ 1}=7\ 324.06(元)$$

$$乙方案年等额净现值=\frac{14\ 500.8}{(P/A,12\%,3)}=\frac{14\ 500.8}{2.401\ 8}=6\ 037.47(元)$$

(3) 作出决策。

因为甲方案年等额净现值＞乙方案年等额净现值，7 324.06＞6 037.47，所以应选择甲方案。

根据上述计算可知，乙方案的净现值大于甲方案的净现值，但乙方案的项目计算期为3年，而甲方案仅为2年，所以，乙方案的净现值高并不能说明该方案优，因此需通过年回收额法计算年等额净现值得出结论，甲方案的年等额净现值高于乙方案，即甲方案为最优方案。

3. 其他方案的对比与选优

在实际工作中，有些投资方案不能单独计算盈亏，或投资方案的收入相同或收入基本相同但难以具体计量，一般可考虑采用成本现值比较法或年成本比较法来作出比较和评价。所谓成本现值比较法是指计算各方案的成本现值之和并进行对比，成本现值之和最低的方案是最优的。成本现值比较法一般适用于项目计算期相同的投资方案间的对比、选优。对于项目计算期不同的方案就不能用成本现值比较法进行评价，而应采用年成本比较法，即通过比较年平均成本现值对投资方案作出选择。

【**例 6 - 19**】某企业有甲、乙两个投资方案可供选择，两个方案的设备生产能力相同，设备的寿命期均为4年，无建设期。甲方案的投资额为64 000元，每年的经营成本分别为4 000元、4 400元、4 600元、4 800元，寿命终期有6 400元的净残值；乙方案投资额为60 000元，每年的经营成本均为6 000元，寿命终期有6 000元净残值。如果企业的贴现率为8%，试比较两个方案的优劣。

解：因为不知道甲、乙两方案的收入，无法计算 NPV，且项目计算期相同，均为4年，所以应采用成本现值比较法。

甲方案的投资成本现值：

$$=64\ 000+4\ 000\times(P/F,8\%,1)+4\ 400\times(P/F,8\%,2)+4\ 600\times(P/F,8\%,3)+$$

$$4\ 800\times(P/F,8\%,4)-6\ 400\times(P/F,8\%,4)$$

$$=64\ 000+4\ 000\times0.925\ 9+4\ 400\times0.857\ 3+4\ 600\times0.793\ 8+4\ 800\times0.735\ 0-$$

$$6\ 400\times0.735\ 0$$

$$=73\ 951.20(元)$$

乙方案的投资成本现值：

$=60\ 000+6\ 000\times(P/A,8\%,4)-6\ 000\times(P/F,8\%,4)$

$=60\ 000+6\ 000\times3.312\ 1-6\ 000\times0.735\ 0$

$=75\ 462.6(元)$

以上计算结果表明，甲方案的投资成本现值较低，所以甲方案优于乙方案。

【例6-20】根据例6-19所给的资料，假设甲、乙投资方案寿命期分别为4年和5年，建设期仍为零，其余资料不变。如果企业的贴现率仍为8%，应选择哪个方案。

解：因为甲、乙两个方案的项目计算期不相同。

甲方案项目计算期$=0+4=4$年

乙方案项目计算期$=0+5=5$年

所以不能采用成本现值比较法，而应采用年成本比较法。计算步骤如下：

(1) 计算甲、乙方案的成本现值

甲方案成本现值$=73\ 951.20(元)$　　　　（同例6-19一致）

乙方案成本现值$=60\ 000+6\ 000\times(P/A,8\%,5)-6\ 000\times(P/F,8\%,5)$

$=60\ 000+6\ 000\times3.992\ 7-6\ 000\times0.680\ 6$

$=79\ 872.6(元)$

(2) 计算甲、乙方案的年均成本。

$$甲方案的年均成本=\frac{73\ 951.20}{(P/A,8\%,4)}=\frac{73\ 951.20}{3.312\ 1}=22\ 327.59(元)$$

$$乙方案的年均成本=\frac{79\ 872.60}{(P/A,8\%,5)}=\frac{79\ 872.60}{3.992\ 7}=20\ 004.66(元)$$

以上计算结果表明，乙方案的年均成本低于甲方案的年均成本，因此应采用乙方案。

知 识 小 结

投资项目主要分为：单纯固定资产投资项目、完整工业投资项目和更新改造项目。投资项目的程序包括：投资项目提出、投资项目可行性分析、投资项目决策评价、投资项目实施等过程。投资项目现金流量包括现金流入量、现金流出量和现金净流量三个概念。现金流量的假设主要分为：全投资假设、建设期投入全部资金假设、项目投资的经营期与折旧年限一致假设、时点指标假设和确定性假设。为了正确计算投资项目的增量现金流量，要注意：沉没成本、机会成本、企业其他部门的影响和净营运资金等因素的影响。投资项目决策评价指标分为非贴现指标和贴现指标两大类。投资项目决策评价指标的决策应用分为：独立方案的对比与选优、互斥方案的对比与选优和其他方案的对比与选优等。

实 践 演 练

一、判断题

1. 投资项目评价所运用的内含报酬率指标的计算结果与项目预定的贴现率高低有直接关系。　　　　　　　　　　　　　　　　　　　　　　　　　　　　（　　）

2. 现金净流量是指一定期间现金流入量和现金流出量的差额。   （   ）

3. 投资利润率和静态的投资回收期这两个静态指标其优点是计算简单，容易掌握，且均考虑了资金时间价值。   （   ）

4. 某投资方案按 10% 的贴现率计算的净现值大于零，那么，该方案的内含报酬率大于 10%。   （   ）

5. 多个互斥方案比较，一般应选择净现值大的方案。   （   ）

6. 不论在什么情况下，都可以通过逐次测试逼近方法计算内含报酬率。   （   ）

二、单项选择题

1. 如果甲、乙两个投资方案的净现值相同，则（   ）。

A. 甲方案优于乙方案

B. 乙方案优于甲方案

C. 甲方案与乙方案均符合项目可行的必要条件

D. 无法评价甲、乙两方案经济效益的高低

2. 计算投资方案的增量现金流量时，需考虑的项目是（   ）。

A. 沉没成本   B. 原始成本

C. 变现价值   D. 账面价值

3. 某企业拥有一块土地，其原始成本为 250 万元，账面价值为 180 万元。现准备在这块土地上建造工厂厂房，但如果现在将这块土地出售，可获得收入 220 万元，则建造厂房的机会成本是（   ）。

A. 250 万元   B. 70 万元   C. 180 万元   D. 220 万元

4. 在用动态指标对投资项目进行评价时，如果其他因素不变，只有贴现率提高，则下列指标计算结果不会改变的是（   ）。

A. 净现值   B. 投资回收期

C. 内含报酬率   D. 现值指数

5. 某项目建设期为 1 年，建设投资 200 万元全部于建设期初投入，经营期为 10 年，每年现金净流量为 50 万元，若贴现率为 12%，则该项目的现值指数为（   ）。

A. 1.484 1   B. 1.413 5

C. 1.261 3   D. 1.424 6

6. 已知某项目无建设期，资金于建设起点一次性投入，项目建成后可用 8 年，每年的现金净流量相等。如果该项目的静态投资回收期是 6 年，则按内含报酬率确定的年金现值系数是（   ）。

A. 14   B. 8

C. 6   D. 2

7. 当贴现率为 10%，某项目的净现值为 500 元，则说明该项目的内含报酬率（   ）。

A. 高于 10%   B. 低于 10%

C. 等于 10%   D. 无法界定

8. 某投资项目的净现值率为 0.780 9，则现值指数为（   ）。

A. 0.219 1   B. 1.780 9

C. 1.280 5   D. 0.790 8

三、多项选择题

1. 现金流出是指由投资项目所引起的企业现金支出的增加额,包括(　　)。

A. 建设投资　　　　　　　　　　B. 付现成本

C. 年折旧额　　　　　　　　　　D. 所得税

2. 下列因素中影响内含报酬率的有(　　)。

A. 现金净流量　　　　　　　　　B. 贴现率

C. 项目投资使用年限　　　　　　D. 投资总额

3. 下列表述中正确的说法有(　　)。

A. 当净现值等于零时,项目的贴现率等于内含报酬率

B. 当净现值小于零时,现值指数大于零

C. 当净现值大于零时,说明投资方案可行

D. 当净现值大于零时,项目贴现率大于投资项目本身的报酬率

4. 与计算内含报酬率有关的项目为(　　)。

A. 原始投资　　　　　　　　　　B. 贴现率

C. 每年的 NCF　　　　　　　　　D. 项目计算期

5. 计算经营期现金净流量时,以下(　　)项目是相关的。

A. 利润　　　　　　　　　　　　B. 无形资产支出

C. 折旧额　　　　　　　　　　　D. 回收额

6. 若某投资方案以内含报酬率作为评价指标,保证投资方案可行的要求是内含报酬率(　　)。

A. 大于零　　　　　　　　　　　B. 大于企业的资本成本

C. 大于 1　　　　　　　　　　　D. 大于基准的贴现率

四、案例分析

1. 案例情景:某企业拟进行一项单纯固定资产投资,现有 A、B 两个互斥方案可供选择,相关资料如表 6-5 所示。

表 6-5　A、B 方案相关资料　　　　　　　单位:万元

方案	指标	建设期		运营期	
		0	1	2~11	12
A	固定资产投资	*	*		
	新增息税前利润(每年相等)			*	*
	新增的折旧			100	100
	新增的营业税金及附加			1.5	*
	所得税前净现金流量	-1 000	0	200	*
B	固定资产投资	500	500		
	所得税前净现金流量	*	*	200	*

说明:表中"2~11"年一列中的数据为每年数,连续 10 年相等;用"*"表示省略的数据。

实践要求：

（1）计算 A 方案的下列数据：

① 固定资产投资金额；② 运营期每年新增息税前利润；③ 不包括建设期的静态投资回收期。

（2）请判断能否利用净现值法做出最终投资决策。

（3）如果 A、B 两方案的净现值分别为 180.92 万元和 273.42 万元，请按照一定方法做出最终决策，并说明理由。

学习情景七　证券投资决策

案例导入

在 1997 年 10 月 20 日股票收盘时，沃尔玛——美国最大的零售商的股票价格是每股 33.44 美元。同一天，克莱斯勒——美国第三大汽车制造商的股票价格是 37.13 美元。而流行的因特网浏览器供应商网景——这个出现在股票市场的新面孔，收盘于 39.25 美元。由于这三家公司的股票价格如此接近，你可能会期望它们会为它们的股东提供同等的股利回报，但是你错了。实际上，克莱斯勒公司的年度股利是每股 1.60 美元，沃尔玛是每股 0.27 美元，而网景根本没有支付股利。

要求根据此信息分析：

1. 什么是股票价格？什么是股票的价值？股票的价格和价值有关吗？如果有，是什么关系？

2. 为什么股利不同的三种股票价格却如此接近？从收益和风险的角度进行分析。

3. 你认为决定股票价格的根本因素是什么？影响因素有哪些？

学习任务：本案例中证券投资的相关知识有哪些？

学习目标：通过学习本章，要求掌握股票和债券的价值及收益率的计算；理解证券投资的种类、特点与原因，理解证券投资组合的策略和方法；了解证券投资组合的意义、风险与收益率。

任务 1　证券投资概述

企业除了直接将资金投入生产经营活动进行直接投资外，常常还将闲置资金投放于有价证券，进行证券投资。证券投资相对于项目投资而言，变现能力强，少量资金也能参与投资，便于随时调用和转移资金，这为企业有效利用资金、充分挖掘资金的潜力提供了十分理想的途径，所以证券投资已经成为企业投资的重要组成部分。

一、证券投资的概念和目的

1. 证券的概念及特点

当人们用货币按一定的价格买入相应数量的股票或债券时，就持有了一定数量的证券。在现行的证券交易市场中，往往不知道证券到底是什么样子的，因为发达的电脑系统存储了证券上的所有信息，实现了无纸化操作，以至于初次入市交易的投资者难以获得证券的感性认识。但这并不妨碍电子证券与纸质证券具有同样的信息和特征。

证券的本质是代表某种权能的凭证，它表明持有者有权依照凭证所记载的内容取得相应的权益并具有法律效力。拥有证券意味着拥有某种权能。这种权能主要体现为持有者对证券所代表的资产的一种收益权。这种收益权依证券种类的不同而有所区别。在资本市场上证券主要分为股票与债券两大类。

股票代表持有者拥有对应资产的所有权，它是证明持有者在该公司入股并有权从公司的收入和盈利中取得股息和红利的凭证。但这仅是理论上的所有权。从所有权的占有、使用、收益和处置四项权能来看，持有者主要拥有股票所对应资产的收益权，这个收益权是指获得资产所产出利润的权力。由于利润大小是不确定的，所以其收益也是不确定的，甚至当公司亏损和破产时，投资者连投入股票的资本也难以收回。至于所有权的另外三项权能，作为单独的投资者是无法实现的，因为股票被分割成很小的份额，它无法占有、使用和处置作为整体的实物资产。只有对应这些资产的股票全部整合在一起，才能行使这些权能。这就是股东大会的职能。股票持有者只能通过出席股东大会来表达自己作为所有者对公司资产管理的意见，并通过股东大会决议的形式行使全体股东的管理意志。而作为股票持有人的权利以及必须履行的出资义务和数量，都必须以最简要的形式记录在股票上，而权利和义务的具体条款则记录在公司章程中。股票持有者是公司的股东，以其出资的份额对公司承担有限责任。股票没有到期期限，持有者可以依法转让和交易。

债券代表持有者拥有对应资产的债权，它是证明持有者在依法约定的特定期间内将特定数量的货币借给债券发行人使用，债券发行人按规定利率在特定日期支付利息并到期归还本金的凭证。这种债权也体现为对应资产所产出利润的收益权，但因为利率是固定的，所以收益也是固定的，不随发行人实际收益大小而变化。这也决定了债券发行者可以利用债券固定收益的特征实行杠杆经营，增加股东权益。但是当公司发生亏损或无法按时还本付息时，债券持有者的收益无法实现，甚至本金也无法收回。债券发行人既可以是公司，也可以是政府或政府机构。债券持有人和发行人的权利和义务也以最简要的形式记录在债券上，其要素有发行人、到期期限、面值、票面利率等。而权利和义务的具体细节则记录在债券招募说明书里。作为债权人的债券持有者没有参与债券发行人经营和管理决策的权力。

从股票和债券的基本概念，可以看到证券具有如下的共同特征：

（1）证券的收益性特征。不论是股票还是债券，持有者一般能从发行人通过运用权益资本和债务资本所获得的增值收益中分得相应的份额作为收益。这种证券的收益归根到底来自于公司经营的利润，是公司利润在公司留存收益、国家税收者之间分配的结果。股票投资者获得股息红利和资本利得，其中资本利得及交易价差可以解释为对公司未来利润的提前分配；债券投资者则获得债息收入。

（2）证券的流通性特征。证券能够在二级市场上自由交易称为流通。证券的流通性是保证证券一级市场实现融资功能的必要条件。只有当证券持有者能够方便地将持有的证券实现转手交易时，投资者才愿意将自己的资金使用权转让给证券的发行人。所以，证券的流通性能促进二级市场的活跃，从而保证二级市场的健康发展。

（3）证券的风险性特征。证券的交易价格在流通市场的上下变动会导致证券投资人收益发生变化甚至亏损。证券的收益在理论上可以分为持有时间的收益和承担风险的收益，除了持有到期国债以外，其他的证券价格在市场上都会因各种不同因素变化的影响而产生波动，这种波动为证券的价格风险。就算是国债，如果不持有到期，其价格也会受到市场利率变动的影响。

2. 证券投资的概念

证券投资是指投资者放弃当前的消费而将资金通过购买证券以期未来获取收益的行为方式。当人们把自己收入的一部分用来购买股票、债券或者存入银行的时候，他正是放弃了即期消费而持有了有价证券。经过一定时间后，持有人就可据以要求获得相应的股息、红利或利息。如果这些证券可以在市场上流通，持有人也可以通过将证券转让而获得差价即资本利得。但证券的风险性特征使得证券价格会发生波动，从而可能使资本利得成为负数。由此可以将证券投资的收益分为两部分：一部分是由投资者持有证券的时间所获取的收益，另一部分是由投资者持有证券所承受的风险而获得的收益。因而证券投资的收益可以用公式表示如下：

$$绝对收益＝证券的卖出价格－买入价格＋股息红利＋利息 \tag{7-1}$$

$$相对收益＝\frac{证券的卖出价格－买入价格＋股息红利＋利息}{买入价格} \tag{7-2}$$

一般将相对收益以年化收益率表示，则

$$相对收益率＝\frac{证券的卖出价格＋股息红利＋利息}{买入价格}-1 \tag{7-3}$$

其中，n 为证券持有的年数。

二、证券投资的种类

要了解证券投资的种类，首先要了解证券的种类。

1. 证券的种类

1）按证券体现的权益关系分类

证券按体现的权益关系可分为所有权证券、信托投资证券和债权证券。所有权证券是一种既不定期支付利息，也无固定偿还期的证券，它代表着投资者在被投资企业所占权益的份额，在被投资企业赢利且宣布发放股利的情况下，才可能分享被投资企业的部分净收益。股票是典型的所有权证券。信托投资证券是由公众投资者共同筹集、委托专门的证券投资机构投资于各种证券，以获取收益的股份或收益凭证，如投资基金。债权证券是一种必须定期支付利息，并要按期偿还本金的有价证券。国库券、企业债券、金融债券等都是债权证券。所有权证券的投资风险要大于债权证券。投资基金的风险低于股票投资而高于债券投资。

2）按证券的收益状况分类

证券按收益状况可分为固定收益证券和变动收益证券。固定收益证券是指在证券票面上规定有固定收益率，投资者可定期获得稳定收益的证券，如优先股股票、债券等。变动收益证券是指证券票面无固定收益率，其收益情况随企业经营状况而变动的证券。变动收益证券风险大，投资报酬也相对较高；固定收益证券风险低，投资报酬也相对较低。

3）按证券发行主体分类

证券按发行主体可分为政府证券、金融证券和公司证券三种。政府证券是指中央或地方政府为筹集资金而发行的证券，如国库券等；金融证券是指银行或其他金融机构为筹集资金而发行的证券；公司证券又称企业证券，是工商企业发行的证券。

4）按证券到期日的长短分类

证券按到期日的长短可分为短期证券和长期证券。短期证券是指一年内到期的有价证券，如银行承兑汇票、商业本票、短期融资券等。长期证券是指到期日在一年以上的有价证券，如股票、债券等。

2. 证券投资的分类

1）债券投资

债券投资是指企业将资金投入各种债券，如国债、公司债和短期融资券等。相对于股票投资，债券投资一般风险较小，能获得稳定收益，但要注意投资对象的信用等级。

2）股票投资

股票投资是指企业购买其他企业发行的股票作为投资，如普通股、优先股股票。股票投资风险较大，收益也相对较高。

3）组合投资

组合投资是指企业将资金同时投放于债券、股票等多种证券，这样可分散证券投资风险。组合投资是企业证券投资的常用投资方式。

4）基金投资

基金投资是指投资者的钱和其他许多人的钱合在一起，然后由基金公司的专家负责管理，用来投资于多家企业的股票或者债券。基金按受益凭证可否赎回分为封闭式基金与开放式基金。封闭式基金在信托契约期限未满时，不得向发行人要求赎回；而开放式基金是指投资者可以随时要求基金公司收购所买基金（赎回），当然目标应该是卖出价高于买入价，同时在赎回的时候，要承担一定的手续费。而投资者的收益主要来自于基金分红。与封闭式基金普遍采取的年终分红不同，根据行情和基金收益状况的不定期分红是开放式基金的主流分红方式。基金投资由专家经营管理，风险相对较小，正越来越受到广大投资者的青睐。

本章将主要介绍债券投资和股票投资。

三、证券投资的一般程序

1. 合理选择投资对象

合理选择投资对象是证券投资成败的关键。企业应根据一定的投资原则，认真分析投资对象的收益水平和风险程度，以便合理选择投资对象，将风险降低到最低限度，取得较好的投资收益。

2. 委托买卖

由于投资者无法直接进场交易，买卖证券业务需委托证券商代理。企业可通过电话委托、电脑终端委托、递单委托等方式委托券商代为买卖有关证券。

3. 成交

证券买卖双方通过中介券商的场内交易员分别出价委托，若买卖双方的价位与数量合适，交易即可达成，这个过程叫成交。

4. 清算与交割

企业委托券商买入某种证券成功后，即应解缴款项，收取证券。清算即指证券买卖双方结清价款的过程。

5. 办理证券过户

证券过户只限于记名证券的买卖业务。当企业委托买卖某种记名证券成功后，必须办理证券持有人的姓名变更手续。

任务2 证券投资的收益评价

企业要进行证券投资，首先必须进行证券投资的收益评价。评价证券收益水平主要有两个指标，即证券的价值和收益率。

一、债券投资的收益评价

1. 债券的价值

债券的价值又称债券的内在价值。根据资产的收入资本化定价理论，任何资产的内在价值都是在投资者预期的资产可获得的现金收入的基础上进行贴现决定的。运用到债券上，债券的价值是指进行债券投资时投资者预期可获得的现金流入的现值。债券的现金流入主要包括利息和到期收回的本金或出售时获得的现金两部分。当债券的购买价格低于债券价值时，才值得购买。

1) 债券价值计算的基本模型

债券价值的基本模型主要是指按复利方式计算的每年定期付息、到期一次还本情况下的债券的估价模型。其计算式为

$$
\begin{aligned}
V &= \sum_{t=1}^{n} \frac{i \times F}{(1+K)^t} + \frac{F}{(1+K)^n} \\
&= i \cdot F(P/A, K, n) + F \cdot (P/F, K, n) \\
&= I \cdot (P/A, K, n) + F \cdot (P/F, K, n)
\end{aligned} \qquad (7-4)
$$

式中：V 为债券价值；i 为债券票面利息率；I 为债券利息；F 为债券面值；K 为市场利率或投资人要求的必要收益率；n 为付息总期数；t 为时间。

【例 7-1】凯利公司债券面值为 1 000 元，票面利率为 6%，期限为 3 年，某企业要对这种债券进行投资，当前的市场利率为 8%，问：债券价格为多少时才能进行投资？

解：
$$
\begin{aligned}
V &= 1\,000 \times 6\% \times (P/A, 8\%, 3) + 1\,000 \times (P/F, 8\%, 3) \\
&= 60 \times 2.577\,1 + 1\,000 \times 0.793\,8 \\
&= 948.43(元)
\end{aligned}
$$

该债券的价格必须低于 948.43 元时才能进行投资。

2) 一次还本付息的单利债券价值模型

我国的很多债券属于一次还本付息、单利计算的存单式债券，其价值模型为

$$
V = \frac{F(1+i \cdot n)}{(1+K)^n} = F \cdot (1+i \cdot n) \cdot (P/F, K, n) \qquad (7-5)
$$

式中符号含义同式(7-4)。

【例 7-2】凯利公司拟购买另一家公司的企业债券作为投资，该债券面值 1 000 元，期

限 3 年，票面利率 5%，单利计息，当前市场利率为 6%，问：该债券发行价格为多少时才能购买？

解：$V = 1\,000 \times (1 + 5\% \times 3) \times (P/F, 6\%, 3) = 1\,000 \times 1.15 \times 0.839\,6 = 965.54$（元）

该债券的价格必须低于 965.54 元时才适宜购买。

3）零息债券的价值模型

零息债券的价值模型是指到期只能按面值收回，期内不计息债券的估价模型。其计算式为

$$P = \frac{F}{(1+K)^n} = F \times \left(\frac{P}{F}, K, n\right) \tag{7-6}$$

式中符号含义同式（7-4）。

【例 7-3】某债券面值 1\,000 元，期限 3 年，期内不计息，到期按面值偿还，市场利率 6%，问：价格为多少时，企业才能购买？

解：　　　$V = 1\,000 \times (P/F, 6\%, 3) = 1\,000 \times 0.839\,6 = 839.6$（元）

该债券的价格只有低于 839.6 元时，企业才能购买。

2. 债券的收益率

1）短期债券收益率的计算

短期债券由于期限较短，一般不用考虑货币的时间价值因素，只需考虑债券价差及利息，将其与投资额相比，即可求出短期债券收益率。其计算公式为

$$K = \frac{S_1 - S_0 + I}{S_0} \times 100\% \tag{7-7}$$

式中：S_0 为债券购买价格；S_1 为债券出售价格；I 为债券利息；K 为债券投资收益率。

【例 7-4】某企业于 2×18 年 5 月 8 日以 920 元购进一张面值 1\,000 元，票面利率 5%，每年付息一次的债券，并于 2×19 年 5 月 8 日以 970 元的市价出售，问：该债券的投资收益率是多少？

解：　　　$K = \frac{970 - 920 + 50}{920} \times 100\% = 10.87\%$

该债券的投资收益率为 10.87%。

2）长期债券收益率的计算

对于长期债券，由于涉及时间较长，需要考虑货币的时间价值，其投资收益率一般是指购进债券后一直持有至到期日可获得的收益率。它使债券利息的年金现值和债券到期收回本金的复利现值之和等于债券购买价格时的贴现率。

（1）一般债券收益率的计算。

一般债券的价值模型为

$$V = I \cdot (P/A, K, n) + F \cdot (P/F, K, n) \tag{7-8}$$

式中：V 为债券的购买价格；I 为每年获得的固定利息；F 为债券到期收回的本金或中途出售收回的资金；K 为债券的投资收益率；n 为投资期限。

由于无法直接计算收益率，必须采用逐步测试法及内插法来计算，即：先设定一个贴现率代入上式，如计算出的 V 正好等于债券买价，该贴现率即为收益率；如计算出的 V 与债券买价不等，则须继续测试，再用内插法求出收益率。

【**例 7-5**】某公司 2×14 年 1 月 1 日用平价购买一张面值为 1 000 元的债券，其票面利率为 8%，每年 1 月 1 日计算并支付一次利息，该债券于 2×19 年 1 月 1 日到期，按面值收回本金，计算其到期收益率。

解：$I = 1\,000 \times 8\% = 80$ 元，$F = 1000$ 元；

设收益率 $i = 8\%$，则

$$V = 80 \times (P/A, 8\%, 5) + 1\,000 \times (P/F, 8\%, 5) = 1\,000 \text{ 元}$$

用 8% 计算出来的债券价值正好等于债券买价，所以该债券的收益率为 8%。可见，平价发行的每年复利计息一次的债券，其到期收益率等于票面利率。

如该公司购买该债券的价格为 1 100 元，即高于面值，则该债券收益率应为多少？

要求出收益率，必须使下式成立：

$$1\,100 = 80 \times (P/A, i, 5) + 1\,000 \times (P/F, i, 5)$$

通过前面的计算已知，$i = 8\%$ 时，等式右边为 1 000 元。由于利率与现值呈反向变化，即现值越大，利率越小。而债券买价为 1 100 元，收益率一定低于 8%，降低贴现率进一步试算。

用 $i_1 = 6\%$ 试算：

$$\begin{aligned}
V_1 &= 80 \times (P/A, 6\%, 5) + 1\,000 \times (P/F, 6\%, 5) \\
&= 80 \times 4.212\,4 + 1\,000 \times 0.747\,3 \\
&= 1\,084.29 \text{(元)}
\end{aligned}$$

由于贴现结果仍小于 1 100 元，还应进一步降低贴现率试算，用 $i_2 = 5\%$ 试算：

$$\begin{aligned}
V_2 &= 80 \times (P/A, 5\%, 5) + 1\,000 \times (P/F, 5\%, 5) \\
&= 80 \times 4.329\,5 + 1\,000 \times 0.783\,5 \\
&= 1\,129.86 \text{(元)}
\end{aligned}$$

用内插法计算：

$$i = 5\% + \frac{1\,129.86 - 1\,100}{1\,129.86 - 1\,084.29} \times (6\% - 5\%) = 5.66\%$$

所以如果债券的购买价格为 1 100 元，债券的收益率为 5.66%。

(2) 一次还本付息的单利债券收益率的计算。

一次还本付息的单利债券价值模型为

$$V = F(1 + i \times n) \times (P/F, k, n)$$

【**例 7-6**】某公司 2×18 年 1 月 1 日以 1 020 元购买一张面值为 1 000 元、票面利率为 10%、单利计息的债券，该债券期限为 5 年，到期一次还本付息，计算其到期收益率。

解：一次还本付息的单利债券价值模型为

$$V = F(1 + i \times n) \times (P/F, K, n)$$

代入数值则有

$$1\,020 = 1\,000 \times (1 + 5 \times 10\%) \times (P/F, K, 5)$$

即

$$(P/F, K, 5) = \frac{1\,020}{1\,500} = 0.68$$

查复利现值表，5 年期的复利现值系数等于 0.68 时，$K=8\%$。如此时查表无法直接求得收益率，则可用内插法计算。

债券的收益率是进行债券投资时选购债券的重要标准，它可以反映债券投资按复利计算的实际收益率。如果债券的收益率高于投资人要求的必要报酬率，则可购进债券；否则就应放弃此项投资。

3. 债券投资的优缺点

1）债券投资的优点

（1）投资收益稳定。进行债券投资一般可按时获得固定的利息收入，收益稳定。

（2）投资风险较低。相对于股票投资而言，债券投资风险较低。政府债券有国家财力作后盾，通常被视为无风险证券。而企业破产时企业债券的持有人对企业的剩余财产有优先求偿权，因而风险较低。

（3）流动性强。大企业及政府债券很容易在金融市场上迅速出售，流动性较强。

2）债券投资的缺点

（1）无经营管理权。债券投资者只能定期取得利息，无权影响或控制被投资企业。

（2）购买力风险较大。由于债券面值和利率是固定的，如投资期间通货膨胀率较高，债券面值和利息的实际购买力就会降低。

二、股票投资的收益评价

1. 股票的价值

股票的价值又称股票的内在价值，是进行股票投资所获得的现金流入的现值。股票带给投资者的现金流入包括两部分：股利收入和股票出售时的资本利得。因此股票的内在价值由一系列的股利和将来出售股票时售价的现值所构成，通常当股票的市场价格低于股票内在价值才适宜投资。

1）股票价值的基本模型

股票价值的基本模型为

$$V = \sum_{t=1}^{n} \frac{d_t}{(1+K)^t} + \frac{V_n}{(1+K)^n} \tag{7-9}$$

式中：V 为股票内在价值；d_t 为第 t 期的预期股利；K 为投资人要求的必要资金收益率；V_n 为未来出售时预计的股票价格；n 为预计持有股票的期数。

股票价值的基本模型要求无限期地预计历年的股利，如果持有期是个未知数的话，上述模型实际上很难计算。因此应用的模型都是假设股利零增长或固定比例增长时的价值模型。

2）股利零增长、长期持有的股票价值模型

股利零增长、长期持有的股票价值模型为

$$V = \frac{d}{K} \tag{7-10}$$

式中：V 为股票的内在价值；d 为每年固定股利；K 为投资人要求的必要资金收益率。

【例7-7】凯利公司拟投资购买并长期持有某公司股票，该股票每年分配股利2元，必要收益率为10%，问：该股票价格为多少时适合购买？

解：
$$V=\frac{d}{K}=\frac{2}{10\%}=20(元)$$

股票价格低于20元时才适合购买。

3）长期持有股票，股利固定增长的股票价值模型

设上年股利为d_0，本年股利为d_1，每年股利增长率为g，投资人要求的必要资金收益率为K则股票价值模型为：

$$V=\frac{d_0(1+g)}{K-g}=\frac{d_1}{K-g} \tag{7-11}$$

【例7-8】凯利公司拟投资某公司股票，该股票上年每股股利为2元，预计年增长率为2%，必要投资报酬率为7%，问：该股票价格为多少时可以投资？

解：
$$V=\frac{d_0(1+g)}{K-g}=\frac{2\times(1+2\%)}{7\%-2\%}=40.8 元$$

该股票价格低于40.8元时才可以投资。

4）非固定成长股票的价值

有些企业的股票在一段时间里高速成长，在另一段时间里又正常固定增长或固定不变，这样就要分段计算，才能确定股票的价值。

【例7-9】某企业持有A公司股票，其必要报酬率为12%，预计A公司未来三年股利高速增长，成长率为20%，此后转为正常增长，增长率为8%。公司最近支付的股利是2元，计算该公司的股票价值。

首先，计算非正常增长期的股利现值，如表7-1所示。

表7-1　例7-9非正常增长期的股利现值

年　份	股　利/元	现值因素	现　值/元
1	$2\times1.2=2.4$	0.892 9	2.143 0
2	$2.4\times1.2=2.88$	0.797 2	2.295 9
3	$2.88\times1.2=3.456$	0.711 8	2.460 0
	合计（3年股利现值）		6.898 9

其次，按固定股利成长模型计算固定增长部分的股票价值：

$$V_3=\frac{d_3\times(1+g)}{K-g}=\frac{3.456\times1.08}{0.12-0.08}=93.312(元)$$

由于这部分股票价值是第三年年底以后的股利折算的内在价值，需将其折算为现值：

$$V_3\times(P/F,12\%,3)=93.312\times0.711 8=66.419(元)$$

最后，计算股票目前的内在价值：

$$V=6.898 9+66.419\approx73.32(元)$$

2. 股票投资的收益率

1) 短期股票收益率的计算

如果企业购买的股票在一年内出售，其投资收益主要包括股票投资价差及股利两部分，不须考虑货币时间价值，其收益率计算公式如下：

$$K = \frac{S_1 - S_0 + d}{S_0} \times 100\% = \frac{S_1 - S_0}{S_0} + \frac{d}{S_0}$$

$$= 预期资本利得收益率 + 股利收益率 \qquad (7-12)$$

式中：K 为短期股票收益率；S_1 为股票出售价格；S_0 为股票购买价格；d 为股利。

【例 7-10】 2×18 年 3 月 10 日，凯利公司购买某公司每股市价为 20 元的股票，2×19 年 1 月，凯利公司每股获现金股利 1 元。2×19 年 3 月 10 日，凯利公司将该股票以每股 22 元的价格出售，问：投资收益率应为多少？

解：
$$K = \frac{22 - 20 + 1}{20} \times 100\% = 15\%$$

该股票的收益率为 15%。

2) 股票长期持有，股利固定增长的收益率的计算

由固定增长股利价值模型知道：$V = d_1 / (K - g)$，将公式移项整理，求 K，可得到股利固定增长收益率的计算模型为

$$K = \frac{d_1}{V} + g$$

【例 7-11】 有一只股票的价格为 40 元，预计下一期的股利是 2 元，该股利将以大约 10% 的速度持续增长，问：该股票的预期收益率为多少？

解：
$$K = \frac{2}{40} + 10\% = 15\%$$

该股票的收益率为 15%。

3) 一般情况下股票投资收益率的计算

一般情况下，企业进行股票投资可以取得股利，股票出售时也可收回一定资金，只是股利不同于债券利息，股利是经常变动的，股票投资的收益率是使各期股利及股票售价的复利现值等于股票买价时的贴现率。即：

$$V = \sum_{t=1}^{n} \frac{d_t}{(1+K)^t} + \frac{V_n}{(1+K)^n} \qquad (7-13)$$

式中：V 为股票的买价；d_t 为第 t 期的股利；K 为投资收益率；V_n 为股票出售价格；n 为持有股票的期数。

【例 7-12】 凯利公司于 2×16 年 6 月 1 日投资 600 万元购买某种股票 100 万股，在 2×17 年、2×18 年和 2×19 年的 5 月 30 日分得每股现金股利分别为 0.6 元、0.8 元和 0.9 元，并于 20×9 年 5 月 30 日以每股 8 元的价格将股票全部出售，试计算该项投资的收益率。

解：用逐步测试法计算。先用 20% 的收益率进行测算：

$$V = \frac{60}{1+20\%} + \frac{80}{(1+20\%)^2} + \frac{890}{(1+20\%)^3}$$

$$= 60 \times 0.833\ 3 + 80 \times 0.694\ 4 + 890 \times 0.578\ 7$$

$$= 620.59(万元)$$

由于 620.59 万元比 600 万元大，再用 24% 测算：

$$V = \frac{60}{(1+24\%)} + \frac{80}{(1+24\%)^2} + \frac{890}{(1+24\%)^3}$$

$$= 60 \times 0.806\ 5 + 80 \times 0.650\ 4 + 890 \times 0.524\ 5$$

$$= 567.23(万元)$$

然后用内插法计算如下：

$$K = 20\% + \frac{620.59 - 600}{620.59 - 567.23} \times 4\% = 21.54\%$$

3. 股票投资的优缺点

1）股票投资的优点

（1）投资收益高。股票投资风险大，收益也高，只要选择得当，就能取得优厚的投资收益。

（2）购买力风险低。购买力风险又称通货膨胀风险，是指由于通货膨胀所引起的投资者实际收益水平下降的风险。与固定收益的债券相比，普通股能有效地降低购买力风险。因为通货膨胀率较高时，物价普遍上涨，股份企业盈利增加，股利也会随之增加。

（3）拥有经营控制权。普通股股票的投资者是被投资企业的股东，拥有一定的经营控制权。

2）股票投资的缺点

（1）收入不稳定。普通股股利的有无、多少，须视被投资企业经营状况而定，很不稳定。

（2）价格不稳定。股票价格受众多因素影响，极不稳定。

（3）求偿权居后。企业破产时，普通股投资者对被投资企业的资产求偿权居于最后，其投资有可能得不到全额补偿。

任务 3　证券投资的风险与组合

一、证券投资风险

风险性是证券投资的基本特征之一。在证券投资活动中，投资者买卖证券是希望获取预期的收益。在投资者持有证券期间，各种因素的影响可能使预期收益减少甚至使本金遭受损失；持有期间越长，各种因素产生影响的可能性越大。与证券投资活动相关的所有风险统称为总风险。总风险按是否可以通过投资组合加以规避及消除，可分为系统性风险与非系统性风险。

1. 系统性风险

系统性风险是指由于政治、经济及社会环境的变动而影响证券市场上所有证券的风险。这类风险的共同特点是：其影响不是作用于某一种证券，而是对整个证券市场发生作用，导致证券市场上所有证券出现风险。由于系统性风险对所有证券的投资总是存在的，并且无法通过投资多样化的组合方法加以分散、规避与消除，故称不可分散风险。它包括市场风险、利率风险、购买力风险以及自然因素导致的社会风险等。

1）市场风险

市场风险是指由有价证券的"空头"和"多头"等市场因素所引起的证券投资收益变动的可能性。

空头市场即熊市，是证券市场价格指数从某个较高点（波峰）下降开始，一直呈下降趋势至某一较低点（波谷）结束。多头市场即牛市，是证券市场价格指数从某一个较低点开始上升，一直呈上升趋势至某个较高点并开始下降时结束。从这一点开始，证券市场又进入空头市场。多头市场和空头市场的交替，导致市场证券投资收益发生变动，进而引起市场风险。多头市场的上升和空头市场的下跌都是就市场的总趋势而言，显然，市场风险是无法规避的。

2）利率风险

利率风险是指由于市场利率变动引起证券投资收益变动的可能性。

因为市场利率与证券价格具有负相关性，即：当利率下降时，证券价格上升；当利率上升时，证券价格下降。由于市场利率变动引起证券价格变动，进而引起证券投资收益变动，这就是利率风险。市场利率的波动基于市场资金供求状况与基准利率水平的波动。不同经济发展阶段市场资金供求状况不同，中央银行根据宏观金融调控的要求调节基准利率水平，当中央银行调整利率时，各种金融资产的利率和价格必然作出灵敏的市场反应，所以利率风险是无法规避的。

3）购买力风险

由于通货膨胀必然引起企业制造成本、管理成本、融资成本的提高，当企业无法通过涨价或内部消化加以弥补时，就会导致企业经营状况与财务状况的恶化，投资者因此会丧失对股票投资的信心，股市价格随之跌落。一旦投资者对通货膨胀的未来态势产生持久的不良预期时，股价暴跌风潮就无法制止。世界证券市场发展的历史经验表明，恶性通货膨胀是引发证券市场混乱的祸根。

此外，通货膨胀还会引起投资者本金与收益的贬值，使投资者货币收入增加却并不一定真的获利。通货膨胀是一种常见的经济现象，它的存在必然使投资者承担购买力风险，而且这种风险不会因为投资者退出证券市场就可以避免。

2. 非系统性风险

非系统性风险又称可分散风险或公司特别风险，是指由于市场、行业以及企业本身等因素影响个别企业证券的风险。它是由单一因素造成的只影响某一证券收益的风险，属个别风险，能够通过投资多样化来消除。非系统性风险包括行业风险、企业经营风险、企业违约风险等。

1）行业风险

行业风险是指由证券发行企业所处的行业特征所引起的该证券投资收益变动的可能性。有些行业本身包含较多的不确定因素，如高新技术行业，而有些行业则包含较少的不确定因素，如电力、煤气等公用事业。

2）企业经营风险

企业经营风险是指由于经营不善、竞争失败、企业业绩下降而使投资者无法获取预期收益的可能性。

3）企业违约风险

企业违约风险是指企业不能按照证券发行契约或发行承诺支付投资者债息、股息、红利及偿还债券本金而使投资者遭受损失的风险。

二、单一证券投资风险的衡量

衡量单一证券的投资风险对于证券投资者具有极为重要的意义，它是投资者选择合适投资对象的基本出发点。在选择投资对象时，如果各种证券具有相同的期望收益率，投资者显然会倾向于风险低的证券。

单一证券投资风险的衡量一般包括算术平均法与概率测定法两种。

1. 算术平均法

算术平均法是最早产生的单一证券投资风险的测定方法。其计算公式为

$$平均价差率 = \frac{\sum\limits_{i=1}^{n} 各期价差率}{n} \qquad (7-14)$$

式中：

$$各期价差率 = \frac{该时期最高价 - 最低价}{\dfrac{该时期最高价 + 最低价}{2}}$$

n 为计算时期数。

如果将风险理解为证券价格可能的波动，平均价差率则是一个衡量证券投资风险的较好指标。证券投资决策可以根据平均价差率的大小来判断该证券的风险大小：平均价差率大的证券风险也大，平均价差率小的证券风险则较小。

利用算术平均法对证券投资风险的测定，其优点是简单明了，但其测定范围有限，着重于过去的证券价格波动，风险所包含的内容过于狭窄。因此，算术平均法不能准确地反映该证券投资未来风险的可能趋势。

2. 概率测定法

概率测定法是衡量单一证券投资风险的主要方法，它依据概率分析原理，计算各种可能收益的标准差与标准离差率，以反映相应证券投资的风险程度。

1）标准差

判断实际可能的收益率与期望收益率的偏离程度，一般可采用标准差指标。其计算公式为

$$\sigma = \sqrt{\sum_{i=1}^{n} (K_i - \bar{K})^2 P_i} \qquad (7-15)$$

式中：$\overline{K}$ 为期望收益率；$\sum_{i=1}^{n}(K_i.P_i)$；K_i 为第 i 种可能结果的收益率；P_i 为第 i 种可能结果的概率；n 为可能结果的个数；σ 为标准差。

一般来说，标准差越大，说明实际可能的结果与期望收益率偏离越大，实际收益率不稳定，因而该证券投资的风险大；标准差越小，说明实际可能的结果与期望收益率偏离越小，实际收益率比较稳定，因而该证券投资的风险较小。但标准差只能用来比较期望收益率相同的证券投资风险程度，不能用来比较期望收益率不同的证券投资的风险程度。

2）标准离差率

标准离差率又称标准差系数，可用来比较不同期望收益率的证券投资风险程度。其计算公式为

$$Q=\frac{\sigma}{\overline{K}}\times100\% \tag{7-16}$$

标准离差率是通过标准差与期望收益率的对比，来消除期望收益率水平高低的影响，可比较不同收益率水平的证券投资风险程度的大小。一般来说，标准差系数越小，则该证券投资风险程度相对较低；否则反之。

【例 7-13】某企业拟对两种证券进行投资，每种证券均可能遭遇繁荣、衰退两种行情，各自的预期收益率及概率如表 7-1 所示，试比较 A、B 两种证券投资的风险程度。

表 7-1　两种证券投资的风险比较

经济趋势	发生概率(P_i)	收益率(K_i)	
		A	B
衰退	50%	-20%	10%
繁荣	50%	70%	30%

解：（1）分别计算 A、B 证券的期望收益率。

$$\overline{K_A}=(-20\%)\times0.5+70\%\times0.5=25\%$$
$$\overline{K_B}=10\%\times0.5+30\%\times0.5=20\%$$

（2）分别计算 A、B 证券的标准差。

$$\sigma_A=\sqrt{(-20\%-25\%)^2\times0.5+(70\%-25\%)^2\times0.5}=45\%$$
$$\sigma_B=\sqrt{(10\%-20\%)^2\times0.5+(30\%-20\%)^2\times0.5}=10\%$$

（3）分别计算 A、B 证券的标准离差率：

$$q_A=\frac{45\%}{25\%}=180\%,\ q_B=\frac{10\%}{20\%}=50\%$$

由此可以判定：尽管证券 A 的期望收益率高于证券 B，但其风险程度也高于证券 B。

三、证券投资组合

前已述及，证券投资充满了各种各样的风险，为了规避风险，可采用证券投资组合的方式，即投资者在进行证券投资时，不是将所有的资金都投向单一的某种证券，而是有选择地投向多种证券，这种做法就叫证券的投资组合或者投资的多样化。

1. 证券投资组合的策略与方法

1）证券投资组合的策略

（1）冒险型策略。这种策略认为，只要投资组合科学有效，就能取得远远高于平均收益水平的收益，这种组合策略主要选择高风险高收益的成长性股票。

（2）保守型策略。这种策略是指购买尽可能多的证券，以便分散掉全部可分散风险，得到市场的平均收益。这种投资组合的优点：① 能分散掉全部可分散风险；② 不需要高深的证券投资专业知识；③ 证券投资管理费较低。这种策略收益不高，风险也不大，故称之为保守型策略。

（3）适中型策略。这种策略介于保守型与冒险型策略之间，采用这种策略的投资者一般都善于对证券进行分析。通过分析，选择高质量的股票或债券组成投资组合。他们认为，股票价格是由企业经营业绩决定的，市场上价格一时的沉浮并不重要。这种投资策略风险不太大，收益却比较高。但进行这种组合的人必须具备丰富的投资经验及进行证券投资的各种专业知识。

2）证券投资组合的方法

（1）选择足够数量的证券进行组合。当证券数量增加时，可分散风险会逐步减少，当数量足够时，大部分可分散风险都能分散掉。

（2）把不同风险程度的证券组合在一起，即三分之一资金投资于风险大的证券，三分之一资金投资于风险中等的证券，三分之一资金投资于风险小的证券。这种组合法虽不会获得太高的收益，但也不会承担太大的风险。

（3）把投资收益呈负相关的证券放在一起组合。负相关股票是指一种股票的收益上升而另一种股票的收益下降的两种股票，把收益呈负相关的股票组合在一起，能有效分散风险。

2. 证券组合投资的期望收益率

证券组合投资的期望收益率计算公式为

$$\overline{K_p} = \sum_{i=1}^{n} K_i \cdot W_i \cdot P_i = \sum_{i=1}^{n} \overline{K_i} \cdot W_i \tag{7-17}$$

式中：$\overline{K_p}$ 为证券组合投资的期望收益率；$\overline{K_i}$ 为第 i 种证券的期望收益率；W_i 为第 i 种证券价值占证券组合投资总价值的比重；P_i 为第 i 种证券某种收益率发生的概率；n 为证券组合中的证券数。

仍沿用例 7-13 中的资料，如该企业各投资 50% 于 A、B 证券，则组合投资的期望收益率为

$$\overline{K_p} = 25\% \times 0.5 + 20\% \times 0.5 = 22.5\%$$

3. 证券组合投资的风险

证券组合投资的期望收益率可由各个证券期望收益率的加权平均得到，但证券组合投资的风险并不是各个证券标准差的加权平均数，即 $\sigma_p \neq \sum_{i=1}^{n} \sigma_i \cdot w_i$。

证券投资组合理论研究表明，理想的证券组合投资的风险一般要小于单独投资某一证券的风险，通过证券投资组合可以规避各证券本身的非系统性风险。现举例说明如下。

【例7-14】某企业投资于由 W、M 两种证券组成的投资组合，投资比重各为50％，从2×15年至2×19年各年的收益率及标准差资料如表7-2所示。

表7-2　W、M 两种证券历年收益率及标准差

年　度	证券 W 收益率 K_W(%)	证券 M 收益率 K_M(%)	WM 投资组合收益率 K_p
2×15	40	−10	15
2×16	−10	40	15
2×17	35	−5	15
2×18	−5	35	15
2×19	15	15	15
平均收益率	15	15	15
标准差	22.6	22.6	0.0

由此可见，如果只投资 W 或 M，它们的风险都很高；但如将两种证券进行组合投资，则其风险为零(标准差为零)。这种组合之所以会风险为零，是因为这两种证券的投资收益率的变动方向正好相反：当 W 的投资收益率上升时，M 的投资收益率下降；反之，当 W 的投资收益率下降时，M 的投资收益率上升。这种收益率的反向变动趋势在统计学上称为完全负相关，相关系数 $r=-1.0$。如果两种证券的收益率变动方向完全一致，统计学上称之为完全正相关($r=+1.0$)。正相关的两种证券进行投资组合，不能抵消风险。对于大多数证券，一般表现为正相关，但又不是完全正相关，所以投资组合可在一定程度上降低投资风险，但不能完全消除投资风险。一个证券组合的风险，不仅取决于组合中各证券个别的风险，也决定于它们之间的相关程度。

4. 系统性风险的衡量

前已述及，系统性风险是由于政治、经济及社会环境的变动影响整个证券市场上所有证券价格变动的风险。它使证券市场平均收益水平发生变化，但是，每一种具体证券受系统性风险的影响程度并不相同。β 值就是用来测定一种证券的收益随整个证券市场平均收益水平变化程度的指标，它反映了一种证券收益相对于整个市场平均收益水平的变动性或波动性。如果某种股票的 β 系数为1，说明这种股票的风险情况与整个证券市场的风险情况一致，即如果市场行情上涨了10％，该股票也会上涨10％；如果市场行情下跌10％，该股票也会下跌10％。如果某种股票的 β 系数大于1，说明其风险大于整个市场的风险；如果某种股票的 β 系数小于1，说明其风险小于整个市场的风险。

单一证券的 β 值通常会由一些投资服务机构定期计算并公布，证券投资组合的 β 值则可由证券组合投资中各组成证券的 β 值加权计算而得，其计算公式如下：

$$\beta_p = \sum_{i=1}^{n} w_i \beta_i \tag{7-18}$$

式中：β_p 为证券组合的 β 系数；w_i 为证券组合中第 i 种股票所占的比重；β_i 为第 i 种股票的 β 系数；n 为证券组合中股票的数量。

【例7-15】某公司持有共100万元的3种股票，该组合中 A 股票20万元，B 股票40

万元，β 系数均为 1.5；C 股票 40 万元，β 系数为 0.8，则该投资组合的 β 系数为

$$\beta_p = 20\% \times 1.5 + 40\% \times 1.5 + 40\% \times 0.8 = 1.22$$

5. 证券投资组合的风险与收益

1）证券投资组合的风险收益

投资者进行证券投资，就要求对承担的风险进行补偿，股票的风险越大，要求的收益率就越高。由于证券投资的非系统性风险可通过投资组合来抵消，投资者要求补偿的风险主要是系统性风险，因此证券投资组合的风险收益是投资者因承担系统性风险而要求的、超过资金时间价值的那部分额外收益。其计算公式为

$$R_p = \beta_p \cdot (K_m - R_f) \tag{7-19}$$

式中：R_p 为证券组合的风险收益率；β_p 为证券组合的 β 系数；K_m 为市场收益率，即证券市场上所有股票的平均收益率；R_f 为无风险收益率，一般用政府公债的利率来衡量。

【**例 7-16**】根据例 7-15 资料，若股票的市场收益率为 10%，无风险收益率为 6%，试确定该证券投资组合的风险收益率。

解：$R_p = 1.22 \times (10\% - 6\%) = 4.88\%$

在其他因素不变的情况下，风险收益取决于证券投资组合的 β 系数，β 系数越大，风险收益越大；β 系数越小，风险收益越小。

2）证券投资的必要收益率

证券投资的必要收益率等于无风险收益率加上风险收益率，即

$$K_i = R_f + \beta(K_m - R_f) \tag{7-20}$$

式中：K_i 为第 i 种股票或证券组合的必要收益率；β 为第 i 种股票或证券组合的 β 系数；K_m 为市场收益率，是证券市场上所有股票的平均收益率；R_f 为无风险收益率。式（7-20）就是资本资产计价模型（CAPM）。

【**例 7-17**】华美公司股票的 β 系数为 1.5，无风险利率为 4%，市场平均收益率为 8%，则该股票的必要收益率为多少时，投资者才会购买？

解：　　　　$K_i = R_f + \beta(K_m - R_f) = 4\% + 1.5 \times (8\% - 4\%) = 10\%$

华美公司的股票的收益率达到或超过 10% 时，投资者才会购买。

知 识 小 结

证券就其本质而言是代表某种权能的凭证，这种权能主要体现为持有者对证券所代表的资产的一种收益权。企业要进行证券投资，首先必须进行证券投资的收益评价，评价证券收益水平主要有两个指标，即证券的价值和收益率。风险性是证券投资的基本特征之一。风险按是否可以通过投资组合加以规避及消除，可分为系统性风险与非系统性风险。单一证券投资风险的衡量一般包括算术平均法与概率测定法两种。β 值是用来测定一种证券的收益随整个证券市场平均收益水平变化程度的指标。证券投资组合的风险收益是投资者因承担系统性风险而要求的、超过货币时间价值的那部分额外收益。其计算公式为：$R_p = \beta_p \cdot (K_m - R_f)$。证券投资的必要收益率等于无风险收益率加上风险收益率，即：$K_i = R_f + \beta(K_m - R_f)$，这就是资本资产计价模型（CAPM）。

实 践 演 练

一、判断题

1. 证券投资的流动性与风险性成正比。　　　　　　　　　　　　　　　（　　）

2. 当 β 系数等于零时，表明投资无风险，必要收益率等于市场平均收益率。（　　）

3. 当股票种类足够多时，几乎可以把所有的系统风险分散掉。　　　　　（　　）

4. β 系数反映的是公司特有风险，β 系数越大，则公司特有风险越大。　（　　）

5. 变动收益证券比固定收益证券风险要小，收益要高。　　　　　　　　（　　）

6. 证券组合投资风险的大小，等于组合中各个证券风险的加权平均数。　（　　）

7. 任何证券都可能存在违约风险。　　　　　　　　　　　　　　　　　（　　）

8. 通货膨胀情况下，债券比股票能更好地避免购买力风险。　　　　　　（　　）

9. 在计算长期证券收益率时，应考虑资金时间价值因素。　　　　　　　（　　）

10. 就风险而言，从大到小的排列顺序为金融证券、公司证券、政府证券。（　　）

二、单项选择题

1. 投资组合能分散（　　　）。

A. 所有风险　　　　B. 系统性风险　　　　C. 非系统风险　　　　D. 市场风险

2. 当投资必要收益率等于无风险收益率时，风险系数应（　　　）。

A. 大于 1　　　　B. 等于 1　　　　C. 小于 1　　　　D. 等于 0

3. 假定某项投资风险系数为 1，无风险收益率为 10%，市场平均收益率为 20%，其必要收益率为（　　　）。

A. 15%　　　　B. 25%　　　　C. 30%　　　　D. 20%

4. 当两种证券完全正相关时，由此所形成的证券组合（　　　）。

A. 能适当地分散风险　　　　　　　　B. 不能分散风险

C. 风险等于单项证券风险的加权平均　　D. 可分散掉全部风险

5. 在证券投资中，因通货膨胀带来的风险是（　　　）。

A. 违约风险　　　　B. 利息率风险　　　　C. 购买力风险　　　　D. 经营风险

6. 已知某证券的 β 系数等于 1，则表明（　　　）。

A. 无风险　　　　　　　　　　　　　B. 风险很低

C. 与金融市场所有证券平均风险一致　　D. 比金融市场所有证券平均风险高一倍

7. β 系数可以衡量（　　　）。

A. 个别公司股票的市场风险　　　　　B. 个别公司股票的特有风险

C. 所有公司股票的市场风险　　　　　D. 所有公司股票的特有风险

8. 两种股票完全负相关时，把这两种股票组合在一起（　　　）。

A. 能分散掉全部非系统风险　　　　　B. 不能分散风险

C. 风险等于单项证券风险的加权平均　　D. 可分散掉部分风险

9. 在证券投资组合方法中，只选取少量成长型股票进行投资的策略是（　　　）。

A. 保守型策略　　　　　　　　　　　B. 冒险型策略

C. 适中型策略   D. 稳健型策略

10. 企业可以通过多元化投资予以分散的风险是（   ）。

A. 通货膨胀   B. 技术革新

C. 社会经济衰退   D. 市场利率上升

三、多项选择题

1. 非系统性风险又可称为（   ）。

A. 可分散风险   B. 不可分散风险

C. 公司特有风险   D. 市场风险

2. 证券投资的风险主要有（   ）。

A. 违约风险   B. 利息率风险

C. 购买力风险   D. 经营风险

3. 证券投资组合的策略主要有（   ）。

A. 保守型   B. 冒险型策略

C. 适中型策略   D. 稳健型策略

4. β 系数是衡量风险大小的重要指标，下列表述正确的有（   ）。

A. β 系数越大，说明风险越大

B. 某股票 β 系数等于 0，说明其无风险

C. 某股票 β 系数等于 1，说明其风险等于市场的平均风险

D. 某股票 β 系数大于 1，说明其风险大于市场的平均风险

5. 由影响所有公司的因素所引起的风险，可以称为（   ）。

A. 公司特有风险   B. 可分散风险

C. 系统风险   D. 不可分散风险

6. 按照资本资产定价模式，影响特定股票预期收益率的因素有（   ）。

A. 无风险收益率   B. 市场平均收益率

C. 特定股票的 β 系数   D. 市场所有股票的 β 系数

7. 股票投资的缺点有（   ）。

A. 购买力风险高   B. 求偿权居后

C. 价格不稳定   D. 收入稳定性强

四、案例分析

案例情景：某债券面额为 100 元，3 年到期，票面利率为 6%，每年付息一次。假设市场利率是变化的，第一、二、三年分别为 5%、6%、7%，则该债券的价格是多少？

学习情景八　营运资金管理

案例导入

2×03 年 12 月 31 日，M 股份有限公司应收账款余额 49.85 亿元，其中包括美国 A-PEX 公司代理出口 300 万台彩电约 42 亿元的应收账款。

在 2×04 年年报中，M 公司披露了营运资金有关情况，由于证券市场低迷，M 公司委托南方证券公司的理财尚有 1.828 亿元，收回难度相当大；M 公司对全部应收账款收回的可能性进行分析，计提 25.04 亿元坏账准备，并计提 10.13 亿元存货跌价准备，导致 2×04 年每股亏损 1.7 元。

早在 M 公司之前，已有国内公司品尝了海外欠款的滋味。19×9 年 9 月，国内 N 公司与 APEX 公司签订了 18 万台 DVD 机订货协议，并且设立专门机构负责海外销售，同时设立网页在微软公司网上销售。N 公司一直按照合同每月在美国销售 3 万台高科技的 DVD 机。但两年后，N 公司披露的报告显示，2×01 年应收账款 7.625 6 亿元，占本期公司总资产比例的 31.55%。又过了一年，N 公司第三年季度报告显示，这个数字已经高达 8 亿多元。知情人士说，这其中就包括 APEX 公司的应付账款。

思考与分析：结合本章知识分析某公司应收账款管理存在哪些问题？

学习目标：通过营运资金管理的学习，掌握最佳现金持有量的成本分析模式及存货模式，掌握应收账款信用政策的影响，掌握存货控制的经济批量模型；理解营运资金的特点，应收账款的作用、成本及日常管理；了解信用标准及收账政策，存货概念、存货成本及存货控制的 ABC 控制法。

任务 1　营运资金管理的主要内容

一、营运资金的概念和特点

1. 营运资金的概念

营运资金是指流动资产减去流动负债后的余额。营运资金的管理既包括流动资产的管理，也包括流动负债的管理。

1）流动资产

流动资产是指可以在 1 年以内或超过 1 年的一个营业周期内变现或运用的资产，流动资产具有占用时间短、周转快、易变现等特点。企业拥有较多的流动资产，可在一定程度上降低财务风险。流动资产按不同的标准可进行不同的分类，常见分类方式如下：

（1）按占用形态不同，分为现金、交易性金融资产、应收及预付款项和存货等。

（2）按在生产经营过程中所处的环节不同，分为生产领域中的流动资产、流通领域中的流动资产以及其他领域的流动资产。

2）流动负债

流动负债是指需要在1年或者超过1年的一个营业周期内偿还的债务。流动负债又称短期负债，具有成本低、偿还期短的特点。流动负债按不同标准可作不同分类，最常见的分类方式如下：

（1）以应付金额是否确定为标准，可以分为应付金额确定的流动负债和应付金额不确定的流动负债。应付金额确定的流动负债是指那些根据合同或法律规定到期必须偿付、并有确定金额的流动负债。应付金额不确定的流动负债是指那些要根据企业生产经营状况，到一定时期或具备一定条件才能确定的流动负债，或应付金额需要估计的流动负债。

（2）以流动负债的形成情况为标准，可以分为自然性流动负债和人为性流动负债。自然性流动负债是指不需要正式安排，由于结算程序或有关法律法规的规定等原因而自然形成的流动负债；人为性流动负债是指根据企业对短期资金的需求情况，通过人为安排所形成的流动负债。

（3）以是否支付利息为标准，可以分为有息流动负债和无息流动负债。

2. 营运资金的特点

为了有效地管理企业的营运资金，必须研究营运资金的特点，以便有针对性地进行管理。营运资金一般具有如下特点：

（1）营运资金的来源具有灵活多样性。与筹集长期资金的方式相比，企业筹集营运资金的方式较为灵活多样，通常有银行短期借款、短期融资券、商业信用、应交税费、应交利润、应付职工薪酬、应付费用、预收货款、票据贴现等多种内外部融资方式。

（2）营运资金的数量具有波动性。流动资产的数量会随企业内外条件的变化而变化，时高时低，波动很大。季节性企业如此，非季节性企业也如此。随着流动资产数量的变动，流动负债的数量也会相应发生变动。

（3）营运资金的周转具有短期性。企业占用在流动资产上的资金，通常会在1年或一个营业周期内收回。根据这一特点，营运资金可以用商业信用、银行短期借款等短期筹资方式来加以解决。

（4）营运资金的实物形态具有变动性和易变现性。企业营运资金的实物形态是经常变化的，一般按照现金、材料、在产品、产成品、应收账款、现金的顺序转化。为此，在进行流动资产管理时，必须在各项流动资产上合理配置资金数额，做到结构合理，以促进资金周转顺利进行。此外，短期投资、应收账款、存货等流动资产一般具有较强的变现能力，如果遇到意外情况，企业出现资金周转不灵、现金短缺时，便可迅速变卖这些资产，以获取现金。这对财务上应付临时性资金需求具有重要意义。

二、营运资金的管理原则

企业的营运资金在全部资金中占有相当大的比重，而且周转期短，形态易变，是企业财务管理工作的一项重要内容。实证研究也表明，财务经理的大量时间都用于营运资金的管理。企业进行营运资金管理，应遵循以下原则。

1. 保证合理的资金需求

企业应认真分析生产经营状况，合理确定营运资金的需要数量。企业营运资金的需求数量与企业生产经营活动有直接关系。一般情况下，当企业产销两旺时，流动资产会不断增加，流动负债也会相应增加；当企业产销量不断减少时，流动资产和流动负债会相应减少。营运资金的管理必须把满足正常合理的资金需求作为首要任务。

2. 提高资金使用效率

加速资金周转是提高资金使用效率的主要手段之一。提高营运资金使用效率的关键就是采取得力措施，缩短营业周期，加速变现过程，加快营运资金周转。因此，企业要千方百计地加速存货、应收账款等流动资产的周转，以便用有限的资金，服务于更大的产业规模，为企业取得更好的经济效益提供条件。

3. 节约资金使用成本

在营运资金管理中，必须正确处理保证生产经营需要和节约资金使用成本二者之间的关系。要在保证生产经营需要的前提下，遵守勤俭节约的原则，尽力降低资金使用成本。一方面，要挖掘资金潜力，盘活全部资金，精打细算地使用资金；另一方面，积极拓展融资渠道，合理配置资源，筹措低成本资金，服务于生产经营。

4. 保持足够的短期偿债能力

偿债能力的高低是企业财务风险高低的标志之一。合理安排流动资产与流动负债的比例关系，保持流动资产结构与流动负债结构的适配性，保证企业有足够的短期偿债能力是营运资金管理的重要原则之一。流动资产、流动负债以及二者之间的关系能较好地反映企业的短期偿债能力。流动负债是在短期内需要偿还的债务，而流动资产则是在短期内可以转化为现金的资产。因此，如果企业的流动资产比较多，流动负债比较少，说明企业的短期偿债能力较强；反之，则说明短期偿债能力较弱。但如果企业的流动资产太多，流动负债太少，也不是正常现象，这可能是因流动资产闲置或流动负债利用不足所致。

三、营运资金的战略

企业必须建立一个框架用来评估营运资金管理中的风险与收益的平衡，包括营运资金的投资和融资战略，这些战略反映企业的需要以及对风险承担的态度。实际上，财务管理者必须做两个决策：一是需要拥有多少营运资金；二是如何为营运资金融资。在实践中，这些决策一般同时进行，而且它们相互影响。

1. 流动资产的投资战略

由于销售水平、成本、生产时间、存货补给时订货到交货的时间、顾客服务水平、首款和支付期限等方面存在不确定性，因此，流动资产的投资决策至关重要。对于不同的产业和企业规模，流动资产与销售额比率的变动范围非常大。

企业不确定性和风险忍受的程度决定了其在流动资产账户上的投资水平。流动资产账户通常随着销售额的变化而变化，但风险则与销售的稳定性和可预测性相关。销售额越不稳定，越不可预测，则投资于流动资产上的资金就应越多，以保证有足够的存货满足顾客的需要。

稳定性和可预测性的相互作用非常重要。即使销售额不稳定，但也是可以预测的，如属于季节性变化，那么将没有显著的风险。然而，如果销售额不稳定而且难以预测，例如石油和天然气开采业以及许多建筑业企业，就会存在显著的风险，从而必须保证一个高的流动资产水平，维持较高的流动资产与销售收入比率。如果销售额既稳定又可预测，则只需维持较低的流动资产投资水平。

企业必须选择与其业务需要和管理风格相符合的流动资产投资战略。如果企业管理政策趋于保守，就会选择较高的流动资产水平，保证更高的流动性（安全性），但盈利能力也更低；然而，如果管理者偏向于为了产生更高的盈利能力而承担风险，那么它将以一个低水平的流动资产与销售收入比率来运营。下面就紧缩的或较低流动性的投资战略与宽松的或更高流动性的投资战略进行介绍。

1) 紧缩的流动资产投资战略

在紧缩的流动资产投资战略下，企业维持低水平的流动资产与销售收入比率。利用适时制（JIT）存货管理技术，原材料等存货投资将尽可能紧缩。另外，尚未结清的应收账款和现金余额将保持在最低水平。

紧缩的流动资产投资战略可能伴随着更高风险，这些风险可能源于更紧的信用和存货管理，或源于缺乏现金用于偿还应付账款。此外，紧缩的信用政策可能减少企业销售收入，而紧缩的产品存货政策则不利于顾客进行商品选择，从而影响企业销售。

只要不可预见的事件没有损坏企业的流动性而导致严重的问题发生，紧缩的流动资产投资战略就会提高企业效益。

2) 宽松的流动资产投资战略

在宽松的流动资产投资战略下，企业通常会维持高水平的流动资产与销售收入比率。也就是说，企业将保持高水平的现金、高水平的应收账款（通常来自于宽松的信用政策）和高水平的存货（通常源于补给原材料或不愿意因为产成品存货不足而减少销售）。对流动资产的高投资可能导致较低的投资收益率，但由于较高的流动性，企业的营运风险较小。

3) 如何选择流动资产投资战略

企业该选择何种流动资产投资战略取决于该企业对风险和收益的权衡。通常，银行和其他借款人对企业流动性水平非常重视，因为流动性包含了债权人对信贷扩张和借款利率的决策。此外他们还考虑应收账款和存货的质量，尤其是当这些资产被用来当作一项贷款的抵押品时。

许多企业，由于上市和短期借贷较为困难，通常采用紧缩的投资战略。此外，企业的流动资产战略可能还受产业因素的影响。在销售边际毛利较高的企业，如果从额外销售中获得的利润超过额外应收账款所增加的成本，宽松的信用政策可能为企业带来更为可观的收益。

流动资产投资战略的另一个影响因素是那些影响企业政策的决策者。财务管理人员较之运营或销售经理，通常具有不同的流动资产管理观点。运营经理通常青睐高水平的原材料存货或部分产成品，以满足生产所需。相似地，销售经理更倾向于高水平的产成品存货以满足顾客的需要，同时青睐于宽松的信用政策以刺激销售。相反，财务管理人员则更乐见存货和应收账款最小化，以使流动资产融资的成本最小化。

2. 流动资产的融资战略

企业对流动资产的需求数量，一般会随着产品销售的变化而变化。例如，产品销售季节性很强的企业，当销售处于旺季时，流动资产的需求一般会更旺盛，可能是平时的几倍；当销售处于淡季时，流动资产需求一般会减弱，可能是平时的几分之一；即使当销售处于最低水平时，也存在对流动资产最基本的需求。在企业经营状况不发生大变化的情况下，流动资产最基本的需求具有一定的刚性和相对稳定性，可以将其界定为流动资产的永久性水平。当销售发生季节性变化时，流动资产将会在永久性水平的基础上增加或减少。因此，流动资产可以被分解为两部分：永久性部分和波动性部分。检验各项流动资产变动与销售之间的关系，将有助于较准确地估计流动资产的永久性和波动性部分，便于应对流动资产需求的融资政策。

从以上分析可以看出，流动资产的永久性水平具有相对稳定性，是一种长期的资金需求，需要通过长期负债融资或权益性资金解决；而波动性部分的融资则相对灵活，最经济的办法是通过低成本的短期融资解决其资金需求，如1年期以内的短期借款或发行短期融资券等融资方式。

融资决策主要取决于管理者的风险导向，此外还受到利率在短期、中期、长期负债之间差异的影响。财务人员必须知道以下两种融资方式的融资成本哪个更高：一是连续地从银行或货币市场借款；二是通过获得一个固定期限贷款或通过资本市场获得资金，从而将融资成本锁定在中期或长期的利率上。

收益率曲线显示了具有不同特定日期的到期日的同一证券（例如美国国债）在到期日的收益率（见图8-1）。收益率曲线是向上倾斜的（例如短期利率低于长期利率）。然而，收益率曲线也可能向下倾斜。财务人员应该收集必要的信息来进行决策。这包括估计收益率曲线的未来形状，具有不同到期日的贷款利率的走势，企业获得信贷的未来途径等。

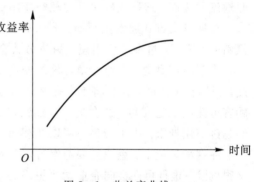

图8-1　收益率曲线

融资决策分析方法可以划分为：期限匹配融资战略、保守融资战略和激进融资战略。这些政策分析方法如图8-2所示。图中的顶端方框将流动资产分为永久性和波动性两类，剩下的方框描述了短期和长期融资的三种策略的混合。任何一种方法在特定的时间都可能是合适的，这取决于收益曲线的形状、利率的变动、未来利率的预测，尤其是管理者的风险承受力。

图8-2　可供选择的流动资产融资政策

1）期限匹配融资战略

在期限匹配融资战略中，永久性流动资产和固定资产以长期融资方式（负债或权益）来融通，波动性流动资产用短期融资方式来融通。这意味着，在给定的时间，企业的融资数量反映了当时波动性流动资产的数量。当波动性资产扩张时，信贷额度也会增加以便支持企业的扩张；当资产收缩时，它们的投资将会释放出资金，这些资金将会用于弥补信贷额度的下降。

2）保守融资战略

在保守融资战略中，长期融资支持固定资产、永久性流动资产和某部分波动性流动资产。企业通常以长期融资来源为波动性流动资产的平均水平融资，短期融资仅用于融通剩余的波动性流动资产。这种战略通常最小限度地使用短期融资。因为这种战略在需要时将会使用成本更高的长期负债，所以往往比其他途径具有较高的融资成本。

对短期融资的相对较低依赖导致了较高的流动性比率，但由于总利息费用更高，这种战略也会导致利润更低。然而，如果长期负债以固定利率为基础，而短期融资方式以浮动或可变利率为基础，则利率风险可能降低。

3）激进融资战略

在激进融资战略中，企业以长期负债和权益为所有的固定资产融资，仅对一部分永久性流动资产使用长期融资方式融资。短期融资方式支持剩下的永久性流动资产和所有的临时性流动资产。这种战略比其他战略使用更多的短期融资。

短期融资方式通常比长期融资方式具有更低的成本，因为收益曲线在许多时候是向上倾斜的。然而，过多地使用短期融资方式会导致较低的流动比率和更高的流动性风险。

由于经济衰退、企业竞争环境的变化以及其他因素，企业必须面对业绩惨淡的经营年度。当销售下跌时，存货将不会那么快转换成现金，这将导致现金短缺。曾经及时支付的顾客可能会延迟支付，这会进一步加剧现金短缺。企业可能会发现它对应付账款的支付已经超过信用期限。由于销售下降以及利润下跌对固定营业费用的影响，会计利润将降低。

在这种环境下，企业需要与银行重新安排短期融资协议，但此时企业对于银行来说似乎很危险。银行可能会向企业索要更高的利率，但企业可能已经无法支付这么高的利息，从而导致企业在关键时刻筹集不到急需的资金。

企业依靠大量的短期负债来解决资金困境，这会导致企业每年都必须更新短期负债协议进而产生更多的风险。然而，融资协议中，有许多变异的协议可以弱化这种风险。例如，多年期（通常3～5年）滚动信贷协议，这种协议允许企业以短期为基础进行借款。这种类型的借款协议不像传统的短期借款那样会降低流动比率。企业还可以利用衍生融资产品来对紧缩投资政策的风险进行套期保值。

任务2　现金管理

现金有广义、狭义之分。广义的现金是指在生产经营过程中以货币形态存在的资金，包括库存现金、银行存款和其他货币资金等。狭义的现金仅指库存现金。这里所讲的现金指广义的现金。

保持合理的现金水平是企业现金管理的重要内容。现金是变现能力最强的资产，可以用来满足生产经营开支的各种需要，也是还本付息和履行纳税义务的保证。拥有足够的现金对于降低企业的风险，增强企业资产的流动性和债务的可清偿性有着重要的意义。但库存现金是唯一不创造价值的资产，对其持有量不是越多越好。即使是银行存款，其利率也非常低。因此，现金存量过多，它所提供的流动性边际效益便会随之下降，从而使企业的收益水平下降。

除了应付日常的业务活动之外，企业还需要拥有足够的现金偿还贷款、把握商机以及防止不时之需。企业必须建立一套管理现金的方法，持有合理的现金量，使其在时间上继起，在空间上并存。企业必须编制现金预算，以衡量企业在某段时间内的现金流入量与流出量，以便在保证企业经营活动所需现金的同时，尽量减少企业的现金数量，提高资金收益率。

一、持有现金的动机

持有现金是出于三种需求：交易性需求、预防性需求和投机性需求。

1. 交易性需求

企业的交易性需求是企业为了维持日常周转及正常商业活动所需持有的现金额。企业每日都在发生许多支出和收入，这些支出和收入在数额上不相等及时间上不匹配使企业需要持有一定现金来调节，以使生产经营活动能持续进行。

在许多情况下，企业向客户提供的商业信用条件和它从供应商那里获得的信用条件不同，使企业必须持有现金。如供应商提供的信用条件是 40 天付款，而企业迫于竞争压力，则向顾客提供 60 天的信用期，这样，企业必须筹集够 20 天的营运资金来维持企业运转。

另外，企业业务的季节性，要求企业逐渐增加存货以等待季节性的销售高潮。这时，一般会发生季节性的现金支出，企业现金余额下降，加之销售高潮到来，存货减少，而现金又逐渐恢复到原来水平。

2. 预防性需求

预防性需求是指企业需要维持充足现金，以应付突发事件。这种突发事件可能是政治环境变化，也可能是企业的某个大客户违约导致企业突发性偿付等。尽管财务主管试图利用各种手段来较准确地估算企业需要的现金数，但突发事件会使原本很好的财务计划失去效果。因此，企业为了应付突发事件，有必要维持比日常正常运转所需金额更多的现金。

为应付意料不到的现金需要，企业掌握的现金额取决于：① 企业愿冒缺少现金风险的程度；② 企业预测现金收支可靠的程度；③ 企业临时融资的能力。希望尽可能减少风险的企业倾向于保留大量的现金余额，以应付其交易性需求和大部分预防性需求。另外，企业会与银行维持良好关系，以备现金短缺之需。

3. 投机性需求

投机性需求是企业为了抓住突然出现的获利机会而持有的现金，这种机会大多一闪即逝，如证券价格的突然下跌，企业若没有用于投机的现金，就会错过这一机会。

除了上述三种基本的现金需求以外，还有许多企业是将现金作为补偿性余额来持有的。补偿性余额是企业同意保持的账户余额，它是企业对银行所提供借款或其他服务的一种补偿。

二、目标现金余额的确定

1. 成本模型

1) 成本模型考虑的现金持有成本

成本模型强调的是，持有现金是有成本的，最优的现金持有量是使得现金持有成本最小化的持有量。模型考虑的现金持有成本包括如下项目。

（1）机会成本。现金的机会成本是指企业因持有一定现金余额丧失的再投资收益。再投资收益是企业不能同时用该现金进行有价证券投资所产生的机会成本，这种成本在数额上等于资金成本。例如：某企业的资本成本为10%，年均持有现金100万元，则该企业每年的现金机会成本为10万元（100×10%）。放弃的再投资收益即机会成本属于变动成本，它与现金持有量的多少密切相关，即现金持有量越大，机会成本越大，反之就越少。

（2）管理成本。现金的管理成本是指企业因持有一定数量的现金而发生的管理费用。例如管理者工资、安全措施费用等。一般认为这是一种固定成本，这种固定成本在一定范围内和现金持有量之间没有明显的比例关系。

（3）短缺成本。现金的短缺成本是指在现金持有量不足，又无法及时通过有价证券变现补充，从而给企业造成的损失，包括直接损失与间接损失。现金的短缺成本随现金持有量的增加而下降，随现金持有量的减少而上升，即与现金持有量负相关。

2）成本分析模型

成本分析模型是根据现金有关成本，分析预测其总成本最低时现金持有量的一种方法。其计算公式为

$$最佳现金持有量＝\min（管理成本＋机会成本＋短缺成本）$$

其中，管理成本属于固定成本，机会成本是正相关成本，短缺成本是负相关成本。因此，成本分析模型是要找到机会成本、管理成本和短缺成本所组成的总成本曲线中最低点所对应的现金持有量，把它作为最佳现金持有量，如图8-3所示。

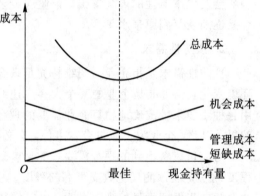

图8-3　成本模型分析

在实际工作中运用成本分析模型确定最佳现金持有量的具体步骤为：

（1）根据不同现金持有量测算并确定有关成本数值；

（2）按照不同现金持有量及其有关成本资料编制最佳现金持有量测算表；

（3）在测算表中找出总成本最低时的现金持有量，即最佳现金持有量。

由成本分析模型可知，如果减少现金持有量，则增加短缺成本；如果增加现金持有量，则增加机会成本。改进上述关系的一种方法是：当拥有多余现金时，将现金转换为有价证券；当现金不足时，将有价证券转换成现金。但现金和有价证券之间的转换，也需要成本，称为转换成本。转换成本是指企业用现金购入有价证券以及用有价证券换取现金时付出的交易费用，即现金同有价证券之间相互转换的成本，如买卖佣金、手续费、证券过户费、印花税、实物交割费等。转换成本可以分为两类：一是与委托金额相关的费用。二是与委托金额无关，只与转换次数有关的费用，如委托手续费、过户费等。证券转换成本与现金持有量即有价证券变现额的多少，必然对有价证券的变现次数产生影响，即现金持有量越少，进行证券变现的次数越多，相应的转换成本就越大。

【例8-1】已知：M公司现金收支平衡，预计全年（按360天计算）现金需要量为20万

元，现金与有价证券的转换成本为每次 400 元，有价证券年利率为 10%。问：M 公司的最佳现金持有量、全年的现金管理总成本、全年现金转换成本、全年现金持有机会成本、全年有价证券交易次数。

最佳现金持有量 $Q=\sqrt{\dfrac{2\mathrm{TF}}{K}}=\sqrt{\dfrac{2\times200\,000\times400}{10\%}}=40\,000(元)$

全年现金管理成本 $=\sqrt{2\mathrm{TF}\cdot K}=\sqrt{2\times200\,000\times400\times10\%}=4\,000(元)$

全年现金转换成本 $=\dfrac{200\,000}{40\,000}\times400=2\,000(元)$

全年现金持有机会成本 $=\dfrac{40\,000}{2}\times10\%=2\,000(元)$

全年有价证券交易次数 $=\dfrac{200\,000}{40\,000}=5(次)$

有价证券交易间隔期 $=\dfrac{360}{5}=72(天)$

2. 随机模型（米勒——奥尔模型）

在实际工作中，企业现金流量往往具有很大的不确定性。米勒（M. Miller）和奥尔（D. Orr）设计了一个在现金流入、流出不稳定情况下确定现金最优持有量的模型。该模型假定每日现金净流量的分布接近正态分布，每日现金流量可能低于也可能高于期望值，其变化是随机的。由于现金流量波动是随机的，只能对现金持有量确定一个有上限和下限的控制区域，当企业现金余额在上限和下限之间波动时，则将部分现金转换为有价证券；当现金余额下降到下限时，则卖出部分证券。

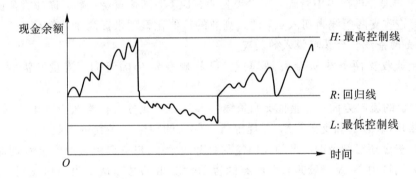

图 8-4　随机模型

图 8-4 显示了随机模型，该模型有两条控制线和一条回归线。最低控制线 L 取决于模型之外的因素，其数额是由现金管理部经理在综合考虑短缺现金的风险程度、企业借款能力、企业日常周转所需资金、银行要求的补偿性余额等因素的基础上确定的。回归线 R 可按下列公式计算：

$$R=\left(\frac{3b\times\delta^{2}}{4i}\right)^{\frac{1}{3}}+L$$

式中：b 为证券转换为现金或现金转换为证券的成本；δ 为企业每日现金流变动的标准差；i 为以日为基础计算的现金机会成本。

最高控制线 H 的计算公式为：

$$H = 3R - 2L$$

【例 8 - 2】设某公司现金部经理决定 L 值应为 10 000 元，估计公司现金流量标准差 δ 为 1 000 元，持有现金的年机会成本为 15%，换算为 i 值是 0.000 39，$b=150$ 元。根据该模型，可求得：

$$R = \left(\frac{3 \times 150 \times 1\ 000^2}{4 \times 0.000\ 39} \right)^{\frac{1}{3}} + 10\ 000 = 16\ 607 (元)$$

$$H = 3 \times 16\ 607 - 2 \times 10\ 000 = 29\ 821 (元)$$

该公司目标现金余额为 16 607 元。如现金持有额达到 29 821 元，则买进 13 214 元的证券；若现金持有额降至 10 000 元，则卖出 6 607 元的证券。

运用随机模型求现金最佳持有量符合随机思想，即企业现金支出是随机的，收入是无法预知的，所以，适用于所有企业现金最佳持有量的测算。另一方面，随机模型建立在企业的现金未来需求总量和收支不可预测的前提下，因此，计算出来的现金持有量比较保守。

三、现金管理模式

1. 收支两条线的管理模式

收支两条线原本是政府为了加强财政管理和整顿财政秩序对财政资金采取的一种管理模式。当前，企业特别是大型集团企业，也纷纷采用收支两条线资金管理模式。

1）企业实行收支两条线管理模式的目的

企业作为追求价值最大化的营利组织，实施收支两条线主要出于两个目的：第一，对企业范围内的现金进行集中管理，减少现金持有成本，加速资金周转，提高资金使用效率；第二，以实施收支两条线为切入点，通过高效的价值化管理来提高企业效益。

2）收支两条线资金管理模式的构建

构建企业收支两条线资金管理模式，可从规范资金的流向、流量和流程三个方面入手：

（1）资金的流向方面：企业收支两条线要求各部分或分支机构在内部银行或当地银行设立两个账户（收入户和支出户），并规定所有收入的现金都必须进入收入户（外地分支机构的收入户资金还必须及时、足额地回笼到总部），收入户资金由企业资金管理部门（内部银行或财务结算中心）统一管理，而所有的货币性支出都必须从支出户里支付，支出户里的资金只能根据一定的程序由收入户划拨而来，严禁现金坐支。

（2）资金的流量方面：在收入环节上要确保所有收入的资金都进入收入户，不允许有私设的账外小金库。另外，还要加快资金的结算速度，尽量压缩资金在结算环节的沉淀量；在调节环节上通过动态的现金流量预算和资金收支计划实现对资金的精确调度；在支出环节上，根据"以支定收"和"最低限额资金占用"的原则从收入户按照支出预算安排将资金定期划拨到支出户，支出户平均资金占用额应压缩到最低限度。有效的资金流量管理将有助于确保及时、足额地收入资金，合理控制各项费用支出和有效调剂内部资金。

（3）资金的流程方面：资金流程是指与资金流动有关的程序和规定。它是收支两条线内部控制体系的重要组成部分，主要包括：① 关于账户管理、货币资金安全性等规定；② 收入资金管理与控制；③ 支出资金管理与控制；④ 资金内部结算与信贷管理与控制；

⑤ 收支两条线的组织保障等。

需要说明的是，收支两条线作为一种企业的内部资金管理模式，与企业的性质、战略、管理文化和组织结构都有很大的关系。因此，企业在构建收支两条线管理模式时，一定要注意与自身实际相结合，以管理有效性为导向。

2. 集团企业资金集中管理模式

1）资金集中管理模式的概念

资金集中管理，也称司库制度，是指集团企业借助商业银行网上银行功能及其他信息技术手段，将分散在集团各所属企业的资金集中到总部，由总部统一调度、统一管理和统一运用。其在各集团的具体运用可能会有所差异，但一般都包括以下内容：资金集中、内部结算、融资管理、外汇管理、支付管理等。其中资金集中是基础，其他各方面均建立在此基础之上。目前，资金集中管理模式逐渐被我国企业集团所采用。

2）集团企业资金集中管理的模式

资金集中管理模式的选择实质上是集团管理是集权还是分权管理体制的体现，也就是说，在企业集团内部所属各子企业或分部是否有货币资金使用的决策权、经营权，这是由行业特点和集团资金运行规律决定的。现行的资金集中管理模式大致上可以分为以下几种：

（1）统收统支模式。在该模式下，企业的一切资金收入都集中在集团总部的财务部门，各分支机构或子企业不单独设立账号，一切现金支出都通过集团总部财务部门付出，现金收支的批准权高度集中。统收统支模式有利于企业集团实现全面收支平衡，提高资金的周转效率，减少资金沉淀，监控现金收支，降低资金成本。但是该模式可能会不利于调动成员企业开源节流的积极性，影响成员企业经营的灵活性，以至降低整个集团经营活动和财务活动的效率。

（2）拨付备用金模式。该模式是指集团按照一定的期限统拨给所属分支机构或子企业备其使用的定额现金。各分支机构或子企业发生现金支出后，持有关凭证到集团财务部门报销以补足备用金。

（3）结算中心模式。结算中心通常是由企业集团内部设立的，办理内部各成员现金收付和往来结算业务的专门机构。结算中心通常设立于财务部门内，是一个独立运行的职能机构。

（4）内部银行模式。内部银行是将社会银行的基本职能与管理方式引入企业内部管理机制而建立起来的一种内部资金管理机构，主要职责是进行企业或集团内部日常资金的往来结算和资金调拨、运筹。

（5）财务公司模式。财务公司是一种经营部分银行业务的非银行金融机构。其主要职责是开展集团内部资金集中结算，同时为集团成员企业提供包括存贷款、融资租赁、担保、信用鉴证、债券承销、财务顾问等在内的全方位金融服务。

四、现金收支管理

1. 现金周转期

为了确定企业的现金周转期，需要了解营运资金的循环过程：首先，企业要购买原材料，但并非购买原材料的当天即付款，这一延迟的时间段就是应付账款周转期。企业对原材料进行加工最终转变为产成品并将之卖出。这一时间段称为应收账款周转期。而现金周转期，是指介于企业支付现金与收到现金之间的时间段，也就是存货周转期与应收账款周转期之和减去应付账款周转期。具体循环过程如图8-5所示。

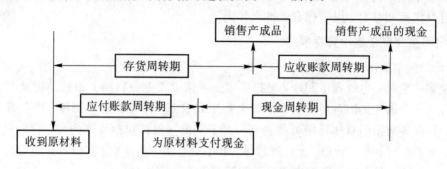

图8-5　营运资金循环过程图

用公式表示如下：

$$现金周转期＝存货周转期＋应收账款周转期－应付账款周转期$$

式中：存货周转期＝平均存货/每天的销货成本；应收账款周转期＝平均应收账款/每天的销货收入；应付账款周转期＝平均应付账款/每天的购货成本。

所以要减少现金周转期，可以从以下方面着手：加快制造与销售产成品来减少存货周转期，加速应收账款的回收来减少应收账款周转期，减缓支付应付账款来延长应付账款周转期。

2. 收款管理

1）收账的流动时间

高效的收款系统能使收款成本和收款浮动期最小最短，同时能够保证与客户汇款及其他现金流入来源相关信息的质量。收款系统成本包括浮动期成本，管理收款系统的相关费用（例如银行手续费）及第三方处理费用或清算相关费用。在获得资金之前，收款在途项目使企业无法利用这些资金，也会产生机会成本。信息的质量包括收款方得到的付款人的姓名，付款的内容和付款时间。信息要求及时、准确地到达收款人一方，以便收款人及时处理资金，做出发货安排。

收款浮动期是指从支付开始到企业收到资金的时间间隔。收款浮动期主要是纸基支付工具导致的，有下列三种类型：

（1）邮寄浮动期：是指从付款人寄出支票到收款人或收款人的处理系统收到支票的时间间隔。

（2）处理浮动期：是指支票的接受方处理支票和将支票存入银行以收回现金所需的时间。

（3）结算浮动期：是指通过银行系统进行支票结算所需的时间。

2）邮寄的处理

纸基（纸质）支付收款系统主要有两大类：一类是柜台存入体系，一类是邮政支付系统。

这里主要讨论企业通过邮政收到顾客或其他商业伙伴支票的支付系统。企业可能采用内部清算处理中心或者一个锁箱来接收和处理邮政支付。具体采用哪种方式取决于两个因素：支付的笔数和金额。

企业处理中心处理支票和做存单准备都在企业内进行。这一方式主要为那些收到的付款金额相对较小而发生频率很高的企业所采用（例如公用事业企业和保险公司）。场内处理中心最大的优势在于对操作的控制。操作控制可以有助于：

（1）对系统做出调整改变；

（2）根据企业需要定制系统程序；

（3）监控掌握客户服务质量；

（4）获取信息；

（5）更新应收账款；

（6）控制成本。

3）收款方式的改善

电子支付方式对比纸基支付方式是一种改进。电子支付方式提供了如下好处：

（1）结算时间和资金可用性可以预计；

（2）向任何一个账户或任何金融机构的支付具有灵活性，不受人工干扰；

（3）客户的汇款信息可与支付同时传送，更容易更新应收账款；

（4）客户的汇款从纸基方式转向电子方式，减少或消除了收款浮动期，降低了收款成本，收款过程更容易控制，并且提高了预测精度。

3. 付款管理

现金支出管理的主要任务是在法律法规框架下尽可能延缓现金的支出时间。

（1）使用现金浮游量。现金浮游量是指由于企业提高收款效率和延长付款时间所产生的企业账户上的现金余额和银行账户上的企业存款余额之间的差额。

（2）推迟应付款的支付。推迟应付款的支付，是指企业在不影响自身信誉的前提下，充分运用供货方所提供的信用优惠，尽可能地推迟应付款的支付期。

（3）汇票代替支票。汇票分为商业承兑汇票和银行承兑汇票，与支票不同的是，承兑汇票并不是见票即付。其优点是推迟了企业调入资金支付汇票的所需时间。这样企业就只需在银行中保持较少的现金余额。它的缺点是某些供应商可能并不喜欢用汇票付款，银行也不喜欢处理汇票，它们通常需要耗费更多的人力。同支票相比，银行会收取较高的手续费。

（4）改进员工工资支付模式。企业可以为支付工资专门设立工资账户，通过银行向职工支付工资。为了最大限度地减少工资账户的存款余额，企业要合理预测开出支付工资的支票到职工去银行兑现的具体时间。

（5）透支。企业开出支票的金额大于活期存款余额。它实际上是银行向企业提供的信用。透支的限额，由银行和企业共同商定。

（6）争取现金流出与现金流入同步。企业应尽量使现金流出与流入同步，这样，就可以降低交易性现金余额，同时可以减少有价证券转换为现金的次数，提高现金的利用效率，节约转换成本。

（7）使用零余额账户。使用零余额账户，即企业与银行合作，保持一个主账户和一系列子账户，企业只在主账户保持一定的安全储备，而在一系列子账户不需要保持安全储备。当从某个子账户签发的支票需要现金时，所需要的资金立即从主账户划拨过来，从而使更多的资金可作他用。

企业若能有效控制现金支出，同样可带来大量的现金结余。控制现金支出的目标是在不损害企业信誉条件下，尽可能推迟现金支出。

任务3　应收账款管理

一、应收账款的功能

企业通过提供商业信用，采取赊销、分期付款等方式可以扩大销售，增强竞争力，获得利润。应收账款作为企业为扩大销售和盈利的投资，会产生一定成本。所以企业需要在应收账款所增盈利和所增成本间作出权衡。应收账款管理就是分析赊销的条件，使赊销带来的盈利增加大于应收账款投资产生的成本增加，最终使企业增加现金收入，企业价值上升。

应收账款的功能指其在生产经营中的作用。主要有以下两方面。

1. 增加销售功能

在激烈的市场竞争中，通过提供赊销可有效地促进销售。因为企业提供赊销不仅向顾客提供了商品，也在一定时间内向顾客提供了购买该商品的资金，顾客将从赊销中得到好处。所以赊销会带来企业销售收入和利润的增加。

2. 减少存货功能

企业持有一定产成品存货时，会相应地占用资金，形成仓储费用、管理费用等，产生成本；而赊销则可避免这些成本的产生。所以当企业的产成品存货较多时，一般会采用优惠的信用条件进行赊销，将存货转化为应收账款，节约支出。

二、应收账款的成本

应收账款作为企业为增加销售和盈利进行的投资，必然会发生一定的成本。应收账款的成本主要有如下几个方面。

1. 机会成本

应收账款会占用企业一定量的资金，而企业若不把这部分资金投放于应收账款，便可以用于其他投资并可能获得收益，例如，投资债券获得利息收入。这种因投放于应收账款而放弃其他投资所带来的收益，即为应收账款的机会成本。

【例8-3】假设某公司年赊销额 8 000 000 元，应收账款平均收账天数为 30 天，变动成本率为 65%，资金成本率为 7%，则该公司的应收账款机会成本是多少？（一年按 360 天计算）

$$应收账款平均余额 = \frac{8\ 000\ 000}{360} \times 30 = 800\ 000（元）$$

$$维持赊销业务所需要的资金 = 800\ 000 \times 65\% = 520\ 000（元）$$

$$应收账款机会成本 = 520\ 000 \times 7\% = 36\ 400（元）$$

2. 管理成本

管理成本主要是指在进行应收账款管理时，所增加的费用。主要包括：调查顾客信用状况的费用、收集各种信息的费用、账簿的记录费用、收账费用等。

3. 坏账成本

在赊销交易中，债务人由于种种原因无力偿还债务，债权人就有可能无法收回应收账款而发生损失，这种损失就是坏账成本。企业发生坏账成本是不可避免的，而此项成本一般与应收账款发生的数量成正比。

三、信用政策

为了确保企业能一致性地运用信用和保证公平性，企业必须保持恰当的信用政策，必须明确地规定信用标准、信用条件、信用期间和折扣条件。

1. 信用标准

信用标准代表企业愿意承担的最大付款风险的金额。如果企业执行的信用标准过于严格，可能会降低对符合可接受信用风险标准客户的赊销额，因此会限制企业的销售机会；如果企业执行的信用标准过于宽松，可能会对不符合可接受信用风险标准的客户提供赊销，因此会增加随后还款的风险并增加坏账费用。

1）信息来源

当企业建立分析信用请求的方法时，必须考虑信息的类型、数量和成本。信息既可以从企业内部收集，也可以从企业外部收集。无论信用信息从哪儿收集，都必须将成本与预期的收益进行对比。企业内部产生的最重要的信用信息来源是信用申请人执行信用申请（协议）的情况和企业保存的有关信用申请人还款历史的记录。

企业可以使用各种外部信息来源来帮助其确定申请人的信誉。申请人的财务报表是该种信息主要来源之一。无论是经过审计的还是未经过审计的财务报表，因为可以将这些财务报表及其相关比率与行业平均数进行对比，因此它们都提供了有关信用申请人的重要信息。

获得申请人付款状况的第二个信息来源是一些商业参考资料或申请人过去获得赊销的供货商。另外，银行或其他贷款机构（如商业贷款机构或租赁公司）可以提供申请人财务状况和可使用信息额度方面的标准化信息。最后，一些地方性和全国性的信用评级机构收集、评价和报告有关申请人信用状况的历史信息。这些信用报告包括诸如以下内容的信息：还款历史、财务信息、最高信用额度、可获得的最长信用期限和所有未了结的债务诉讼。由于还款状况的信息是以自愿为基础提供给评级机构的，因此评级机构所使用的样本量可能较小，或许不能准确反映企业还款历史的整体状况。

2）5C 信用评价系统

信用评价取决于可以获得的信息类型、信用评价的成本与收益。传统的信用评价主要考虑以下五个因素。

（1）品质（Character）：是指个人或企业申请人的诚实和正直表现。品质反映了个人或企业在过去的还款中所体现的还款意图和愿望。

（2）能力（Capacity）：能力反映的是企业或个人在其债务到期时可以用于偿债的当前和未来的财务资源。可以使用流动比率和现金流预测等方法评价申请人的还款能力。

（3）资本（Capital）：是指如果企业或个人当前的现金流不足以还债，他们在短期和长期内可供使用的财务资源。

（4）抵押（Collateral）：是指当企业或个人不能满足还款条款时，可以用作债务担保的资产或其他担保物。

（5）条件（Condition）：是指影响顾客还款能力和还款意愿的经济环境，对申请人的这些条件进行评价以决定是否向其提供信用。

3）信用的定量分析

进行商业信用的定量分析可以从考察信用申请人的财务报表开始。通常使用比率分析法评价顾客的财务状况。常用的指标有：流动性和营运资本比率（如流动比率、速动比率以及现金对负债总额比率）、债务管理和支付比率（利息保障倍数、长期债务对资本比率、带息债务对资产总额比率以及负债总额对资产总额比率）和盈利能力指标（销售回报率、总资产回报率和净资产收益率）。

将这些指标和信用评级机构及其他协会发布的行业标准进行比较，可以洞察申请人的信用状况。定量信用评价法常被像百货店这样的大型零售信用提供商使用。信用评分包括以下四个步骤：

（1）根据信用申请人的月收入、尚未偿还的债务和过去受雇佣的情况将申请人划分为标准客户和高风险客户；

（2）对符合某一类型申请人的特征值进行加权平均以确定信誉值；

（3）确定明确的同意或拒绝给予信用的门槛值；

（4）对介于同意给予信用的门槛值或拒绝给予信用的门槛值之间的申请人进行深入分析。

这些定量分析方法符合成本-效益原则，并且也符合消费者信用方面的法律规定。判断分析是一种规范的统计分析方法，可以有效确定区分按约付款或违约付款顾客的因素。

2. 信用条件

信用条件是销货企业要求赊购客户支付货款的条件，由信用期限和现金折扣两个要素组成。规定信用条件包括设计销售合同或协议来明确规定在什么情形下可以给予信用。企业必须建立信息系统或购买软件对应收账款进行监控以保证信用条款的执行，并且查明顾客还款方式在总体和个体方面可能发生的变化。

1）约束信用政策的因素

诸多因素影响企业的信用政策。在大部分行业，信用条件和政策已经成为标准化的惯例，因此企业很难采取与其竞争对手不同的信用条件。企业还必须考虑提供商业信用对现有贷款契约的影响。因为应收账款的变化可能会影响流动比率，可能会导致违反贷款契约中有关流动比率的约定。

2）对流动性的影响

企业的信用条件、销售额和收账方式决定了其应收账款的水平。应收账款的占用必须要有相应的资金来源，因此企业对客户提供信用的能力与其自身的借款能力相关。不适当地管理应收账款可能会导致顾客延期付款而导致流动性问题。然而，当应收账款用于抵押贷款或作为债务担保工具或出售时，应收账款也可以成为流动性的来源。

3）提供信用的收益和成本

因为提供信用可以增加销售额，所以商业信用可能会增加企业的收益。赊销的另一个潜在的收益来源是从分期收款销售安排中获得利息收益。利息可能是较大的利润来源，尤其是零售型企业通过自有品牌的信用卡或分期收款合同向顾客提供直接融资时更是如此。

另一方面，提供信用也有成本。应收账款的主要成本是持有成本。一般来说，企业根据短期借款的边际成本或加权平均成本确定应收账款的持有成本。运营和维持企业信用部门的成本也是非常高的，其成本包括人员成本、数据处理成本和还款处理成本、信用评估成本和从第三方购买信用信息的成本。

3. 信用期间

监管逾期账款和催收坏账的成本影响企业的利润。根据相关会计准则的规定，不能收回的应收账款应该确认为坏账损失。多数企业根据过去的收款情况来估计坏账损失的数额并建立坏账准备账户，同时将坏账费用记入当期损益。信用政策的一个重要方面就是确定坏账费用和注销坏账费用的时间和金额。

催收逾期账款的成本可能很高。企业可以通过购买各种类型的补偿坏账损失的保险来降低坏账的影响。在评价赊销潜在的盈利能力时，必须对保险费进行成本-效益分析。

信用期间是企业允许顾客从购货到付款之间的时间，或者说是企业给予顾客的付款期间。例如，若某企业允许顾客在购货后的 60 天内付款，则信用期为 60 天，信用期过短，不足以吸引顾客，在竞争中会使销售额下降；信用期过长，对销售额增加固然有利，但只顾及销售增长而盲目放宽信用期，所得到的收益有时会被增长的费用抵销，甚至造成利润减少。因此，企业必须慎重研究，确定出恰当的信用期。

信用期的确定，主要是分析改变现行信用期对收入和成本的影响。延长信用期，会使销售额增加，产生有利影响；与此同时，应收账款、收账费用和坏账损失增加，会产生不利影响。当前者大于后者时，可以延长信用期，否则不宜延长。如果缩短信用期，情况与此相反。

【例 8-4】W 公司预测的 20×8 年度赊销额为 3 600 万元，信用条件是 N/30，变动成本率 60%，资金成本率 10%，假设公司收账政策不变，固定成本总额不变。该公司准备了三个信用条件的备选方案：

(1) 维持 N/30 的信用条件；

(2) 将该信用放宽到 N/60；

(3) 将信用条件放宽到 N/90。

为各种备选方案估计的赊账水平、坏账百分比和收账费用等有关数据如表 8-1 所示。

表 8-1　W 公司信用条件备选方案

方案	A	B	C
项目	N/30	N/60	N/90
年赊销额/万元	5 400	6 480	7 920
应收账款平均收账天数/天	30	60	90
应收账款平均余额/万元	5 400÷360×30=450	6 480÷360×60=1 080	7 920÷360×90=1 980
维持赊销业务所需要资金/万元	450×60%=270	1 080×60%=648	1 980×60%=1 188
坏账损失/年赊销额/万元	2%	3%	6%
坏账损失/万元	5 400×2%=108	6 480×3%=194.4	7 920×6%=475.2
收账费用/万元	50	60	90

根据以上资料，可以计算出表 8-2 所示的各项指标。

表 8 - 2　　A、B、C 信用条件分析表　　　　　　　单位：万元

方案	A	B	C
项目	N/30	N/60	N/90
年赊销额	5 400	6 480	7 920
变动成本	3 240	3 888	4 752
信用成本前收益	2 160	2 592	3 168
信用成本			
应收账款机会成本	270×10％=27	648×10％=64.8	1 188×10％=118.8
坏账损失	108	194.4	475.2
收账费用	50	60	90
小计	185	319.2	684
信用成本后收益	1 975	2 272.8	2 484

根据表 8 - 2 可以得到：在三种方案中，C 方案（N/90）的获利最大，它比 A 方案增加收益 509 万元，比 B 方案的收益多 211.2 万元。因此，在其他条件不变的情况下，应选择 C 方案。

上述信用期分析的方法比较简略，可以满足一般制定信用政策的需要。如有必要，也可以进行更细致的分析，如进一步考虑：销售增加引起存货增加而占用的资金。

【例 8 - 5】延续上例数据，假设企业为了加速应收账款的回收，决定在 C 方案的基础上将赊销条件改为"2/10，1/20，N/60"（D 方案），估计约有 70％ 的客户（按赊销额计算）会利用 2％ 的折扣；10％ 的客户将利用 1％ 的折扣。坏账损失率降低为 2％，收账费用降低为 75 万元，根据以上资料，有关指标可计算如下，详见表 8 - 3。

应收账款平均收账天数＝70％×10+10％×20+（1-70％-10％）×60=21（天）

$$应收账款平均余额＝\frac{7\ 920}{360}×21=462（万元）$$

维持赊销业务所需要资金＝462×60％=277.2（万元）

应收账款机会成本＝277.2×10％=27.72（万元）

坏账损失＝7 920×2％=158.4（万元）

现金折扣＝7 920×（2％×70％+1％×10％）=118.8（万元）

表 8 - 3　　C、D 信用条件分析评价表　　　　　　　单位：万元

项目	方案 C	D
	N/90	2/10，1/20，N/60
年赊销额	7 920	7 920
减：现金折扣	—	118.8
年赊销净额	7 920	7 801.2
减：变动成本	4 752	4 752
信用成本前收益	3 168	3 049.2
减：信用成本		

续表

	方案 C	D
应收账款机会成本	118.8	27.72
坏账损失	475.2	158.4
收账费用	90	75
小计	684	261.12
信用成本后收益	2 484	2 788.08

计算结果表明，实行现金折扣以后，企业的收益增加了 304.08，万元，因此，企业最终应选择 D 方案(2/10，1/20，N/60)作为最佳方案。

更进一步地细致分析，还应考虑存货增加引起的应付账款的增加。这种负债的增加会节约企业的营运资金，减少营运资金的应计利息。因此，信用期变动的分析，一方面要考虑对利润表的影响(包括收入、成本和费用)；另一方面要考虑对资产负债表的影响(包括应收账款、存货、应付账款)，并且要将对资金占用的影响用资本成本转化为应计利息，以便进行统一的得失比较。

此外，还有一个值得注意的细节，就是应收账款占用资金应当按应收账款平均余额乘以变动成本率计算确定。

4. 折扣条件

如果企业给顾客提供现金折扣，那么顾客在折扣期付款少付的金额产生的"成本"将影响企业收益。当顾客利用了企业提供的折扣，而折扣又没有促使销售额增长时，企业的净收益则会下降。当然上述收入方面的损失可能会全部或部分地由应收账款持有成本的下降所补偿。宽松的信用政策可能会提高销售收入，但是它也会使应收账款的服务成本、收账成本和坏账损失增加。

现金折扣是企业对顾客在商品价格上的扣减。向顾客提供这种价格上的优惠，主要目的在于吸引顾客为享受优惠而提前付款，缩短企业的平均收款期。另外，现金折扣也能招揽一些视折扣为减价出售的顾客前来购货，借此扩大销售量。

折扣的表示常用如 2/10、1/20、N/30 这样的符号。这三个符号的含义分别为：2/10表示 10 天内付款，可享受 2% 的价格优惠，即只需支付原价的 98%，如原价为 10 000 元，只需支付 9 800 元；1/20 表示 20 天内付款，可享受 1% 的价格优惠，即只需支付原价的99%，若原价为 10 000 元，则只需支付 9 900 元；N/30 表示付款的最后期限为 30 天，此时付款无优惠。

企业采用什么程度的现金折扣，要与信用期间结合起来考虑。比如，要求顾客最迟不超过 30 天付款，若希望顾客 20 天、10 天付款，能给予多大折扣？或者给予 1%、2% 的折扣，能吸引顾客在多少天内付款？不论是信用期间还是现金折扣，都可能给企业带来收益，但也会增加成本。现金折扣带给企业的好处前面已经讲过，它使企业增加的成本，则指的是价格折扣损失。当企业给予顾客某种现金折扣时，应当考虑折扣所能带来的收益与成本孰高孰低，权衡利弊。

因为现金折扣是与信用期间结合使用的，所以确定折扣程度的方法与程序实际上与前述确定信用期间的方法与程序一致，只不过要把所提供的延期付款时间和折扣综合起来，计算各方案的延期与折扣能取得多大的收益增量,再计算各方案带来的成本变化,最终确定最佳方案。

四、应收账款的监控

实施信用政策时,企业应当监督和控制每一笔应收账款和应收账款总额。例如,可以运用应收账款周转天数衡量企业需要多长时间收回应收账款,可以通过账龄分析表追踪每一笔应收账款,可以采用 ABC 分析法来确定重点监控的对象等。

监督每一笔应收账款的理由是:

第一,在开票或收款过程中可能会发生错误或延迟;

第二,有些客户可能故意拖欠到企业采取追款行动才付款;

第三,客户财务状况的变化可能会改变其按时付款的能力,并且需要缩减该客户未来的赊销额度。

企业也必须对应收账款的总体水平加以监督,因为应收账款的增加会影响企业的流动性,还可能导致额外融资的需要。此外,应收账款总体水平的显著变化可能表明业务方面发生了改变,这可能影响企业的融资需要和现金水平。企业管理部门需要分析这些变化以确定其起因并采取纠正措施。可能引起重大变化的事件包括销售量的变化、季节性、信用标准政策的修改、经济状况的波动以及竞争对手采取的促销等。最后,对应收账款总额进行分析还有助于预测未来现金流入的金额和时间。

1. 应收账款周转天数

应收账款周转天数或平均收账期是衡量应收账款管理状况的一种方法。应收账款周转天数的计算方法为:将期末在外的应收账款除以该期间的平均日赊销额。应收账款周转天数提供了一个简单的指标,将企业当前的应收账款周转天数与规定的信用期限、历史趋势以及行业正常水平进行比较可以反映企业整体的收款效率。然而,应收账款周转天数可能会被销售量的变动趋势和销售的剧烈波动以及季节性销售所破坏。

2. 账龄分析表

账龄分析表将应收账款划分为未到信用期的应收账款和以 30 天为间隔的逾期应收账款,这是衡量应收账款管理状况的另外一种方法。企业既可以按照应收账款总额进行账龄分析,也可以分顾客进行账龄分析。账龄分析法可以确定逾期应收账款,随着逾期时间的增加,应收账款收回的可能性变小。假定信用期限为 30 天,表 8-4 中的账龄分析表反映出 30% 的应收账款为逾期收款。

表 8-4　账龄分析表

账龄/天	应收账款金额/元	占应收账款总额的百分比/%
0~30	1 750 000	70
31~60	375 000	15
61~90	250 000	10
91 以上	125 000	5
合计	2 500 000	100

账龄分析表比计算应收账款周转天数更能揭示应收账款变化趋势,因为账龄分析表给出了应收账款分布的模式,而不仅是一个平均数。应收账款周转天数有可能与信用期限相一致,但是有一些账户可能拖欠很严重。因此应收账款周转天数不能明确地表现出账款拖欠情况。当各月之间的销售额变化很大时,账龄分析表和应收账款周转天数都可能发出类似的错误信号。

3. 应收账款账户余额的模式

账龄分析表可以用于建立应收账款余额的模式,这是重要的现金流预测工具。应收账款余额的模式反映一定期间(如一个月)的赊销额在发生赊销的当月月末及随后的各月仍未偿还的百分比。企业收款的历史决定了其正常的应收账款余额的模式。企业管理部门通过将当前的模式和过去的模式进行对比来评价应收账款余额模式的任何变化。企业还可以运用应收账款账户余额的模式来进行应收账款金额水平的计划,衡量应收账款的收账效率以及预测未来的现金流。

【例 8 - 6】下面的例子说明 1 月份的销售在 3 月末应收账款为 50 000 元。

表 8 - 5　各月份销售及收款情况

时间/月	1	2	3	合　计
销售额/元	250 000.00	—	—	250 000.00
收款百分比/%	5	40	35	80
收款金额/元	12 500.00	100 000.00	87 500.00	200 000.00
1月份的销售未收回的应收账款/元	237 500	137 500	50 000	—

计算未收回应收账款的另一个方法是将销售三个月后未收回销售额的百分比(20%)乘以销售额 250 000 元,即

$$0.2 \times 250\ 000 = 50\ 000(元)$$

然而,在实际中,有一定比例的应收账款会逾期或者会发生坏账。对应收账款账户余额的模式稍作调整可以反映这些项目。

【例 8 - 7】为了简便体现,假设没有坏账费用,收款模式如表 8 - 6 所示。

(1)销售的当月收回销售额的 5%;

(2)销售后的第一个月收回销售额的 40%;

(3)销售后的第二个月收回销售额的 35%;

(4)销售后的第三个月收回销售额的 20%。

表 8 - 6　各月份应收账款账户余额模式

月　份	销售额/元	月销售中于 3 月底未收回的金额/元	月销售中于 3 月底仍未收回的百分比/%
1 月	250 000	50 000	20
2 月	300 000	165 000	55
3 月	400 000	380 000	95
4 月	500 000		

3 月末应收账款余额合计为:50 000＋165 000＋380 000＝595 000(元)

4月份现金流入估计＝4月份销售额的5％＋3月份销售额的40％＋2月份销售额的35％＋1月份销售额的20％

估计的4月份现金流入＝$(0.05 \times 500\ 000) + (0.40 \times 400\ 000) + (0.35 \times 300\ 000) + (0.20 \times 250\ 000) = 340\ 000$(元)

4. ABC 分析法

ABC 分析法是现代经济管理中广泛应用的一种"抓重点、照顾一般"的管理方法，又称重点管理法。它将企业的所有欠款客户按其金额的多少进行分类排队，然后分别采用不同的收账策略的一种方法。它一方面加快应收账款收回，另一方面能将收账费用与预期收益联系起来。

例如，某企业应收账款逾期金额为260万元，为了及时收回逾期货款，企业采用 ABC 分析法来加强应收账款回收的监控。具体数据如表8-7所示。

表8-7　欠款客户 ABC 分类法(共50家客户)

顾客	逾期金额/万元	逾期期限	逾期金额所占比重/％	类别
A	85	4 个月	32.69	
B	46	6 个月	17.69	A
C	34	3 个月	13.08	
小计	165		63.46	
D	24	2 个月	9.23	
E	19	3 个月	7.31	
F	15.5	2 个月	5.96	B
G	11.5	55 天	4.42	
H	10	40 天	3.85	
小计	80		30.77	
I	6	30 天	2.31	
J	4	28 天	1.54	C
⋮	⋮	⋮	⋮	
小计	15		5.77	
合计	260		100	

先按所有客户应收账款逾期金额的多少分类排队，并计算出逾期金额所占比重。从表8-7中可以看出，应收账款逾期金额在25万元以上的有3家，占客户总数的6％，逾期总额为165万元，占应收账款逾期金额总额的63.46％，将其划入 A 类，这类客户作为催款的重点对象。应收账款逾期金额在10万元～25万元的客户有5家，占客户总数的10％，其逾期金额占应收账款逾期金额总数的30.77％，将其划入 B 类。欠款在10万元以下的客户有42家，占客户总数的84％，但其逾期金额仅占应收账款逾期金额总额的5.77％，将其划入 C 类。

对这三类不同的客户，应采取不同的收款策略。例如，对 A 类客户，可以发出措辞较为严厉的信件催收，或派专人催收，或委托收款代理机构处理，甚至可通过法律解决；对 B 类客户则可以多发几封信函催收，或打电话催收；对 C 类客户只需要发出通知其付款的信函。

五、应收账款日常管理

应收账款的管理难度比较大，在确定合理的信用政策之后，还要做好应收账款的日常管理工作，包括对客户的信用调查和分析评价、应收账款的催收工作等。

1. 调查客户信用

信用调查是指收集和整理反映客户信用状况的有关资料的工作。信用调查是企业应收账款日常管理的基础，是正确评价客户信用的前提条件。企业对顾客进行信用调查主要通过两种方法。

1）直接调查

直接调查是指调查人员通过与被调查单位进行直接接触，通过当面采访、询问、观察等方式获取信用资料的方法。直接调查可以保证收集资料的准确性和及时性，但也有一定的局限，往往获得的是感性资料，若不能得到被调查单位的合作，则会使调查工作难以开展。

2）间接调查

间接调查是以被调查单位以及其他单位保存的有关原始记录和核算资料为基础，通过加工整理获得被调查单位信用资料的方法。这些资料主要来自以下几个方面：

（1）财务报表。通过财务报表分析，可以基本掌握一个企业的财务状况和信用状况。

（2）信用评估机构。专门的信用评估部门，因为它们的评估方法先进，评估调查细致，评估程序合理，所以可信度较高。

（3）银行。银行是信用资料的一个重要来源，许多银行都设有信用部，为其顾客服务，并负责对其顾客信用状况进行记录、评估。但银行的资料一般仅愿意在内部及同行进行交流，而不愿向其他单位提供。

（4）其他途径。如财税部门、工商管理部门、消费者协会等机构都可能提供相关的信用状况资料。

2. 评估客户信用

收集好信用资料以后，就需要对这些资料进行分析、评价。企业一般采用"5C"系统来评价，并对客户信用进行等级划分。在信用等级方面，目前主要有两种：一种是三类九等，即将企业的信用状况分为 AAA、AA、A、BBB、BB、B、CCC、CC、C 九等，其中 AAA 为信用最优等级，C 为信用最低等级。另一种是三级制，即分为 AAA、AA、A 三个信用等级。

3. 收款的日常管理

应收账款发生后，企业应采取各种措施，尽量争取按期收回款项，否则会因拖欠时间过长而发生坏账，使企业蒙受损失。因此，企业必须在对收账的收益与成本进行比较分析的基础上，制定切实可行的收账政策。通常企业可以采取寄发账单、电话催收、派人上门催收、法律诉讼等方式进行催收应收账款，然而催收账款要发生费用，某些催款方式的费用还会很高。一般说来，收账的花费越大，收账措施越有力，可收回的账款应越多，坏账损失也就越小。因此制定收账政策，又要在收账费用和所减少坏账损失之间作出权衡。制定有效、得当的收账政策很大程度上靠有关人员的经验。从财务管理的角度讲，也有一些数量化的方法可以参照。根据应收账款总成本最小化的原则，可以通过比较各收账方案成本的大小对其加以选择。

4. 应收账款保理

保理是保付代理的简称，是指保理商与债权人签订协议，转让其对应收账款的部分或全部权利与义务，并收取一定费用的过程。

保理又称托收保付，是指卖方（供应商或出口商）与保理商之间存在的一种契约关系；根据契约，卖方将其现在或将来的基于其与买方（债务人）订立的货物销售（服务）合同所产生的应收账款转让给保理商，由保理商提供下列服务中的至少两项：贸易融资、销售分户账管理、应收账款的催收、信用风险控制与坏账担保。可见，保理是一项综合性的金融服务方式，其同单纯的融资或收账管理有本质区别。

应收账款保理是企业将赊销形成的未到期应收账款在满足一定条件的情况下，转让给保理商，以获得银行的流动资金支持，加快资金的周转。保理可以分为有追索权保理（非买断型）和无追索权保理（买断型）、明保理和暗保理、折扣保理和到期保理。

有追索权保理是指供应商将债权转让给保理商，供应商向保理商融通资金后，如果购货商拒绝付款或无力付款，保理商有权向供应商要求偿还预付的现金，如购货商破产或无力支付，只要有关款项到期未能收回，保理商都有权向供应商进行追索，因而保理商具有全部"追索权"，这种保理方式在我国采用较多。无追索权保理是指保理商将销售合同完全买断，并承担全部的收款风险。

明保理是指保理商和供应商需要将销售合同被转让的情况通知购货商，并签订保理商、供应商、购货商之间的三方合同。暗保理是指供应商为了避免让客户知道自己因流动资金不足而转让应收账款，并不将债权转让情况通知客户，货款到期时仍由销售商出面催款，再向银行偿还借款。

折扣保理又称为融资保理，即在销售合同到期前，保理商将剩余未收款部分先预付给销售商，一般不超过全部合同额的70%～90%。到期保理是指保理商并不提供预付账款融资，而是在赊销到期时才支付，届时不管货款是否收到，保理商都必须向销售商支付货款。

应收账款保理对于企业而言，其理财作用主要体现在：

（1）融资功能。应收账款保理，其实质也是一种利用未到期应收账款这种流动资产作为抵押从而获得银行短期借款的一种融资方式。对于那些规模小、销售业务少的企业来说，向银行贷款将会受到很大的限制，而自身的原始积累又不能支撑企业的高速发展，通过保理业务进行融资可能是企业较为明智的选择。

（2）减轻企业应收账款的管理负担。推行保理业务是市场分工思想的运用，面对市场的激烈竞争，企业可以把应收账款让与专门的保理商进行管理，使企业从应收账款的管理之中解脱出来，由专业的保理公司对销售企业的应收账款进行管理，详细地对销售客户的信用状况进行调查，建立一套有效的收款政策，及时收回账款，使企业减轻财务管理负担，提高财务管理效率。

（3）减少坏账损失、降低经营风险。企业只要有应收账款就有发生坏账的可能性，以往应收账款的风险都是由企业单独承担，而采用应收账款保理后，一方面可以提供信用风险控制与坏账担保，帮助企业降低其客户违约的风险；另一方面可以借助专业的保理商去催收账款，能够在很大程度上降低坏账发生的可能性，有效地控制坏账风险。

（4）改善企业的财务结构。应收账款保理业务是将企业的应收账款与货币资金进行置换。企业通过出售应收账款，将流动性稍弱的应收账款置换为具有高度流动性的货币资金，增强了企业资产的流动性，提高了企业的债务清偿能力和盈利能力。

改革开放以后，我国开始试行保理服务业务，然而从整体上看，应收账款保理业务的发展在我国仍处于起步阶段，目前只有少数银行（如中国银行、交通银行、光大银行及中信银行等商业银行）公开对外宣称提供保理业务。随着市场的需要，竞争的加剧，保理业务在国内将会得到更好的发展。

【例8-8】M企业预期款项有：支付工人工资48万元，应纳税额20万元，支付应付账款57万元，其他现金支出4万元。预计该期稳定的现金收回数是56万元。记载在该期"应收账款"明细期末账上的客户有A（欠款60万元）、B（欠款80万元）、C（欠款30万元），求应收账款收现的保证率。

$$当期必要现金支付总额=48+20+57+4=128（万元）$$
$$当期应收账款总计总额=60+80+30=170（万元）$$
$$应收账款的收现保证率=\frac{129-56}{170}\times100\%=43\%$$

以上计算结果表明，该企业当期必须收回应收账款的43%，才能最低限度保证当期必要的现金支出，否则企业可能面临支付危机。因而，企业应定期计算应收账款收现保证率，看其是否达到了既定的控制标准，如果发现实际收现率低于应收账款收现保证率，应查明原因采取相应措施，确保企业有足够的现金满足同期必需的现金支付要求。

任务4　存货管理

一、存货的功能

存货是指企业在生产经营过程中为销售或者耗用而储备的物资，包括材料、燃料、低值易耗品、在产品、半成品、产成品、协作件、商品等。存货管理水平的高低直接影响着企业的生产经营能否顺利进行，并最终影响企业的收益、风险等状况。因此，存货管理是财务管理的一项重要内容。

存货管理的目标，就是要尽力在各种存货成本与存货效益之间作出权衡，在充分发挥存货功能的基础上降低存货成本，实现两者的最佳组合。存货的功能是指存货在企业生产经营过程中起到的作用。具体包括以下几个方面：

（1）保证生产正常进行。生产过程中需要的原材料和在产品是生产的物质保证。为保障生产的正常进行，必须储备一定量的原材料，否则可能会造成生产中断、停工待料的现象。

（2）有利于销售。一定数量的存货储备能够增加企业在生产和销售方面的机动性和适应市场变化的能力。当企业市场需求量增加时，若产品储备不足就有可能失去销售良机，所以保持一定量的存货是有利于市场销售的。

（3）便于维持均衡生产，降低产品成本。有些企业产品属于季节性产品或者需求波动较大的产品，此时若根据需求状况组织生产，则生产能力可能有时得不到充分利用，有时又超负荷生产，从而造成产品成本的上升。

（4）降低存货取得成本。一般情况下，当企业进行采购时，进货总成本与采购物资的单价和采购次数有密切关系。而许多供应商为鼓励客户多购买其产品，往往在客户采购量达到一定数量时给予价格折扣，所以企业通过大批量集中进货，既可以享受价格折扣，降低购置成本，也因减少订货次数，降低了订货成本，使总的进货成本降低。

（5）防止意外事件的发生。企业在采购、运输、生产和销售过程中，都可能发生意外的事故，保持必要的存货保险储备，可以避免和减少意外事件的损失。

二、存货的持有成本

与持有成本有关的成本，包括以下三种。

1. 取得成本

取得成本指为取得某种存货而支出的成本，通常用 TC_a 表示。其又分为订货成本和购置成本。

1）订货成本

订货成本指取得订单的成本，如办公费、差旅费、邮资、电报电话费、运输费等支出。订货成本中有一部分与订货次数无关，如常设采购机构的基本开支等，称为固定的订货成本，用 F_1 表示；另一部分与订货次数有关，如差旅费、邮资等，称为订货的变动成本。每次订货的变动成本用 K 表示；订货次数等于存货年需要量 D 与每次进货量 Q 之商。订货成本的计算公式为

$$TC_a = F_1 + \frac{D}{Q}KF_1 + \frac{D}{Q}K$$

2）购置成本

购置成本指为购买存货本身所支出的成本，即存货本身的价值，经常用数量与单价的乘积来确定。年需要量用 D 表示，单价用 U 表示，于是购置成本为 DU。

3）取得成本

订货成本加上购置成本，就等于存货的取得成本。其公式可表达为

取得成本＝订货成本＋购置成本＝订货固定成本＋订货变动成本＋购置成本

$$TC_a = F_1 + \frac{D}{Q}K + DU$$

2. 储存成本

储存成本指为保持存货而发生的成本，包括存货占用资金所应计的利息、仓库费用、保险费用、存货破损和变质损失等，通常用 TC_c 表示。

储存成本也分为固定成本和变动成本。固定成本与存货数量的多少无关，如仓库折旧、仓库职工的固定工资等，常用 F_2 表示。变动成本与存货的数量有关，如存货资金的应计利息、存货的破损和变质损失、存货的保险费用等，单位储存变动成本用 K_c 表示。

用公式表达的储存成本为

$$TC_c = F_2 + K_c$$

3. 缺货成本

缺货成本指由于存货供应中断而造成的损失，包括材料供应中断造成的停工损失、产成品库存缺货造成的拖欠发货损失和丧失销售机会的损失及造成的商誉损失等；如果生产企业以紧急采购代用材料解决库存材料中断之急，那么缺货成本表现为紧急额外购入成本。缺货成本用 TC_s 表示。如果以 TC 来表示储备存货的总成本，计算公式为

$$TC = TC_a + TC_c + TC_s = F_1 + \frac{D}{Q}K + DU + F_2 + \frac{Q}{2}K_c + TC_s$$

企业存货的最优化，就是使企业存货总成本即上式 TC 值最小。

三、最优存货量的确定

1. 经济订货模型

经济订货量通过平衡采购进货成本和保管仓储成本核算，以实现总库存成本最低的最佳订货量。经济订货量是固定订货量模型的一种，可以用来确定企业一次订货（外购或自制）的数量。当企业按照经济订货量来订货时，可实现订货成本和储存成本之和最小化。

经济订货模型是建立在一系列严格假设基础上的。这些假设包括：① 存货总需求量是已知常数；② 订货提前期是常数；③ 货物是一次性入库；④ 单位货物成本为常数，无批量折扣；⑤ 库存持有成本与库存水平呈线性关系；⑥ 货物是一种独立需求的物品，不受其他货物影响。⑦ 不允许缺货，即无缺货成本。

在这些假设前提下，存货的总成本为

$$TIC = K \times \frac{D}{Q} + \frac{Q}{2} \times K_c$$

式中：TIC 与订货批量有关的每期存货的总成本；D 为每期对存货的总需求；Q 为每次订货批量；K 为每次订货费用；K_c 为每期单位存货持有成本。

使 TIC 最小的批量 Q 即为经济订货批量 EOQ。利用数学知识，可推导出

$$EOQ = \sqrt{\frac{2KD}{K_c}} \quad TIC_{min} = \sqrt{2KDK_c}$$

【例 8-9】假设某公司每年所需的原材料为 104 000 件，即每周平均消耗约 200 件。如果我们每次订购 10 000 件，则可够公司 5 周的原材料需要。5 周后，原材料存货降至零，同时一批新的订货又将入库。这种关系可参考图 8-6(a)。现设公司决定改变每次订货量为 5 000 件。这样，每次订货只能供公司两周半生产所需，订货的次数较前者增加了一倍，但平均库存水平只有前者一半，可参考图 8-6(b)。

本例中，存货的相关成本表现为订货成本和持有成本。订货成本与订货次数成正比关系，而持有成本则与存货平均水平成正比关系。设公司每次订货费用为 20 元，存货年持有费率为每件 0.8 元。则与订货批量有关的存货的年总成本 TIC 如下：

$$TIC = 20 \times \frac{104\ 000}{Q} + \frac{Q}{2} \times \frac{104\ 000}{Q} \times 0.8 + \frac{Q}{2} \times 0.8$$

式中：Q 为每次订货批量。

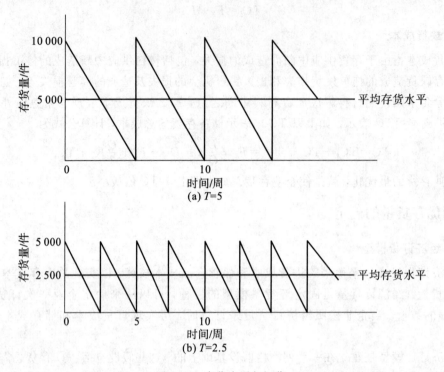

图 8-6 存货水平与订货

我们的目的是要使公司的 TIC 最小化。由此例可抽象出经济订货模型。存货的总成本为

$$\text{TIC} = K \times \frac{D}{Q} + \frac{Q}{2} \times K_c$$

式中：TIC 为与订货批量有关的每期存货的总成本；D 为每期对存货的总需求；Q 为每次订货批量；K 为每次订货费用；K_c 为每期单位存货持有费率。

使 TIC 最小的批量 Q 即为经济订货批量 EOQ。利用数学知识，可推导出：

$$\text{EOQ} = \sqrt{\frac{2KD}{K_c}}, \ \text{TIC} = \sqrt{2KDK_c}$$

由该公式可算出公司的经济订货批量和最小存货成本：

$$\text{EOQ} = \sqrt{\frac{2 \times 104\,000 \times 20}{0.8}} = 2\,280.35(\text{件})$$

$$\text{TIC} = \sqrt{2KDK_c} = \sqrt{2 \times 20 \times 0.8 \times 104\,000} = 1\,824.28(\text{元/件})$$

订货批量存货与成本、订货费用、持有成本的关系如图 8-7 所示。

如果取消经济订货模型第⑦个假设，即允许缺货，则存货总成本为变动性订货成本、变动性储存成本和缺货成本三者之和，允许缺货的经济批量模型为如下：

$$Q = \sqrt{\frac{2DK}{K_c} \times \frac{K_c + R}{R}}$$

平均缺货量为

$$L = Q \times \frac{Q \times K_c}{K_c + R}$$

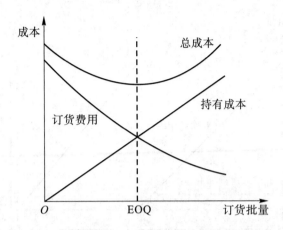

图 8-7　订货批量存货与成本、订货费用、持有成本的关系

式中，R 为单位缺货成本；L 为允许缺货量。

【例 8-10】 某企业本年度需耗用 A 材料 8 000 kg，若该材料年度储存成本为 6 元/kg，平均每次进货费用为 48 元，单位缺货成本为 10 元。求允许缺货时的经济进货批量和平均缺货量。

$$Q = \sqrt{\frac{2DK}{K_c} \times \frac{K_c + R}{R}} = \sqrt{2 \times 8\,000 \times 48 \times \frac{6 + 10}{10}}$$
$$\approx 453 \text{（kg）}$$

$$平均缺货量 = 453 \times \frac{6}{6 + 10} \approx 170 \text{（kg）}$$

有很多方法来扩展经济订货模型，以使其适用范围更广。事实上，许多存货模型研究都立足于经济订货模型，但扩展了其假设。

有很多方法来扩展经济订货模型，以使其适用范围更广。事实上，许多存货模型研究都是立足于经济订货模型，但扩展了其假设。

2. 保险储备

前面讨论的经济订货量是以供需稳定为前提的，但实际情况并非完全如此，企业对存货的需求量可能发生变化，交货时间也可能会延误。在交货期内，如果发生需求量增大或交货时间延误，就会发生缺货。为防止由此造成的损失，企业应有一定的保险储备。图 8-8 显示了在具有保险储备时的存货水平。由图可知，在再订货点，企业按 EOQ 订货。在交货期内，如果对存货的需求量很大，或交货时间由于某种原因被延误，企业可能发生缺货。为防止存货中断，再订货点应等于交货期内的预计需求与保险储备之和，即

再订货点 = 预计交货期内的需求 + 保险储备

企业应保持多少保险储备才合适？这取决于存货中断的概率和存货中断的损失。较高的保险储备可降低缺货损失，但也增加了存货的持有成本。因此，最佳的保险储备应该是使缺货损失和保险储备的持有成本之和达到最低。

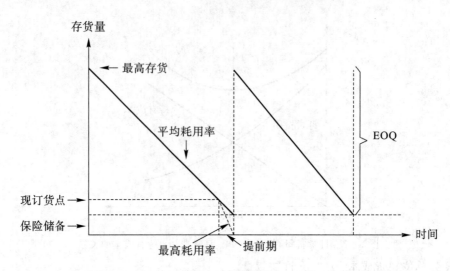

图 8-8 不确定需求和保险储备下的存货水平

【例 8-11】信达公司计划年度耗用某材料 100 000 kg，材料单价 50 元，经济订货量 25 000 kg，全年订货 4 次(100 000/25 000)，订货点为 1 200 kg。单位材料年持有成本为材料单价的 25%，单位材料缺货损失 24 元。在交货期内，生产需要量及其概率如表 8-8 所示。

表 8-8 生产需要量及其概率表

生产需要量/kg	概　率
1 000	0.1
1 100	0.2
1 200	0.4
1 300	0.2
1 400	0.1

该公司最佳保险储备的计算如表 8-9 所示。

表 8-9 保险储备分析　　　　　　　　　　　　　　　　　　单位：元

保险储备量	缺货量	缺货概率	缺货损失	保险储备的持有成本	总成本
0	0	0.1	0		
	0	0.2	0		
	0	0.4	0		
	100	0.2	4×100×0.2×24＝1 920		
	200	0.1	4×200×0.1×24＝1 920 缺货损失期望值 3 840	0	3 840
100	0	0.1	0		
	0	0.2	0		
	0	0.4	0		

续表

保险储备量	缺货量	缺货概率	缺货损失	保险储备的持有成本	总成本
	0	0.2	0		
	100	0.1	$4\times100\times0.1\times24=960$ 缺货损失期望值 960	$100\times50\times0.25$ $=1\,250$	2 210
200	0	0.1	0		
	0	0.2	0		
	0	0.4	0		
	0	0.2	0		
	0	0.1	缺货损失期望值 0	$200\times50\times0.25$ $=2\,500$	2 500

注：缺货损失＝每年订货次数×缺货数量×缺货概率×单位缺货损失

从表 8-8 可以看出，当保险储备为 100 kg 时，缺货损失与持有成本之和最低。因此，该企业保险储备量为 100 kg 比较合适。

上例说明了考虑交货期间生产需求量时的最佳保险储备量的确定方法。至于因延误供货引起的缺货可以通过估计延误时间和平均每日耗用量来计算增加的保险储备量。

库存管理不仅需要各种模型帮助确定适当的库存水平，还需要建立相应的库存控制系统。库存控制系统可以简单，也可以很复杂。传统的库存控制系统有定量控制系统和定时控制系统两种，定量控制系统是指当存货下降到一定水平时即发出订货单，订货数量是固定的和事先决定的。定时控制系统是每隔一段固定时期，无论现有存货水平多少，即发出订货申请，这两种系统都较简单和易于理解，但不够精确。现在许多大型企业都已采用了计算机库存控制系统。当库存数据输入计算机后，计算机即对这批货物开始跟踪。此后，每当有该货物取出时，计算机就及时作出记录并修正库存余额。当库存下降到订货点时，计算机自动发出订单，并在收到订货时记下所有的库存量。计算机系统能对种类繁多的库存进行有效管理，这也是为什么大型企业愿意采用这种系统的原因之一。对于大型企业，其存货种类数以十万计，要使用人力及传统方法来对如此众多的库存进行有效管理，及时调整存货水平，避免出现缺货或浪费现象简直是不可能的，但计算机系统对此能作出迅速有效的反应。

四、存货的控制系统

伴随着业务流程重组的兴起以及计算机行业的发展，库存管理系统也得到了很大的发展。从 MRP（物料资源规划）发展到 MRP（制造资源规划）、再到 ERP（企业资源规划）、以及后来的柔性制造和供应链管理，甚至是外包（outsourcing）等管理方法的快速发展，都大大促进了企业库存管理方法的发展。这些新的生产方式把信息技术革命进步融为一体，提高了企业的整体运作效率。以下将对两个典型的库存控制系统进行介绍。

1. ABC 控制系统

ABC 控制法就是把企业种类繁多的存货，依据其重要程度、价值大小或者资金占用等标准分为三大类：A类高价值库存，品种数量约占整个库存的10％至15％，但价值约占全部库存的50％至70％；B类中等价值库存，品种数量约占全部库存的20％至25％，价值约占全部库存的15％至20％；C类低价值库存，品种数量多，约占整个库存的60％至70％，价值约占全部库存的10％至35％。针对不同类别的库存分别采用不同的管理方法，A类库存应作为管理的重点，实行重点控制、严格管理；而对B类和C类库存的重视程度则可依次降低，采取一般管理。

2. 适时制库存控制系统

适时制库存控制系统，又称零库存管理、看板管理系统。它最早是由丰田公司提出并将其应用于实践，是指制造企业事先与供应商和客户协调好，只有当制造企业在生产过程中需要原料或零件时，供应商才会将原料或零件送来；产品生产出来就被客户拉走。这样，制造企业的库存持有水平就可以大大下降。显然，适时制库存控制系统需要的是稳定而标准的生产程序以及供应商的诚信，否则，任何一环出现差错将导致整个生产线的停滞。目前，已有越来越多的企业利用适时制库存控制系统减少甚至消除对库存的需求——即实行零库存管理，比如，沃尔玛、丰田、海尔等。适时制库存控制系统进一步的发展被应用于企业整个生产管理过程中——集开发、生产、库存和分销于一体，大大提高了企业运营管理效率。

任务5　流动负债管理

流动负债一般有三种主要来源：短期借款、短期融资券、商业信用，各种来源具有不同的获取速度、灵活性、成本和风险。

一、短期借款

企业的借款通常按其流动性或偿还时间的长短，划分为短期借款和长期借款。短期借款是指企业同银行或其他金融机构借入的期限在1年（含1年）以下的各种借款。短期借款通常规定以下内容。

1. 信贷额度

信贷额度亦即贷款限额，是借款企业与银行在协议中规定的借款最高限额，信贷额度的有效期限通常为1年。一般情况下，在信贷额度内，企业可以随时按需要支用借款。但是，银行并不承担必须贷款的义务。如果企业信誉恶化，即使在信贷限额内，企业也可能得不到借款。此时，银行不会承担法律责任。

2. 周转信贷协定

周转信贷协定是银行具有法律义务地承诺提供不超过某一最高限额的贷款协定。在协定的有效期内，只要企业借款总额未超过最高限额，银行必须满足企业任何时候提出的借款要求。企业要享用周转信贷协定，通常要对贷款限额的未使用部分付给银行一笔承诺费用。

企业享用周转信贷协定，通常要就贷款限额的"未使用部分"付给银行一笔承诺费。其中的"未使用"包括两层含义：一是全年未使用，二是全年只有部分时间未使用。对于前者应该按照"未使用的金额×承诺费率"计算应支付的承诺费；对于后者应该按照"未使用的金额×承诺费率×未使用的月份/12"计算应该支付的承诺费。

【例 8-12】某企业与银行商定的周转信贷额度为 5 000 万元，年度内实际使用了 2 800 万元，承诺费率为 0.5%，企业应向银行支付的承诺费为

$$信贷承诺费=(5\,000-2\,800)\times0.5\%=11(万元)$$

3. 补偿性余额

补偿性余额是银行要求借款企业在银行中保持按贷款限额或实际借用额一定比例计算的最低存款余额。对于银行来说，补偿性余额有助于降低贷款风险，补偿其可能遭受的风险；对借款企业来说，补偿性余额则提高了借款的实际利率，加重了企业的负担。

补偿性余额实际利率计算公式如下所示。

$$补偿性余额实际利率=\frac{年利息}{实际可用借款}=\frac{名义利率}{1-补偿性余额比率}$$

【例 8-13】某企业向银行借款 800 万元，利率为 6%，银行要求保留 10% 的补偿性余额，则企业实际可动用的贷款为 720 万元，该贷款的实际利率为

$$借款实际利率=\frac{800\times6\%}{720}=\frac{6\%}{1-10\%}=6.67\%$$

4. 贴现法计息

银行借款利息的支付方式一般为利随本清法，又称收款法，即在借款到期时向银行支付利息。但有时银行要求采用贴现法，即银行向企业发放贷款时，先从本金中扣除利息，而到期时借款企业再偿还全部本金。采用这种方法，企业可利用的贷款额只有本金扣除利息后的差额部分，从而提高了贷款的实际利率。

贴现法的利率公式分成两种情况。第一种是借款期为整数年的情况下，实际利率的计算公式为

$$实际利率=年利息/实际可用借款额度\times100\%=贷款额\times\frac{i}{贷款额}\times(1-i)=\frac{i}{1-i}，其$$

中 i 为名义利率。

第二种是借款期不足一年，只有几个月的情况下，实际利率的计算公式为

$$实际利率=年利息/实际可用借款额\times100\%$$

$$=贷款额\times\frac{i}{贷款额}\times\left(1-i\times\frac{n}{12}\right)=\frac{i}{\left(1-i\times\frac{n}{12}\right)}$$

具体的贴现额度要根据具体的时间来用正确的利率公式来计算，得到正确的结果。

【例 8-14】某企业从银行取得借款 200 万元，期限 1 年，利率 6%，利息 12 万元。按贴现法付息，企业实际可动用的贷款为 188 万元，该借款的实际利率为

$$借款实际利率=\frac{200\times6\%}{188}=\frac{6\%}{1-6\%}=6.38\%$$

二、短期融资券

1. 短期融资券及其分类

短期融资券(以下简称融资券)，是由企业依法发行的无担保短期本票。在我国，短期

融资券是指企业依照《短期融资券管理办法》的条件和程序在银行间债券市场发行和交易的、约定在期限不超过 1 年内还本付息的有价证券。中国人民银行对融资券的发行、交易、登记、托管、结算、兑付进行监督管理。短期融资券按不同标准可作不同分类：

（1）按发行人分类，短期融资券分为金融企业的融资券和非金融企业的融资券。在我国，目前发行和交易的是非金融企业的融资券。

（2）按发行方式分类，短期融资券分为经纪人承销的融资券和直接销售的融资券。非金融企业发行融资券一般采用间接承销方式进行，金融企业发行融资券一般采用直接发行方式进行。

2. 短期融资券的发行条件

（1）发行人为非金融企业，发行企业均应经过在中国境内工商注册且具备债券评级能力的评级机构的信用评级，并将评级结果向银行间债券市场公示。

（2）发行和交易的对象是银行间债券市场的机构投资者，不向社会公众发行和交易。

（3）融资券的发行由符合条件的金融机构承销，企业不得自行销售融资券，发行融资券募集的资金用于本企业的生产经营。

（4）对企业发行的融资券施行余额管理，待偿还融资券余额不超过企业净资产的 40%。

（5）融资券采用实名记账方式在中央国债登记结算有限公司（简称中央结算公司）登记托管，中央结算公司负责提供有关服务。

（6）融资券在债权债务登记日的次一工作日，即可以在全国银行间债券市场的机构投资人之间流通转让。

3. 短期融资券的发行程序

（1）企业作出发行短期融资券的决策；

（2）办理发行短期融资券的信用评级；

（3）向有关审批机构（中国人民银行）提出发行申请；

（4）审批机关对企业提出的申请进行审查和批准；

（5）正式发行短期融资券，取得资金。

4. 发行短期融资券筹资的特点

（1）短期融资券的筹资成本较低。相对于发行企业债券筹资而言，发行短期融资券的筹资成本较低。

（2）短期融资券筹资数额比较大。相对于银行借款筹资而言，短期融资券一次性的筹资数额比较大。

（3）发行短期融资券的条件比较严格。必须是具备一定信用等级的实力强的企业，才能发行短期融资券筹资。

三、商业信用

商业信用是指企业在商品或劳务交易中，以延期付款或预收货款方式进行购销活动而形成的借贷关系，是企业之间的直接信用行为，也是企业短期资金的重要来源。商业信用产生于企业生产经营的商品、劳务交易之中，是一种自动性筹资。

1. 商业信用的形式

1）应付账款

应付账款是供应商给企业提供的一个商业信用。由于购买者往往在到货一段时间后才付款，商业信用就成为企业短期资金来源。如企业规定对所有账单均见票后若干日付款，商业信用就成为随生产周转而变化的一项内在的资金来源。当企业扩大生产规模，其进货和应付账款相应增长，商业信用就提供了增产需要的部分资金。

商业信用条件常包括以下两种：① 有信用期，但无现金折扣。如"N/30"表示 30 天内按发票金额全数支付。② 有信用期和现金折扣，如"2/10，N/30"表示 10 天内付款享受现金折扣 2%，若买方放弃折扣，30 天内必须付清款项。

供应商在信用条件中规定有现金折扣，目的主要在于加速资金回收。企业在决定是否享受现金折扣时，应仔细考虑。通常，放弃现金折扣的成本是高昂的。

（1）放弃现金折扣的信用成本。倘若买方企业购买货物后在卖方规定的折扣期内付款，可以获得免费信用，这种情况下企业没有因为取得延期付款信用而付出代价。例如，某应付账款规定付款信用条件为"2/10，N/30"，是指买方在 10 天内付款，可获得 2% 的付款折扣，若在 10 天至 30 天内付款，则无折扣；允许买方付款期限最长为 30 天。

【例 8-15】某企业按"2/10，N/30"的付款条件购入货物 60 万元。如果企业在 10 天以后付款，便放弃了现金折扣 1.2 万元（60 万元×2%），信用额为 58.8 万元（60 万元－1.2 万元）。放弃现金折扣的信用成本为

$$放弃现金折扣的信用成本 = \frac{折扣率}{1-折扣率} \times \frac{360}{信用期-折扣期} \times 100\%$$

$$= \frac{2\%}{1-2\%} \times \frac{360}{30-10} \times 100\% = 36.73\%$$

公式表明，放弃现金折扣的信用成本率与折扣百分比大小、折扣期长短和付款期长短有关系，与货款额和折扣额没有关系。如果企业在放弃折扣的情况下，推迟付款的时间越长，其信用成本便会越小，但展期信用的结果是企业信誉恶化导致信用度的严重下降，日后可能招致更加苛刻的信用条件。

（2）放弃现金折扣的信用决策。企业放弃应付账款现金折扣的原因，可能是企业资金暂时的缺乏，也可能是基于将应付的账款用于临时性短期投资，以获得更高的投资收益。如果企业将应付账款用于短期投资，所获得的投资报酬率高于放弃折扣的信用成本率，则应当放弃现金折扣。

【例 8-16】公司采购一批材料，供应商报价为 1 万元，付款条件为 3/10、2.5/30、1.8/50、N/90。目前公司用于支付账款的资金需要在 90 天时才能周转回来，在 90 天内付款，只能通过银行借款解决。如果银行利率为 12%，确定公司材料采购款的付款时间和价格。

根据放弃折扣的信用成本率计算公式，10 天付款方案，放弃折扣的信用成本率为 13.92%；30 天付款方案，放弃折扣的信用成本率为 15.38%；50 天付款方案，放弃折扣的信用成本率为 16.50%。由于各种方案放弃折扣的信用成本率均高于借款利息率，因此初步结论是要取得现金折扣，借入银行借款以偿还货款。

10 天付款方案，得折扣 300 元，用资 9 700 元，借款 80 天，利息 258.67 元，净收益

41.33 元；

　　30 天付款方案，得折扣 250 元，用资 9 750 元，借款 60 天，利息 195 元，净收益 55 元；

　　50 天付款方案，得折扣 180 元，用资 9 820 元，借款 40 天，利息 130.93 元，净收益 49.07 元。

　　总结论：第 30 天付款是最佳方案，其净收益最大。

　　2）应计未付款

　　应计未付款是企业在生产经营和利润分配过程中已经计提但尚未以货币支付的款项。主要包括应付工资、应缴税金、应付利润或应付股利等。以应付工资为例，企业通常以半月或月为单位支付工资，在应付工资已计但未付的这段时间，就会形成应计未付款。它相当于职工给企业的一个信用。应缴税金、应付利润或应付股利也有类似的性质。应计未付款随着企业规模的扩大而增加，企业使用这些自然形成的资金无需付出任何代价。但企业不是总能控制这些款项，因为其支付是有一定时间的，企业不能总拖欠这些款项。所以，企业尽管可以充分利用应计未付款，但并不能控制这些账目的水平。

　　3）预收货款

　　预收货款是指销货单位按照合同和协议规定，在发出货物之前向购货单位预先收取部分或全部货款的信用行为。购买单位对于紧俏商品往往乐于采用这种方式购货；销货单位对于生产周期长，造价较高的商品，往往采用预收货款方式销货，以缓和企业资金占用过多的矛盾。

　　2. 商业信用筹资的优缺点

　　1）商业信用筹资的优点

　　（1）商业信用筹资容易获得。商业信用的载体是商品购销行为，企业总有一批既有供需关系又有相互信用基础的客户，所以对大多数企业而言，应付账款和预售账款是自然的、持续的信贷形式。商业信用的提供方一般不会对企业的经营状况和风险作严格的考量，企业无需办理像银行借款那样复杂的手续便可取得商业信用，有利于应对企业生产经营之急需。

　　（2）企业有较大的机动权。企业能够根据需要，选择决定筹资的金额大小和期限长短，同样要比银行借款等其他方式灵活得多。甚至如果在期限内不能付款或交货时，一般还可以通过与客户的协商，请求延长时限。

　　（3）企业一般不用提供担保。通常，商业信用筹资不需要第三方担保，也不会要求筹资企业用资产进行担保。这样，在出现逾期付款或交货的情况时，可以避免像银行借款那样面临抵押资产被处置的风险，企业的生产经营能力在相当长的一段时间内不会受到限制。

　　2）商业信用筹资的缺点

　　（1）商业信用筹资成本高。尽管商业信用的筹资成本是一种机会成本，但由于商业信用筹资属于临时性筹资，其筹资成本比银行信用要高。

　　（2）容易恶化企业的信用水平。商业信用的期限短，还款压力大，对企业现金流量管理的要求很高。如果长期和经常性地拖欠账款，会造成企业的信誉恶化。

　　（3）受外部环境影响较大。商业信用筹资受外部环境影响较大，稳定性较差，即使不考虑机会成本，也是不能无限利用的。一是受商品市场的影响，如当需求大于供给时卖方可能停止提供信用。二是受资金市场的影响，当市场资金供应紧张或有更好的投资方向时，商业信用筹资就可能遇到障碍。

四、流动负债的利弊

理解流动负债（期限在 1 年或 1 年以内）和长期负债（期限在 1 年以上）的优势和劣势相当重要。除了成本和风险的不同，为流动资产融资时使用短期和长期负债之间还存在经营上的不同。

1. 流动负债的经营优势

流动负债的主要经营优势包括：容易获得，具有灵活性，能有效地为季节性信贷需要进行融资，形成了需要融资和获得融资之间的同步性。另外，短期借款一般比长期借款具有更少的约束性条款。如果仅在短期内需要资金，以短期为基础进行借款可以使企业维持未来借款决策的灵活性。如果企业签订了长期借款协议，该协议规定了约束性条款、大量的预付成本和（或）信贷合约的初始费用，那么流动负债就不具有那种灵活性。

流动负债的一个主要使用方面是为季节性行业的流动资产进行融资。为了满足增长的需要，季节性企业必须增加存货和（或）应收账款。流动负债是为流动资产中的临时性的、季节性的增长进行融资的主要工具。

2. 流动负债的经营劣势

流动负债的主要经营劣势是需要持续地重新谈判或滚动安排负债。贷款人由于企业财务状况的变化，或整体经济环境的变化，可能在到期日不愿滚动贷款，或重新设定信贷额度。而且，提供信贷额度的贷款人一般要求，用于为短期营运资金缺口而筹集的贷款，必须每年支付至少 1 至 3 个月的全额款项，这 1 至 3 个月被称为结清期。贷款人之所以这么做，是为了确认企业是否在长期负债是合适的融资来源时仍然使用流动负债。许多企业的实践说明，使用短期贷款来为永久性流动资产融资是一件危险的事情。

知 识 小 结

流动资产的特点有：占用时间短、周转快，易变现等。流动资产如同企业的血液不断地周转循环。营运资金是企业流动资产中满足偿还短期债务后可用于生产经营的流动资金。企业置存货币资金是为了满足交易性需要、预防性需要和投机性需要；通常会发生四种成本，机会成本、短缺成本、管理成本。应收账款的信用政策包括信用标准、信用条件、信用期间。存货管理的要点有两个方面：存货资金定额的测算和存货控制。

实 践 演 练

一、单项选择题

1. 与企业为应付紧急情况而需要保持的现金余额无关的是（　　）。

A. 企业愿意承担风险的程度　　　　　　B. 企业临时举债能力的强弱

C. 企业销售水平　　　　　　　　　D. 企业对现金流量预测的可靠程度

2. 下列各项成本中与现金的持有量成正比例关系的是(　　　)。

A. 管理成本　　　　　　　　　　　B. 企业持有现金放弃的再投资收益

C. 固定性转换成本　　　　　　　　D. 短缺成本

3. 在现金持有量的成本分析模式和存货模式中均需要考虑的因素包括(　　　)。

A. 管理成本　　　B. 转换成本　　　C. 短缺成本　　　D. 机会成本

4. 某企业若采用银行业务集中法增设收款中心,可使企业应收账款平均余额由现在的 500 万元减至 200 万元。企业综合资金成本率为 10%,因增设收款中心每年将增加相关费用 10 万元,则该企业分散收账收益净额为(　　　)万元。

A. 10　　　　　　B. 18　　　　　　C. 20　　　　　　D. 24

5. 某企业年赊销额 500 万元(一年按 360 天计算),应收账款周转率为 10 次,变动成本率 60%,资金成本率 8%,则企业的应收账款机会成本为(　　　)万元。

A. 2.4　　　　　B. 3.0　　　　　C. 3.6　　　　　D. 4.2

6. 企业在制定或选择信用标准时不需要考虑的因素包括(　　　)。

A. 预计可以获得的利润　　　　　　B. 同行业竞争对手的情况

C. 客户资信程度　　　　　　　　　D. 企业承担违约风险的能力

7. (　　　)反映了客户的经济实力与财务状况的优劣,是客户偿付债务的最终保证。

A. 信用品质　　　B. 偿付能力　　　C. 资本　　　　　D. 抵押品

8. 某公司 2×19 年应收账款总额为 800 万元,当年必要现金支付总额为 500 万元,应收账款收现以外的其他稳定可靠的现金流入总额为 300 万元,则该公司 2×19 年应收账款收现保证率为(　　　)。

A. 70%　　　　　B. 20%　　　　　C. 25%　　　　　D. 50%

9. 下列各项中不属于存货变动性储存成本的是(　　　)。

A. 存货的变质损失　　　　　　　　B. 储存存货仓库的折旧费

C. 存货的保险费用　　　　　　　　D. 存货占用资金的应计利息

10. 下列各项中不属于存货经济进货批量基本模式假设条件的是(　　　)。

A. 不存在数量折扣　　　　　　　　B. 存货的耗用是均衡的

C. 仓储条件不受限制　　　　　　　D. 可能出现缺货的情况

11. 下列说法错误的是(　　　)。

A. 存货保本储存天数和存货保利储存天数均与每日变动储存费成反比

B. 存货保本储存天数和存货保利储存天数均与目标利润反方向变动

C. 存货保利储存天数与固定储存费用反方向变动

D. 存货保利储存天数与毛利同方向变动

12. 在对存货实行 ABC 分类管理的情况下,ABC 三类存货的金额比重大致为(　　　)。

A. 0.7∶0.2∶0.1　　　　　　　　B. 0.1∶0.2∶0.7

C. 0.5∶0.3∶0.2　　　　　　　　D. 0.2∶0.3∶0.5

13. 某企业销售商品,年赊销额为 500 万元,信用条件为(2/10,1/20,n/40),预计将会有 60% 客户享受 2% 的现金折扣,30% 的客户享受 1% 的现金折扣,其余的客户均在信用期付款,则企业应收账款平均收账天数为(　　　)。

A. 14　　　　　B. 15　　　　　C. 16　　　　　D. 无法计算

二、多项选择题

1. 与固定资产投资相比，流动资产投资的特点包括（　　）。

A. 投资回收期短　　B. 流动性强　　　　C. 具有并存性　　D. 具有波动性

2. 与长期负债筹资相比，流动负债的特点包括（　　）。

A. 速度快　　　　　B. 弹性大　　　　　C. 成本低　　　　D. 风险小

3. 下列各项中属于企业为满足交易动机所持有现金的是（　　）。

A. 偿还到期债务　　　　　　　　B. 派发现金股利

C. 在银行维持补偿性余额　　　　D. 缴纳税款

4. 企业基于投机动机的现金持有量往往与（　　）有关。

A. 企业对待风险的态度　　　　　B. 企业临时举债能力的强弱

C. 企业在金融市场的投资机会　　D. 企业销售水平

5. 企业运用存货模式确定最佳现金持有量所依据的假设包括（　　）。

A. 所需现金只能通过银行借款取得　　B. 预算期内现金需要总量可以预测

C. 现金支出过程比较稳定　　　　　　D. 证券利率及固定性交易费用可以知悉

6. 利用邮政信箱法和银行业务集中法进行现金回收管理的共同优点包括（　　）。

A. 缩短票据邮寄时间　　　　　　B. 缩短票据结算时间

C. 减少收账人员　　　　　　　　D. 缩短票据停留时间

7. 现金支出管理的方法包括（　　）。

A. 合理利用"浮游量"　　　　　　B. 推迟支付应付款

C. 采用汇票付款　　　　　　　　D. 改进工资支付方式

8. 应收账款的功能包括（　　）。

A. 促进销售　　　B. 减少存货　　　C. 增加现金　　　D. 减少借款

9. 应收账款的信用条件包括（　　）。

A. 信用期限　　　B. 折扣期限　　　C. 现金折扣率　　D. 收账政策

10. 对信用标准进行定量分析，能够解决的问题是（　　）。

A. 扩大销售收入　　　　　　　　B. 具体确定客户的信用等级

C. 确定坏账损失率　　　　　　　D. 降低销售成本

11. 不适当的延长信用期限给企业带来的后果包括（　　）。

A. 应收账款机会成本增加　　　　B. 坏账损失减少

C. 坏账损失增加　　　　　　　　D. 收账费用增加

12. 下列各项中属于应收账款管理成本的是（　　）。

A. 资金因投资应收账款丧失的其他收入　B. 应收账款无法收回带来的损失

C. 客户资信调查费用　　　　　　D. 应收账款收账费用

13. 存货的短缺成本包括（　　）。

A. 替代材料紧急采购的额外开支　　B. 材料供应中断造成的停工损失

C. 延误发货造成的信誉损失　　　　D. 丧失销售机会的损失

三、判断题

1. 企业持有的现金总额就是各种动机所需的现金余额之和。　　　　　　　　（　　）

2. 现金与有价证券的变动性转换成本与证券交易次数有关，属于决策相关成本。 （ ）

3. 现金浮游量是指企业实际现金余额超过最佳现金持有量之差。 （ ）

4. 偿付能力是决定是否给予客户信用的首要因素。 （ ）

5. 企业通过信用调查和严格信用审批制度，可以解决账款遭到拖欠甚至拒付的问题。 （ ）

6. 存货具有降低进货成本的功能。 （ ）

7. 存货进价又称进货成本，是指存货本身的价值，等于采购单价与采购数量的乘积。 （ ）

8. 现金与有价证券转换时发生的证券过户费属于变动性转换成本。 （ ）

9. 在有数量折扣的经济进货批量模式下，需要考虑的相关成本包括进货成本、变动性进货费用和变动性储存成本。 （ ）

10. 企业营运资金越多，则企业的风险越大，收益率越高。 （ ）

11. 信用条件是客户获得企业商业信用所应具备的最低条件，通常以预期的坏账损失率表示。 （ ）

12. 企业现金管理的目的首先是使得现金获得最大的收益，其次是保证日常生产经营业务的现金需求。 （ ）

四、案例分析

1. 案例情境：A 公司是一个商业企业。由于目前的收账政策过于严厉，不利于扩大销售，且收账费用较高，该公司正在研究修改现行的收账政策。现有甲和乙两个放宽收账政策的备选方案，有关数据如下：

项　目	现行收账政策	甲方案	乙方案
年销售额/(万元/年)	2 400	2 600	2 700
收账费用/(万元/年)	40	20	10
所有账户的平均收账期	2 个月	3 个月	4 个月
所有账户的坏账损失率	2%	2.5%	3%

已知 A 公司的变动成本率为 80%，资金成本率为 10%。坏账损失率是指预计年度坏账损失和销售额的百分比。假设不考虑所得税的影响。

实践要求：

通过计算分析回答是否应改变现行的收账政策？如果要改变，选择甲方案还是乙方案？

2. 案例情境：某公司甲材料的年需要量为 3 600 kg。销售企业规定：客户每批购买量不足 900 kg 的，按照单价为 8 元/kg 计算；每批购买量 900 kg 以上，1 800 kg 以下的，价格优惠 3%；每批购买量 1 800 kg 以上的，价格优惠 5%。已知每批进货费用 25 元，单位材料的年储存成本 2 元。

求：实行数量折扣时的最佳经济进货批量。

学习情景九　利润分配管理

案例导入

某上市公司自 1995 年以来，其经营状况和收益状况一直处于相对稳定的状态，且在收益分配上，每年都会发放一定比例的现金股利(0.2~0.5 元/股)。2×18 年，针对股利分配召开董事会，议题是对"2×18 年度的股利分配进行讨论"，并形成预案，以供股东大会决议。以下是两位董事的发言：

董事张三：我认为公司 2×18 年度应分配一定比例的现金股利。其理由在于：第一，公司每年都进行现金股利的分配，且股利的分配比例呈逐年递增的趋势。如果不分配现金股利，难免会影响公司的市场形象。第二，根据测算，公司若按上年的分配水平(0.5 元/股)支付现金股利，大约需要现金 2 500 万元，而公司目前的资产负债率仅为 40%，尚有约 20% 的举债空间。根据目前的总资产(约 50 000 万元)测算，公司可增加举债约 10 000 万元。因此，公司进行现金股利分配不会存在问题。

董事刘强：我认为公司 2×18 年度应暂停支付现金股利。理由在于：第一，公司 2×18 年经营及获利状况的不利变化主要是受环境因素影响而导致的，获利水平大幅下降，总资产报酬率从上年的 15% 下降至 4.5%，现金流量也趋于恶化。而这些环境因素能否在短期内有明显改观，尚难预测。因此，为了保护公司的资本实力，不宜进行现金股利分配。第二，公司尽管有较大的负债融资空间，但由于资产报酬率下降，使得举债的财务风险也较大。因此，公司不宜举债发放现金股利。鉴于公司目前尚有近 8 000 万元的未分配利润，我建议公司实行股票股利分配，这样一方面有利于稳定公司的市场形象，另一方面可以节约现金支出。

学习任务：你会同意哪位董事的观点？思考股利种类有哪些。

学习目标：通过本章学习，要求掌握几种常用的股利分配政策、现金股利与股票股利的基本内容；理解我国公司制企业利润分配的一般程序、影响股利分配的因素；了解利润分配原则和股利支付程序。

任务 1　利润分配概述

企业年度决算后实现的利润总额，要在国家、企业的所有者和企业之间进行分配。利润分配关系着国家、企业、职工及所有者各方面的利益，是一项政策性较强的工作，必须严格按照国家的法规和制度执行。利润分配的结果，形成了国家的所得税收入、投资者的投资报酬和企业的留用利润等不同的项目，其中企业的留用利润是指盈余公积金、公益金和未分配利润。由于税法具有强制性和严肃性，缴纳税款是企业必须履行的义务，从这个意义上看，财务管理中的利润分配主要指企业的净利润分配，利润分配的实质就是确定给投资者分红与企业留用利润的比例。

一、利润分配基本原则

1. 依法分配原则

为规范企业的利润分配行为，国家制定和颁布了若干法规，这些法规规定了企业利润分配的基本要求、一般程序和比例要求。企业的利润分配必须依法进行，这是正确处理企业各项财务关系的关键。

2. 分配与积累并重原则

企业的利润分配，要正确处理长远利益和近期利益的关系，坚持分配与积累并重。企业除按规定提取法定盈余公积金以外，可适当留存一部分利润作为积累，这部分未分配利润仍归企业所有者所有。这部分积累的净利润不仅可以为企业扩大生产筹措资金，增强企业的发展能力和抵抗风险的能力，同时还可以供未来年度进行分配，起到以丰补歉、稳定投资报酬率的作用。

3. 兼顾职工利益原则

企业的净利润归投资者所有，是企业的基本制度。但企业职工不一定是企业的投资者，净利润就不一定归他们所有，而企业的利润是由全体职工的劳动创造的，他们除了获得工资和奖金等劳动报酬以外，还应该以适当的方式参与净利润的分配，如在净利润中提取公益金，用于企业职工的集体福利设施支出。公益金是所有者权益的一部分，职工对这些福利设施具有使用权并负有保管之责，但没有所有权。

4. 投资与收益对等原则

企业利润分配应当体现"谁投资谁收益"，收益大小与投资比例相适应，即投资与收益对等原则，这是正确处理企业与投资者利益关系的立足点。投资者因投资行为，以出资额依法享有利润分配权，就要求企业在向投资者分配利润时，要遵守公开、公平、公正的"三公"原则，不搞幕后交易，不帮助大股东侵蚀小股东利益，一视同仁地对待所有投资者，任何人不得以在企业中的其他特殊地位谋取私利，这样才能从根本上保护投资者的利益。

二、利润分配程序

利润分配程序是指公司制企业根据适用法律、法规或规定，对企业一定期间实现的净利润进行分派必须经过的先后步骤。

1. 非股份制企业的利润分配程序

根据我国《公司法》等有关规定，非股份制企业当年实现的利润总额应按国家有关税法的规定作相应的调整，然后依法交纳所得税。交纳所得税后的净利润按下列顺序进行分配。

1）弥补以前年度的亏损

按照我国财务和税务制度的相关规定，企业的年度亏损可以由下一年度的税前利润弥补，下一年度税前利润尚不足以弥补的，可以由以后年度的利润继续弥补，但用税前利润弥补以前年度亏损的连续期限不超过5年。5年内弥补不足的，用本年税后利润弥补。本年净利润加年初未分配利润为企业可供分配的利润，只有可供分配的利润大于零时，企业才能进行后续分配。

2）提取法定盈余公积金

可供分配的利润大于零是计提法定盈余公积金的必要条件。法定盈余公积金以净利润扣除以前年度亏损为基数，按 10% 提取。即企业年初未分配利润为借方余额时，法定盈余公积金计提基数为：本年净利润减年初未分配利润（借方）余额；若企业年初未分配利润为贷方余额时，法定盈余公积金计提基数为：本年净利润。当企业法定盈余公积金达到注册资本的 50% 时，可不再提取。法定盈余公积金的计提目的是增强企业资本的实力。盈余公积金实质上是一种准资本金，可用来转增资本金，也可以用来弥补亏损，但转增资本金后的盈余公积金不得低于企业注册资本金的 25%。

3）提取任意盈余公积

法定盈余公积金和任意盈余公积金共同构成了企业的公积金。任意盈余公积金的提取比例由企业管理层讨论确定，提取比例视情况而定，一方面要考虑企业未来投资所需资金的大小，另一方面任意盈余公积金的提取也是对可供普通股分配利润额的一种调节，在一定程度上制约了向投资者分配利润的规模。

4）向投资者分配利润

企业本年净利润扣除弥补以前年度亏损、提取法定盈余公积金和任意盈余公积后的余额，加上年初未分配利润贷方余额，即为企业本年可供投资者分配的利润。按照分配与积累并重原则，确定应向投资者分配的利润数额。

【例 9-1】某公司 2×12 年初未分配利润账户的贷方余额为 37 万元，2×12 年发生亏损 100 万元，2×13～2×17 年间的每年税前利润为 10 万元，2×18 年税前利润为 15 万元，2×19 年税前利润为 40 万元。所得税税率为 25%，盈余公积金（含任意盈余公积）计提比例为 15%。

求：（1）2×18 年是否交纳所得税？是否计提盈余公积金（任意盈余公积）？

（2）2×19 年可供投资者分配的利润为多少？

解：（1）2×18 年初未分配利润＝37－100＋10×5 ＝－13（万元）

　　　　－13 万元为以后年度税后利润应弥补的亏损

　　　　2×18 年应交纳所得税＝15×25% ＝3.75（万元）

　　　　本年税后利润＝15－3.75＝11.25（万元）

　　　　企业可供分配的利润＝11.25－13 ＝－1.75（万元）

　　　　不能计提盈余公积（含公益金）

（2）2×19 年税后利润＝40×（1－25%）＝30（万元）

　　　　可供分配的利润＝30－1.75＝28.25（万元）

　　　　计提盈余公积金（公益金）＝28.25×15% ＝4.237 5（万元）

　　　　可供投资者分配的利润＝28.25－4.2375＝24.012 5（万元）

分配给投资者的利润，是投资者从企业获得的投资回报。向投资者分配利润应遵循纳税在先、企业积累在先、无盈余不分利的原则，其分配顺序在利润分配的最后阶段，体现了投资者对企业的权利、义务以及投资者所承担的风险。

2. 股份制企业的利润分配程序

（1）弥补以前年度亏损。

（2）提取法定盈余公积金。

（3）支付优先股股息。一般地，优先股按事先约定的股息率取得股息，不受企业盈利与否或多少的影响。

（4）提取任意盈余公积金。任意盈余公积金是根据企业发展的需要自行提取的公积金，其提取基数与计提盈余公积金的基数相同，计提比例由股东会根据需要决定。

（5）支付普通股股利。

从上述利润分配程序看，股利来源于企业的税后利润，但净利润不能全部用于发放股利，股份制企业必须按照有关法规和企业章程规定的顺序、比例，在提取了法定盈余公积金后，才能向优先股股东支付股息，在提取了任意盈余公积金之后，才能向普通股股东发放股利。如股份企业当年无利润或出现亏损，原则上不得分配股利。但为维护企业股票的信誉，经股东大会特别决议，可按股票面值较低比率用盈余公积金支付股利，支付股利后留存的法定盈余公积金不得低于注册资本的 25%。

任务 2　股利政策

一、股利分配理论及股利政策

股利政策是指在法律允许的范围内，企业是否发放股利、发放多少股利以及何时发放股利的方针及对策。

股利政策的最终目标是使企业价值最大化。股利往往可以向市场传递一些信息，股利发放的多少、是否稳定、是否增长等，往往是大多数投资者推测企业经营状况、发展前景优劣的依据。因此，股利政策关系到企业在市场上、投资者中的形象。成功的股利政策有利于提高企业的市场价值。

1. 股利分配理论

企业的股利分配方案既取决于企业的股利政策，又取决于决策者对股利分配的理解与认识，即股利分配理论。股利分配理论是指对股利分配的客观规律的科学认识与总结，其核心问题是股利政策与企业价值的关系问题。在市场经济条件下，股利分配要符合财务管理目标。对股利分配和财务目标之间关系的认识存在不同的流派与观念，还没有一种能被大多数人所接受的权威观点和结论。股利分配理论主要有以下两种流行的观点。

1）股利无关论

股利无关论认为，在一定的假设条件限制下，股利政策不会对企业的价值或股票的价格产生任何影响，投资者不关心企业股利的分配。企业市场价值的高低是由企业所选择的投资决策的获利能力和风险组合所决定的，与企业的利润分配政策无关。

由于企业对股东的分红只能采取派现或股票回购等方式，因此，在完全有效的资本市场上，股利政策的改变就仅仅意味着股东的权益在现金与资本利得之间分配的变化。如果投资者按理性行事，这种改变不会影响企业的市场价值以及股东的财富。该理论是建立在完全资本市场理论之上的，假设条件包括：

（1）市场具有强式效率，没有交易成本，没有任何一个股东的实力足以影响股票价格；

（2）不存在任何企业或个人所得税；

（3）不存在任何筹资费用；

（4）企业的投资决策与股利决策彼此独立，即投资决策不受股利分配的影响；

（5）股东在股利收入和资本增值之间并无偏好。

2）股利相关理论

与股利无关理论相反，股利相关理论认为，企业的股利政策会影响股票价格和企业价值。主要观点有以下几种：

（1）"手中鸟"理论。该理论认为，用留存收益再投资给投资者带来的收益具有较大的不确定性，并且投资的风险随着时间的推移会进一步加大，因此，厌恶风险的投资者会偏好确定的股利收益，而不愿将收益留存在企业内部去承担未来的投资风险。该理论认为企业的股利政策与企业的股票价格是密切相关的，即当企业支付较高的股利时，企业的股票价格会随之上升，企业价值将得到提高。

（2）信号传递理论。该理论认为，在信息不对称的情况下，企业可以通过股利政策向市场传递有关企业未来获利能力的信息，从而会影响企业的股价。一般来讲，预期未来获利能力强的企业，往往愿意通过相对较高的股利支付水平把自己与预期获利能力差的企业区别开来，以吸引更多的投资者。对于市场上的投资者来讲，股利政策的差异或许是反映企业预期获利能力的有价值的信号。如果企业一直保持较为稳定的股利支付水平，那么投资者就可能对企业未来的盈利能力与现金流量抱有乐观预期。另外，如果企业的股利支付水平在过去一个较长的时期内相对稳定，而现在却有所变动，投资者将会把这种现象看作企业管理当局将改变企业未来收益率的信号，股票市价将会对股利的变动作出反应。

（3）所得税差异理论。该理论认为，由于普遍存在的税率以及纳税时间的差异，资本利得收益比股利收益更有助于实现收益最大化目标，企业应当采用低股利政策。一般来说，对资本利得收益征收的税率低于对股利收益征收的税率；再者，即使两者没有税率上的差异，由于投资者对资本利得收益的纳税时间选择更具有弹性，投资者仍可以享受延迟纳税带来的收益差异。

（4）代理理论。该理论认为，股利政策有助于减缓管理者与股东之间的代理冲突，即股利政策是协调股东与管理者之间代理关系的一种约束机制。该理论认为，股利的支付能够有效地降低代理成本。首先，股利的支付减少了管理者对自由现金流量的支配权，这在一定程度上可以抑制企业管理者的过度投资或在职消费行为，从而保护外部投资者的利益；其次，较多的现金股利发放，减少了内部融资，导致企业进入资本市场寻求外部融资，从而企业将接受资本市场上更多的、更严格的监督，这样便通过资本市场的监督减少了代理成本。因此，高水平的股利政策降低了企业的代理成本，但同时增加了外部融资成本。理想的股利政策应当使两种成本之和最小。

2. 股利政策

股利政策由企业在不违反国家有关法律、法规的前提下，根据本企业具体情况制定。股利政策既要保持相对稳定，又要符合企业财务目标和发展目标。在实际工作中，通常有以下几种股利政策可供选择。

1）剩余股利政策

剩余股利政策是指企业有良好的投资机会时，根据目标资本结构，测算出投资所需的权益资本额，先从盈余中留用，然后将剩余的盈余作为股利来分配，即净利润首先满足企业的权益资金需求，如果还有剩余，就派发股利；如果没有，则不派发股利。剩余股利政策的理论依据是股利无关理论。根据股利无关理论，在完全理想的资本市场中，企业的股利政策与普通股每股市价无关，故而股利政策只需随着企业投资、融资方案的制定而自然确定。因此，采用剩余股利政策时，企业要遵循如下四个步骤：

（1）设定目标资本结构，在此资本结构下，企业的加权平均资本成本将达到最低水平；

（2）确定企业的最佳资本预算，并根据企业的目标资本结构预计资金需求中所需增加的权益资本数额；

（3）最大限度地使用留存收益来满足资金需求中所需增加的权益资本数额；

（4）留存收益在满足企业权益资本增加需求后，若还有剩余，再用来发放股利。

【例 9 - 2】 某公司 2×18 年税后净利润为 2 000 万元，2×19 年的投资计划需要资金 2 400 万元，公司的目标资本结构为权益资本占 60%，债务资本占 40%。

按照目标资本结构的要求，公司投资方案所需的权益资本数额为

$$24\ 00 \times 60\% = 1\ 440(万元)$$

公司当年全部可用于分派的盈余为 2 000 万元，除了满足上述投资方案所需的权益资本数额外，还有剩余，可用于发放股利。2×18 年，公司可以发放的股利额为

$$2\ 000 - 1\ 440 = 560(万元)$$

假设该公司当年流通在外的普通股为 1 000 万股，那么每股股利为

$$560 \div 1\ 000 = 0.56(元/股)$$

剩余股利政策的优点是：留存收益优先满足再投资的需求，有助于降低再投资的资金成本，保持最佳的资本结构，实现企业价值的长期最大化。

剩余股利政策的缺点是：若完全遵照执行剩余股利政策，股利发放额就会每年随着投资机会和盈利水平的波动而波动。在盈利水平不变的前提下，股利发放额与投资机会的多寡呈反方向变动；而在投资计划维持不变的情况下，股利发放额将与企业盈利呈同方向波动。剩余股利政策不利于投资者安排收入与支出，也不利于企业树立良好的形象，一般仅适用于企业初创阶段。

2）固定或稳定增长的股利政策

固定或稳定增长的股利政策是指企业将每年派发的股利额固定在某一特定水平或在此基础上维持某一固定比率逐年稳定增长。企业只有在确信未来盈余不会发生逆转时才会宣布实施固定或稳定增长的股利政策。在这一政策下，应首先确定股利分配额，而且该分配额一般不随资金需求的波动而波动。

固定或稳定增长股利政策的优点：

（1）稳定的股利向市场传递着企业正常发展的信息，有利于树立企业的良好形象，增强投资者对企业的信心，稳定股票的价格。

（2）稳定的股利额有助于投资者安排股利收入和支出，有利于吸引那些打算进行长期投资并对股利有很高依赖性的股东。

（3）固定或稳定增长的股利政策可能会不符合剩余股利理论，但考虑到股票市场会受多种因素影响（包括股东的心理状态和其他要求），为了将股利或股利增长率维持在稳定的水平上，即使推迟某些投资方案或暂时偏离目标资本结构，也可能比降低股利或股利增长率更为有利。

固定或稳定增长股利政策的缺点：

固定或稳定增长股利政策的缺点包括：股利的支付与企业的盈利相脱节，即不论企业盈利多少，均要支付固定的或按固定比率增长的股利，这可能会导致企业资金紧缺，财务状况恶化。此外，在企业无利可分的情况下，若依然实施固定或稳定增长的股利政策，也是违反《公司法》的行为。

因此，采用固定或稳定增长的股利政策，要求企业对未来的盈利和支付能力能作出准确的判断。一般来说，企业确定的固定股利额不宜太高，以免陷入无力支付的被动局面。固定或稳定增长的股利政策通常适用于经营比较稳定或正处于成长期的企业，但很难被长期采用。

3）固定股利支付率政策

固定股利支付率政策是指企业将每年净利润的某一固定百分比作为股利分派给股东，这一百分比通常称为股利支付率。股利支付率一经确定，一般不得随意变更。在这一股利政策下，只要企业的税后利润一经计算确定，所派发的股利也就相应确定了。固定股利支付率越高，企业留存的净利润越少。

固定股利支付率政策的优点：

（1）采用固定股利支付率政策，股利与企业盈余紧密地配合，体现了"多盈多分、少盈少分、无盈不分"的股利分配原则。

（2）由于企业的获利能力在年度间是经常变动的，因此，每年的股利也应当随着企业收益的变动而变动。采用固定股利支付率政策，企业每年按固定的比例从税后利润中支付现金股利，从企业支付能力的角度看，这是一种稳定的股利政策。

固定股利支付率政策的缺点：

（1）大多数企业每年的收益很难保持稳定不变，导致年度间的股利额波动较大。由于股利的信号传递作用，波动的股利很容易给投资者带来经营状况不稳定、投资风险较大的不良印象，成为影响股价的不利因素。

（2）容易使企业面临较大的财务压力，因为企业实现的盈利多，并不能代表企业有足够的现金流用来支付较多的股利额。

（3）合适的固定股利支付率的确定难度比较大。

由于企业每年面临的投资机会、筹资渠道都不同，而这些都可以影响企业的股利分派，所以一成不变地奉行固定股利支付率政策的企业在实际中并不多见。一般固定股利支付率政策适用于那些处于稳定发展且财务状况也较稳定的企业。

【例9-3】某公司长期以来用固定股利支付率政策进行股利分配，确定的股利支付率为30%。2×18年税后净利润为2 500万元，如果仍然继续执行固定股利支付率政策，公司2×18年度将要支付的股利为

$$2\ 500\times30\%=750(万元)$$

但公司2×19年度有较大的投资需求，因此，准备2×18年度采用剩余股利政策。如果公司2×19年度的投资预算为4 000万元，目标资本结构为权益资本占60%。按照目标资本结构的要求，公司投资方案所需的权益资本额为

$$4\ 000\times60\%=2\ 400(万元)$$

故公司2×18年度可以发放的股利为

$$2\ 500-2\ 400=100(万元)$$

4）低正常股利加额外股利政策

低正常股利加额外股利政策，是指企业事先设定一个较低的正常股利额，每年除了按正常股利额向股东发放股利外，还在企业盈余较多、资金较为充裕的年份向股东发放额外股利。但是，额外股利并不固定，不意味着企业永久地提高了股利支付额。低正常股利加额外股利政策可用公式表示为

$$Y=a+bx \tag{9-1}$$

式中：Y 为每股股利；x 为每股收益；a 为低正常股利；b 为股利支付比率。

低正常股利加额外股利政策的优点：

（1）赋予企业较大的灵活性，使企业在股利发放上留有余地，并具有较大的财务弹性。企业可根据每年的具体情况，选择不同的股利发放水平，以稳定和提高股价，进而实现企业价值的最大化。

（2）使那些依靠股利度日的股东每年至少可以得到虽然较低但比较稳定的股利收入，从而吸引住这部分股东。

低正常股利加额外股利政策的缺点：

（1）由于各年度之间企业盈利的波动使得额外股利不断变化，造成分派的股利不同，容易给投资者造成收益不稳定的感觉。

（2）当企业在较长时间持续发放额外股利后，可能会被股东误认为"正常股利"，一旦取消这部分额外股利，传递的信号可能会使股东认为这是企业财务状况恶化的表现，进而导致股价下跌。

相对来说，对那些盈利随着经济周期波动较大的企业或者盈利与现金流量很不稳定的企业，低正常股利加额外股利政策也许是一种不错的选择。

二、利润分配制约因素

企业的利润分配涉及企业相关各方的切身利益，受众多不确定因素的影响，在确定分配政策时，应当考虑各种相关因素的影响，主要包括法律、企业、股东及其他因素。

1. 法律因素

为了保护债权人和股东的利益，法律法规就企业的利润分配作出了如下规定。

1）资本保全约束

规定企业不能用资本（包括实收资本或股本和资本公积）发放股利，目的在于维持企业资本的完整性，防止企业任意减少资本结构中的所有者权益的比例，保护企业完整的产权基础，保障债权人的利益。

2）资本积累约束

规定企业必须按照一定的比例和基础提取各种公积金，股利只能从企业的可供股东分配利润中支付。可供股东分配利润包括企业当期的净利润，按照规定提取各种公积金后的余额和以前累积的未分配利润。另外，在进行利润分配时，一般应当贯彻"无利不分"的原则，即当企业出现年度亏损时，一般不进行利润分配。

3）超额累积利润约束

由于资本利得与股利收入的税率不一致，如果企业为了股东避税而使得盈余的保留大

大超过了企业目前及未来的投资需要，将被加征额外的税款。

4）偿债能力约束

偿债能力是指企业按时、足额偿付各种到期债务的能力。如果当期没有足够的现金派发股利，则不能保证企业在短期债务到期时有足够的偿债能力，这就要求企业考虑现金股利分配对偿债能力的影响，确定在分配后仍能保持较强的偿债能力，以维持企业的信誉和借贷能力，从而保证企业的正常资金周转。

2. 企业因素

企业基于短期经营和长期发展的考虑，在确定利润分配政策时，需要关注以下因素。

1）现金流量

由于会计法规的要求和核算方法的选择，企业盈余与现金流量并非完全同步，净收入的增加不一定意味着可供分配的现金流量的增加。企业在进行利润分配时，要保证正常的经营活动对现金的需求，以维持资金的正常周转，使生产经营得以有序进行。

2）资产的流动性

企业现金股利的支付会减少现金持有量，降低资产的流动性，而保持一定的资产流动性是企业正常运转的必备条件。

3）盈余的稳定性

企业的利润分配政策在很大程度上会受盈利稳定性的影响。一般来讲，企业的盈余越稳定，其股利支付水平也就越高。对于盈余不稳定的企业，可以采用低股利政策。

4）投资机会

如果企业的投资机会多，对资金的需求量大，那么它很可能会采用低股利支付水平的分配政策；相反，如果企业的投资机会少，对资金的需求量小，那么它很可能倾向于采用较高的股利支付水平。此外，如果企业将留存收益用于再投资所得报酬低于股东个人单独将股利收入投资于其他投资机会所得的报酬，企业就不应多留留存收益，而应多发放股利，这样有利于股东价值的最大化。

5）筹资因素

如果企业具有较强的筹资能力，随时能筹集到所需资金，那么它会具有较强的股利支付能力。另外，留存收益是企业内部筹资的一种重要方式，它同发行新股或举债相比，不需花费筹资费用，同时增加了企业权益资本的比重，降低了财务风险，便于低成本取得债务资本。

6）其他因素

由于股利的信号传递作用，企业不宜经常改变其利润分配政策，应保持一定的连续性和稳定性。此外，利润分配政策还会受其他因素的影响，比如不同发展阶段、不同行业的企业股利支付比例会有差异，这就要求企业在进行政策选择时要考虑发展阶段以及所处行业状况。

3. 股东因素

股东在控制权、收入和税负方面的考虑也会对企业的利润分配政策产生影响。

1）控制权

现有股东往往将股利政策作为维持其控制地位的工具。企业支付较高的股利导致留存收益减少，当企业为有利可图的投资机会筹集所需资金时，发行新股的可能性增大，新股东的加入必然稀释现有股东的控制权。所以股东会倾向于较低的股利支付水平，以便从内部的留存收益中取得所需资金。

2）稳定的收入

如果股东依赖现金股利维持生活，他们往往要求企业能够支付稳定的股利，而反对留存过多的利润。还有一些股东认为通过增加留存收益引起股价上涨而获得的资本利得是有风险的，而目前的股利是确定的，即便是现在较少的股利也强于未来的资本利得，因此他们往往也要求较多的股利支付。

3）避税

政府对企业利润征收所得税以后，还要对自然人股东征收个人所得税，股利收入的税率要高于资本利得的税率。一些高股利收入的股东出于避税的考虑，往往倾向于较低的股利支付水平。

4. 其他因素

1）债务契约

一般来说，股利支付水平越高，留存收益越少，企业的破产风险越大，就越有可能损害债权人的利益。因此，为了保证自己的利益不受侵害，债权人通常都会在债务契约、租赁合同中加入关于借款企业股利政策的限制条款。

2）通货膨胀

通货膨胀会带来货币购买力水平下降，导致固定资产重置资金不足，此时，企业往往不得不考虑留存一定的利润，以便弥补由于购买力下降而造成的固定资产重置资金缺口。因此，在通货膨胀时期，企业一般会采取偏紧的利润分配政策。

三、股利支付形式与程序

1. 股利支付形式

1）现金股利

现金股利是以现金支付的股利，它是股利支付最常见的方式。企业选择发放现金股利除了要有足够的留存收益外，还要有足够的现金。而现金充足与否往往会成为企业发放现金股利的主要制约因素。

2）财产股利

财产股利是以现金以外的其他资产支付的股利，主要是以企业所拥有的其他公司的有价证券，如债券、股票等，作为股利支付给股东。

3）负债股利

负债股利是以负债方式支付的股利，通常以企业的应付票据作为股利支付给股东，有时也以发放企业债券的方式支付股利。

财产股利和负债股利实际上是现金股利的替代，但这两种股利支付形式在我国企业实务中很少使用。

4）股票股利

股票股利是企业以增发股票的方式所支付的股利，我国实务中通常也称其为"红股"。

发放股票股利对企业来说并没有现金流出企业，也不会导致企业的财产减少，而只是将企业的未分配利润转化为股本和资本公积。但股票股利会增加流通在外的股票数量，同时降低股票的每股价值。它不改变企业股东权益总额，但会改变股东权益的构成。

【例 9-4】某上市公司在 2×18 年发放股票股利前，其资产负债表上的股东权益账户情况如表 9-1 所示。

表 9-1　发放股票股利前的股东权益情况　　　　　　单位：万元

项　目	金　额
股本（面值 1 元，发行在外 4 000 万股）	4 000
资本公积	6 000
盈余公积	4 000
未分配利润	6 000
股东权益合计	20 000

假设该公司宣布发放 10％的股票股利，现有股东每持有 10 股即可获赠 1 股普通股。若该股票当时市价为 5 元，那么随着股票股利的发放，需从"未分配利润"项目中划转出的资金为

$$4\,000 \times 10\% \times 5 = 2\,000（万元）$$

由于股票面值（1 元）不变，发放 400 万股，"股本"项目应增加 400 万元，其余的 2 000-400=1 600 万元应作为股票溢价转至"资本公积"项目，而公司的股东权益总额并未发生改变，仍是 20 000 万元，股票股利发放后资产负债表上的股东权益部分如表 9-2 所示。

表 9-2　发放股票股利后的股东权益情况　　　　　　单位：万元

项　目	金　额
股本（面值 1 元，发行在外 4 400 万股）	4 400
资本公积	7 600
盈余公积	4 000
未分配利润	4 000
股东权益合计	20 000

假设一位股东派发股票股利之前持有公司的普通股 20 万股，那么他所拥有的股权比例为

$$\frac{20}{4\,000} \times 100\% = 0.5\%$$

派发股利之后，他所拥有的股票数量和股份比例为

$$20 \times (1 + 10\%) = 22（万股）$$

$$\frac{22}{4\,400} \times 100\% = 0.5\%$$

可见，派发股票股利，不会对企业股东权益总额产生影响，但会引起资金在各股东权益项目间的再分配。而且股票股利派发前后每一位股东的持股比例也不会发生变化。需要说明的是，例题中股票股利以市价计算价格的做法，是很多西方国家所通行的，但在我国，

股票股利价格是按照股票面值计算的。

发放股票股利虽不直接增加股东的财富，也不增加企业的价值，但对股东和企业都有特殊意义。

对股东来讲，股票股利的优点主要有：

（1）理论上，派发股票股利后，每股市价会成反比例下降，但在实务中却并非如此。因为市场和投资者普遍认为，发放股票股利往往预示着企业有较大的发展和成长，这样的信息传递会稳定股价或使股价下降幅度减小甚至不降反升，股东便可以获得股票价值相对上升的好处。

（2）由于股利收入和资本利得税率的差异，如果股东把股票股利出售，还会给他带来资本利得纳税上的好处。

对企业来讲，股票股利的优点主要有：

（1）发放股票股利不需要向股东支付现金，在再投资机会较多的情况下，企业就可以为再投资提供成本较低的资金，从而有利于企业的发展。

（2）发放股票股利可以降低企业股票的市场价格，既有利于促进股票的交易和流通，又有利于吸引更多的投资者成为企业股东，进而使股权更为分散，有效地防止企业被恶意控制。

（3）股票股利的发放可以传递企业未来发展前景良好的信息，从而增强投资者的信心，在一定程度上稳定股票价格。

2. 股利支付程序

企业股利的发放必须遵守相关要求，按照日程安排来进行。一般情况下，先由董事会提出分配预案，然后提交股东大会决议，股东大会决议通过才能进行分配。股东大会决议通过分配预案后，要向股东宣布发放股利的方案，并确定股权登记日、除息日和股利发放日。

（1）股利宣告日，即股东大会决议通过并由董事会将股利支付情况予以公告的日期。公告中将宣布每股应支付的股利、股权登记日、除息日以及股利发放日。

（2）股权登记日，即有权领取本期股利的股东资格登记截止日期。凡是在此指定日期收盘之前取得企业股票，成为企业在册股东的投资者都可以作为股东享受企业本期分派的股利。在这一天之后取得股票的股东则无权领取本次分派的股利。

（3）除息日，即领取股利的权利与股票分离的日期。在除息日之前购买股票的股东才能领取本次股利，而在除息日当天或是以后购买股票的股东，则不能领取本次股利。由于失去了"收息"的权利，除息日的股票价格会下跌。除息日是股权登记的下一个交易日。

（4）股利发放日，即企业按照公布的分红方案向股权登记日在册的股东实际支付股利的日期。

【例 9 - 5】某上市公司于 2×19 年 4 月 10 日公布 2×18 年度的最后分红方案，其公告如下："2×19 年 4 月 9 日在西安召开的股东大会，通过了董事会关于每股分派 0.25 元的 2×18 年股息分配方案。股权登记日为 4 月 25 日，除息日为 4 月 26 日，股东可在 5 月 10 日至 25 日之间通过深圳交易所或按交易方式领取股息。特此公告。"

那么，该公司的股利支付程序如图 9 - 1 所示。

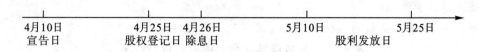

图 9-1　股利支付程序图

四、股票分割与股票回购

1. 股票分割

1）股票分割的概念

股票分割，又称拆股，即将一股股票拆分成多股股票的行为。股票分割一般只会增加发行在外的股票总数，但不会对企业的指标结构产生任何影响。股票分割与股票股利非常相似，都是在不增加股东权益的情况下增加了股份的数量，所不同的是，股票股利虽不会引起股东权益总额的改变，但股东权益的内部结构会发生变化，而股票分割之后，股东权益总额及其内部结构都不会发生任何变化，变化的只是股票面值。

2）股票分割的作用

（1）降低股票价格。股票分割会使每股市价降低，买卖该股票所需资金量减少，从而可以促进股票的流通和交易。流通性的提高和股东数量的增加，会在一定程度上加大对企业股票恶意收购的难度。此外，降低股票价格还可以为企业发行新股做准备，因为股价太高会使许多潜在投资者力不从心而不敢轻易对企业股票进行投资。

（2）向市场和投资者传递企业发展前景良好的信号，有助于提高投资者对企业股票的信心。

3）反分割

与股票分割相反，如果企业认为其股票价格过低，不利于其在市场上的声誉和未来的再筹资时，为提高股票的价格，会采取反分割措施。反分割又称为股票合并或逆向分割，是指将多股股票合并为一股股票的行为。反分割显然会降低股票的流通性，提高企业股票投资的门槛，它向市场传递的信息通常是不利的。

【例 9-6】某上市公司 2×18 年年末资产负债表上的股东权益账户情况如表 9-3 所示。

表 9-3　2×18 年末股东权益情况　　　　　　　　单位：万元

项　　目	金　　额
股本（面值 10 元，发行在外 2 000 万股）	20 000
资本公积	20 000
盈余公积	10 000
未分配利润	16 000
股东权益合计	66 000

求：（1）假设股票市价为 20 元，该公司宣布发放 10% 的股票股利，即现有股东每持有 10 股即可获赠 1 股普通股。发放股票股利后，股东权益有何变化？每股净资产是多少？

（2）假设该公司按照 1∶2 的比例进行股票分割。股票分割后，股东权益有何变化？每股净资产是多少？

解：（1）发放股票股利后股东权益情况如表9-4所示。

表9-4　发放股票股利后的股东权益情况　　　　单位：万元

项　　目	金　　额
股本（面值10元，发行在外2 000万股）	22 000
资本公积	22 000
盈余公积	10 000
未分配利润	12 000
股东权益合计	66 000

每股净资产＝66 000÷（2 000＋200）＝30（元/股）

（2）股票分割后股东权益情况如表9-5所示。

表9-5　股票分割后股东权益情况　　　　单位：万元

项　　目	金　　额
股本（面值5元，发行在外4 000万股）	20 000
资本公积	20 000
盈余公积	10 000
未分配利润	16 000
股东权益合计	66 000

每股净资产＝66 000÷（2 000×2）＝16.5（元/股）

2. 股票回购

1）股票回购的含义及方式

股票回购是指上市企业出资将其发行在外的普通股以一定价格买回来予以注销或作为库存股的一种资本运作方式。企业不得随意收购企业的股份，只有满足相关法律规定的情形才允许股票回购。

股票回购的方式主要包括公开市场回购、要约回购和协议回购三种。其中，公开市场回购，是指企业在公开交易市场上以当前市价回购股票；要约回购是指企业在特定期间向股东发出以高出当前市价的某一价格回购既定数量股票的要约，并根据要约内容进行回购；协议回购则是指企业以协议价格直接向一个或几个主要股东回购股票。

2）股票回购的动机

在证券市场上，股票回购的动机多种多样，主要有以下几点：

（1）现金股利的替代。现金股利政策会对企业产生未来的派现压力，而股票回购不同。当企业有富余资金时，通过购回股东所持股票将现金分配给股东，这样股东就可以根据自己的需要选择继续持有股票或出售股票以获得现金。

（2）改变企业的资本结构。无论是现金回购还是举债回购股份，都会提高企业的财务杠杆水平，改变企业的资本结构。企业认为权益资本在资本结构中所占比例较大时，为了调整资本结构而进行股票回购，可以在一定程度上降低整体资本成本。

（3）传递企业信息。由于信息不对称和预期差异，证券市场上的企业股票价格可能被低估，而过低的股价会对企业产生负面影响。一般情况下，投资者会认为股票回购是企业认为其股票价格被低估而采取的应对措施。

（4）基于控制权的考虑。控权股东为了保证其控制权不被改变，往往采取直接或间接的方式回购股票，从而巩固既有的控制权。另外，股票回购使流通在外的股份数变少，股价上升，从而可以有效地防止敌意收购。

3）股票回购的影响

股票回购对上市企业的影响，主要表现在以下几个方面：

（1）股票回购需要大量资金支付回购成本，容易造成资金紧张，降低资产流动性，影响企业的后续发展。

（2）股票回购无异于股东退股和企业资本的减少，可能会使企业的发起人股东更注重创业利润的实现，从而不仅在一定程度上削弱了债权人利益的保护，而且忽视了企业的长远发展，损害了企业的根本利益。

（3）股票回购容易导致企业操纵股价。企业回购自己的股票容易导致其利用内幕消息进行炒作，加剧企业行为的非规范化，损害投资者的利益。

五、股权激励

随着资本市场的发展和企业治理的完善，企业股权日益分散化，管理技术日益复杂化。为了合理激励企业管理人员，创新激励方式，一些企业纷纷推行了股票期权等形式的股权激励机制。股权激励是一种通过经营者获得企业股权形式给予企业经营者一定的经济权利，使他们能够以股东的身份参与企业决策、分享利润、承担风险，从而勤勉尽责地为企业的长期发展服务的一种激励方法。现阶段，股权激励模式主要有股票期权模式、限制性股票模式、股票增值权模式、业绩股票模式和虚拟股票模式等。下面主要介绍前四种。

1. 股票期权模式

股票期权是指股份企业赋予激励对象（如经理人员）在未来某一特定日期内以预先确定的价格和条件购买企业一定数量股份的选择权。拥有这种权利的经理人可以按照特定价格购买企业一定数量的股票，也可以放弃购买股票的权利，但股票期权本身不可转让。

股票期权实质上是企业给予激励对象的一种激励报酬，但能否取得该报酬，则取决于以经理人为首的相关人员是否通过努力实现企业目标。在行权期内，如果股价高于行权价格，激励对象可以通过行权获得市场价与行权价格差带来的收益，否则，将放弃行权。《上市公司股权激励管理办法》对股票期权行权的规定为股票期权授权日与获授股票期权首次可以行权日之间的间隔不得少于1年。股票期权的有效期从授权日计算不得超过10年。

股票期权模式的优点在于能够降低委托-代理成本，将经营者的报酬与企业的长期利益绑在一起，实现经营者与企业所有者利益的高度一致，使二者的利益紧密联系起来，并且有利于降低激励成本。另外，可以锁定期权人的风险。由于期权人事先没有支付成本或支付成本较低，如果行权时企业股票价格下跌，期权人可以放弃，几乎没有损失。

股票期权激励模式存在以下缺点：

（1）影响现有股东的权益。激励对象行权将会分散股权，改变企业的总资本和股本结构，会影响到现有股东的权益，可能导致产权和经济纠纷。

（2）可能遭遇来自股票市场的风险。由于股票市场受较多不可控因素的影响，导致股票市场的价格具有不确定性，持续的牛市会产生"收入差距过大"的问题；当期权人行权但尚未售出购入的股票时，如果股价下跌至行权价以下，期权人又将同时承担行权后纳税和股票跌破行权价的双重损失的风险。

（3）可能带来经营者的短期行为。由于股票期权的收益取决于行权之日市场上的股票价格高于行权价格的差额，因而可能促使企业的经营者片面追求股价提升的短期行为，而放弃有利于企业发展的重要投资机会。

股票期权模式比较适合那些初始资本投入较少，资本增值较快，处于成长初期或扩张期的企业，如网络、高科技等风险较高的企业等。

2. 限制性股票模式

限制性股票是指企业为了实现某一特定目标，先将一定数量的股票赠与或以较低价格售予激励对象，只有当实现预定目标后，激励对象才可将限制性股票抛售并从中获利；若预定目标没有实现，企业有权将免费赠与的限制性股票收回或者将售出股票以激励对象购买时的价格回购。

由于只有达到限制性股票所规定的限制性期限时，持有人才能拥有实在的股票，因此在限制期间企业不需要支付现金对价，便能够留住人才。但限制性股票缺乏一个能推动企业股价上涨的激励机制，即在企业股价下跌的时候，激励对象仍能获得股份，这样可能达不到激励的效果，并使股东遭受损失。

对于处于成熟期的企业，由于其股价的上涨空间有限，因此采用限制性股票模式较为合适。

3. 股票增值权模式

股票增值权模式是指企业授予经营者一种权利，如果经营者努力经营企业，在规定的期限内，企业股票价格上升或业绩上升，经营者就可以按一定比例获得由股价上扬或业绩提升所带来的收益。收益为行权价与行权日二级市场股价之间的差价或净资产的增值。激励对象不用为行权支付现金，行权后由企业支付现金、股票或股票和现金的组合。

股票增值权模式比较易于操作，股票增值权持有人在行权时，直接兑现股票升值部分。这种模式审批程序简单，无需解决股票来源问题。但由于激励对象不能获得真正意义上的股票，激励的效果相对较差；同时，企业方面需要提取奖金基金，从而使企业的现金支付压力较大。因此，股票增值权模式较适合现金流量比较充裕且比较稳定的上市企业和现金流量比较充裕的非上市企业。

4. 业绩股票模式

业绩股票模式指企业在年初确定一个合理的年度业绩目标，如果激励对象经过努力后，在年末实现了企业预定的年度业绩目标，则企业给予激励对象一定数量的股票，或奖励其一定数量的奖金来购买本企业的股票。业绩股票在锁定一定年限后才可以兑现。因此，这种激励模式是根据被激励者完成业绩目标的情况，以普通股作为长期激励形式支付给经营者的激励机制。

业绩股票模式能够激励企业高管人员努力完成业绩目标，激励对象获得激励股票后便成为企业的股东，与原股东有了共同利益，会更加努力地提升企业业绩，进而获得因企业股价上涨带来的更多收益。但由于企业的业绩目标确定的科学性很难保证，容易导致企业高管人员为获得业绩股票而弄虚作假。同时，该激励模式的激励成本较高，可能造成企业支付现金的压力。

业绩股票模式只对企业的业绩目标进行考核，不要求股价的上涨，因此比较适合业绩稳定型的上市企业及其集团公司、子公司。

知 识 小 结

财务管理中的利润分配，主要指企业的净利润分配，其实质就是确定给投资者分红与企业留用利润的比例。为了正确处理企业与各方面的财务关系，企业利润分配必须遵循依法分配原则、分配与积累并重原则、兼顾职工利益原则和投资与收益对等原则。根据我国《公司法》等有关规定，非股份制企业当年实现的利润总额应按国家有关税法的规定作相应的调整，然后依法交纳所得税。交纳所得税后的净利润按下列顺序进行分配：① 弥补以前年度的亏损；② 提取法定盈余公积金；③ 提取任意盈余公积金；④ 向投资者分配利润。股份制企业的利润分配程序：① 弥补以前年度亏损；② 提取法定盈余公积金；③ 支付优先股股息；④ 提取任意盈余公积金；⑤ 支付普通股股利。

实 践 演 练

一、单项选择题

1. 利润分配应遵循的原则中(　　)是正确处理投资者利益关系的关键。

A. 依法分配原则　　　　　　　　　　B. 兼顾职工利益原则

C. 分配与积累并重原则　　　　　　　D. 投资与收益对等原则

2. 下列在确定公司利润分配政策时应考虑的因素中，不属于股东因素的是(　　)。

A. 规避风险　　　　　　　　　　　　B. 稳定股利收入

C. 防止公司控制权旁落　　　　　　　D. 公司未来的投资机会

3. (　　)的依据是股利无关论。

A. 剩余股利政策　　　　　　　　　　B. 固定股利政策

C. 固定股利支付率政策　　　　　　　D. 低正常股利加额外股利政策

4. (　　)认为用留存收益再投资带给投资者的收益具有很大的不确定性，并且投资风险随着时间的推移将进一步增大，所以投资者更喜欢现金股利。

A. "手中鸟"理论　　　　　　　　　　B. 信号传递理论

C. 代理理论　　　　　　　　　　　　D. 股利无关论

5. 剩余股利政策的优点是(　　)。

A. 有利于树立良好的形象　　　　　　B. 有利于投资者安排收入和支出

C. 有利于企业价值的长期最大化　　　D. 体现投资风险与收益的对等

6. 某公司 2×18 年度净利润为 4 000 万元，预计 2×19 年投资所需的资金为 2 000 万元，假设目标资金结构是负债资金占 60%，公司按照 15% 的比例计提盈余公积金，企业采用剩余股利政策发放股利，则 2×18 年度公司可向投资者支付的股利为(　　)万元。

A. 2 600　　　　　　　　B. 3 200　　　　　　　　C. 2 800　　　　　　　　D. 2 200

7.（　　）适用于经营比较稳定或正处于成长期、信誉一般的公司。

A. 剩余股利政策　　　　　　　　　　　　B. 固定或稳定增长的股利政策

C. 固定股利支付率政策　　　　　　　　　D. 低正常股利加额外股利政策

8.（　　）既可以在一定程度上维持股利的稳定性，又有利于企业的资本结构达到目标资本结构，使灵活性与稳定性较好地结合。

A. 剩余股利政策　　　　　　　　　　　　B. 固定或稳定增长的股利政策

C. 固定股利支付率政策　　　　　　　　　D. 低正常股利加额外股利政策

9. 上市公司发放现金股利的原因不包括（　　）。

A. 投资者偏好　　　　　　　　　　　　　B. 减少代理成本

C. 传递公司的未来信息　　　　　　　　　D. 减少公司所得税负担

10.（　　）是领取股利的权利与股票相互分离的日期。

A. 股利宣告日　　B. 股权登记日　　C. 除息日　　　　D. 股利支付日

11. 股票股利与股票分割影响的区别在于（　　）。

A. 股东的持股比例是否变化　　　　　　　B. 所有者权益总额是否变化

C. 所有者权益结构是否变化　　　　　　　D. 股东所持股票的市场价值总额是否变化

12. 股票回购的方式不包括（　　）。

A. 向股东标购　　　　　　　　　　　　　B. 用普通股换回债券

C. 与少数大股东协商购买　　　　　　　　D. 在市场上直接购买

13. 股票回购的负面效应不包括（　　）。

A. 造成资金短缺　　　　　　　　　　　　B. 发起人忽视企业的长远发展

C. 导致内部操纵股价　　　　　　　　　　D. 降低企业股票价值

14. 某公司现有发行在外的普通股 200 万股，每股面值 1 元，资本公积 300 万元，未分配利润 800 万元，股票市价 10 元，若按 10% 的比例发放股票股利并按市价折算，公司报表中资本公积的数额将会增加（　　）万元。

A. 180　　　　　　　　B. 280　　　　　　　　C. 480　　　　　　　　D. 300

二、多项选择题

1. 在确定利润分配政策时须考虑股东因素，其中主张限制股利的是（　　）。

A. 稳定收入考虑　　B. 避税考虑　　　C. 控制权考虑　　　D. 规避风险考虑

2. 影响利润分配的其他因素主要包括（　　）。

A. 控制权　　　　　　　　　　　　　　　B. 超额累积利润约束

C. 债务合同限制　　　　　　　　　　　　D. 通货膨胀限制

3. 公司以支付现金股利的方式向市场传递信息，通常也要付出较为高昂的代价，这些代价包括（　　）。

A. 较高的所得税负担

B. 重返资本市场后承担必不可少的交易成本

C. 摊薄每股收益

D. 产生机会成本

4. 尽管以派现方式向市场传递利好信号需要付出很高的成本，但仍然有很多公司选择派现作为股利支付的主要方式，其原因主要有（　　　）。

A. 声誉激励理论　　　　　　　　　　B. 逆向选择理论

C. 交易成本理论　　　　　　　　　　D. 制度约束理论

5. 股利无关论是建立在"完美且完全的资本市场"的假设条件之上的，这一假设包括（　　　）。

A. 完善的竞争假设　　　　　　　　　B. 信息完备假设

C. 存在交易成本假设　　　　　　　　D. 理性投资者假设

6. 固定股利支付率政策的优点包括（　　　）。

A. 使股利与企业盈余紧密结合　　　　B. 体现投资风险与收益的对等

C. 有利于稳定股票价格　　　　　　　D. 缺乏财务弹性

7. 企业选择股利政策类型时通常需要考虑的因素包括（　　　）。

A. 企业所处的成长与发展阶段　　　　B. 股利信号传递功能

C. 目前的投资机会　　　　　　　　　D. 企业的信誉状况

8. 企业确定股利支付水平需要考虑的因素包括（　　　）。

A. 企业所处的成长与发展阶段　　　　B. 企业的控制权结构

C. 顾客效应　　　　　　　　　　　　D. 通货膨胀因素

9. 关于股票股利的说法正确的是（　　　）。

A. 发放股票股利便于今后配股融通更多的资金和刺激股价

B. 发放股票股利不会引起所有者权益总额的变化

C. 发放股票股利会引起所有者权益内部结构的变化

D. 发放股票股利没有改变股东的持股比例，但是改变了股东所持股票的市场价值总额

10. 股票回购的动机包括（　　　）。

A. 改善企业资金结构　　　　　　　　B. 满足认股权的行使

C. 分配超额现金　　　　　　　　　　D. 清除小股东

11. 影响股票回购的因素包括（　　　）。

A. 税收因素　　　　　　　　　　　　B. 投资者对股票回购的反应

C. 对股票市场价值的影响　　　　　　D. 对公司信用等级的影响

三、判断题

1. 资本积累约束要求企业发放的股利或投资分红不得来源于原始投资（或股本），而只能来源于企业当期利润或留存收益。（　　　）

2. 处于成长期的公司多采取多分少留的政策，而陷入经营收缩的公司多采取少分多留的政策。（　　　）

3. 股利分配的信号传递理论认为股利政策是协调股东与管理者之间代理关系的一种约束机制。（　　　）

4. 股份有限公司利润分配的顺序是：提取法定公积金、提取法定公益金、提取任意公积金、弥补以前年度亏损、向投资者分配利润或股利。（　　　）

5. 法定公积金按照本年实现净利润的10%提取，法定公积金达到注册资本的50%时，可不再提取。（　　　）

6. 只要企业有足够的现金就可以支付现金股利。（　　　）

7. 通常在除息日之前进行交易的股票，其价格高于在除息日后进行交易的股票价格。

（　　）

8. 股票分割可能会增加股东的现金股利，使股东感到满意。（　　）

9. 出于稳定收入考虑，股东最不赞成固定股利支付率政策。（　　）

10. 在公司的高速发展阶段，公司往往需要大量的资金，此时适合采用剩余股利政策。

（　　）

四、案例分析

1. 案例情境：某公司 2×17 年度的税后利润为 1 000 万元，该年分配股利 500 万元，2×19 年拟投资 1 000 万元引进一条生产线以扩大生产能力，该公司目标资本结构为自有资金占 80%，借入资金占 20%。该公司 2×18 年度的税后利润为 1 200 万元。

实践要求：

（1）如果该公司执行的是固定股利政策，并保持资金结构不变，则 2×19 年度该公司为引进生产线需要从外部筹集多少自有资金？

（2）如果该公司执行的是固定股利支付率政策，并保持资金结构不变，则 2×19 年度该公司为引进生产线需要从外部筹集多少自有资金？

（3）如果该公司执行的是剩余股利政策，则 2×18 年度公司可以发放多少现金股利？

2. 案例情境：正保公司年终进行利润分配前的股东权益情况如表 9-6 所示。

表 9-6　利润分配前的股东权益情况　　　　　　　　　　单位：万元

项　目	金　额
股本（面值 3 元，已发行 100 万股）	300
资本公积	300
未分配利润	600
股东权益合计	1 200

实践要求（假设以下两个问题互不关联）：

（1）如果公司宣布发放 10% 的股票股利，假设当时该股票市价为 5 元，股票股利的金额按照当时的市价计算，并按发放股票股利后的股数发放现金股利每股 0.1 元，计算发放股利后的股东权益各项目的数额；

（2）如果按照 1 股换 3 股的比例进行股票分割，计算进行股票分割后股东权益各项目的数额。

学习情景十 财务分析

案例导入

某公司是以养殖、旅游和饮料为主的上市公司。1996年，该公司作为农业部首家推荐上市的企业，在不到5年的时间里，总资产规模从上市前的2.66亿元发展到2000年末的28.38亿元，增长了近10倍。该公司的财务报表显示，其业绩持续高速增长，历年年报的业绩都在0.60元/股以上，最高时更是达到1.15元/股。即使在1998年遭遇了特大洪灾后，其每股盈利也达到了0.81元，该公司创造了连续5年的"业绩神话"。然而，一份600字的财务分析报告却让这家曾经连续5年创造"业绩神话"的绩优上市公司神话破灭，并最终垮台。

2001年10月8日，该公司发布公告，称"公司接受中国证监会对本公司有关事项进行的调查"，这引起了研究员刘某的注意。她采用国际通行的财务分析方法，对该公司公开的财务报告和其他相关数据从偿债能力、销售收入、现金流量、资产结构等方面进行分析，结果令人震惊。2000年，该公司的流动比率已经下降到0.77，速动比率下降到0.35，净营运资金下降到−1.27亿元。这三个主要财务指标说明该公司的短期偿债能力很弱，至少会有1.27亿元的短期流动负债不能按时偿还。该公司已经失去了创造现金流量的能力，完全是在依靠银行的贷款维持生存——它是一个空壳！

2001年10月26日刘某发表了600多字的研究推理短文。从这一天起，该公司神话破灭的序幕徐徐拉开。

2002年1月21日、22日及23日上午，该公司被强制停牌，23日下午全线跌停。

2003年5月22日，上海证券交易所向该公司发出了终止上市的通知，该公司跌跌撞撞的复市之路至此走到了尽头。该公司神话彻底破灭。

2003年12月31日，该公司主要高级管理人员因提供虚假财务报告、虚假注册资金等罪名，被湖北省高级人民法院终审判处有期徒刑一年半至三年不等。

学习任务：如何判断企业真正的财务状况？如何进行财务分析？

学习目标：通过学习本章，要求掌握财务分析的方法，掌握偿债能力、营运能力、盈利能力分析的内容；掌握杜邦财务分析体系；理解财务分析的概念和作用；理解现金流量分析的内容；了解沃尔比重分析法。

任务1 财务分析概述

一、财务分析的概念及作用

财务分析又称财务报表分析，财务报表是企业财务状况和经营成果的信息载体，但财务报表所列示的各类项目的金额，如果孤立地看，并无多大意义，必须与其他数据相比较，才能成为有用的信息。这种参照一定标准将财务报表的各项数据与有关数据进行比较、评价就是企业财务分析。具体地说，财务分析就是以财务报表和其他资料为依据和起点，采用专门方法，系统分析和评价企业的财务状况、经营成果和现金流量状况的过程。其目的是评价过去的经营业绩，衡量现在的财务状况，预测未来的发展趋势。

财务分析既是财务预测的前提，也是过去经营活动的总结，具有承上启下的作用。

（1）财务分析是评价财务状况及经营业绩的重要依据。

通过财务分析，可以了解企业偿债能力、营运能力、盈利能力和现金流量状况，合理评价经营者的经营业绩，以奖优罚劣，促进管理水平的提高。

（2）财务分析是实现理财目标的重要手段。

企业理财的根本目标是实现企业价值最大化。通过财务分析，不断挖掘潜力，从各方面揭露矛盾，找出差距，充分认识未被利用的人力、物力资源，寻找利用不当的原因，促进企业经营活动按照企业价值最大化目标运行。

（3）财务分析是实施正确投资决策的重要步骤。

投资者通过财务分析，可了解企业获利能力、偿债能力，从而进一步预测投资后的收益水平和风险程度，以做出正确的投资决策。

二、财务分析的内容

财务分析的内容主要包括以下四个方面。

（1）偿债能力分析。偿债能力是指企业如期偿付债务的能力，它包括短期偿债能力和长期偿债能力。由于短期债务是企业日常经营活动中弥补营运资金不足的一个重要来源，通过分析短期偿债能力有助于判断企业短期资金的营运能力以及营运资金的周转状况。通过对长期偿债能力的分析，不仅可以判断企业的经营状况，还可以促使企业提高融通资金的能力，因为长期负债是企业资本化资金的重要组成部分，也是企业的重要融资途径。而从债权人的角度看，通过偿债能力分析，有助于了解其贷款的安全性，以保其债务本息能够及时、足额地得以偿还。

（2）营运能力分析。营运能力分析主要是对企业所运用的资产进行全面分析。分析企业各项资产的使用效果、资金周转的快慢以及挖掘资金的潜力，提高资金的使用效果。

（3）盈利能力分析。盈利能力分析主要通过将资产、负债、所有者权益与经营成果相结合来分析企业的各项报酬率指标，进而从不同角度判断企业的盈利能力。

（4）现金流量分析。现金流量分析主要通过现金流量的结构分析、流动性分析、获取现金能力分析、财务弹性分析、收益质量分析等五个方面来分析评价企业资金的来龙去脉、投融资能力和财务弹性。

以上四个财务分析指标相辅相成，共同构成企业财务分析的基本内容。其中，偿债能力是财务目标实现的稳健保证，营运能力与现金流量是财务目标实现的物质基础，盈利能力是其他三者共同作用的结果，同时也对其他三者的增强起着推动作用。

任务 2 财务分析的方法

财务分析方法多种多样，但常用的有以下三种方法：比率分析法、因素分析法和趋势分析法。

一、比率分析法

比率分析法是把两个相互联系的项目加以对比，计算出比率，以确定经济活动变动情况的分析方法。比率指标主要有以下三类。

1. 效率比率

效率比率是反映经济活动中投入与产出、所费与所得的比率，以考察经营成果，评价经济效益的指标。如成本利润率、销售利润率及资本利润率等指标。

2. 结构比率

结构比率又称构成比率，是某项经济指标的某个组成部分与总体的比率，反映部分与总体的关系。其计算公式为

$$结构比率 = \frac{某个组成部分}{总体数额} \tag{10-1}$$

利用结构比率可以考察总体中某部分形成与安排的合理性，以协调各项财务活动。

3. 相关比率

相关比率是将两个不同但又有一定关联的项目加以对比得出的比率，以反映经济活动的各种相互关系。实际上财务分析的许多指标都是相关比率，如流动比率、资金周转率等。

比率分析法的优点是计算简便，计算结果容易判断分析，而且可以使某些指标在不同规模企业间进行比较。但要注意以下几点：

（1）对比项目的相关性。计算比率的分子和分母必须具有相关性，否则就不具有可比性。结构比率指标必须是部分与总体的关系；效率比率指标要具有某种投入产出关系；相关比率指标分子、分母也要有某种内在联系，否则比较就毫无意义。

（2）对比口径的一致性。计算比率的子项和母项在计算时间、范围等方面要保持口径一致。

（3）衡量标准的科学性。要选择科学合理的参照标准与之对比，以便对财务状况做出恰当评价。

二、因素分析法

一个经济指标往往是由多种因素组成的。它们各自对某一个经济指标都有不同程度的影响。只有将这一综合性的指标分解成各个构成因素，才能从数量上把握每一个因素的影响程度，给工作指明方向，这种通过逐步分解来确定几个相互联系的因素对某一综合性指标的影响程度的分析方法叫因素分析法或连环替代法。

例如，某项财务指标 P 由 A、B、C 三大因素的乘积构成，其实际指标与标准指标以及有关因素关系由下式构成：

实际指标：$P_a = A_a \times B_a \times C_a$

计划指标：$P_s = A_s \times B_s \times C_s$

实际与计划的总差异为 $P_a - P_s$，总差异同时受到 A、B、C 三个因素的影响。它们各自的变动对指标总差异的影响程度可分别由下式计算求得：

A 因素变动影响：$(A_a - A_s) \times B_s \times C_s$

B 因素变动影响：$A_a \times (B_a - B_s) \times C_s$

C 因素变动影响：$A_a \times B_a \times (C_a - C_s)$

将以上三因素的影响数相加应该等于总差异 $P_a - P_s$。

【例 10-1】某企业甲产品的材料成本见表 10-1，运用因素分析法分析各因素变动对材料成本的影响程度。

表 10-1　材料成本资料表

项　目	计量单位	计划数	实际数
产品产量	件	320	360
单位产品材料消耗量	kg/件	28	24
材料单价	元/kg	16	20
材料总成本	元	143 360	172 800

根据以上资料分析如下：

材料成本＝产量×单位产品材料消耗量×材料单价

材料成本总差异＝172 800－143 360＝29 440(元)

产量变动对材料成本的影响值：

$(360-320) \times 28 \times 16 = 17\ 920$(元)

单位产品材料消耗量变动对材料成本的影响值：

$360 \times (24-28) \times 16 = -23\ 040$(元)

材料单价变动对材料成本的影响值：$360 \times 24 \times (20-16) = 34\ 560$(元)

将以上三因素的影响值相加：$17\ 920 + (-23\ 040) + 34\ 560 = 29\ 440$(元)

因素分析法既可以全面分析各因素对某一经济指标的影响，又可以单独分析某个因素对某一经济指标的影响，在财务分析中应用颇为广泛，但应用因素分析法须注意以下几个问题：

(1) 因素分解的关联性。即构成经济指标的各因素确实是形成该项指标差异的内在构成原因，它们之间存在着客观的因果关系。

(2) 因素替代的顺序性。替代因素时，必须按照各因素的依存关系，排列成一定顺序依次替代，不可随意加以颠倒，否则各个因素的影响值就会得出不同的计算结果。在实际工作中，往往是先替代数量因素，后替代质量因素；先替代实物量、劳动量因素，后替代价值量因素；先替代原始的、主要的因素，后替代派生的、次要的因素；在有除号的关系式中，先替代分子，后替代分母。

（3）顺序替代的连环性。计算每个因素变动的影响数值时，都是在前一次计算的基础上进行的，并采用连环比较的方法确定因素变化影响结果。只有保持这种连环性，才能使各因素影响之和等于分析指标变动的总差异。

（4）计算结果的假定性。由于因素分析法计算各个因素变动的影响值会因替代计算顺序的不同而有差别，因而，计算结果具有一定顺序上的假定性和近似性。

三、趋势分析法

趋势分析法是将两期或连续数期财务报告中相同指标进行对比，确定其增减变动的方向、数额和幅度，以说明企业财务状况及经营成果变动趋势的一种方法。趋势分析法主要有三种比较方式。

1. 重要财务指标的比较

这种方法是将不同时期财务报告中相同的重要指标或比率进行比较，直接观察其增减变动幅度及发展趋势。它又分两种比率：

（1）定基动态比率。它是将分析期数额与某一固定基期数额对比计算的比率。其计算公式为

$$定基动态比率 = \frac{分析期指标}{固定基期指标}$$

（2）环比动态比率。它是将每一分析期数额与前一期同一指标进行对比计算得出的动态比率。其计算公式为

$$环比动态比率 = \frac{分析期数额}{分析前期指标} \qquad (10-2)$$

2. 会计报表的比较

这种方法是将连续数期的会计报表有关数字并行排列，比较相同指标的增减变动金额及幅度，以此来说明企业财务状况和经营成果的发展变化。一般可以通过编制比较资产负债表，比较损益表及比较现金流量表来进行，计算出各有关项目增减变动的金额及变动百分比。

3. 会计报表项目构成的比较

这种方法是以会计报表中某个总体指标作为100%，再计算出报表各构成项目占该总体指标的百分比，依次来比较各个项目百分比的增减变动，以及判断有关财务活动的变化趋势。这种方法既可用于同一企业不同时期财务状况的纵向比较，又可用于不同企业间的横向比较，并且还可以消除不同时期（不同企业）间业务规模差异的影响，有助于正确分析企业财务状况及发展趋势。

采用趋势分析法时，应注意以下几个问题：

（1）用于对比的各项指标的计算口径要一致。

（2）剔除偶然性因素的影响，使分析数据能反映正常的经营及财务状况。

（3）对有显著变动的指标要作重点分析。

任务3　财务指标分析

前已述及，财务指标分析的内容包括偿债能力分析、营运能力分析、盈利能力分析和现金流量分析四个方面，以下将分别加以介绍。

一、偿债能力分析

偿债能力是指企业用其资产偿还短期债务和长期债务的能力。偿债能力差不仅说明企业资金紧张，难以支付日常经营支出，而且说明企业资金周转不灵，难以偿还到期债务，甚至面临破产危险。偿债能力分析包括短期偿债能力分析和长期偿债能力分析。

1. 短期偿债能力分析

企业短期债务一般要用流动资产来偿付，短期偿债能力是指企业流动资产对流动负债及时足额偿还的保证程度，是衡量流动资产变现能力的重要标志。企业短期偿债能力的衡量指标主要有流动比率、速动比率和现金比率。

1）流动比率

流动比率是企业流动资产与流动负债之比。其计算公式为

$$流动比率＝\frac{流动资产}{流动负债} \tag{10-3}$$

一般认为，生产企业合理的最低流动比率是2。这是因为流动资产中变现能力最差的存货金额约占流动资产总额的一半，剩下的流动性较大的流动资产至少要等于流动负债，企业短期偿债能力才会有保证。长期以来的这种认识因其未能从理论上证明，还不能成为一个统一标准。

运用流动比率进行分析时，要注意以下几个问题：

（1）流动比率高，一般认为偿债保证程度较强，但并不一定有足够的现金或银行存款偿债，因为流动资产除了货币资金以外，还有应收账款、存货等项目，有可能出现虽说流动比率高，但真正用来偿债的现金和存款却严重短缺的现象，所以分析流动比率时，还需进一步分析流动资产的构成项目。

（2）计算出来的流动比率，只有和同行业平均流动比率、本企业历史流动比率进行比较，才能知道这个比率是高还是低。这种比较通常并不能说明流动比率为什么这么高或低，要找出过高或过低的原因还必须分析流动资产和流动负债所包括的内容以及经营上的因素。一般情况下，营业周期、流动资产中的应收账款和存货的周转速度是影响流动比率的主要因素。

【例10-2】为便于说明，本章各项财务比率的计算，将主要采用龙腾公司作为例子，该公司的资产负债表、利润表如表10-2、表10-3所示。

表 10－2 资产负债表

编制单位：龙腾公司　　　　　　　　2×18 年 12 月 31 日　　　　　　　　单位：万元

资　　产	年初数	年末数	负债及所有者权益	年初数	年末数
流动资产：			流动负债：		
货币资金	125	250	短期借款	225	300
以公允价值计量且其变动计入当期损益的金融资产	60	30	以公允价值计量且其变动计入当期损益的金融负债	5	10
应收票据	55	40	应付票据	20	25
应收账款	995	1 990	应付账款	545	500
预付账款	20	60	预收账款	20	50
应收利息	30	120	应付职工薪酬	80	60
应收股利	25	80	应交税费	20	25
其他应收款	110	110	应付利息	50	140
存货	1 630	595	应付股利	25	45
一年内到期的非流动资产	0	225	其他应付款	60	35
			持有待售负债	25	45
			一年内到期的长期负债	0	250
流动资产合计	3 050	3 500	其他流动负债	25	15
非流动性资产：			流动负债合计	1 100	1 500
可供出售金融资产	225	150	非流动负债：		
持有至到期投资	100	100	长期借款	825	1 525
长期应收款	1 255	1 590	应付债券	1 300	1 200
长期股权投资	200	230	长期应付款	200	330
投资性房地产	800	930	预计负债	60	110
固定资产	1 960	2 780	递延所得税负债	140	285
工程物资	320	370	其他非流动负债	375	350
在建工程	175	90	非流动负债合计	2 900	3 800
固定资产清理	60	0	负债合计	4 000	5 300
生产性生物资产	80	110			
油气资产	0	0			
无形资产	70	25	所有者权益：		
开发支出	40	30	实收资本	3 000	3 000
长期待摊费用	0	0	资本公积	50	80
递延所得税资产	45	60	盈余公积	200	370
其他非流动资产	20	35	未分配利润	1 150	1 250
非流动资产合计	5 350	6 500	所有者权益合计	4 400	4 700
资产总计	8 400	10 000	负债及所有者权益总计	8 400	10 000

表 10-3 利 润 表

编制单位：龙腾公司　　　　　　　　2×18年度　　　　　　　　单位：万元

项　目	上年实际	本年累计
一、营业收入	14 250	15 000
减：营业成本	12 515	13 220
税金及附加	140	140
销售费用	180	100
管理费用	100	110
财务费用	200	230
资产减值损失	140	180
加：公允价值变动收益（损失以"—"填列）	20	10
投资收益（损失以"—"填列）	120	20
二、营业利润（亏损以"—"填列）	1 115	1 050
加：营业外收入	85	50
减：营业外支出	25	100
三、利润总额	1 175	1 000
减：所得税费用	375	320
四、净利润	800	680

根据表 10-2 资料，龙腾公司 2×18 年年初与年末的流动资产分别为 3 050 万元、3 500 万元，流动负债分别为 1 100 万元、1 500 万元，则该公司流动比率为

$$年初流动比率 = \frac{3\ 050}{1\ 100} = 2.77$$

$$年末流动比率 = \frac{3\ 500}{1\ 500} = 2.33$$

龙腾公司年初年末流动比率均大于 2，说明该公司具有较强的短期偿债能力。

流动比率虽然可以用来评价流动资产总体的变现能力，但流动资产中包含像存货这类变现能力较差的资产，如能将其剔除，其所反映的短期偿债能力更加令人可信，这个指标就是速动比率。

2）速动比率

速动比率是企业速动资产与流动负债之比，速动资产是指流动资产减去变现能力较差且不稳定的预付账款、存货、一年内到期的非流动资产等后的余额。由于剔除了存货等变现能力较差的资产，速动比率比流动比率能更准确、可靠地评价企业资产的流动性及偿还短期债务的能力。其计算为

$$速动比率 = \frac{速动资产}{流动负债} \qquad (10-4)$$

一般认为速动比率为 1 较合适，速动比率过低，企业面临偿债风险；但速动比率过高，会因占用现金及应收账款过多而增加企业的机会成本。

根据表 10-2 资料，龙腾公司 2×18 年的年初速动资产为 1 400 万元(3 050－20－1 630)，年末速动资产为 2 620 万元(3 500－60－595－225)。龙腾公司的速动比率为

$$年初速动比率=\frac{1\ 400}{1\ 100}=1.27$$

$$年末速动比率=\frac{2\ 620}{1\ 500}=1.75$$

龙腾公司 2×18 年年初年末的速动比率都比一般公认标准高，一般认为其短期偿债能力较强，但进一步分析可以发现，在龙腾公司的速动资产中应收账款比重很高(分别约占 71%和 76%)，而应收账款不一定能按时收回，所以还必须计算分析第三个重要比率——现金比率。

3) 现金比率

现金比率是企业现金类资产与流动负债的比率。现金类资产包括企业所拥有的货币资金和持有的有价证券(即资产负债表中的短期投资)。它是速动资产扣除应收账款后的余额。速动资产扣除应收账款后计算出来的金额，最能反映企业直接偿付流动负债的能力。现金比率一般认为 20%以上为好。但这一比率过高，就意味着企业流动负债未能得到合理运用，而现金类资产获利能力低，同时这类资产金额太高会导致企业机会成本增加。现金比率计算公式为

$$现金比率=\frac{现金＋有价证券}{流动负债} \tag{10-5}$$

根据表 10-2 资料，龙腾公司的现金比率为

$$年初现金比率=\frac{125＋60}{1\ 100}=0.17$$

$$年末现金比率=\frac{250＋30}{1\ 500}=0.19$$

龙腾公司虽然流动比率和速动比率都较高，但是现金比率偏低，说明该公司短期偿债能力还是有一定风险，应缩短收账期，加大应收账款催账力度，以加速应收账款资金的周转。

2. 长期偿债能力分析

长期偿债能力是指企业偿还长期负债的能力。其分析指标主要有三项：资产负债率、产权比率和利息保障倍数。

1) 资产负债率

资产负债率是企业负债总额与资产总额之比。其计算公式为

$$资产负债率=\frac{负债总额}{资产总额}×100\% \tag{10-6}$$

资产负债率反映债权人所提供的资金占全部资金的比重，以及企业资产对债权人权益的保障程度。这一比率越低(50%以下)，表明企业的偿债能力越强。

事实上，对这一比率的分析，从债权人的立场看，债务比率越低越好，企业偿债有保证，贷款不会有太大风险；从股东的立场看，在全部资本利润率高于借款利息率时，负债比率越大越好，因为股东所得到的利润就会加大；从财务管理的角度看，在进行借入资本决策时，企业应当审时度势，全面考虑，充分估计预期的利润和增加的风险，权衡利害得

失，作出正确的分析和决策。

根据表 10-2 资料，龙腾公司的资产负债率为

$$年初资产负债率=\frac{1\ 100+2\ 900}{8\ 400}\times100\%=47.62\%$$

$$年末资产负债率=\frac{1\ 500+3\ 800}{10\ 000}\times100\%=53\%$$

龙腾公司年初资产负债率为 47.62%，低于 50%，而年末资产负债率为 53%，虽然偏高，但在合理的范围内，说明龙腾公司有一定的偿债能力和负债经营能力。

但是，并非企业所有的资产都可以作为偿债的物质保证。长期待摊费用、递延资产等不仅在清算状态下难以作为偿债的保证，即便在持续经营期间，上述资产的摊销价值也需要依靠存货等资产的价值才能得以补偿和收回，其本身并无直接的变现能力，相反，还会削弱其他资产的变现能力，无形资产能否用于偿债，也存在极大的不确定性。有形资产负债率相对于资产负债率而言更稳健。

$$有形资产负债率=\frac{负债总额}{有形资产总额}\times100\% \tag{10-7}$$

式中：有形资产总额=资产总额-（无形资产+开发支出+递延资产+待摊费用）

根据表 10-2 资料，龙腾公司的有形资产负债率为

$$年初有形资产负债率=\frac{4\ 000}{8\ 400-(70+40+45)}\times100\%=\frac{4\ 000}{8\ 245}\times100\%=48.5\%$$

$$年末有形资产负债率=\frac{5\ 300}{10\ 000-(25+30+60)}\times100\%=\frac{5\ 300}{9\ 885}\times100\%=53.62\%$$

相对于资产负债率来说，有形资产负债率指标将企业偿债安全性的分析建立在更加切实可靠的物质保障基础之上。

2）产权比率

产权比率又称资本负债率，是负债总额与所有者权益之比，它是企业财务结构稳健与否的重要标志。其计算公式为

$$产权比率=\frac{负债总额}{所有者权益}\times100\% \tag{10-8}$$

产权比率不仅反映了由债务人提供的资本与所有者提供的资本的相对关系，而且反映了企业自有资金偿还全部债务的能力，因此它又是衡量企业负债经营是否安全有利的重要指标。一般来说，这一比率越低，表明企业长期偿债能力越强，债权人权益保障程度越高，承担的风险越小，一般认为该比率为 1:1，即 100% 以下时，应该是有偿债能力的，但还应该结合企业的具体情况加以分析。当企业的资产收益率大于负债成本率时，负债经营有利于提高资金收益率，获得额外的利润，这时的产权比率可适当高些。产权比率高，是高风险、高报酬的财务结构；产权比率低，是低风险、低报酬的财务结构。

根据表 10-2 资料，龙腾公司的产权比率为

$$年初产权比率=\frac{1\ 100+2\ 900}{4\ 400}\times100\%=90.91\%$$

$$年末产权比率=\frac{1\ 500+3\ 800}{4\ 700}\times100\%=112.77\%$$

由计算可知，龙腾公司年初的产权比率不是很高，而年末的产权比率偏高，表明年末

该公司举债经营程度偏高，财务结构不很稳定。

产权比率与资产负债率对评价偿债能力的作用基本一致，只是资产负债率侧重于分析债务偿付安全性的物质保障程度，产权比率则侧重于揭示财务结构的稳健程度以及自有资金对偿债风险的承受能力。

与设置有形资产负债率指标的原因相同，对产权比率也可适当调整成为有形净值负债率，其计算公式为

$$有形净值负债率 = \frac{负债总额}{有形净值总额} \times 100\% \qquad (10-9)$$

式中：有形净值总额＝有形资产总额－负债总额

根据表 10-2 资料，龙腾公司有形净值负债率为

$$年初有形净值负债率 = \frac{4\ 000}{8\ 245 - 4\ 000} \times 100\% = 94.22\%$$

$$年末有形净值负债率 = \frac{5\ 300}{9\ 885 - 5\ 300} \times 100\% = 115.59\%$$

有形净值负债率指标实质上是产权比率指标的延伸，能更为谨慎、保守地反映在企业清算时债权人投入的资本对所有者权益的保障程度。

3）利息保障倍数

利息保障倍数是指企业息税前利润与利息费用之比，又称已获利息倍数，用以衡量偿付借款利息的能力。其计算公式为

$$利息保障倍数 = \frac{息税前利润}{利息费用} \qquad (10-10)$$

式中：息税前利润是指利润表中未扣除利息费用和所得税前的利润。利息费用是指本期发生的全部应付利息，不仅包括财务费用中的利息费用，还应包括计入固定资产成本的资本化利息。资本化利息虽然不在利润表中扣除，但仍然是要偿还的。利息保障倍数的重点是衡量企业支付利息的能力，没有足够大的息税前利润，利息的支付就会发生困难。

利息保障倍数不仅反映了企业获利能力的大小，而且反映了获利能力对偿还到期债务的保证程度，它既是企业举债经营的前提依据，也是衡量企业长期偿债能力大小的重要标志。要维持正常偿债能力，利息保障倍数至少应大于1，且比值越高，企业长期偿债能力越强。如果利息保障倍数过低，企业将面临亏损、偿债的安全性与稳定性下降的风险。

根据表 10-3 资料，假定表中财务费用全部为利息费用，资本化利息为 0，则龙腾公司利息保障倍数为

$$上年利息保障倍数 = \frac{1\ 175 + 200}{200} = 6.88$$

$$本年利息保障倍数 = \frac{1\ 000 + 230}{230} = 5.35$$

从以上计算结果看，龙腾公司这两年的利息保障倍数大于1，说明有一定的偿债能力，但还需要与其他企业特别是本行业平均水平进行比较来分析评价。从稳健角度看，还要对该公司连续几年的该项指标进行比较分析评价。

二、营运能力分析

企业的经营活动离不开各项资产的运用，对企业营运能力的分析，实质上就是对各项

资产的周转使用情况进行分析。一般而言，资金周转速度越快，说明企业的资金管理水平越高，资金利用效率越高。企业营运能力分析主要包括：流动资产周转情况分析、固定资产周转率和总资产周转率三个方面。

1. 流动资产周转情况分析

反映流动资产周转情况的指标主要有应收账款周转率、存货周转率和流动资产周转率。

1）应收账款周转率

应收账款在流动资产中有着举足轻重的地位，及时收回应收账款，不仅增强了企业的短期偿债能力，也反映出企业管理应收账款的效率。

应收账款周转率（次数）是指一定时期内应收账款平均收回的次数，是一定时期内商品或产品销售收入净额与应收账款平均余额的比值。其计算公式为

$$应收账款周转率（次数）＝\frac{销售收入净额}{应收账款平均余额} \tag{10-11}$$

式中：销售收入净额＝销售收入－销售折扣与折让

$$应收账款平均余额＝\frac{期初应收账款＋期末应收账款}{2}$$

$$应收账款周转天数＝\frac{计算期天数}{应收账款周转次数}＝计算期天数×\frac{应收账款平均余额}{销售收入净额}$$

公式中的应收账款包括会计报表中应收账款和应收票据等全部赊销账款在内，且其金额应为扣除坏账后的金额。

应收账款周转率反映了企业应收账款周转速度的快慢及企业对应收账款管理效率的高低。在一定时期内周转次数多，周转天数少表明：

（1）企业收账迅速，信用销售管理严格。

（2）应收账款流动性强，从而增强企业短期偿债能力。

（3）可以减少收账费用和坏账损失，相对增加企业流动资产的投资收益。

（4）通过比较应收账款周转天数及企业信用期限，可评价客户的信用程度，调整企业信用政策。

根据表 10-2、表 10-3 资料，龙腾公司 20××年度销售收入净额 15 000 万元，20××年年末应收账款、应收票据净额为 2 030（1 990＋40）万元，年初数为 1 050（995＋55）万元，20××年该公司应收账款周转率指标计算如下：

$$应收账款周转率＝\frac{15\ 000}{（2\ 030＋1\ 050）÷2}＝9.74（次）$$

$$应收账款周转天数＝\frac{360}{9.74}＝37（天）$$

在评价应收账款周转率指标时，应将计算出的指标与该企业前期、行业平均水平或其他类似企业相比较来判断该指标的高低。

2）存货周转率

在流动资产中，存货所占比重较大，存货的流动性将直接影响企业的流动比率。因此，必须特别重视对存货的分析。存货流动性的分析一般通过存货周转率来进行。

存货周转率（次数）是指一定时期内企业销售成本与存货平均资金占用额的比率，是衡量

和评价企业购入存货、投入生产、销售收回等各环节管理效率的综合性指标。其计算公式为

$$存货周转率（次数）＝\frac{销货成本}{存货平均余额} \qquad (10-12)$$

$$存货平均余额＝（期初存货＋期末存货）÷2$$

$$存货周转天数＝\frac{计算期天数}{存货周转次数}＝计算期天数×\frac{存货平均余额}{销货成本}$$

根据表 10-2、表 10-3 资料，龙腾公司 20××年度销售成本为 13 220 万元，期初存货 1 630 万元，期末存货 595 万元，该公司存货周转率指标为

$$存货周转率（次数）＝\frac{13\ 220}{\dfrac{1\ 630＋595}{2}}＝11.88（次）$$

$$存货周转天数＝360÷11.88＝30（天）$$

一般来讲，存货周转速度越快，存货占用水平越低，流动性越强，存货转化为现金或应收账款的速度就越快，这样会增强企业的短期偿债能力及获利能力。通过存货周转速度分析，有利于找出存货管理中存在的问题，尽可能降低资金占用水平。

3）流动资产周转率

流动资产周转率是反映企业流动资产周转速度的指标。流动资产周转率（次数）是一定时期销售收入净额与企业流动资产平均占用额之间的比率。其计算公式为

$$流动资产周转率（次数）＝\frac{销售收入净额}{流动资产平均余额} \qquad (10-13)$$

$$流动资产周转天数＝\frac{计算期天数}{流动资产周转次数}＝计算期天数×\frac{流动资产平均余额}{销售收入净额}$$

式中：$$流动资产平均余额＝\frac{期初流动资产＋期末流动资产}{2}$$

在一定时期内，流动资产周转次数越多，表明以相同的流动资产完成的周转额越多，流动资产利用效果越好。流动资产周转天数越少，表明流动资产在经历生产销售各阶段所占用的时间越短，可相对节约流动资产，增强企业盈利能力。

根据表 10-2、表 10-3 资料，龙腾公司 2×18 年销售收入净额 15 000 万元，2×18 年流动资产期初数为 3 050 万元，期末数为 3 500 万元，则该公司流动资产周转指标计算如下：

$$流动资产周转次数＝\frac{15\ 000}{\dfrac{3\ 050＋3\ 500}{2}}＝4.58（次）$$

$$流动资产周转天数＝\frac{360}{4.58}＝78.6（天）$$

2. 固定资产周转率

固定资产周转率是指企业年销售收入净额与固定资产平均净额的比率。它是反映企业固定资产周转情况，从而衡量固定资产利用效率的一项指标。其计算公式为

$$固定资产周转率＝\frac{销售收入净额}{固定资产平均净值} \qquad (10-14)$$

式中：$$固定资产平均净值＝\frac{期初固定资产净值＋期末固定资产净值}{2}$$

固定资产周转率高，说明企业固定资产投资得当，结构合理，利用效率高；反之，如果固定资产周转率不高，则表明固定资产利用效率不高，提供的生产成果不多，企业的营运能力不强。

根据表 10-2、表 10-3 资料，龙腾公司 2×17 年、2×18 年的销售收入净额分别为 14 250 万元、15 000 万元，2×18 年年初固定资产净值为 1 960 万元，2×18 年年末为 2 780 万元。假设 2×17 年年初固定资产净值为 2 000 万元，则固定资产周转率计算如下：

$$2×17 年固定资产周转率 = \frac{14\ 250}{\dfrac{2\ 000+1\ 960}{2}} = 7.20（次）$$

$$2×18 年固定资产周转率 = \frac{15\ 000}{\dfrac{1\ 960+2\ 780}{2}} = 6.33（次）$$

通过以上计算可知，第二年固定资产周转率为 6.33 次，2×17 年固定资产周转率为 7.20 次，说明 2×18 年周转速度要比上年慢，其主要原因在于固定资产净值增加幅度要大于销售收入净额增长幅度，说明公司营运能力有所减弱，这种减弱幅度是否合理，还要视公司目标及同行业水平的比较而定。

3. 总资产周转率

总资产周转率是企业销售收入净额与企业资产平均总额的比率。计算公式为

$$总资产周转率 = \frac{销售收入净额}{资产平均总额} \qquad (10-15)$$

如果企业各期资产总额比较稳定，波动不大，则：

$$资产平均总额 = \frac{期初资产总额+期末资产总额}{2}$$

如果资金占用的波动性较大，企业应采用更详细的资料进行计算，如按照各月份的资金占用额计算，则：

$$月平均资产总额 = \frac{月初资产总额+月末资产总额}{2}$$

$$季平均占用额 = \frac{1/2 季初+第一月末+第二月末+1/2 季末}{3}$$

$$年平均占用额 = \frac{1/2 年初+第一季末+第二季末+第三季末+1/2 年末}{4}$$

计算总资产周转率时分子、分母在时间上应保持一致。

这一比率用来衡量企业全部资产的使用效率，如果该比率较低，说明企业全部资产营运效率较低，可采用薄利多销或处理多余资产等方法，加速资产周转，提高运营效率；如果该比率较高，说明资产周转快，销售能力强，资产运营效率高。

根据表 10-2、表 10-3 资料，2×17 年龙腾公司销售收入净额为 14 250 万元，2×18 年为 15 000 万元，2×18 年年初资产总额为 8 400 万元，2×18 年年末为 10 000 万元。假设 2×17 年年初资产总额为 7 500 万元，则该公司 2×17 年、2×18 总资产周转率计算如下：

$$2×17 年总资产周转率 = \frac{14\ 250}{(7\ 500+8\ 400)÷2} = 1.79（次）$$

$$2×18 年总资产周转率 = \frac{15\ 000}{(8\ 400+10\ 000)÷2} = 1.63（次）$$

从以上计算可知，龙腾公司 2×18 年总资产周转率比 2×17 年减慢，这与前面计算分析固定资产周转速度减慢结论一致，该公司应扩大销售额，处理闲置资产，以提高资产使用效率。

三、盈利能力分析

不论是投资人、债权人还是经理人，都非常重视和关心企业的盈利能力。盈利能力就是企业获取利润、资金不断增值的能力。反映企业盈利能力的指标主要有销售毛利率、销售净利率、成本利润率、总资产报酬率、净资产收益率和资本保值增值率。

1. 销售毛利率

销售毛利率是销售毛利与销售收入之比，计算公式如下：

$$销售毛利率 = \frac{销售毛利}{销售收入} \times 100\% \qquad (10-16)$$

式中：销售毛利＝销售收入－销售成本

根据表 10-3 资料，可计算龙腾公司销售毛利率如下：

$$2×17 \text{ 年销售毛利率} = \frac{14\ 250 - 12\ 515}{14\ 250} \times 100\% = 12.18\%$$

$$2×18 \text{ 年销售毛利率} = \frac{15\ 000 - 13\ 220}{15\ 000} \times 100\% = 12.87\%$$

2. 销售净利率

销售净利率是净利润与销售收入之比，计算公式为

$$销售净利率 = \frac{净利润}{销售收入} \times 100\% \qquad (10-17)$$

根据表 10-3 资料，可计算销售净利率如下：

$$2×17 \text{ 年销售净利率} = \frac{800}{14\ 250} \times 100\% = 5.61\%$$

$$2×18 \text{ 年销售净利率} = \frac{680}{15\ 000} \times 100\% = 4.53\%$$

从上述计算分析可以看出，2×18 年各项销售利润率指标均比上年有所下降。说明企业盈利能力有所下降，企业应查明原因，采取相应措施，提高盈利水平。

3. 成本利润率

成本利润率是反映盈利能力的另一个重要指标，是利润与成本之比。成本有多种形式，但这里成本主要指经营成本，计算公式如下：

$$成本利润率 = \frac{利润总额}{经营成本} \times 100\% \qquad (10-18)$$

式中：经营成本＝营业成本＋税金及附加＋销售费用＋管理费用＋财务费用

根据表 10-3 资料，可计算成本利润率如下：

$$2×17 \text{ 年成本利润率} = \frac{1\ 175}{12\ 515 + 140 + 180 + 100 + 200} \times 100\% = 8.95\%$$

$$2×18 \text{ 年成本利润率} = \frac{1\ 000}{13\ 220 + 140 + 100 + 110 + 230} \times 100\% = 7.25\%$$

从以上计算可知，龙腾公司 2×17 年成本利润率指标比 2×18 年有所下降，这进一步验证了前面销售利润率指标所得出的结论，说明其盈利能力下降。公司应进一步分析利润下降、成本上升的因素，采取有效措施，降低成本，提高盈利能力。

4. 总资产报酬率

总资产报酬率是企业息税前利润与企业资产平均总额的比率。由于资产总额等于债权人权益和所有者权益的总额，所以该比率既可以衡量企业资产综合利用的效果，又可以反映企业利用债权人及所有者提供资本的盈利能力和增值能力。其计算公式为

$$总资产报酬率 = \frac{息税前利润}{资产平均总额} \times 100\% = \frac{净利润 + 所得税 + 利息费用}{(期初资产 + 期末资产) \div 2} \times 100\%$$

$$(10-19)$$

该指标越高，表明资产利用效率越高，说明企业在增加收入、节约资金使用等方面取得了良好的效果；该指标越低，说明企业资产利用效率低，应分析差异原因，提高销售利润率，加速资金周转，提高企业经营管理水平。

据表 10-2、表 10-3 资料，龙腾公司 2×17 年净利润为 800 万元，所得税 375 万元，财务费用 200 万元，年末资产总额 8 400 万元；2×18 年净利润 680 万元，所得税 320 万元，财务费用 230 万元，年末资产总额 10 000 万元。假设 2×17 年初资产总额 7 500 万元，则龙腾公司总资产报酬率计算如下：

$$2×17 年总资产报酬率 = \frac{800 + 375 + 200}{(7\ 500 + 8\ 400) \div 2} \times 100\% = 17.30\%$$

$$2×18 年总资产报酬率 = \frac{680 + 320 + 230}{(8\ 400 + 10\ 000) \div 2} \times 100\% = 13.37\%$$

由计算可知，龙腾公司 2×18 年总资产报酬率要低于上年，需要对公司资产的使用情况、增产节约情况，结合成本效益指标一起分析，以改进管理，提高资产利用效率和公司经营管理水平，增强盈利能力。

5. 净资产收益率

净资产收益率又叫自有资金利润率或权益报酬率，是净利润与平均所有者权益的比值，它反映企业自有资金的投资收益水平。其计算公式为

$$净资产收益率 = \frac{净利润}{平均所有者权益} \times 100\% \qquad (10-20)$$

该指标是企业盈利能力指标的核心，也是杜邦财务指标体系的核心，更是投资者关注的重点。

据表 10-2、表 10-3 资料，龙腾公司 2×17 年净利润为 800 万元，年末所有者权益为 4 400 万元；2×18 年净利润为 680 万元，年末所有者权益为 4 700 万元。假设 2×17 年年初所有者权益为 4 000 万元，则龙腾公司净资产收益率为

$$2×17 年净资产收益率 = \frac{800}{(4\ 000 + 4\ 400) \div 2} \times 100\% = 19.05\%$$

$$2×18 年净资产收益率 = \frac{680}{(4\ 400 + 4\ 700) \div 2} \times 100\% = 14.95\%$$

由于该公司所有者权益的增长快于净利润的增长，2×18 年净资产收益率要比上年低了 4 个多百分点，盈利能力明显降低。

6. 资本保值增值率

资本保值增值率是指所有者权益的期末总额与期初总额之比。其计算公式为

$$资本保值增值率 = \frac{期末所有者权益}{期初所有者权益} \times 100\% \qquad (10-21)$$

如果企业盈利能力提高，利润增加，必然会使期末所有者权益大于期初所有者权益，所以该指标也是衡量企业盈利能力的重要指标。当然，这一指标的高低，除了受企业经营成果的影响外，还受企业利润分配政策的影响。

根据前面净资产收益率的有关资料，龙腾公司资本保值增值率计算如下：

$$2\times17 \text{ 年资本保值增值率} = \frac{4\ 400}{4\ 000} \times 100\% = 110\%$$

$$2\times18 \text{ 年资本保值增值率} = \frac{4\ 700}{4\ 400} \times 100\% = 107\%$$

可见该公司 2×18 年资本保值增值率比上年有所降低。

四、现金流量分析

现金流量分析一般包括现金流量的结构分析、流动性分析、获取现金能力分析、财务弹性分析及收益质量分析。这里主要介绍获取现金能力分析及收益质量分析。

1. 获取现金能力分析

获取现金的能力，可通过经营活动现金流量净额与投入资源之比来反映。投入资源可以是销售收入、资产总额、营运资金净额、净资产或普通股股数等。

1) 销售现金比率

销售现金比率是指企业经营活动现金流量净额与企业销售收入的比值。其计算公式为

$$销售现金比率 = \frac{经营活动现金流量净额}{销售收入} \qquad (10-22)$$

如果龙飞公司销售收入（含增值税）为 15 000 万元，经营活动现金流量净额为 5 716.5 万元，则：

$$销售现金比率 = \frac{5\ 716.5}{15\ 000} = 0.38$$

该比率反映每元销售收入得到的现金流量净额，其数值越大越好。

2) 每股营业现金净流量

每股营业现金净流量是通过企业经营活动现金流量净额与普通股股数之比来反映的。其计算公式为

$$每股营业现金净流量 = \frac{经营活动现金流量净额}{普通股股数} \qquad (10-23)$$

假设龙飞公司有普通股 40 000 万股，则：

$$每股营业现金净流量 = \frac{5\ 716.5}{40\ 000} = 0.14(\text{元/股})$$

该指标反映企业最大的分派股利能力，超过此限度，可能就要借款分红。

3) 全部资产现金回收率

全部资产现金回收率是通过企业经营活动现金流量净额与企业资产总额之比来反映

的，它说明企业全部资产产生现金的能力。其计算公式为

$$全部资产现金回收率=\frac{经营活动现金流量净额}{企业资产总额}\times100\% \qquad (10-24)$$

假设龙飞公司全部资产总额为 85 000 万元，则：

$$全部资产现金回收率=\frac{5\ 716.5}{85\ 000}\times100\%=6.73\%$$

如果同行业平均全部资产现金回收率为 7%，说明龙飞公司资产产生现金的能力较弱。

2. 收益质量分析

收益质量是指会计收益与企业业绩之间的相关性。如果会计收益能如实反映企业业绩，则其收益质量高；反之，则收益质量不高。收益质量分析，主要包括净收益营运指数分析与现金营运指数分析。

1）净收益营运指数

净收益营运指数是指经营净收益与净利润之比，计算公式为

$$净收益营运指数=\frac{经营净收益}{净利润} \qquad (10-25)$$

式中：经营净收益＝净利润－非经营净收益

假设龙飞公司有关收益质量的现金流量补充资料如表 10-4 所示。

表 10-4　龙飞公司现金流量补充资料　　　　　　　　　　　单位：万元

将净利润调整为经营现金流量	金额/万元	说　明
净利润	3 568.5	
加：计提的资产减值准备	13.5	非付现费用共 3 913.5 万元，少提取这类费用，可增加会计收益却不会增加现金流入，会使收益质量下降
固定资产折旧	1 500	
无形资产摊销	900	
长期待摊费用摊销	1 500	
待摊费用减少（减增加）	1 500	
处置固定资产损失（减收益）	−750	非经营净收益 604.5 万元，不代表正常的收益能力
固定资产报废损失	295.5	
财务费用	322.5	
投资损失（减收益）	−472.5	
递延税款贷项（减借项）	0	
存货减少（减增加）	79.5	经营资产净增加 655.5 万元，如收益不变而现金减少，收益质量下降（收入未收到现金），应查明应收项目增加的原因
经营性应收项目减少（减增加）	−735	
经营性应付项目增加（减减少）	−790.5	无息负债减少 505.5 万元，收益不变而现金减少，收益质量下降。
其他	285	
经营活动现金流量净额	5716.5	

根据表 10 - 4 资料，龙飞公司净收益营运指数计算如下：

龙飞公司经营活动净收益＝3 568.5－604.5＝2 964(万元)

$$净收益营运指数＝\frac{2\ 964}{3\ 568.5}＝0.83$$

净收益营运指数越小，非经营收益所占比重越大，收益质量越差，因为非经营收益不反映企业的核心能力及正常的收益能力，可持续性较低。

2）现金营运指数

现金营运指数反映企业经营活动现金流量净额与企业经营所得现金的比值，其计算公式为

$$现金营运指数＝\frac{经营活动现金流量净额}{经营所得现金} \qquad (10-26)$$

式中，经营所得现金是经营净收益与非付现费用之和。

根据表 10 - 4 资料，龙飞公司现金营运指数计算如下：

经营所得现金＝经营活动净收益＋非付现费用

＝2 964＋3 913.5＝6 877.5(万元)

$$现金营运指数＝\frac{5\ 716.5}{6\ 877.5}＝0.83$$

现金营运指数小于1，说明收益质量不够好。龙飞公司每1元的经营活动收益，只收回约 0.83 元。现金营运指数小于1，说明一部分收益尚没有取得现金，停留在实物或债权形态，而实物或债权资产的风险大于现金，应收账款不一定能足额变现，存货也有贬值的风险，所以未收现的收益质量低于已收现的收益。其次，现金营运指数小于1，说明营运资金增加了，反映企业为取得同样的收益占用了更多的营运资金，取得收益的代价增加了，同样的收益代表着较差的业绩。

任务 4　财务综合分析

一、财务综合分析概述

1. 财务综合分析的概念

在任务 3 中，我们已经介绍了企业偿债能力、营运能力和盈利能力以及现金流量等各种财务分析指标，但单独分析任何一项财务指标，就跟盲人摸象一样，难以全面评价企业的经营与财务状况。要作全面的分析，必须采取适当的方法，对企业财务进行综合分析与评价。所谓财务综合分析就是将企业营运能力、偿债能力、盈利能力和现金流量等方面的分析纳入到一个有机的分析系统之中，全面地对企业财务状况、经营状况进行解剖和分析，从而对企业经济效益做出较为准确的评价与判断。

2. 财务综合分析的特点

一个健全有效的财务综合分析指标体系必须具有以下特点。

（1）评价指标要全面。设置的评价指标要尽可能涵盖偿债能力、营运能力、盈利能力和现金流量等各方面的考核要求。

（2）主辅指标功能要匹配。在分析中要做到：① 要明确企业分析指标的主辅地位；② 要能从不同侧面、不同层次反映企业财务状况，揭示企业经营业绩。

（3）满足各方面经济需求。设置的指标评价体系既要能满足企业内部管理者决策的需要，也要能满足外部投资者和政府管理机构决策及实施宏观调控的要求。

二、财务综合分析的方法

财务综合分析的方法主要有两种：杜邦财务分析体系法和沃尔比重评分法。

1. 杜邦财务分析体系法

这种分析方法首先由美国杜邦公司的经理创立并首先在杜邦公司成功运用，称之为杜邦系统（The Du Pont System），它是利用财务指标间的内在联系，对企业综合经营理财能力及经济效益进行系统分析评价的方法。

根据表 10-2、表 10-3 资料，可做出龙腾杜邦财务分析的基本结构图，如图 10-1 所示。

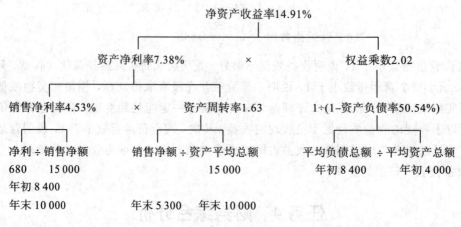

图 10-1　杜邦分析图

在杜邦分析图中，净资产收益率反映所有者投入资本的获利能力，反映企业筹资、投资、资产运营等活动的效率，它是一个综合性最强、最具代表性的指标，是杜邦系统的核心，该指标的高低取决于总资产净利率与权益乘数。

总资产净利率是净利润与总资产平均余额之比，它等于销售净利率与总资产周转率之积。

权益乘数是平均资产与平均权益之比，等于 1-资产负债率的倒数，用公式表示：

$$权益乘数＝\frac{1}{1-资产负债率} \tag{10-27}$$

式中：资产负债率是指全年平均资产负债率，它是企业全年平均负债总额与全年平均资产总额之比。

权益乘数主要受资产负债率的影响。负债比率大，权益乘数就高，说明企业有较高的负债程度，给企业带来了较多的杠杆利益，同时也给企业带来了较多的风险。企业既要充分有效地利用全部资产，提高资产利用效率，又要妥善安排资金结构。

销售净利率是净利润与销售收入之比，它是反映企业盈利能力的重要指标。提高这一比率的途径有：扩大销售收入和降低成本费用等。

资产周转率是销售收入与资产平均总额之比，是反映企业运用资产以产生销售收入能力的指标。对资产周转率的分析，除了对资产构成部分从总占有量是否合理进行分析外，还可通过流动资产周转率、存货周转率、应收账款周转率等有关资产使用效率的分析，以判明影响资产周转的主要问题所在。

杜邦财务指标体系的作用在于解释指标变动的原因和变动趋势。

假设前例中龙腾公司第二年净资产收益率下降了，有关数据如下：

净资产收益率＝资产净利率×权益乘数

第一年：$7.38\% \times 2.02 = 14.91\%$

第二年：$6\% \times 2.02 = 12.12\%$

通过分解可以看出，净资产收益率的下降不在于资本结构（权益乘数没变），而是资产利用或成本控制发生了问题，造成了净资产收益率的下降。

这种分解可以在任何层次上进行，如可以对资产净利率进一步分解：

资产净利率＝销售净利率×资产周转率

第一年：$4.53\% \times 1.63 = 7.38\%$

第二年：$3\% \times 2 = 6\%$

通过分解可以看出，资产使用效率提高了，但由此带来的收益不足以抵销销售利润率下降造成的损失。而销售净利率下降的原因可能是由于售价太低、成本太高或费用过大，需进一步通过分解指标来揭示。

可见，杜邦财务分析体系法就是通过自上而下地分析、层层分解指标来揭示出企业各项指标间的结构关系，查明各主要指标的影响因素，为决策者优化经营理财状况，提高企业经营效率提供思路。

2. 沃尔比重评分法

亚历山大·沃尔在《信用晴雨表研究》和《财务报表比率分析》中提出了信用能力指数的概念，他选择了 7 个财务比率即流动比率、产权比率、固定资产比率、存货周转率、应收账款周转率、固定资产周转率和自有资金周转率，分别给定各指标的比重，然后确定标准比率（以行业平均数为基础），将实际比率与标准比率相比，得出相对比率，将此相对比率与各指标比重相乘，得出总评分。

沃尔比重评分法有两个缺陷：一是选择这 7 个比率及给定的比重缺乏说服力；二是如果某一个指标严重异常时，会对总评分产生不合逻辑的重大影响。

知 识 小 结

财务分析就是以财务报表和其他资料为依据和起点，采用专门方法，系统分析和评价企业的财务状况、经营成果和现金流量状况的过程。财务分析是评价财务状况及经营业绩的重要依据，是实现理财目标的重要手段，也是实施正确投资决策的重要步骤。财务分析方法多种多样，但常用的有以下三种方法：比率分析法、因素分析法和趋势分析法。财务分析的内容主要包括以下四个方面：偿债能力分析、营运能力分析、盈利能力分析和现金流量分析。企业偿债能力分析包括短期偿债能力分析和长期偿债能力分析。企业短期偿债能力的衡量指标主要有流动比率、速动比率和现金比率。长期偿债能力是指企业偿还长期负债的能力，其分析指标主要有三项：资产负债率、产权比率和利息保障倍数。营运能力分析主要包括：流动资产周转情况分析、固定资产周转率和总资产周转率三个方面。盈利能力的一般分析指标主要有销售毛利率、销售净利率、成本利润率、总资产报酬率、净资产收益率和资本保值增值率。财务综合分析就是将企业营运能力、偿债能力和盈利能力等方面的分析纳入到一个有机的分析系统之中，全面地对企业财务状况，经营状况进行解剖和分析，从而对企业经济效益做出较为准确的评价与判断。财务综合分析的方法主要有两种：杜邦财务分析体系法和沃尔比重评分法。

实 践 演 练

一、判断题

1. 相关比率反映部分与总体的关系。 （   ）

2. 在采用因素分析法时，可任意颠倒顺序，其计算结果是相同的。 （   ）

3. 盈利能力分析主要分析企业各项资产的使用效果。 （   ）

4. 存货周转率是销售收入与存货平均余额之比。 （   ）

5. 现金营运指数是经营净收益与净利润之比。 （   ）

6. 获取现金能力可通过经营现金净流量与投入资源之比来反映。 （   ）

7. 在杜邦财务分析体系中计算权益乘数时，资产负债率是用期末负债总额与期末资产总额来计算的。 （   ）

8. 采用因素分析法，可以分析引起变化的主要原因、变动性质，并可预测企业未来的发展前景。 （   ）

9. 在总资产净利率不变的情况下，资产负债率越低，净资产收益率越高。 （   ）

10. 产权比率高是低风险、低报酬的财务结构，表明债权人的利益因股东提供的资本所占比重较大而具有充分保障。 （   ）

二、单项选择题

1. （   ）不是获取现金能力的分析指标。

A. 销售现金比率　　　　　　　　　　B. 每股营业现金净流量

C. 全部资产现金回收率　　　　　　　D. 现金负债率

2. 权益乘数是（   ）。

A. $\dfrac{1}{1-产权比率}$ 　　　　　　　　B. $\dfrac{1}{1-资产负债率}$

C. $1-资产负债率$ 　　　　　　　　D. $1-净资产收益率$

3. 某企业 20×× 年年初与年末所有者权益分别为 250 万元和 400 万元，则资本保值增值率为（   ）。

A. 62.5%　　　　B. 160%　　　　C. 60%　　　　D. 40%

4. 如果营运资金大于 0，则以下结论正确的有（   ）。

A. 速动比率大于 1　　　　　　　　　B. 现金比率大于 1

C. 流动比率大于 1　　　　　　　　　　D. 短期偿债能力绝对有保障

5. (　　)指标不是评价企业短期偿债能力的指标。

A. 流动比率　　　　　　　　　　　　B. 速动比率

C. 现金比率　　　　　　　　　　　　D. 产权比率

6. (　　)是企业财务结构稳健与否的重要标志。

A. 资产负债率　　　　　　　　　　　B. 产权比率

C. 现金比率　　　　　　　　　　　　D. 流动比率

7. 当企业流动比率大于 1 时，增加流动资金借款会使当期流动比率(　　)。

A. 降低　　　　　B. 不变　　　　　C. 提高　　　　　D. 不确定

8. 有形净值债务率中的"有形净值"是指(　　)。

A. 所有者权益　　　　　　　　　　　B. 有形资产总额减负债总额

C. 有形资产总额　　　　　　　　　　D. 固定资产净值

9. 下列分析法中，属于财务综合分析方法的是(　　)。

A. 因素分析法　　　　　　　　　　　B. 比率分析法

C. 趋势分析法　　　　　　　　　　　D. 沃尔比重分析法

10. (　　)指标是一个综合性最强的财务比率，也是杜邦财务分析体系的核心。

A. 销售利润率　　　　　　　　　　　B. 资产周转率

C. 权益乘数　　　　　　　　　　　　D. 净资产收益率

三、多项选择题

1. 财务综合分析的方法有(　　)。

A. 因素分析法　　　　　　　　　　　B. 比率分析法

C. 杜邦财务分析体系法　　　　　　　D. 沃尔比重评分法

2. 关于现金营运指数下列说法中，正确的有(　　)。

A. 它不含有非付现费用

B. 该指数越大，说明收益质量越不好

C. 该指数小于 1，说明有部分收益仍停留在债权形态

D. 该指数小于 1，说明没有增加收益而多占用了营运资金

3. 获取现金能力的分析指标有(　　)。

A. 销售现金比率　　　　　　　　　　B. 每股营业现金净流量

C. 全部资产现金回收率　　　　　　　D. 现金营运指数

4. 财务分析的基本内容包括(　　)。

A. 现金流量分析　　　　　　　　　　B. 营运能力分析

C. 盈利能力分析　　　　　　　　　　D. 偿债能力分析

5. 衡量企业短期偿债能力的指标有(　　)。

A. 资产负债率　　　　　　　　　　　B. 流动比率

C. 速动比率　　　　　　　　　　　　D. 现金比率

6. 应收账款周转率提高，意味着企业(　　)。

A. 短期偿债能力增强　　　　　　　　B. 盈利能力提高

C. 坏账成本下降　　　　　　　　　　D. 流动比率提高

7. 影响存货周转率的因素有（　　）。

A. 销售收入　　　　B. 销货成本　　　　C. 存货计价方法　　　D. 存货余额

8. 反映企业长期偿债能力的指标有（　　）。

A. 产权比率　　　　B. 资产负债率　　　　C. 总资产周转率　　　D. 利息保障倍数

9. 属于营运能力分析的指标有（　　）。

A. 存货周转率　　　　　　　　　　B. 应收账款周转率

C. 固定资产周转率　　　　　　　　D. 流动资产周转率

10. 企业盈利能力分析可以运用的指标有（　　）。

A. 资本保值增值率　　　　　　　　B. 成本利润率

C. 权益乘数　　　　　　　　　　　D. 总资产周转率

四、计算题

1. 凯旋公司总资产期初数 800 万元，期末数 1 000 万元，其中：存货期初数为 180 万元，期末数为 240 万元；期初流动负债为 150 万元，期末流动负债为 225 万元，期初速动比率为 0.75，期末流动比率为 1.6，本期总资产周转次数为 1.2 次（假定该公司流动资产等于速动资产加存货）。要求：

（1）计算该公司流动资产的期初数与期末数；

（2）计算该公司本期销售收入；

（3）计算该公司本期流动资产平均余额和流动资产周转次数。

2. 某公司年初存货为 15 万元，应收账款为 12 万元。年末流动比率为 2，速动比率为 1.5，存货周转率为 4 次，流动资产为 42 万元，其中现金类资产 10 万元，本期销售成本率为 80%（假设该公司流动资产包括存货、应收账款和现金类资产，其他忽略不计）。要求：计算该公司的本年销售额和应收账款的平均收账期。

3. 某公司 2×18 年末有关资料如下：

（1）货币资产为 750 万元，固定资产净值为 6 100 万元，资产总额为 16 200 万元；

（2）应交税费为 50 万元，实收资本为 7 500 万元；

（3）存货周转率为 6 次，期初存货为 1 500 万元，本期销售成本 14 700 万元；

（4）流动比率为 2，产权比率为 0.7。

要求：计算表 10-5 中未知项目，将该简要资产负债表填列完整。

表 10-5　　××公司资产负债表
2×18 年 12 月 31 日

项　目		金　额	项　目		金　额
货币资产	(1)		应付账款	(6)	
应收账款	(2)		应交税费	(7)	
存货	(3)		非流动负债	(8)	
固定资产	(4)		实收资本	(9)	
			未分配利润	(10)	
资产合计	(5)		负债和所有者权益合计	(11)	

4. 某公司上年利润总额为 1 250 万元,销售收入为 3 750 万元,资产平均占用额为 4 687.5万元,所有者权益为 2 812.5 万元,企业所得税率为 25%。根据以上资料计算:

(1)销售净利率;

(2)总资产周转率;

(3)总资产净利率;

(4)自有资金净利率。

5. 某公司 2×18 年末资产负债表(简表)如表 10-6 所示。

表 10-6 某公司资产负债表 单位:万元

资 产		负债及所有者权益	
现金(年初 1 528)	620	应付账款	1 032
应收账款(年初 2 312)	2 688	应付票据	672
存货(年初 1 400)	1 932	其他流动负债	936
固定资产净额(年初 2 340)	2 340	非流动负债	2 052
		实收资本	2 888
资产总计(年初 7 580)	7 580	负债及所有者权益总计	7 580

2×18 年损益表有关资料如下:销售收入 12 860 万元,销售成本 11 140 万元,毛利 1 720万元,管理费用 1 160 万元,利息费用 196 万元,利润总额 364 万元,所得税 144 万元,净利润 220 万元。要求:

(1)计算并填列该公司财务比率表:

比率名称		本公司	行业平均数
流动比率	(1)		1.98
资产负债率	(2)		62%
利息保障倍数	(3)		3.8
存货周转率	(4)		6 次
应收账款周转天数	(5)		35 天
固定资产周转率	(6)		13 次
总资产周转率	(7)		3 次
销售净利率	(8)		1.3%
总资产净利率	(9)		3.4%
净资产收益率	(10)		8.3%

(2)与行业平均财务比率比较,说明该公司经营管理可能存在的问题。

6. 已知若雪公司资产负债表如表 10-7:

表 10 - 7 若雪公司资产负债表

2×18 年 12 月 31 日

单位：万元

资　产	年　初	年　末	负债及所有者权益	年　初	年　末
流动资产			流动负债合计	210	300
货币资金	100	90	非流动负债合计	490	400
应收账款	120	180	负债合计	700	700
存货	184	288			
一年内到期的非流动资产	46	72	所有者权益合计	700	700
流动资产合计	450	630			
固定资产	950	770			
总　计	1 400	1 400	总　计	1 400	1 400

　　该公司 2×17 年度销售利润率 16%，总资产周转率 0.5 次，权益乘数为 2.5，净资产收益率为 20%，2×18 年度销售收入为 700 万元，净利润为 126 万元。根据以上资料：

　　(1) 计算 2×18 年流动比率、速动比率、资产负债率；

　　(2) 计算 2×18 年总资产周转率、销售净利率和净资产收益率；

　　(3) 分析销售净利率、总资产周转率和权益乘数变动对净资产收益率的影响。

附录 I 实践演练参考答案

附录 Ⅱ　财务系数表

附表 2-1　复利终值系数表

n	1%	2%	3%	4%	5%	6%	7%	8%	9%	10%	11%	12%	13%	14%	15%
1	1.010 0	1.020 0	1.030 0	1.040 0	1.050 0	1.060 0	1.070 0	1.080 0	1.090 0	1.100 0	1.110 0	1.120 0	1.130 0	1.140 0	1.150 0
2	1.020 1	1.040 4	1.060 9	1.081 6	1.102 5	1.123 6	1.144 9	1.166 4	1.188 1	1.210 0	1.232 1	1.254 4	1.276 9	1.299 6	1.322 5
3	1.030 3	1.061 2	1.092 7	1.124 9	1.157 6	1.191 0	1.225 0	1.259 7	1.295 0	1.331 0	1.367 6	1.404 9	1.442 9	1.481 5	1.520 9
4	1.040 6	1.082 4	1.125 5	1.169 9	1.215 5	1.262 5	1.310 8	1.360 5	1.411 6	1.464 1	1.518 1	1.573 5	1.630 5	1.689 0	1.749 0
5	1.051 0	1.104 1	1.159 3	1.216 7	1.276 3	1.338 2	1.402 6	1.469 3	1.538 6	1.610 5	1.685 1	1.762 3	1.842 4	1.925 4	2.011 4
6	1.061 5	1.126 2	1.194 1	1.265 3	1.340 1	1.418 5	1.500 7	1.586 9	1.677 1	1.771 6	1.870 4	1.973 8	2.082 0	2.195 0	2.313 1
7	1.072 1	1.148 7	1.229 9	1.315 9	1.407 1	1.503 6	1.605 8	1.713 8	1.828 0	1.948 7	2.076 2	2.210 7	2.352 6	2.502 3	2.660 0
8	1.082 9	1.171 7	1.266 8	1.368 6	1.477 5	1.593 8	1.718 2	1.850 9	1.992 6	2.143 6	2.304 5	2.476 0	2.658 4	2.852 6	3.059 0
9	1.093 7	1.195 1	1.304 8	1.423 3	1.551 3	1.689 5	1.838 5	1.999 0	2.171 9	2.357 9	2.558 0	2.773 1	3.004 0	3.251 9	3.517 9
10	1.104 6	1.219 0	1.343 9	1.480 2	1.628 9	1.790 8	1.967 2	2.158 9	2.367 4	2.593 7	2.839 4	3.105 8	3.394 6	3.707 2	4.045 6
11	1.115 7	1.243 4	1.384 2	1.539 5	1.710 3	1.898 3	2.104 9	2.331 6	2.580 4	2.853 1	3.151 8	3.478 6	3.835 9	4.226 2	4.652 4
12	1.126 8	1.268 2	1.425 8	1.601 0	1.795 9	2.012 2	2.252 2	2.518 2	2.812 7	3.138 4	3.498 5	3.896 0	4.334 5	4.817 9	5.350 3
13	1.138 1	1.293 6	1.468 5	1.665 1	1.885 6	2.132 9	2.409 8	2.719 6	3.065 8	3.452 3	3.883 3	4.363 5	4.898 0	5.492 4	6.152 8
14	1.149 5	1.319 5	1.512 6	1.731 7	1.979 9	2.260 9	2.578 5	2.937 2	3.341 7	3.797 5	4.310 4	4.887 1	5.534 8	6.261 3	7.075 7
15	1.161 0	1.345 9	1.558 0	1.800 9	2.078 9	2.396 6	2.759 0	3.172 2	3.642 5	4.177 2	4.784 6	5.473 6	6.254 3	7.137 9	8.137 1
16	1.172 6	1.372 8	1.604 7	1.873 0	2.182 9	2.540 4	2.952 2	3.425 9	3.970 3	4.595 0	5.310 9	6.130 4	7.067 3	8.137 2	9.357 6
17	1.184 3	1.400 2	1.652 8	1.947 9	2.292 0	2.692 8	3.158 8	3.700 0	4.327 6	5.054 5	5.895 1	6.866 0	7.986 1	9.276 5	10.761 3
18	1.196 1	1.428 2	1.702 4	2.025 8	2.406 6	2.854 3	3.379 9	3.996 0	4.717 1	5.559 9	6.543 6	7.690 0	9.024 3	10.575 2	12.375 5

续表一

n	1%	2%	3%	4%	5%	6%	7%	8%	9%	10%	11%	12%	13%	14%	15%
19	1.208 1	1.456 8	1.753 5	2.106 8	2.527 0	3.025 6	3.616 5	4.315 7	5.141 7	6.115 9	7.263 3	8.612 8	10.197 4	12.055 7	14.231 8
20	1.220 2	1.485 9	1.806 1	2.191 1	2.653 3	3.207 1	3.869 7	4.661 0	5.604 4	6.727 5	8.062 3	9.646 3	11.523 1	13.743 5	16.366 5
21	1.232 4	1.515 7	1.860 3	2.278 8	2.786 0	3.399 6	4.140 6	5.033 8	6.108 8	7.400 2	8.949 2	10.803 8	13.021 1	15.667 6	18.821 5
22	1.244 7	1.546 0	1.916 1	2.369 9	2.925 3	3.603 5	4.430 4	5.436 5	6.658 6	8.140 3	9.933 6	12.100 3	14.713 8	17.861 0	21.644 7
23	1.257 2	1.576 9	1.973 6	2.464 7	3.071 5	3.819 7	4.740 5	5.871 5	7.257 9	8.954 3	11.026 3	13.552 3	16.626 6	20.361 6	24.891 5
24	1.269 7	1.608 4	2.032 8	2.563 3	3.225 1	4.048 9	5.072 4	6.341 2	7.911 1	9.849 7	12.239 2	15.178 6	18.788 1	23.212 2	28.625 2
25	1.282 4	1.640 6	2.093 8	2.665 8	3.386 4	4.291 9	5.427 4	6.848 5	8.623 1	10.834 7	13.585 5	17.000 1	21.230 5	26.461 9	32.919 0
26	1.295 3	1.673 4	2.156 6	2.772 5	3.555 7	4.549 4	5.807 4	7.396 4	9.399 2	11.918 2	15.079 9	19.040 1	23.990 5	30.166 6	37.856 8
27	1.308 2	1.706 9	2.221 3	2.883 4	3.733 5	4.822 3	6.213 9	7.988 1	10.245 1	13.110 0	16.738 7	21.324 9	27.109 3	34.389 9	43.535 3
28	1.321 3	1.741 0	2.287 9	2.998 7	3.920 1	5.111 7	6.648 8	8.627 1	11.167 1	14.421 0	18.579 9	23.883 9	30.633 5	39.204 5	50.065 6
29	1.334 5	1.775 8	2.356 6	3.118 7	4.116 1	5.418 4	7.114 3	9.317 3	12.172 2	15.863 1	20.623 7	26.749 9	34.615 8	44.693 1	57.575 5
30	1.347 8	1.811 4	2.427 3	3.243 4	4.321 9	5.743 5	7.612 3	10.062 7	13.267 7	17.449 4	22.892 3	29.959 9	39.115 9	50.950 2	66.211 8

n	16%	17%	18%	19%	20%	21%	22%	23%	24%	25%	26%	27%	28%	29%	30%
1	1.160 0	1.170 0	1.180 0	1.190 0	1.200 0	1.210 0	1.220 0	1.230 0	1.240 0	1.250 0	1.260 0	1.270 0	1.280 0	1.290 0	1.300 0
2	1.345 6	1.368 9	1.392 4	1.416 1	1.440 0	1.464 1	1.488 4	1.512 9	1.537 6	1.562 5	1.587 6	1.612 9	1.638 4	1.664 1	1.690 0
3	1.560 9	1.601 6	1.643 0	1.685 2	1.728 0	1.771 6	1.815 8	1.860 9	1.906 6	1.953 1	2.000 4	2.048 4	2.097 2	2.146 7	2.197 0
4	1.810 6	1.873 9	1.938 8	2.005 3	2.073 6	2.143 6	2.215 3	2.288 9	2.364 2	2.441 4	2.520 5	2.601 4	2.684 4	2.769 2	2.856 1
5	2.100 3	2.192 4	2.287 8	2.386 4	2.488 3	2.593 7	2.702 7	2.815 3	2.931 6	3.051 8	3.175 8	3.303 8	3.436 0	3.572 3	3.712 9
6	2.436 4	2.565 2	2.699 6	2.839 8	2.986 0	3.138 4	3.297 3	3.462 8	3.635 2	3.814 7	4.001 5	4.195 8	4.398 0	4.608 3	4.826 8
7	2.826 2	3.001 2	3.185 5	3.379 3	3.583 2	3.797 5	4.022 7	4.259 3	4.507 7	4.768 4	5.041 9	5.328 8	5.629 5	5.944 7	6.274 9
8	3.278 4	3.511 5	3.758 9	4.021 4	4.299 8	4.595 0	4.907 7	5.238 9	5.589 5	5.960 5	6.352 8	6.767 5	7.205 8	7.668 6	8.157 3
9	3.803 0	4.108 4	4.435 5	4.785 4	5.159 8	5.559 9	5.987 4	6.443 9	6.931 0	7.450 6	8.004 5	8.594 8	9.223 4	9.892 5	10.604 5

续表二

n	16%	17%	18%	19%	20%	21%	22%	23%	24%	25%	26%	27%	28%	29%	30%
10	4.411 4	4.806 8	5.233 8	5.694 7	6.191 7	6.727 5	7.304 6	7.925 9	8.594 4	9.313 2	10.085 7	10.915 5	11.805 9	12.761 4	13.785 8
11	5.117 3	5.624 0	6.175 9	6.776 7	7.430 1	8.140 3	8.911 7	9.748 9	10.657 1	11.641 5	12.708 0	13.862 0	15.111 6	16.462 2	17.921 6
12	5.936 0	6.580 1	7.287 6	8.064 2	8.916 1	9.849 7	10.872 2	11.991 2	13.214 8	14.551 9	16.012 0	17.605 3	19.342 8	21.236 2	23.298 1
13	6.885 8	7.698 7	8.599 4	9.596 4	10.699 3	11.918 2	13.264 1	14.749 1	16.386 3	18.189 9	20.175 2	22.358 8	24.758 8	27.394 7	30.287 5
14	7.987 5	9.007 5	10.147 2	11.419 8	12.839 2	14.421 0	16.182 2	18.141 4	20.319 1	22.737 4	25.420 7	28.395 7	31.691 3	35.339 1	39.373 8
15	9.265 5	10.538 7	11.973 7	13.589 5	15.407 0	17.449 4	19.742 3	22.314 0	25.195 6	28.421 7	32.030 1	36.062 5	40.564 8	45.587 5	51.185 9
16	10.748 0	12.330 3	14.129 0	16.171 5	18.488 4	21.113 8	24.085 6	27.446 2	31.242 6	35.527 1	40.357 9	45.799 4	51.923 0	58.807 9	66.541 7
17	12.467 7	14.426 5	16.672 2	19.244 1	22.186 1	25.547 7	29.384 4	33.758 8	38.740 8	44.408 9	50.851 0	58.165 2	66.461 4	75.862 1	86.504 2
18	14.462 5	16.879 9	19.673 3	22.900 5	26.623 3	30.912 7	35.849 0	41.523 3	48.038 6	55.511 2	64.072 2	73.869 8	85.070 6	97.862 2	112.455 4
19	16.776 5	19.748 4	23.214 4	27.251 6	31.948 0	37.404 3	43.735 8	51.073 7	59.567 9	69.388 9	80.731 0	93.814 7	108.890 4	126.242 2	146.192 0
20	19.460 8	23.105 6	27.393 0	32.429 4	38.337 6	45.259 3	53.357 6	62.820 6	73.864 1	86.736 2	101.721 1	119.144 6	139.379 7	162.852 4	190.049 6
21	22.574 5	27.033 6	32.323 8	38.591 0	46.005 1	54.763 7	65.096 3	77.269 4	91.591 5	108.420 2	128.168 5	151.313 7	178.406 0	210.079 6	247.064 5
22	26.186 4	31.629 3	38.142 1	45.923 4	55.206 1	66.264 1	79.417 5	95.041 3	113.573 5	135.525 3	161.492 4	192.168 3	228.359 6	271.002 7	321.183 9
23	30.376 2	37.006 2	45.007 6	54.648 7	66.247 4	80.179 5	96.889 4	116.900 8	140.831 2	169.406 6	203.480 4	244.053 8	292.300 3	349.593 5	417.539 1
24	35.236 4	43.297 3	53.109 0	65.032 0	79.496 8	97.017 2	118.205 0	143.788 0	174.630 6	211.758 2	256.385 3	309.948 3	374.144 4	450.975 6	542.800 8
25	40.874 2	50.657 8	62.668 5	77.388 1	95.396 2	117.390 9	144.210 1	176.859 3	216.542 0	264.697 8	323.045 4	393.634 4	478.904 9	581.758 5	705.641 0
26	47.414 1	59.269 7	73.949 0	92.091 8	114.475 5	142.042 9	175.936 4	217.536 9	268.512 1	330.872 2	407.037 3	499.915 7	612.998 2	750.468 5	917.333 3
27	55.000 4	69.345 5	87.259 8	109.589 3	137.370 6	171.871 9	214.642 4	267.570 4	332.955 0	413.590 3	512.867 0	634.892 9	784.637 7	968.104 4	1 192.533 3
28	63.800 4	81.134 2	102.966 6	130.411 2	164.844 7	207.965 1	261.863 7	329.111 5	412.864 2	516.987 9	646.212 4	806.314 0	1 004.336 3	1 248.854 6	1 550.293 3
29	74.008 5	94.927 1	121.500 5	155.189 3	197.813 6	251.637 7	319.473 7	404.807 2	511.951 6	646.234 9	814.227 6	1 024.018 7	1 285.550 4	1 611.022 5	2 015.381 3
30	85.849 9	111.064 7	143.370 6	184.675 3	237.376 3	304.481 6	389.757 9	497.912 9	634.819 9	807.793 6	1 025.926 7	1 300.503 8	1 645.504 6	2 078.219 0	2 619.995 6

附表 2－2　复利现值系数表

n	1%	2%	3%	4%	5%	6%	7%	8%	9%	10%	11%	12%	13%	14%	15%
1	0.990 1	0.980 4	0.970 9	0.961 5	0.952 4	0.943 4	0.934 6	0.925 9	0.917 4	0.909 1	0.900 9	0.892 9	0.885	0.877 2	0.869 6
2	0.980 3	0.961 2	0.942 6	0.924 6	0.907	0.89	0.873 4	0.857 3	0.841 7	0.826 4	0.811 6	0.797 2	0.783 1	0.769 5	0.756 1
3	0.970 6	0.942 3	0.915 1	0.889	0.863 8	0.839 6	0.816 3	0.793 8	0.772 2	0.751 3	0.731 2	0.711 8	0.693 1	0.675	0.657 5
4	0.961 0	0.923 8	0.888 5	0.854 8	0.822 7	0.792 1	0.762 9	0.735	0.708 4	0.683	0.658 7	0.635 5	0.613 3	0.592 1	0.571 8
5	0.951 5	0.905 7	0.862 6	0.821 9	0.783 5	0.747 3	0.713	0.680 6	0.649 9	0.620 9	0.593 5	0.567 4	0.542 8	0.519 4	0.497 2
6	0.942 0	0.888 0	0.837 5	0.790 3	0.746 2	0.705 0	0.666 3	0.630 2	0.596 3	0.564 5	0.534 6	0.506 6	0.480 3	0.455 6	0.432 3
7	0.932 7	0.870 6	0.813 1	0.759 9	0.710 7	0.665 1	0.622 7	0.583 5	0.547	0.513 2	0.481 7	0.452 3	0.425 1	0.399 6	0.375 9
8	0.923 5	0.853 5	0.789 4	0.730 7	0.676 8	0.627 4	0.582 0	0.540 3	0.501 9	0.466 5	0.433 9	0.403 9	0.376 2	0.350 6	0.326 9
9	0.914 3	0.836 8	0.766 4	0.702 6	0.644 6	0.591 9	0.543 9	0.500 2	0.460 4	0.424 1	0.390 9	0.360 6	0.332 9	0.307 5	0.284 3
10	0.905 3	0.820 3	0.744 1	0.675 6	0.613 9	0.558 4	0.508 3	0.463 2	0.422 4	0.385 5	0.352 2	0.322 0	0.294 6	0.269 7	0.247 2
11	0.896 3	0.804 3	0.722 4	0.649 6	0.584 7	0.526 8	0.475 1	0.428 9	0.387 5	0.350 5	0.317 3	0.287 5	0.260 7	0.236 6	0.214 9
12	0.887 4	0.788 5	0.701 4	0.624 6	0.556 8	0.497 0	0.444 0	0.397	0.355 5	0.318 6	0.285 8	0.256 7	0.230 7	0.207 6	0.186 9
13	0.878 7	0.773 0	0.681 0	0.600 6	0.530 3	0.468 8	0.415 0	0.367 7	0.326 2	0.289 7	0.257 5	0.229 2	0.204 2	0.182 1	0.162 5
14	0.870 0	0.757 9	0.661 1	0.577 5	0.505 1	0.442 3	0.387 8	0.340 5	0.299 2	0.263 3	0.232 0	0.204 6	0.180 7	0.159 7	0.141 3
15	0.861 3	0.743 0	0.641 9	0.555 3	0.481 0	0.417 3	0.362 4	0.315 2	0.274 5	0.239 4	0.209 0	0.182 7	0.159 9	0.140 1	0.122 9
16	0.852 8	0.728 4	0.623 2	0.533 9	0.458 1	0.393 6	0.338 7	0.291 9	0.251 9	0.217 6	0.188 3	0.163 1	0.141 5	0.122 9	0.106 9
17	0.844 4	0.714 2	0.605 0	0.513 4	0.436 3	0.371 4	0.316 6	0.270 3	0.231 1	0.197 8	0.169 6	0.145 6	0.125 2	0.107 8	0.092 9
18	0.836 0	0.700 2	0.587 4	0.493 6	0.415 5	0.350 3	0.295 9	0.250 2	0.212 0	0.179 9	0.152 8	0.130 0	0.110 8	0.094 6	0.080 8
19	0.827 7	0.686 4	0.570 3	0.474 6	0.395 7	0.330 5	0.276 5	0.231 7	0.194 5	0.163 5	0.137 7	0.116 1	0.098 1	0.082 9	0.070 3
20	0.819 5	0.673 0	0.553 7	0.456 4	0.376 9	0.311 8	0.258 4	0.214 5	0.178 4	0.148 6	0.124 0	0.103 7	0.086 8	0.072 8	0.061 1

续表一

n	1%	2%	3%	4%	5%	6%	7%	8%	9%	10%	11%	12%	13%	14%	15%
21	0.811 4	0.659 8	0.537 5	0.438 8	0.358 9	0.294 2	0.241 5	0.198 7	0.163 7	0.135 1	0.111 7	0.092 6	0.076 8	0.063 8	0.053 1
22	0.803 4	0.646 8	0.521 9	0.422 0	0.341 8	0.277 5	0.225 7	0.183 9	0.150 2	0.122 8	0.100 7	0.082 6	0.068 0	0.056 0	0.046 2
23	0.795 4	0.634 2	0.506 7	0.405 7	0.325 6	0.261 8	0.210 9	0.170 3	0.137 8	0.111 7	0.090 7	0.073 8	0.060 1	0.049 1	0.040 2
24	0.787 6	0.621 7	0.491 9	0.390 1	0.310 1	0.247 0	0.197 1	0.157 7	0.126 4	0.101 5	0.081 7	0.065 9	0.053 2	0.043 1	0.034 9
25	0.779 8	0.609 5	0.477 6	0.375 1	0.295 3	0.233 0	0.184 2	0.146 0	0.116 0	0.092 3	0.073 6	0.058 8	0.047 1	0.037 8	0.030 4
26	0.772 0	0.597 6	0.463 7	0.360 7	0.281 2	0.219 8	0.172 2	0.135 2	0.106 4	0.083 9	0.066 3	0.052 5	0.041 7	0.033 1	0.026 4
27	0.764 4	0.585 9	0.450 2	0.346 8	0.267 8	0.207 4	0.160 9	0.125 2	0.097 6	0.076 3	0.059 7	0.046 9	0.036 9	0.029 1	0.023 0
28	0.756 8	0.574 4	0.437 1	0.333 5	0.255 1	0.195 6	0.150 4	0.115 9	0.089 5	0.069 3	0.053 8	0.041 9	0.032 6	0.025 5	0.020 0
29	0.749 3	0.563 1	0.424 3	0.320 7	0.242 9	0.184 6	0.140 6	0.107 3	0.082 2	0.063 0	0.048 5	0.037 4	0.028 9	0.022 4	0.017 4
30	0.741 9	0.552 1	0.412 0	0.308 3	0.231 4	0.174 1	0.131 4	0.099 4	0.075 4	0.057 3	0.043 7	0.033 4	0.025 7	0.019 6	0.015 1

n	16%	17%	18%	19%	20%	21%	22%	23%	24%	25%	26%	27%	28%	29%	30%
1	0.862 1	0.854 7	0.847 5	0.840 3	0.833 3	0.826 4	0.819 7	0.813	0.806 5	0.8	0.793 7	0.787 4	0.781 3	0.775 2	0.769 2
2	0.743 2	0.730 5	0.718 2	0.706 2	0.694 4	0.683	0.671 9	0.661	0.650 4	0.64	0.629 9	0.62	0.610 4	0.600 0	0.591 7
3	0.640 7	0.624 4	0.608 6	0.593 4	0.578 7	0.564 5	0.550 7	0.537 4	0.524 5	0.512	0.499 9	0.488 2	0.476 8	0.465 8	0.455 2
4	0.552 3	0.533 7	0.515 8	0.498 7	0.482 3	0.466 5	0.451 4	0.436 9	0.423	0.409 6	0.396 8	0.384 4	0.372 5	0.361 1	0.350 1
5	0.476 1	0.456 1	0.437 1	0.419	0.401 9	0.385 5	0.37	0.355 2	0.341 1	0.327 7	0.314 9	0.302 7	0.291	0.279 9	0.269 3
6	0.410 4	0.389 8	0.370 4	0.352 1	0.334 9	0.318 6	0.303 3	0.288 8	0.275 1	0.262 1	0.249 9	0.238 3	0.227 4	0.217	0.207 2
7	0.353 8	0.333 2	0.313 9	0.295 9	0.279 1	0.263 3	0.248 6	0.234 8	0.221 8	0.209 7	0.198 3	0.187 7	0.177 6	0.168 2	0.159 4
8	0.305 0	0.284 8	0.266 0	0.248 7	0.232 6	0.217 6	0.203 8	0.190 9	0.178 9	0.167 8	0.157 4	0.147 8	0.138 8	0.130 4	0.122 6
9	0.263 0	0.243 4	0.225 5	0.209 0	0.193 8	0.179 9	0.167 0	0.155 2	0.144 3	0.134 2	0.124 9	0.116 4	0.108 4	0.101 1	0.094 3

续表二

n	16%	17%	18%	19%	20%	21%	22%	23%	24%	25%	26%	27%	28%	29%	30%
10	0.226 7	0.208 0	0.191 1	0.175 6	0.161 5	0.148 6	0.136 9	0.126 2	0.116 4	0.107 4	0.099 2	0.091 6	0.084 7	0.078 4	0.072 5
11	0.195 4	0.177 8	0.161 9	0.147 6	0.134 6	0.122 8	0.112 2	0.102 6	0.093 8	0.085 9	0.078 7	0.072 1	0.066 2	0.060 7	0.055 8
12	0.168 5	0.152 0	0.137 2	0.124 0	0.112 2	0.101 5	0.092 0	0.083 4	0.075 7	0.068 7	0.062 5	0.056 8	0.051 7	0.047 1	0.042 9
13	0.145 2	0.129 9	0.116 3	0.104 2	0.093 5	0.083 9	0.075 4	0.067 8	0.061 0	0.055 0	0.049 6	0.044 7	0.040 4	0.036 5	0.033 0
14	0.125 2	0.111 0	0.098 5	0.087 6	0.077 9	0.069 3	0.061 8	0.055 1	0.049 2	0.044 0	0.039 3	0.035 2	0.031 6	0.028 3	0.025 4
15	0.107 9	0.094 9	0.083 5	0.073 6	0.064 9	0.057 3	0.050 7	0.044 8	0.039 7	0.035 2	0.031 2	0.027 7	0.024 7	0.021 9	0.019 5
16	0.093 0	0.081 1	0.070 8	0.061 8	0.054 1	0.047 4	0.041 5	0.036 4	0.032 0	0.028 1	0.024 8	0.021 8	0.019 3	0.017 0	0.015 0
17	0.080 2	0.069 3	0.060 0	0.052 0	0.045 1	0.039 1	0.034 0	0.029 6	0.025 8	0.022 5	0.019 7	0.017 2	0.015 0	0.013 2	0.011 6
18	0.069 1	0.059 2	0.050 8	0.043 7	0.037 6	0.032 3	0.027 9	0.024 1	0.020 8	0.018 0	0.015 6	0.013 5	0.011 8	0.010 2	0.008 9
19	0.059 6	0.050 6	0.043 1	0.036 7	0.031 3	0.026 7	0.022 9	0.019 6	0.016 8	0.014 4	0.012 4	0.010 7	0.009 2	0.007 9	0.006 8
20	0.051 4	0.043 3	0.036 5	0.030 8	0.026 1	0.022 1	0.018 7	0.015 9	0.013 5	0.011 5	0.009 8	0.008 4	0.007 2	0.006 1	0.005 3
21	0.044 3	0.037 0	0.030 9	0.025 9	0.021 7	0.018 3	0.015 4	0.012 9	0.010 9	0.009 2	0.007 8	0.006 6	0.005 6	0.004 8	0.004 0
22	0.038 2	0.031 6	0.026 2	0.021 8	0.018 1	0.015 1	0.012 6	0.010 5	0.008 8	0.007 4	0.006 2	0.005 2	0.004 4	0.003 7	0.003 1
23	0.032 9	0.027 0	0.022 2	0.018 3	0.015 1	0.012 5	0.010 3	0.008 6	0.007 1	0.005 9	0.004 9	0.004 1	0.003 4	0.002 9	0.002 4
24	0.028 4	0.023 1	0.018 8	0.015 4	0.012 6	0.010 3	0.008 5	0.007 0	0.005 7	0.004 7	0.003 9	0.003 2	0.002 7	0.002 2	0.001 8
25	0.024 5	0.019 7	0.016 0	0.012 9	0.010 5	0.008 5	0.006 9	0.005 7	0.004 6	0.003 8	0.003 1	0.002 5	0.002 1	0.001 7	0.001 4
26	0.021 1	0.016 9	0.013 5	0.010 9	0.008 7	0.007 0	0.005 7	0.004 6	0.003 7	0.003 0	0.002 5	0.002 0	0.001 6	0.001 3	0.001 1
27	0.018 2	0.014 4	0.011 5	0.009 1	0.007 3	0.005 8	0.004 7	0.003 7	0.003 0	0.002 4	0.001 9	0.001 6	0.001 3	0.001 0	0.000 8
28	0.015 7	0.012 3	0.009 7	0.007 7	0.006 1	0.004 8	0.003 8	0.003 0	0.002 4	0.001 9	0.001 5	0.001 2	0.001 0	0.000 8	0.000 6
29	0.013 5	0.010 5	0.008 2	0.006 4	0.005 1	0.004 0	0.003 1	0.002 5	0.002 0	0.001 5	0.001 2	0.001 0	0.000 8	0.000 6	0.000 5
30	0.011 6	0.009 0	0.007 0	0.005 4	0.004 2	0.003 3	0.002 6	0.002 0	0.001 6	0.001 2	0.001 0	0.000 8	0.000 6	0.000 5	0.000 4

附表 2-3　年金终值系数表

n	1%	2%	3%	4%	5%	6%	7%	8%	9%	10%	11%	12%	13%	14%	15%
1	1.000 0	1.000 0	1.000 0	1.000 0	1.000 0	1.000 0	1.000 0	1.000 0	1.000 0	1.000 0	1.000 0	1.000 0	1.000 0	1.000 0	1.000 0
2	2.010 0	2.020 0	2.030 0	2.040 0	2.050 0	2.060 0	2.070 0	2.080 0	2.090 0	2.100 0	2.110 0	2.120 0	2.130 0	2.140 0	2.150 0
3	3.030 1	3.060 4	3.090 9	3.121 6	3.152 5	3.183 6	3.214 9	3.246 4	3.278 1	3.310 0	3.342 1	3.374 4	3.406 9	3.439 6	3.472 5
4	4.060 4	4.121 6	4.183 6	4.246 5	4.310 1	4.374 6	4.439 9	4.506 1	4.573 1	4.641 0	4.709 7	4.779 3	4.849 8	4.921 1	4.993 4
5	5.101 0	5.204 0	5.309 1	5.416 3	5.525 6	5.637 1	5.750 7	5.866 6	5.984 7	6.105 1	6.227 8	6.352 8	6.480 3	6.610 1	6.742 4
6	6.152 0	6.308 1	6.468 4	6.633 0	6.801 9	6.975 3	7.153 3	7.335 9	7.523 3	7.715 6	7.912 9	8.115 2	8.322 7	8.535 5	8.753 7
7	7.213 5	7.434 3	7.662 5	7.898 3	8.142 0	8.393 8	8.654 0	8.922 8	9.200 4	9.487 2	9.783 3	10.089 0	10.404 7	10.730 5	11.066 8
8	8.285 7	8.583 0	8.892 3	9.214 2	9.549 1	9.897 5	10.259 8	10.636 6	11.028 5	11.435 9	11.859 4	12.299 7	12.757 3	13.232 8	13.726 8
9	9.368 5	9.754 6	10.159 1	10.582 8	11.026 6	11.491 3	11.978 0	12.487 6	13.021 0	13.579 5	14.164 0	14.775 7	15.415 7	16.085 3	16.785 8
10	10.462 2	10.949 7	11.463 9	12.006 1	12.577 9	13.180 8	13.816 4	14.486 6	15.192 9	15.937 4	16.722 0	17.548 7	18.419 7	19.337 3	20.303 7
11	11.566 8	12.168 7	12.807 8	13.486 4	14.206 8	14.971 6	15.783 6	16.645 5	17.560 3	18.531 2	19.561 4	20.654 6	21.814 3	23.044 5	24.349 3
12	12.682 5	13.412 1	14.192 0	15.025 8	15.917 1	16.869 9	17.888 5	18.977 1	20.140 7	21.384 3	22.713 2	24.133 1	25.650 2	27.270 7	29.001 7
13	13.809 3	14.680 3	15.617 8	16.626 8	17.713 0	18.882 1	20.140 6	21.495 3	22.953 4	24.522 7	26.211 6	28.029 1	29.984 7	32.088 7	34.351 9
14	14.947 4	15.973 9	17.086 3	18.291 9	19.598 6	21.015 1	22.550 5	24.214 9	26.019 2	27.975 0	30.094 9	32.392 6	34.882 7	37.581 1	40.504 7
15	16.096 9	17.293 4	18.598 9	20.023 6	21.578 6	23.276 0	25.129 0	27.152 1	29.360 9	31.772 5	34.405 4	37.279 7	40.417 5	43.842 4	47.580 4
16	17.257 9	18.639 3	20.156 9	21.824 5	23.657 5	25.672 5	27.888 1	30.324 3	33.003 4	35.949 7	39.189 9	42.753 3	46.671 7	50.980 4	55.717 5
17	18.430 4	20.012 1	21.761 6	23.697 5	25.840 4	28.212 9	30.840 2	33.750 2	36.973 7	40.544 7	44.500 8	48.883 7	53.739 1	59.117 6	65.075 1
18	19.614 7	21.412 3	23.414 4	25.645 4	28.132 4	30.905 7	33.999 0	37.450 2	41.301 3	45.599 2	50.395 9	55.749 7	61.725 1	68.394 1	75.836 4
19	20.810 9	22.840 6	25.116 9	27.671 2	30.539 0	33.760 0	37.379 0	41.446 3	46.018 5	51.159 1	56.939 5	63.439 7	70.749 4	78.969 2	88.211 8
20	22.019 0	24.297 4	26.870 4	29.778 1	33.066 0	36.785 6	40.995 5	45.762 0	51.160 1	57.275 0	64.202 8	72.052 4	80.946 8	91.024 9	102.443 6

续表一

n	1%	2%	3%	4%	5%	6%	7%	8%	9%	10%	11%	12%	13%	14%	15%
21	23.239 2	25.783 3	28.676 5	31.969 2	35.719 3	39.992 7	44.865 2	50.422 9	56.764 5	64.002 5	72.265 1	81.698 7	92.469 9	104.768 4	118.810 1
22	24.471 6	27.299 0	30.536 8	34.248 0	38.505 2	43.392 3	49.005 7	55.456 8	62.873 3	71.402 7	81.214 3	92.502 6	105.491 0	120.436 0	137.631 6
23	25.716 3	28.845 0	32.452 9	36.617 9	41.430 5	46.995 8	53.436 1	60.893 3	69.531 9	79.543 0	91.147 9	104.602 9	120.204 8	138.297 0	159.276 4
24	26.973 5	30.421 9	34.426 5	39.082 6	44.502 0	50.815 6	58.176 7	66.764 8	76.789 8	88.497 3	102.174 2	118.155 2	136.831 5	158.658 6	184.167 8
25	28.243 2	32.030 3	36.459 3	41.645 9	47.727 1	54.864 5	63.249 0	73.105 9	84.700 9	98.347 1	114.413 3	133.333 9	155.619 6	181.870 8	212.793 0
26	29.525 6	33.670 9	38.553 0	44.311 7	51.113 5	59.156 4	68.676 5	79.954 4	93.324 0	109.181 8	127.998 8	150.333 9	176.850 1	208.332 7	245.712 0
27	30.820 9	35.344 3	40.709 6	47.084 2	54.669 1	63.705 8	74.483 8	87.350 8	102.72 31	121.099 9	143.078 6	169.374 0	200.840 6	238.499 3	283.568 8
28	32.129 1	37.051 2	42.930 9	49.967 6	58.402 6	68.528 1	80.697 7	95.338 8	112.968 2	134.209 9	159.817 3	190.698 9	227.949 9	272.889 2	327.104 1
29	33.450 4	38.792 2	45.218 9	52.966 3	62.322 7	73.639 8	87.346 5	103.965 9	124.135 4	148.630 9	178.397 2	214.582 8	258.583 4	312.093 7	377.169 7
30	34.784 9	40.568 1	47.575 4	56.084 9	66.438 8	79.058 2	94.460 8	113.283 2	136.307 5	164.494 0	199.020 9	241.332 7	293.199 2	356.786 8	434.745 1

n	16%	17%	18%	19%	20%	21%	22%	23%	24%	25%	26%	27%	28%	29%	30%
1	1.000 0	1.000 0	1.000 0	1.000 0	1.000 0	1.000 0	1.000 0	1.000 0	1.000 0	1.000 0	1.000 0	1.000 0	1.000 0	1.000 0	1.000 0
2	2.160 0	2.170 0	2.180 0	2.190 0	2.200 0	2.210 0	2.220 0	2.230 0	2.240 0	2.250 0	2.260 0	2.270 0	2.280 0	2.290 0	2.300 0
3	3.505 6	3.538 9	3.572 4	3.606 1	3.640 0	3.674 1	3.708 4	3.742 9	3.777 6	3.812 5	3.847 6	3.882 9	3.918 4	3.954 1	3.990 0
4	5.066 5	5.140 5	5.215 4	5.291 3	5.368 0	5.445 7	5.524 2	5.603 8	5.684 2	5.765 6	5.848 0	5.931 3	6.015 6	6.100 8	6.187 0
5	6.877 1	7.014 4	7.154 2	7.296 6	7.441 6	7.589 2	7.739 6	7.892 6	8.048 4	8.207 0	8.368 4	8.532 7	8.699 9	8.870 0	9.043 1
6	8.977 5	9.206 8	9.442 0	9.683 0	9.929 9	10.183 0	10.442 3	10.707 9	10.980 1	11.258 8	11.544 2	11.836 6	12.135 9	12.442 3	12.756 0
7	11.413 9	11.772 0	12.141 5	12.522 7	12.915 9	13.321 4	13.739 6	14.170 8	14.615 3	15.073 5	15.545 8	16.032 4	16.533 9	17.050 6	17.582 8
8	14.240 1	14.773 3	15.327 0	15.902 0	16.499 1	17.118 9	17.762 3	18.430 0	19.122 9	19.841 9	20.587 6	21.361 2	22.163 4	22.995 3	23.857 7
9	17.518 5	18.284 7	19.085 9	19.923 4	20.798 9	21.713 9	22.670 0	23.669 0	24.712 5	25.802 3	26.940 4	28.128 7	29.369 2	30.663 9	32.015 0

续表二

n	16%	17%	18%	19%	20%	21%	22%	23%	24%	25%	26%	27%	28%	29%	30%
10	21.321 5	22.393 1	23.521 3	24.708 9	25.958 7	27.273 8	28.657 4	30.112 8	31.643 4	33.252 9	34.944 9	36.723 5	38.592 6	40.556 4	42.619 5
11	25.732 9	27.199 9	28.755 1	30.403 5	32.150 4	34.001 3	35.962 0	38.038 8	40.237 9	42.566 1	45.030 6	47.638 8	50.398 5	53.317 8	56.405 3
12	30.850 2	32.823 9	34.931 1	37.180 2	39.580 5	42.141 6	44.873 7	47.787 7	50.895 0	54.207 7	57.738 6	61.501 3	65.510 0	69.780 0	74.327 0
13	36.786 2	39.404 0	42.218 7	45.244 5	48.496 6	51.991 3	55.745 9	59.778 8	64.109 7	68.759 6	73.750 6	79.106 6	84.852 9	91.016 1	97.625 0
14	43.672 0	47.102 7	50.818 0	54.840 9	59.195 9	63.9095	69.010 0	74.528 0	80.496 1	86.949 5	93.925 8	101.465 4	109.611 7	118.410 8	127.912 5
15	51.659 5	56.110 1	60.965 3	66.260 7	72.035 1	78.330 5	85.192 2	92.669 4	100.815 1	109.686 8	119.346 5	129.861 1	141.302 9	153.750 0	167.286 3
16	60.925 0	66.648 8	72.939 0	79.850 2	87.442 1	95.779 9	104.934 5	114.983 4	126.010 8	138.108 5	151.376 6	165.923 6	181.867 7	199.337 4	218.472 2
17	71.673 0	78.979 2	87.068 0	96.021 8	105.930 6	116.893 7	129.020 1	142.429 5	157.253 4	173.635 7	191.734 5	211.723 0	233.790 7	258.145 3	285.013 9
18	84.140 7	93.405 6	103.740 3	115.265 9	128.116 7	142.441 3	158.404 5	176.188 3	195.994 2	218.044 6	242.585 5	269.888 2	300.252 1	334.007 4	371.518 0
19	98.603 2	110.284 6	123.413 5	138.166 4	154.740 0	173.354 0	194.253 5	217.711 6	244.032 8	273.555 8	306.657 7	343.758 0	385.322 7	431.869 6	483.973 4
20	115.379 7	130.032 9	146.628 0	165.418 0	186.688 0	210.758 4	237.989 3	268.785 3	303.600 6	342.944 7	387.388 7	437.572 6	494.213 1	558.111 8	630.165 5
21	134.840 5	153.138 5	174.021 0	197.847 4	225.025 6	256.017 6	291.346 9	331.605 9	377.464 8	429.680 9	489.109 8	556.717 3	633.592 7	720.964 2	820.215 1
22	157.415 0	180.172 1	206.344 8	236.438 5	271.030 7	310.781 3	356.443 2	408.875 3	469.056 3	538.101 1	617.278 3	708.030 9	811.998 7	931.043 8	1 067.279 6
23	183.601 4	211.801 3	244.486 8	282.361 8	326.236 9	377.045 4	435.860 7	503.916 6	582.629 8	673.626 4	778.770 7	900.199 3	1 040.358 3	1 202.046 5	1 388.463 5
24	213.977 6	248.807 6	289.494 5	337.010 5	392.484 2	457.224 9	532.750 1	620.817 4	723.461 0	843.032 9	982.251 1	1 144.253 1	1 332.658 6	1 551.640 0	1 806.002 6
25	249.214 0	292.104 9	342.603 5	402.042 5	471.981 1	554.242 2	650.955 1	764.605 4	898.091 6	1 054.791 2	1 238.636 3	1 454.201 4	1 706.803 1	2 002.615 6	2 348.803 3
26	290.088 3	342.762 7	405.272 1	479.430 6	567.377 3	671.633 0	795.165 3	941.464 7	1 114.633 6	1 319.489 0	1 561.681 8	1 847.835 8	2 185.707 9	2 584.374 1	3 054.444 3
27	337.502 4	402.032 3	479.221 1	571.522 4	681.852 8	813.675 9	971.101 6	1 159.001 6	1 383.145 7	1 650.361 2	1 968.719 1	2 347.751 5	2 798.706 1	3 334.842 6	3 971.777 6
28	392.502 8	471.377 8	566.480 9	681.111 6	819.223 3	985.547 5	1 185.744 0	1 426.571 9	1 716.100 7	2 063.951 5	2 481.586 0	2 982.644 4	3 583.343 8	4 302.947 0	5 164.310 9
29	456.303 2	552.512 1	669.447 5	811.522 8	984.068 0	1 193.512 9	1 447.607 7	1 755.683 5	2 128.964 8	2 580.939 4	3 127.798 4	3 788.958 3	4 587.680 1	5 551.801 6	6 714.604 2
30	530.311 7	647.439 1	790.948 0	966.712 2	1 181.881 6	1 445.150 7	1 767.081 3	2 160.490 7	2 640.916 4	3 227.174 3	3 942.026 0	4 812.977 1	5 873.230 6	7 162.824 1	8 729.985 5

附表 2 - 4　年金现值系数表

n	1%	2%	3%	4%	5%	6%	7%	8%	9%	10%	11%	12%	13%	14%	15%
1	0.990 1	0.980 4	0.970 9	0.961 5	0.952 4	0.943 4	0.934 6	0.925 9	0.917 4	0.909 1	0.900 9	0.892 9	0.885 0	0.877 2	0.869 6
2	1.970 4	1.941 6	1.913 5	1.886 1	1.859 4	1.833 4	1.808 0	1.783 3	1.759 1	1.735 5	1.712 5	1.690 1	1.668 1	1.646 7	1.625 7
3	2.941 0	2.883 9	2.828 6	2.775 1	2.723 2	2.673 0	2.624 3	2.577 1	2.531 3	2.486 9	2.443 7	2.401 8	2.361 2	2.321 6	2.283 2
4	3.902 0	3.807 7	3.717 1	3.629 9	3.546 0	3.465 1	3.387 2	3.312 1	3.239 7	3.169 9	3.102 4	3.037 3	2.974 5	2.913 7	2.855 0
5	4.853 4	4.713 5	4.579 7	4.451 8	4.329 5	4.212 4	4.100 2	3.992 7	3.889 7	3.790 8	3.695 9	3.604 8	3.517 2	3.433 1	3.352 2
6	5.795 5	5.601 4	5.417 2	5.242 1	5.075 7	4.917 3	4.766 5	4.622 9	4.485 9	4.355 3	4.230 5	4.111 4	3.997 5	3.888 7	3.784 5
7	6.728 2	6.472 0	6.230 3	6.002 1	5.786 4	5.582 4	5.389 3	5.206 4	5.033 0	4.868 4	4.712 2	4.563 8	4.422 6	4.288 3	4.160 4
8	7.651 7	7.325 5	7.019 7	6.732 7	6.463 2	6.209 8	5.971 3	5.746 6	5.534 8	5.334 9	5.146 1	4.967 6	4.798 8	4.638 9	4.487 3
9	8.566 0	8.162 2	7.786 1	7.435 3	7.107 8	6.801 7	6.515 2	6.246 9	5.995 2	5.759 0	5.537 0	5.328 2	5.131 7	4.946 4	4.771 6
10	9.471 3	8.982 6	8.530 2	8.110 9	7.721 7	7.360 1	7.023 6	6.710 1	6.417 7	6.144 6	5.889 2	5.650 2	5.426 2	5.216 1	5.018 8
11	10.367 6	9.786 8	9.252 6	8.760 5	8.306 4	7.886 9	7.498 7	7.139 0	6.805 2	6.495 1	6.206 5	5.937 7	5.686 9	5.452 7	5.233 7
12	11.255 1	10.575 3	9.954 0	9.385 1	8.863 3	8.383 8	7.942 7	7.536 1	7.160 7	6.813 7	6.492 4	6.194 4	5.917 6	5.660 3	5.420 6
13	12.133 7	11.348 4	10.635 0	9.985 6	9.393 6	8.852 7	8.357 7	7.903 8	7.486 9	7.103 4	6.749 9	6.423 5	6.121 8	5.842 4	5.583 1
14	13.003 7	12.106 2	11.296 1	10.563 1	9.898 6	9.295 0	8.745 5	8.244 2	7.786 2	7.366 7	6.981 9	6.628 2	6.302 5	6.002 1	5.724 5
15	13.865 1	12.849 3	11.937 9	11.118 4	10.379 7	9.712 2	9.107 9	8.559 5	8.060 7	7.606 1	7.190 9	6.810 9	6.462 4	6.142 2	5.847 4
16	14.717 9	13.577 7	12.561 1	11.652 3	10.837 8	10.105 9	9.446 6	8.851 4	8.312 6	7.823 7	7.379 2	6.974 0	6.603 9	6.265 1	5.954 2
17	15.562 3	14.291 9	13.166 1	12.165 7	11.274 1	10.477 3	9.763 2	9.121 6	8.543 6	8.021 6	7.548 8	7.119 6	6.729 1	6.372 9	6.047 2
18	16.398 3	14.992 0	13.753 5	12.659 3	11.689 6	10.827 6	10.059 1	9.371 9	8.755 6	8.201 4	7.701 6	7.249 7	6.839 9	6.467 4	6.128 0
19	17.226 0	15.678 5	14.323 8	13.133 9	12.085 3	11.158 1	10.335 6	9.603 6	8.950 1	8.364 9	7.839 3	7.365 8	6.938 0	6.550 4	6.198 2
20	18.045 6	16.351 4	14.877 5	13.590 3	12.462 2	11.469 9	10.594 0	9.818 1	9.128 5	8.513 6	7.963 3	7.469 4	7.024 8	6.623 1	6.259 3

续表一

n	1%	2%	3%	4%	5%	6%	7%	8%	9%	10%	11%	12%	13%	14%	15%
21	18.857 0	17.011 2	15.415 0	14.029 2	12.821 2	11.764 1	10.835 5	10.016 8	9.292 2	8.648 7	8.075 1	7.562 0	7.101 6	6.687 0	6.312 5
22	19.660 4	17.658 0	15.936 9	14.451 1	13.163 0	12.041 6	11.061 2	10.200 7	9.442 4	8.771 5	8.175 5	7.644 6	7.169 5	6.742 9	6.358 7
23	20.455 8	18.292 2	16.443 6	14.856 8	13.488 6	12.303 4	11.272 2	10.371 1	9.580 2	8.883 2	8.266 4	7.718 4	7.229 7	6.792 1	6.398 8
24	21.243 4	18.913 9	16.935 5	15.247 0	13.798 6	12.550 4	11.469 3	10.528 8	9.706 6	8.984 7	8.348 1	7.784 3	7.282 9	6.835 1	6.433 8
25	22.023 2	19.523 5	17.413 1	15.622 1	14.093 9	12.783 4	11.653 6	10.674 8	9.822 6	9.077 0	8.421 7	7.843 1	7.330 0	6.872 9	6.464 1
26	22.795 2	20.121 0	17.876 8	15.982 8	14.375 2	13.003 2	11.825 8	10.810 0	9.929 0	9.160 9	8.488 1	7.895 7	7.371 7	6.906 1	6.490 6
27	23.559 6	20.706 9	18.327 0	16.329 6	14.643 0	13.210 5	11.986 7	10.935 2	10.026 6	9.237 2	8.547 8	7.942 6	7.408 6	6.935 2	6.513 5
28	24.316 4	21.281 3	18.764 1	16.663 1	14.898 1	13.406 2	12.137 1	11.051 0	10.116 1	9.306 6	8.601 6	7.984 4	7.441 2	6.960 7	6.533 5
29	25.065 8	21.844 4	19.188 5	16.983 7	15.141 1	13.590 7	12.277 7	11.158 4	10.198 3	9.369 6	8.650 1	8.021 8	7.470 1	6.983 0	6.550 9
30	25.807 7	22.396 5	19.600 4	17.292 0	15.372 5	13.764 8	12.409 0	11.257 8	10.273 7	9.426 9	8.693 8	8.055 2	7.495 7	7.002 7	6.566 0

n	16%	17%	18%	19%	20%	21%	22%	23%	24%	25%	26%	27%	28%	29%	30%
1	0.862 1	0.854 7	0.847 5	0.840 3	0.833 3	0.826 4	0.819 7	0.813 0	0.806 5	0.800 0	0.793 7	0.787 4	0.781 3	0.775 2	0.769 2
2	1.605 2	1.585 2	1.565 6	1.546 5	1.527 8	1.509 5	1.491 5	1.474 0	1.456 8	1.440 0	1.423 5	1.407 4	1.391 6	1.376 1	1.360 9
3	2.245 9	2.209 6	2.174 3	2.139 9	2.106 5	2.073 9	2.042 2	2.011 4	1.981 3	1.952 0	1.923 4	1.895 6	1.868 4	1.842 0	1.816 1
4	2.798 2	2.743 2	2.690 1	2.638 6	2.588 7	2.540 4	2.493 6	2.448 3	2.404 3	2.361 6	2.320 2	2.280 0	2.241 0	2.203 1	2.166 2
5	3.274 3	3.199 3	3.127 2	3.057 6	2.990 6	2.926 0	2.863 6	2.803 5	2.745 4	2.689 3	2.635 1	2.582 7	2.532 0	2.483 0	2.435 6
6	3.684 7	3.589 2	3.497 6	3.409 8	3.325 5	3.244 6	3.166 9	3.092 3	3.020 5	2.951 4	2.885 0	2.821 0	2.759 4	2.700 0	2.642 7
7	4.038 6	3.922 4	3.811 5	3.705 7	3.604 6	3.507 9	3.415 5	3.327 0	3.242 3	3.161 1	3.083 3	3.008 7	2.937 0	2.868 2	2.802 1
8	4.343 6	4.207 2	4.077 6	3.954 4	3.837 2	3.725 6	3.619 3	3.517 9	3.421 2	3.328 9	3.240 7	3.156 4	3.075 8	2.998 6	2.924 7
9	4.606 5	4.450 6	4.303 0	4.163 3	4.031 0	3.905 4	3.786 3	3.673 1	3.565 5	3.463 1	3.365 7	3.272 8	3.184 2	3.099 7	3.019 0

续表二

n	16%	17%	18%	19%	20%	21%	22%	23%	24%	25%	26%	27%	28%	29%	30%
10	4.833 2	4.658 6	4.494 1	4.338 9	4.192 5	4.054 1	3.923 2	3.799 3	3.681 9	3.570 5	3.464 8	3.364 4	3.268 9	3.178 1	3.091 5
11	5.028 6	4.836 4	4.656 0	4.486 5	4.327 1	4.176 9	4.035 4	3.901 8	3.775 7	3.656 4	3.543 5	3.436 5	3.335 1	3.238 8	3.147 3
12	5.197 1	4.988 4	4.793 2	4.610 5	4.439 2	4.278 4	4.127 4	3.985 2	3.851 4	3.725 1	3.605 9	3.493 3	3.386 8	3.285 9	3.190 3
13	5.342 3	5.118 3	4.909 5	4.714 7	4.532 7	4.362 4	4.202 8	4.053 0	3.912 4	3.780 1	3.655 5	3.538 1	3.427 2	3.322 4	3.223 3
14	5.467 5	5.229 3	5.008 1	4.802 3	4.610 6	4.431 7	4.264 6	4.108 2	3.961 6	3.824 1	3.694 9	3.573 3	3.458 7	3.350 7	3.248 7
15	5.575 5	5.324 2	5.091 6	4.875 9	4.675 5	4.489 0	4.315 2	4.153 0	4.001 3	3.859 3	3.726 1	3.601 0	3.483 4	3.372 6	3.268 2
16	5.668 5	5.405 3	5.162 4	4.937 7	4.729 6	4.536 4	4.356 7	4.189 4	4.033 3	3.887 4	3.750 9	3.622 8	3.502 6	3.389 6	3.283 2
17	5.748 7	5.474 6	5.222 3	4.989 7	4.774 6	4.575 5	4.390 8	4.219 0	4.059 1	3.909 9	3.770 5	3.640 0	3.517 7	3.402 8	3.294 8
18	5.817 8	5.533 9	5.273 2	5.033 3	4.812 2	4.607 9	4.418 7	4.243 1	4.079 9	3.927 9	3.786 1	3.653 6	3.529 4	3.413 0	3.303 7
19	5.877 5	5.584 5	5.316 2	5.070 0	4.843 5	4.634 6	4.441 5	4.262 7	4.096 7	3.942 4	3.798 5	3.664 2	3.538 6	3.421 0	3.310 5
20	5.928 8	5.627 8	5.352 7	5.100 9	4.869 6	4.656 7	4.460 3	4.278 6	4.110 3	3.953 9	3.808 3	3.672 6	3.545 8	3.427 1	3.315 8
21	5.973 1	5.664 8	5.383 7	5.126 8	4.891 3	4.675 0	4.475 6	4.291 6	4.121 2	3.963 1	3.816 1	3.679 2	3.551 4	3.431 9	3.319 8
22	6.011 3	5.696 4	5.409 9	5.148 6	4.909 4	4.690 0	4.488 2	4.302 1	4.130 0	3.970 5	3.822 3	3.684 4	3.555 8	3.435 6	3.323 0
23	6.044 2	5.723 4	5.432 1	5.166 8	4.924 5	4.702 5	4.498 5	4.310 6	4.137 1	3.976 4	3.827 3	3.688 5	3.559 2	3.438 4	3.325 4
24	6.072 6	5.746 5	5.450 9	5.182 2	4.937 1	4.712 8	4.507 0	4.317 6	4.142 8	3.981 1	3.831 2	3.691 8	3.561 9	3.440 6	3.327 2
25	6.097 1	5.766 2	5.466 9	5.195 1	4.947 6	4.721 3	4.513 9	4.323 2	4.147 4	3.984 9	3.834 2	3.694 3	3.564 0	3.442 3	3.328 6
26	6.118 2	5.783 1	5.480 4	5.206 0	4.956 3	4.728 4	4.519 6	4.327 8	4.151 1	3.987 9	3.836 7	3.696 3	3.565 6	3.443 7	3.329 7
27	6.136 4	5.797 5	5.491 9	5.215 1	4.963 6	4.734 2	4.524 3	4.331 6	4.154 2	3.990 3	3.838 7	3.697 9	3.566 9	3.444 7	3.330 5
28	6.152 0	5.809 9	5.501 6	5.222 8	4.969 7	4.739 0	4.528 1	4.334 6	4.156 6	3.992 3	3.840 2	3.699 1	3.567 9	3.445 5	3.331 2
29	6.165 6	5.820 4	5.509 8	5.229 2	4.974 7	4.743 0	4.531 2	4.337 1	4.158 5	3.993 8	3.841 4	3.700 1	3.568 7	3.446 1	3.331 7
30	6.177 2	5.829 4	5.516 8	5.234 7	4.978 9	4.746 3	4.533 8	4.339 1	4.160 1	3.995 0	3.842 4	3.700 9	3.569 3	3.446 6	3.332 1

参 考 文 献

[1] 财务管理. 中级会计师考试用书，2020.

[2] 杨丹. 中级财务管理. 大连：东北财经大学出版社，2016.

[3] 马忠. 公司财务管理理论与案例. 北京：机械工业出版社，2015.

[4] 马忠. 公司财务管理. 北京：机械工业出版社，2015.

[5] 唐现杰，孙长江. 财务管理. 北京：科学出版社，2010.

[6] 荆新，王化成. 财务管理学. 北京：中国人民大学出版社，2018.

[7] 理查德·布雷利（Richard A. Brealey）. 财务管理基础. 北京：中国人民大学出版社，2017.

[8] 李延喜. 财务管理. 大连：大连理工大学出版社，2017.

[9] 何建国，黄金曦. 财务管理. 北京：清华大学出版社，2020.

[10] 隋静. 财务管理学. 北京：清华大学出版社，2020.